供给侧结构性改革 驱动经济发展新动力的 理论与路径研究

周小亮 ◎ 著

中国财经出版传媒集团

经济科学出版社
Economic Science Press

图书在版编目（CIP）数据

供给侧结构性改革驱动经济发展新动力的理论与路径
研究/周小亮著. —北京：经济科学出版社，2021.11
ISBN 978 - 7 - 5218 - 3068 - 2

Ⅰ. ①供…　Ⅱ. ①周…　Ⅲ. ①中国经济 - 经济发展 -
研究　Ⅳ. ①F124

中国版本图书馆 CIP 数据核字（2021）第 238299 号

责任编辑：李一心
责任校对：陷立娜
责任印制：范　艳

供给侧结构性改革驱动经济发展新动力的理论与路径研究

周小亮　著

经济科学出版社出版、发行　新华书店经销

社址：北京市海淀区阜成路甲 28 号　邮编：100142

总编部电话：010 - 88191217　发行部电话：010 - 88191522

网址：www. esp. com. cn

电子邮箱：esp@ esp. com. cn

天猫网店：经济科学出版社旗舰店

网址：http://jjkxcbs. tmall. com

北京季蜂印刷有限公司印装

710 × 1000　16 开　29.75 印张　470000 字

2022 年 2 月第 1 版　2022 年 2 月第 1 次印刷

ISBN 978 - 7 - 5218 - 3068 - 2　定价：98.00 元

（图书出现印装问题，本社负责调换。电话：010 - 88191510）

（版权所有　侵权必究　打击盗版　举报热线：010 - 88191661

QQ：2242791300　营销中心电话：010 - 88191537

电子邮箱：dbts@ esp. com. cn）

目　　录

引　言

第一节　本书研究的学术依据、
　　　　实践背景及其价值所在

一、学术依据

供给侧结构性改革是在我国经济发展新常态大逻辑背景下，通过体制改革来驱动经济发展新动力，推动社会生产力水平实现整体跃升的重大改革方略与必由之路。从经济理论史发展来看，有关经济发展动力，以及如何依据经济运行条件的变化而变革体制或制度，以发掘、驱动经济发展新动力的研究，可以说是政治经济学，特别是经济增长与经济发展理论中的一个中心议题。古典政治经济学、马克思主义政治经济学、中国特色社会主义政治经济学、新古典市场理论以及不同宏观经济学流派、现代经济增长与发展理论均对此做出了不同的理论探讨。

以斯密、李嘉图、穆勒等为代表的古典政治经济学家依据资本主义生产方式形成与发展初期特征，以要阐明这种生产方式和生产关系能够促进生产力发展与财富增进为理论任务，侧重从生产（或供给）角度对经济发展的动力问题做出符合时代特征的阐述。认为经济发展的动力是劳动、资本、自然（或土地）等内生要素和技术进步、社会经济制度等外生因素的综合。它为分析经济发展动力及如何通过制度创新驱动经济发展动力提供了以定性为主的分析框架，但其分析框架更多体现的是一般性质，缺乏社会结构与制度历史分析，难以对制度创新驱动经济发展新动力的主要变量做出契合时代特征的深度理论解释。

马克思主义政治经济学以物质资料生产为出发点，以求解劳动人民生存与发展即民生问题为价值导向，通过对社会生产方式及与之相适应的生产关系和交换关系的唯物辩证与唯物历史研究，揭示人类经济活动的基本运动规律，在此基础上找出不同社会经济的发展动力及规律。马克思在《资本论》中以劳动价值论为前提，以剩余价值论、资本积累理论、资本循环与周转以及社会资本再生产理论为基础，既深刻地剖析了资本主义生产方式的运行特征、运动规律、历史局限，又分析了市场经济条件下经济发展的内在动力及其制度基础，以及实现增长与发展的理论前提、静态与动态均衡条件。此外，马克思和恩格斯还通过对社会生产方式变革的广义政治经济学研究，从人与自然相协调、创新驱动、结构优化、制度完善等方面探讨了未来社会如何驱动经济发展新动力以实现发展动力与发展方式的历史转换，进而实现人的全面自由发展目标。

以萨伊为代表的庸俗经济学否定了古典政治经济学劳动价值和生产方式理论具有历史性。以效用价值论为基础，庸俗经济学提出经济学研究主题应从古典经济学关于社会财富生产和分配规律的研究，转向对市场交换关系和流通过程的研究，并提出"供给会自动创造需求"的"萨伊定理"，开启了市场有效与经济自由主义的理论新河。以马歇尔为代表的新古典经济学，延续并强化了以"萨伊定律"为理论依据的经济自由主义，以均衡价格理论取代古典经济学以生产为基础的劳动价值论，认为市场运行是有效率的，价格机制能够保证供给与需求的均衡，从而实现资源有效配置，政府无须市场运行进行干预。20世纪20年代末西方资本主义经济大危机的爆发，凯恩斯提出有效需求理论，论证现实经济并非"充分就业"均衡，而是存在广泛的"有效需求不足"，经济产出低于潜在总供给，继而产生"非自愿失业"。但凯恩斯并没有将有效需求不足看作资本主义生产过程的内在矛盾，相反，他提出财政政策和货币政策等手段可以刺激总需求，使经济接近乃至回到充分就业的均衡水平。"二战"之后，脱胎于凯恩斯主义的西方主流宏观理论，普遍将总需求管理作为国家宏观调控与促进经济发展的政策取向。但是，20世纪70年代出现的"滞胀"，使西方经济学者开始质疑凯恩斯主义经济学的理论逻辑及其政策效果。以货币主义、供给学派、理性预期理论为代表的新自由主义经济学得以复兴。其中，以拉弗、蒙代尔等为代表的"供给学派"，因美国总统里根公开宣称采用其减税主张并实行经济复兴计划而名噪一时。而货币主义和后来的理性预期学派不断发展融合，在新古典理论的微观基础上形成了一套严密的动态一般均衡理论框架。此外，以布兰查德、斯坦利·费雪、约瑟夫·斯蒂格利茨、曼昆等为代表的"新凯恩斯学派"，他们将理性预期纳入分析框架，试图使凯恩斯主义理论在微观基础和理论的严谨性上与新古典理论保持一致。上述西方以经济自由主义为理论宗旨的新古典市场理论以及不同宏观经济学流派，尽管其理论观点、方法及政策各不相同，但主流是认同市场体制是有效率的，宏观调控的政策导向或是通过需求管理或是通过供给管理来完善市场体制机制，促使市场有效运行与经济稳态均衡增长。其理论观点、方法和政策主张虽然对于如何完善市场体制并发挥市场体制配置资源的功能，以及如何运用财政、货币等宏观调控政策稳定经济增长是具有实践参考价值的，但是它们缺乏社会历史结构与制度差异分析，而且不符合社会主义市场经济的本质特征要求和实践要求，因此不能作为中国供给侧结构性驱动经济发展新动力的理论与方法基础。

　　始于哈罗德—多马模型的现代经济增长理论，对增长与发展的动力研究经历了由外生增长到内生增长的演进历程。20 世纪 40 年代末，以哈罗德—多马模式为代表的资本积累论，将凯恩斯的短期比较静态分析理论推广到经济增长问题上，强调经济增长率取决于储蓄率和资本—产出比率，并奠定了现代经济增长理论的逻辑起点。但此模型以资本产出比不变为假定前提，且没有考虑技术进步在经济增长中的作用，这决定了它具有不适合进行长期经济增长分析之缺陷。索洛、斯旺等人修正此模型资本产出比例不变之假定，创立新古典增长模型，认为储蓄率的上升只有在其能带来资本边际产品增加的前提下，才能促进增长，当经济中不存在技术进步时，经济最终会陷入停滞状态。新古典增长模型认为：从长期来看，经济增长不仅取决于资本增长率、劳动力增长率以及资本和劳动对产量增长的相对作用程度，还强调增长的源泉是技术进步。新古典增长理论一方面将技术进步视为经济增长的决定因素，并强调发展中国家不应只重视资本数量积累，更应关注资本质量的提升，要将资本积累和技术创新、技术改造、技术引进结合起来促进经济增长；

另一方面又假定技术进步是外生变量，并要求外生的技术进步必须是哈罗德中性的，这限制了此模型的解释力和适用性。以罗默的《递增收益与长期增长》和卢卡斯的《论经济发展机制》为标志，并经 G. 格罗斯曼、E. 赫尔普曼、R. 阿罗、P. 阿格亨、P. 克鲁格曼、阿尔文. 扬、L. 琼斯、S. 雷贝洛、G. 贝克尔、杨小凯等推进和发展的新增长理论，强调内生的技术进步是经济增长的决定因素，并认为技术、人力资本产生的溢出效应是实现持续增长不可缺少的条件。围绕内生增长模型，经济学家在完全竞争与垄断竞争分析框架下，对经济增长动力进行了深入研究。如罗默的知识溢出模型、卢卡斯的人力资本溢出模型等在完全竞争分析框架并以收益递增和外部性假设下考察经济增长的决定，认为内生的技术进步取决于知识资本或人力资本的积累，知识资本或人力资本积累是技术进步与经济增长的潜能源泉。这类新经济增长模型代表了新增长理论的主要研究思路，以后的新经济增长模型基本上是沿此思路而开展拓展与深化研究。此外，罗默的知识驱动型模型、格罗斯曼—赫尔普曼模型等产品品种增加型内生增长模型，以及格罗斯曼—赫尔普曼模型、阿格亨—豪伊特模型等产品质量升级型模型则在垄断竞争分析框架下，通过着重研究技术商品特征、技术进步类型来考察经济增长的决定，进而更具体地说明技术进步如何影响经济增长。总之，新增长理论着重分析了后工业社会中技术创新、人力资本积累、知识溢出等经济增长的新动力，可以更好地解释处于领先地位的国家何以能够保持持续的增长，而没有出现报酬递减现象，因而使此理论可以成为"知识经济"的理论与政策基础，但是各类新增长模型都采用了严苛的假设条件，因而损害了新增长模型的普适性和现实解释力。另外，新增长模型还忽视了经济制度对增长的影响，特别是各种新增长模型基本上是在西方主流宏观经济学的框架下探讨稳态均衡经济增长的新因素或新动力，没有基于生产方式与社会经济结构变革背景下分析经济增长与发展新动力，因此这制约了对经济增长新动力进行深度的制度结构与制度历史分析。

关于通过制度变迁激发经济发展动力或有关经济发展制度动力源的探讨，是以诺斯、舒尔茨、威廉姆森、奥斯特罗姆、弗鲁博腾、林毅夫等为代表的新制度主义发展经济学的一个中心议题。刘易斯强调增长取决于自然资源和人的行为，其中起主导作用的是人的行为，并认为决定经济增长人类行为的直接原因是从事经济活动的努力、知识的增长与运用，以及资本积累，而决定这些直接原因的原因是观念与制度。诺斯、戴维斯、托马斯等新制度主义发展经济学家则将交易费用引入专业化和分工模型之中，通过对制度变迁的研究来理解经济增长。他们通过经济史的"新解"特别是通过两次经济革命的研究，发现创新、规模经济、教育和资本积累这些经济增长原因并不是真正的增长原因，真正的原因是是否存在一个有效率的经济组织，特别是有效的所有权体系的出现。此外，阿西莫格鲁等（2012，2015）以政治权力为纽带，为解释世界经济发展基本格局提出了一个制度分析框架，并认为只有包容性制度才能实现经济长期增长，他们还通过建立熊彼特主义增长模型，得出结论：各国提升增长的制度或政策选择并非一成不变，而是随一个国家或产业离技术前沿的距离的变化而变化。以上对经济发展制度动力源的不同探讨，对于我们如何通过制度变迁以构建一个有效率的组织与制度体系，进而建立能够激励全要素生产率提升和促进经济持续发展的制度动力体系，可以提供一个有益的理论参考。但是，他们的理论分析框架是以私有产权最有效率为假设前提的，并且缺乏对经济结构调整下的制度创新分析，因而不能完全适合我国的新常态下供给侧结构性改革的特征与要求，更不能套用它们来进行供给侧结构性改革，并构建有利于驱动经济发展新动力的中国特色社会主义制度体系。

近年来，中国经济学者围绕"如何通过体制改革驱动经济发展新动力，进而促进经济发展方式转变，提升经济发展质量"这一具有转型发展和国情特色的研究主题进行了持续的理论与实践探讨。例如，靳涛（2011）基于中国经济增长与制度变迁互动关系的经验分析，认为中国要保持经济可持续发展，则必须进一步深化体制改革，完成从政府主导的市场经济向市场主导的市场经济的过渡。杨瑞龙等强调要通过制度变革释放经济增长潜力，包括重建微观基础提升消费、改善总需求结构、全面提高城镇化水平和促进技术创新等。针对我国发展失衡与收入差距扩大等问题，有学者还关注包容性发展动力问题。如孙翎（2010）、汤敏（2010）等认为，包容性经济发展应着力解决因收入差距扩大而引发的利益矛盾及发展动力不足问题。白永秀和任保平（2011）等从包容性增长角度探讨了如何通过深化改革实现向以人为本的经济增长转变。

综上所述，纵观国内外有关经济增长动力因素及其如何促进经济增长的理论与实践研究，我们认为：

其一，古典政治经济学以及当代供给学派虽然是从生产或供给角度分析经济发展动力，及其如何通过制度或生产管理政策创新驱动经济发展新动力，但其理论分析是以经济自由主义为导向，并且缺乏社会结构与制度历史分析。新古典经济学和凯恩斯主义宏观经学则从消费或需求管理角度分析经济发展动力，主张通过完善市场体制，促进生产要素有效配置和市场均衡以促进经济稳态增长，其理论分析同样缺乏社会历史结构与制度差异分析。各种经济增长与发展理论有关发展动力的分析，主要是依据以线性、稳定、均衡的新古典经济增长理论为基础并通过因素分解法去阐释经济发展动力转换问题。而经济发展的动力系统是一个复杂非线性系统，并置于一定的社会生产方式与社会经济结构变化之中。因此，对供给侧结构性改革驱动经济发展新动力的研究，不能简单地套用现有西方经济学中的相关理论，有必要依据马克思主义政治经济学和中国特色社会主义政治经济学的基本原理，在深刻剖析社会主义市场经济下生产方式与经济结构变革的历史特征基础上，探析符合中国国情的供给侧结构性改革驱动经济发展新动力的理论与实践问题。

其二，国内研究紧扣我国转变经济发展方式中的现实问题，侧重于体制改革层面研究经济发展的动力转换及其如何驱动经济发展新动力问题，但是没有结合中国经济发展动力转换与经济体制改革实践的历史演变特征。因此，应当紧扣新常态下经济运行的变化趋势、基本特征和突出问题，以马克思主义政治经济学与中国特色社会主义政治经济学为理论基础，以生产方式和经济结构变革为逻辑主线，将新古典经济学和凯恩斯主义宏观经学中的要素市场优化配置理论，以及新经济增长理论、新制度主义发展经济学和包容性发展视域内有关经济发展的技术、制度、公平动力解说有机统一起来，去构建一个有解释力的理论分析新框架，来探索供给侧结构性改革驱动经济发展新动力的理论与路径问题。

其三，现有经济增长与发展理论有关经济发展动力转换，以及国内学者有关以体制改革驱动经济发展新动力的实践分析，主要是以资本为中心而展开线性均衡分析，没有以人和经济结构调整为中心展开分析，也没有基于唯物史观来构建一个制度变革、经济行为与结构调整绩效互动演化下的经济发展新动力分析框架,更没构建一个满足增速换挡、结构优化、动力转换经济新常态特征约束下的供给侧结构性改革与经济发展新动力互动关系的分析框架。正因如此,现有的各种理论与实践研究难以求解我国新常态下经济发展的关键性新动力因素,以及供给侧结构性改革驱动经济发展新动力的本质要求、基本原则、重点任务及实践路径等现实问题。

为此,本书紧扣新常态经济发展基本特征和供给侧结构性改革面临的突出问题,在深入研究我国生产方式与经济结构变革的历史演化特征基础上,以体制创新解决结构调整与经济发展新动力驱动中的体制性、制度性障碍为主线;以提高全要素生产率为核心;以改善民生和促进增长与分配、效率与公平相协调为价值导向;以提高要素配置效率与调整产业结构、提升供给体系质量与优化升级产业结构、提高生产劳动者努力系数与改善分配和需求结构为改革政策着力点和目标要求;以马克思主义政治经济学和中国特色社会主义政治经济学为理论指导,结合系统演化理论分析框架、新经济增长理论、新制度主义发展经济学和包容性发展视域内有关经济发展的技术、制度、公平动力理论解说,侧重从完善要素市场结构、创新科技体制、优化政府公共制度供给结构三个维度,研究新常态下如何通过供给侧结构性改革驱动结构优化、科技创新、制度公平三大经济发展新动力的理论与路径问题。

二、实践背景

如何通过体制改革与制度创新解放、发展社会生产力,促进社会经济健康可持续发展是党和政府自始至终坚定不移力图解决的重要问题。

事实上,新中国成立以来,以毛泽东为主要代表的中国共产党人,依据马克思列宁主义普遍真理与中国社会主义建设的探索实践,阐明了社会主义社会基本矛盾,初步探索了社会主义经济管理体制改革,提出正确处理经济建设中的重大关系。在此基础上研究了具有适合中国国情的社会主义工业化和现代化的发展道路、动力系统和制度基础。

改革开放以来,以邓小平、江泽民、胡锦涛为主要代表的中国共产党人依据马克思主义政治经济学基本原理,通过改革开放背景下发展社会主义市场经济实践的总结,提出了中国特色社会主义经济体制改革与改革开放理论、社会主义初级阶段的基本经济制度和分配制度理论，以及社会主义市场经济中宏观调控等对马克思主义经济学发展具有历史性贡献的中国特色主义政治经济学理论体系，科学回答了在发展社会主义市场经济过程中，如何通过体制改革与制度创新解放、发展社会生产力，促进社会经济健康可持续发展，从而不断满足人民群众日益增长的物质文化需要等重大理论与实践问题。例如，早在 20 世纪 80 年代末 ~90 年代初，针对中国经济增长发展中的各种比例与结构失衡，特别是经济增长质量不高等突出问题，1994 年，江泽民首次提出转变经济增长方式的战略思想和战略任务。1995 年，党的十四届五中全会则明确提出要"实现经济体制从传统的计划经济体制向社会主义市场经济体制转变；经济增长方式从粗放型向集约型转变"两个具有全局意义的根本性转变。为了提升经济发展质量，2002 年，党的十六大提出要走新型工业化道路，建立完善的社会主义市场经济体制。2003 年，胡锦涛总书记提出科学发展观。为了破解经济发展中的不平衡、不协调、不可持续以及如何践行科学发展观等问题，以胡锦涛为总书记的党中央提出经济发展方式转变理论。党的十七大进一步明确指出，"实现未来经济发展目标，关键要在加快转变经济发展方式、完善社会主义市场经济体制方面取得重大进展。"2008 ~ 2009 年发生的世界金融危机，进一步促使我国中央决策层认识到依靠投资与出口驱动"增长主导型"发展模式的问题所在，并着力将宏观调控政策转向在保障和改善民生基础上扩大内需，以求经济稳定、可持续发展，并强调要把保障和改善民生作为加快转变经济发展方式的根本出发点和落脚点。

2012 年，党的十八大以来，以习近平同志为核心的党中央一方面继续强调要转变发展方式，促进经济持续健康发展，指出实现尊重经济规律、有质量、有效益、可持续的发展，根本途径是加快发展方式，并指出：稳增长、转方式、调结构，推动经济持续健康发展，关键是全面深化经济体制改革。另一方面针对国民经济运行"三期叠加"的特征以及资本产出率、人口增量和全要素生产率"三降"而带来的经济发展动力明显减退趋势，以习近平同志为核心的党中央创造性地提出经济新常态、五大发展理念等与转变发展方式理论一脉相承的治国理政新思想与新方略。特别是，在我国经济运行特征、要素供给条件和供给结构发生转折性变化，以及经济发展动力减退的形势下，创造性地做出了我国经济已进入新常态经济发展的历史性判断，强调认识新常态、适应新常态、引领新常态，是当前和今后一个时期我国经济发展的大逻辑。据此逻辑提出推进供给侧结构性改革重大战略思想与战略部署，强调在适度扩大总需求的同时，着力加强供给侧结构性改革，着力提高供给体系质量和效率，增强经济持续增长动力，推动我国社会生产力水平实现整体跃升，并强调供给侧结构性改革重点是解放和发展社会生产力，用改革的办法推进结构调整，减少无效和低端供给，扩大有效和中高端供给，增强供给结构对需求变化的适应性和灵活性，提高全要素生产率。

结合我国的发展历程来看，中国经济经过40多年的高速增长后，在全球经济普遍下滑并陷入低迷的大背景下，开始进入结构性减速与发展换挡阶段。在这一阶段，需要告别传统的依靠要素投入的粗放增长模式，向高效率、低成本、可持续的中高速增长模式全面转型。因此，经济"新常态"需要从中国经济发展的历史性特征以及其内生经济增长规律的阶段性变化上进行全局把握。在这一阶段，一些有别于过去发展历程的发展特征愈发凸显，最明显的，依靠数量扩张的经济增长模式已经难以支撑当今体量如此庞大的经济继续实现高速增长。特别是随着人口红利消失、要素成本快速上涨、资源配置效率改善减弱、要素供给效率以及潜在增长率的下降，中国比以往任何时候都需要通过推动体制改革与制度创新激发经济发展新动力来进一步提升国家竞争力，摆脱陷入"中等收入陷阱"的风险，实现重构国家竞争优势的目标，最终完成伟大复兴中国梦的历史任务。

因此，在经济增速换挡、结构调整阵痛、动能转换困难相互交织的经济发展环境条件下，如何积极适应、把握并引领新常态，坚持中国特色社会主义政治经济学的重要原则，坚持社会主义市场经济改革方向，按照完善和发展中国特色社会主义制度、推进国家治理体系和治理能力现代化的总目标推行供给侧结构性改革，并依据供给侧结构性改革的思路与要求，探索方向定位合理并具有重大牵动性和外溢性的重点领域和关键环节突破性改革，以优化结构、增强动力、化解矛盾、补齐短板为依托，推动中国社会生产力水平实现整体跃升，增强经济发展质量和效益以实现动能转换与高质量发展，这是我国深化供给侧结构性改革驱动经济发展新动力中的重大历史课题，同时这也是本书研究的初衷。为此，我们认为：必须将马克思主义政治经济学的基本原理和中国经济发展新常态的阶段性特征有机结合，并借鉴新经济增长理论、新制度主义发展经济学和包容性发展视域内有关经济发展中技术、制度、公平动力的理论阐释，探索供给侧结构性改革驱动经济发展新动力的本质要求、基本原则、重点任务及实践路径等现实问题。

三、本书研究的意义与价值

在理论上：（1）通过在深入研究体制改革、结构调整与经济发展新动力之间的内在逻辑关系基础上，初步构建一个以马克思主义政治经济学为基础，以结构优化、科技创新、制度公平协同为中心内容的经济发展新动力分析框架；（2）推进以人为价值中心，以结构调整和创新驱动为发展新动力源的理论分析，进而有助于求解我国经济发展从投资驱动转换到创新驱动的关键性制约因素，从而科学求解供给侧结构性改革的内涵本质、目标要求、基本原则、重点任务及实践路径；（3）可以结合生产方式与社会经济结构变迁分析经济发展新动力，从而可以从一个新的视野丰富与拓展人本导向经济发展理论、系统演化理论以及马克思主义政治经济学的研究内容和范围，也有助于为中国特色社会主义经济发展新动力理论的构建提供知识积累。

在实践上：本书对于探索新常态下如何通过制度变革及配套体制机制改革以实现发展动力转换与驱动经济发展新动力具有重大的实践意义，特别是如何通过完善要素市场结构、创新科技体制以及优化政府公共制度供给结构的协调配套体制改革，为新常态下发掘供给侧经济发展新动力，并为求解供给侧结构性改革驱动经济发展新动力的原则与方向、目标与任务、条件与路径、方式与措施等实践问题提供基本思路和政策建议。

第二节 本书研究的主要内容及其基本思路和方法

一、本书研究的主要内容

（1）新常态下供给侧结构性改革的实质内容与核心问题。主要从世界主要国家的经济周期性变化特征及其动力趋势出发，描述并分析中国经济新常态的宏观背景，并基于上述背景，提出了经济新常态的基本特征，以及新常态下发展动力转换的必要性。而后，针对供给侧结构性改革的核心目标，分析中国提升全要素生产率的制度性障碍，进而提出新常态下供给侧结构性改革的实质内容与核心问题，为研究供给侧结构性改革与经济发展新动力之间的逻辑关系、生成机制与实现条件奠定了现实背景与分析基础。

（2）供给侧结构性改革驱动经济发展新动力的不同经济理论探讨与分析框架构建。在综合比较评述马克思主义政治经济学、中国特色社会主义政治经济学、新古典经济学、凯恩斯主义宏观经济学、新经济增长理论、新制度主义发展经济学、演化经济学等有关制度变革与经济发展动力变换理论演进的基础上，紧扣新常态下经济运行与经济发展动力的变化特征、趋势以及供给侧结构性改革中核心问题，遵循提升中国经济发展质量的目标导向，以生产方式和经济结构变革为逻辑主线，将市场结构优化动力、科技创新动力、制度公平动力有机统一起来，构建出具有中国特色并具有实践解释力的供给侧结构性改革驱动经济发展新动力的理论分析框架。

（3）供给侧结构性改革与经济发展新动力之间的逻辑关系研究。首先，基于马克思主义政治经济学与制度经济学的分析框架，探寻制度变迁、经济结构调整与经济发展动力转换之间的一般互动关系。其次，在明晰制度变迁、经济结构调整与经济发展动力转换互动关系的基础上，进一步使用联立方程模型厘清制度变迁、经济结构调整与经济发展动力转换三者间的相互作用机理。再次，结合我国经济运行和经济改革发展的特征与问题，分析我国体制改革、结构调整与驱动经济发展新动力之间的互动关系和相互作用机理，并对比借鉴国外代表性转型国家的实践路径，明晰了我国体制改革、结构调整与驱动经济发展新动力之间相互作用机理的特征表现。最后，本着从抽象到具体的逻辑思路，探索我国供给侧结构性改革与经济发展新动力之间的内在逻辑关系，从而为本书进一步厘清供给侧结构性改革驱动经济发展新动力的生成机制及实现条件奠定坚实的理论基础。

（4）供给侧结构性改革驱动经济发展新动力的生成机制及实现条件。在继承有关供给侧结构性改革与经济发展新动力之间逻辑关系研究的基础上，进一步阐述供给侧结构性改革如何生成新常态下经济发展的新动力，并探讨其实现条件以及制度基础，从而为本书进一步分析供给侧结构性改革的绩效评价问题提供理论基础，并为后续具体研究经济发展新动力奠定框架。具体而言：首先，分析供给侧结构性改革的三大主要突破方向，即要素市场优化配置、科技体制创新和制度供给结构之间的互动匹配与协同演化关系；其次，讨论供给侧结构性改革驱动经济发展新动力的主要生成机制与实现条件；最后，提出供给侧结构性改革驱动经济发展新动力的制度基础的核心是社会主义基本经济制度。

（5）供给侧结构性改革驱动经济发展新动力绩效评价的理论探索。在梳理既有文献中关于供给侧结构性改革绩效评价讨论的基础上，依据供给侧结构性改革的中心特点，探寻供给侧结构性改革绩效评价的理论基础，同时以更为科学全面的分析方法构建供给侧结构性改革绩效评价体系。具体而言：首先，通过分析供给侧结构性改革的目的导向，提炼出三大动力系统，再以三大动力源为基础，以全要素生产率的提高为视角，进行理论模型推演，明晰供给侧结构性改革如何通过三大动力源提高全要素生产率进而增加产出；其次，以三大动力源为对象，凭借层次分析的方法思路构建供给侧结构性改革评价指标体系；最后，通过层次分析法与熵值法相结合的方式进行绩效评价并进行相应分析，并依据评价方法判断动力源是否得到改善，进而验证供给侧结构性改革是否如预期提升了全要素生产率。

（6）完善要素市场体制结构驱动经济发展结构优化新动力研究。主要研究微观的要素市场结构如何影响中观产业结构，进而实现宏观的经济高质量发展，同时为本书进一步分析资本市场供给侧结构改革提供总体性依据。具体来说，在阐述要素市场结构在要素配置与经济发展中的本质属性与功能定位的基础上，分析我国要素市场结构的历史演变、基本特征与制度缺陷，进而基于实证分析范式探寻要素相对价格扭曲对产业结构合理化的影响，最终找出完善要素市场体制结构驱动经济发展结构优化新动力的目标要求、基本原则与重点任务。

（7）完善资本市场驱动经济发展结构优化新动力研究。基于由一般到特殊的基本逻辑思路，研究如何通过完善资本市场驱动经济发展结构优化新动力。具体来说，在明晰我国资本市场结构历史变革与特征的基础上挖掘出我国资本市场结构体系的制度缺陷，同时利用实证分析方法剖析我国资本市场对产业结构调整的抑制效应，并围绕金融生态环境、政府效率和市场化程度三重视角分析其在资本市场发展抑制效应中所扮演的角色，进而运用比较制度分析、公共政策系统等分析方法，明晰完善资本市场驱动经济发展结构优化新动力的基本原则、重点任务及路径选择。

（8）创新科技体制驱动经济发展新动力研究。主要从科技体制创新的视角出发，厘清我国科技体制创新的历史沿革、总结我国科技体制创新的基本特征和核心问题，同时从理论与实证角度深入研究供给质量体系改善视角下我国科技体制创新对产业结构升级的作用机制与影响效应。并在此基础上，重点围绕科技体制创新如何促进科技与经济融合发展的具体问题，深入分析科技系统内科学与技术耦合驱动经济发展的作用机制与影响效应，进而结合中国发展的现实情况和本部分研究的相关结论，提出科技体制创新驱动经济发展新动力的基本原则与政策建议。

（9）优化政府公共民生制度供给结构驱动经济发展新动力研究。在继承前文研究的基础上，以"民生改善"为根本出发点，将"公平—效率"新常态关系作为基本目标，基于包容性发展分析框架，运用历史演进、比较制度等分析方法，探索优化政府公共民生制度供给结构驱动经济发展制度公平新动力的动态关系、制度基础与政策选择。具体来说，首先，在明晰包容性经济发展公平新动力现实内涵的基础上，厘清政府公共民生制度供给结构与包容性经济发展公平新动力的内在逻辑联系与动态关系；其次，基于历史演进视角系统梳理我国政府公共民生制度供给结构的发展脉络，并从中提炼我国不同时期政府公共民生制度供给结构的矛盾问题及其体制机制成因；再次，以优化社会公平竞争环境和改善民生为导向，通过明晰当前我国民生制度供给之缺憾，探索政府公共产品与服务的公平性、普惠性制度设计；最后，回眸与反思我国教育、医疗、就业、土地、住房、养老等领域的民生政策，以包容性发展理念为指引，提出优化当前民生政策的相关建议。

二、本书研究的基本思路与方法

首先，依据问题导向、理论演绎和实证研判相结合原则，以生产方式与经济结构变革为逻辑主线，以马克思主义政治经济学和中国特色社会主义政治经济学为指导，研究新常态下供给侧结构性改革驱动经济发展新动力的理论基础。其一，借鉴新制度经济学的制度—行为—经济绩效分析框架，运用唯物历史方法和经济演化分析范式，以及数量历史、统计与计量、案例与事件史、文献分析等方法，剖析制约我国全要素生产率提升的供给侧制约性因素及其体制性或制度性障碍，进而研究新常态下供给侧结构性改革的实质内容与核心问题。同时，厘清我国体制改革、结构调整与驱动经济发展新动力之间的特殊互动关系和相互作用机理，并探索我国供给侧结构性改革与经济发展新动力之间的内在逻辑关系及其实践要求，进而构建一个具有中国特色并具有实践解释力的供给侧结构性改革驱动经济发展新动力的理论分析框架。其二，运用系统协同演化分析框架，以及相互作用原理、系统动力学方法等方法研究要素市场优化配置、科技体制创新与制度供给结构变迁之间的互动匹配模型及其动态协同演化机制，并运用政治与经济互动分析框架，以及唯物辩证法、历史比较法、制度比较与制度结构分析法、利益集团动态演化博弈等方法，探索新常态下供给侧结构性改革驱动经济发展新动力的内在机制、实现条件及其制度基础。其三，依据新发展理念和可持续发展的实践要求，运用多属性综合评价理论与方法，并通过线性加权综合评价模型和非线性加权综合评价模型的构建，以及具有实践指导价值评价指标体系的初步设计，研究如何以全要素生产率提升为核心，以结构优化、创新驱动、制度公平三大新动力对可持续发展的驱动效应为中心评价维度，对供给侧结构性改革驱动经济发展新动力的绩效进行科学测评。

其次，围绕提高供给结构的适应性、灵活性和全要素生产率核心问题，将历史变革、特征问题、体制机制完善统一起来，以体制改革—驱动新动力—破解结构问题—促进经济可持续发展为逻辑思路，侧重从完善要素市场结构、创新科技体制、优化制度供给结构三大方面，研究如何通过供给侧结构性配套体制改革驱动经济发展新动力的基本原则、重点任务及路径选择。其一，基于由一般到特殊的逻辑思路，运用马克思主义政治经济学市场本质与市场经济制度理论，结合西方不完全竞争市场结构理论，运用逻辑与历史、比较制度、案例分析等方法，研究要素市场结构在要素配置与经济发展中的本质属性与功能定位，分析要素市场的基础性、战略性、垄断性及外部性等基本特征，重点探寻了如何通过完善资本市场驱动经济发展结构优化新动力。

其二，运用计量历史、多元回归统计、复杂模糊评价，以及唯物历史、比较制度等方法，实证分析科技体制创新在经济周期转换时期促进产业结构升级与驱动经济发展新动力的影响特征及效应，并研究我国科技体制创新的历史沿革、基本特征和绩效评估。其三，运用数据挖掘、统计描述、实地调查、案例分析、历史比较等方法，实证分析就业、收入分配、教育医疗、社会保障、公共产品与服务等民生领域利益权利关系不均衡配置的历史演化及其矛盾状况，并分析其对居民消费结构优化和消费水平提升，进而对驱动经济发展公平动力的抑制效应。

最后，结合目前供给侧结构性改革驱动经济发展新动力迫切需要解决的突出问题，从全面深化改革与制度建设视角，以"发展转型、公平导向、民生改善"为主线，遵循时间有序性和空间并存性、重点求解与平行推进的原则，侧重从实践政策选择与决策咨询层面，运用公共政策系统分析、社会历史、比较制度、类比分析等方法，提出了一些具有理论创新和实践新理念特征的供给侧结构性改革驱动经济发展新动力的基本思路、目标要求和政策选择。

第三节　本书的主要思想观点及创新之处

一、主要思想观点

（1）对新常态下供给侧结构性改革驱动经济发展新动力研究，有必要在对经济发展动力转换及新动力驱动理论研究发展脉络的系统梳理基础上，紧扣经济新常态运行特征和供给侧结构性改革中的核心问题，引入制度变革与结构调整两大具有中国特色的变量，来构建一个具有理论创新和实践解释力的新理论分析框架，并以此来探索新常态下供给侧结构性改革驱动经济发展新动力的形成机理、实现条件及绩效评估。

（2）新常态下供给侧结构性改革驱动经济发展新动力的关键，在于通过以生产方式为基础的社会经济结构系统变革以形成"公平—效率"相兼容的新常态关系，从而为驱动发展新动力构建一个激励相容的制度结构。

（3）以供给侧结构性改革驱动经济发展新动力，其核心在于理顺政府与市场关系，完善要素市场制度结构，促进要素资源自由流动、提高要素配置效率，实现要素控制权的公平均衡配置。

（4）资本市场的完善与多层次资本市场的构建，是新常态下实现促进资本优化配置、调整并优化产业结构，协调实体经济与虚拟经济比例关系的重要制度保障。完善并构建多层次资本市场，其核心在于理清政府与市场的关系基础上，充分发挥市场在资本配置的决定性作用。与此同时，要正确处理主板、中小板、创业板以及场外市场之间的比例和结构关系以及二级市场中价值论与投机论等关系问题。

（5）科技体制创新的核心是促进科技与经济的深度融合，科技创新将为未来经济持续增长提供强大的动力，为此，我国应构建企业为主导，政府、科研机构和企业相协调的开放式科研体制机制，并改革科技成果评价体制，提升科技创新在产业结构优化升级中的引领功能。

（6）生产者努力程度提升与人力资本积累是经济持续发展的根本动力源泉，政府应以改善民生为导向，优化制度供给结构，塑造公平公正制度环境，改善产权与收入分配制度，在此基础上，改善消费投资比例关系，促进居民消费升级与提升。

（7）为了促使未来中国经济适应新常态经济运行特征及规律要求，在政策取向上应：重市场（即要简政放权，激活市场）；微刺激（即要依据市场经济和经济新常态运行特征及规律要求，依法有序而又科学合理地改善宏观调控体系，应规避过去那种以政府规划为导向的具有明显行政动员特征的大起大落式宏观调控）；励创新（要经济增长的动力源由投资驱动源转向协同创新源）；促就业（要努力增加生产劳动人数，并提高劳动生产效率）；固实体（应确立夯实实体经济是稳定经济增长、扩大内需、控制通胀的基本保障，也是增进社会财富、提升综合竞争力的物质基础之基本理念）。

二、本书研究的主要创新与特色

（1）从问题选择与分析思路来看，与以新古典经济理论和生产函数为基础来研究发展动力转换或驱动发展新动力思路不同，本书紧扣新常态发展本质特征和供给侧结构性改革中的核心问题，以生产方式和社会经济制度结构变革为分析逻辑基础，并将制度变革和结构调整互动关系引入发展动力转换或新动力驱动分析系统框架，并以此去解读新常态下供给侧结构性改革驱动经济发展新动力转换的形成机理、实现条件及其配套体制改革的基本原则、重点任务和实践路径等理论与实践问题。可以说，本书的问题选择与分析思路具有鲜明的国情与时代特征，也符合我国改革发展的时代要求。

（2）从理论研究基础与研究平台来看，与以往以资本为中心与以需要管理为导向来分析驱动经济发展新动力不同，本书以马克思主义政治经济学和中国特色社会主义政治学为指导，着重借鉴新制度主义经济发展理论，有关以制度变革驱动经济发展新动力的分析框架，以释放广大生产劳动者活力为中心，以供给侧配套制度结构完善或体制创新为主线，来构建新常态下供给侧结构性改革驱动经济发展新动力的分析框架。

（3）从研究方法来看，本书以现实问题为导向，以经济系统演化为主要分析框架，借助政治与经济互动、制度—行为—绩效分析法、数量历史、比较制度等方法开展研究。

第一章

新常态下供给侧结构性改革的
实质内容与核心问题

供给侧结构性改革是在我国经济发展新常态大逻辑背景下,通过体制改革驱动经济发展新动力,推动社会生产力水平实现整体跃升的重大改革方略与必由之路。在经济增速换挡、结构调整阵痛、动能转换困难相互交织的经济发展环境条件下,如何积极适应、把握并引领新常态,坚持中国特色社会主义政治经济学的重要原则,坚持社会主义市场经济改革方向,按照完善和发展中国特色社会主义制度、推进国家治理体系和治理能力现代化的总目标,并按照供给侧结构性改革的思路与要求,探索方向定位合理并具有重大牵动性和外溢性的重点领域和关键环节突破性改革,以优化结构、增强动力、化解矛盾、补齐短板为依托,推动中国社会生产力水平实现整体跃升,增强经济发展质量和效益以实现动能转换与高质量发展,是我国深化供给侧结构性改革驱动经济发展新动力中的重大历史课题。

本章首先从世界主要国家的经济周期性变化特征及其动力趋势出发,描述并分析了中国经济新常态的宏观背景;其次,基于以上背景,提出了经济新常态的基本特征,以及新常态下发展动力转换的必要性;再次,针对供给侧结构性改革的核心目标,分析了中国提升全要素生产率的制度性障碍;最后,提出新常态下供给侧结构性改革的实质内容与核心问题。本章的研究为供给侧结构性改革驱动经济发展新动力的经济理论探讨与分析框架构建提供了经验事实,也为研究供给侧结构性改革与经济发展新动力之间的逻辑关系、生成机制与实现条件奠定了现实背景与分析基础。

第一节 世界主要国家经济发展周期性 变化特征及发展动力趋势

一国经济增长速度的高低与其所处的经济发展阶段密切相关。世界各国经济发展历史表明：在经济成长期，经济总体呈现出超高速或相对高速增长的特点；在经济成熟期，经济总体呈现出正常增长或低速增长的特点。自工业革命以来，在人类经济从成长期向成熟期发展的进程中，经济增长速度趋缓是个客观的演化规律，当今新兴经济体经济增长速度普遍高于发达经济体为此提供了一定程度上的佐证。

一、世界主要国家经济发展周期性变化特征

1. 世界整体经济发展周期性变化特征

自 2008 年世界性金融危机发生以来，世界整体经济形势始终处于缓慢的复苏和调整过程中，该阶段有两个显著特点。第一，"后危机"过程的发展十分缓慢。按照经典周期理论，该阶段长度处于熊彼特分类中的"中周期"，又称朱格拉周期，持续约 9～10 年，且有向长度为 20 年左右的库兹涅茨周期中长周期演变的趋势。第二，本轮复苏过程具有复杂性和不稳定性的特点，具体表现为增长率停滞不前、政策工具作用不显、国际贸易陷入困境、逆全球化趋势兴起、世界各区域政治"黑天鹅"事件频发等。

为探析世界经济增长的周期性特征，将全球主要国家划分为高、中、低收入三个组别分别对其经济周期特征进行考察。首先，高收入国家，即通常意义上的发达国家与世界整体经济周期性波动基本同步，这说明世界经济由发达国家主导的态势仍未动摇。高收入国家的周期波动并不明显，近 20 年来除经济危机爆发后的 2009 年外，增长率均稳定在 2% 左右。

中等收入国家则更多地扮演了全球经济驱动引擎的作用。自 1997～1998 年亚洲金融风暴到 2008 年全球经济危机爆发，中等收入国家的经济增长率发

生了 3 次波动性上升，分别是 2% ~6%，4% ~8% 和 7% ~8.7% 的阶段性高峰。而且，在两次经济危机的复苏阶段，以及 2015 年左右全球经济开启的新一轮缓慢回暖中，中等收入国家都处在发生较早的位置上。

低收入国家由于经济体量较小，处于世界市场价值链分工末端，以及与世界金融体系结合尚不紧密等原因，其经济周期性变化特征与世界整体有一定区别，甚至在一些阶段（例如 21 世纪初）中呈现反周期特征。值得一提的是，低收入国家的经济增长率并没有在近 20 年中的两次经济危机时遇到显著挫折，且在 2015 年左右开启的新趋势中强劲反弹。

世界整体 GDP 增长率如图 1 - 1 所示。

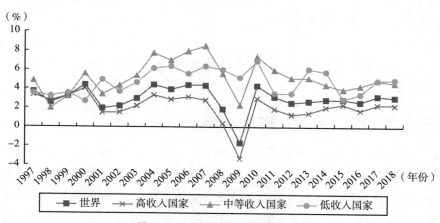

图 1 - 1　世界整体 GDP 增长率

资料来源：根据世界银行数据库计算而得。

2020 年初爆发的新冠肺炎疫情被认为是"'二战'以来人类社会共同面临的最严重危机之一"，其对宏观经济的影响远超 2008 年全球金融危机。整体看来，新冠肺炎疫情将导致全球经济局势发生深刻变化。其一，疫情冲击会进一步加剧并延伸全球经济的低增长阶段；其二，经济全球化将严重受阻，甚至产生"逆全球化趋势"；其三，经济运行的宏观环境不确定性大大增强。

首先，就经济增长速度而言，由于新冠肺炎疫情发生的突然性和严重性，各大经济组织建立的预测模型普遍认为 2020 年全球经济增长率将出现负值。2008 年金融危机以来，全球经济增速降低到 3% 左右的中低速增长区间，而根据预测新冠肺炎疫情将导致增长率下降 6% 左右。虽然病毒的传播特征，以及供给面出现的产出缺口将使 2021 年增速发生反弹，但疫情所产生的需求冲击和服务业部门遭受的巨大损失决定了全球经济将无法在短时间内恢复到之前水平，预计全球在疫情冲击后将长期保持更加低迷的增长速度。

其次，自 2008 年以来，全球化趋势未能取得重大进展，而贸易冲突和保护主义甚嚣尘上。自 2020 年初新冠肺炎疫情全球蔓延起，全球贸易量和贸易额均出现了大幅降低。根据联合国贸发会的数据（UNCTAD），2020 年第一季度全球贸易额环比持续下降，突破了 3%，而根据疫情传播模型的预测，第二季度环比降幅可能达到 26.9%。价格方面，自 2020 年以来自由市场商品价格指数（FMCPI）持续下降，到 3 月份降幅达到 20.4%，主要源于原油等大宗商品的降价。本次疫情必将对国际贸易和跨国投资造成重大冲击，再考虑到经济危机可能提高政治风险，新冠肺炎疫情将可能极大地助推"逆全球化"趋势。

最后，由于各国发展程度、经济结构和疫情传播过程的差异，新冠肺炎疫情对世界各地区的经济影响存在显著差异。根据世界银行数据，2020 年第一季度美国与欧盟区 GDP 分别下降了 4.8%、2.7%，考虑到美欧疫情发展尚未进入稳定期，其未来将面临更加严重的经济衰退。由于制造业产值下降超过 30%，中国 2020 年第一季度的 GDP 降幅达到 6.8%，但由于防控措施的有力执行以及制造业订单回流，第二季度有望发生短期反弹。但整体而言，新冠肺炎疫情极大地增强了全球宏观经济不确定性，有可能导致世界政治、经济格局发生深刻的变化。

2. 主要发达国家经济发展周期性特征

以美、日、英、法、德为代表，考察高收入国家近 20 年来的经济发展周期性特征。在 2008 年以前，以美国为代表的发达国家总体发展较为平稳，并未出现明显的经济增长速度波动，且波动的规律具有比较大的同步性。1997～1998 年的亚洲金融风暴对日本产生了显著影响，其增长率下跌超过 4%，但随后快速回升，返回 2% 左右的稳定区间。2002～2003 年德国由于产业结构落后加之外部环境冲击，其增长率出现负值，不过政府通过一系列刺激手段干预经济，在之后的 5 年中取得了良好成效，共两次波动式上升，危机前的德国经济在欧洲处于领头羊的位置。

自 2008 年危机发生以来，世界主要发达国家都主动采取了各类货币及财政等宏观经济政策，试图以逆周期刺激的方式推动经济复苏。就 2008～2010 年的"V"形反弹来看，逆周期政策均取得明显成效，但效果也存在分化。日本和以德国为首的部分欧元区国家在经济增长率获得大幅回升后，先后出现了明显回调，增长率陷于停滞，不得不从货币政策角度，求助于进一步的量化宽松。美国、英国以及欧元区的另一个主要国家法国的复苏过程则更为稳健，自 2010 年以来均维持在 2% 左右。在 2016 年开启的新一轮回暖趋势中，除英国仍受到脱欧影响，未能摆脱 2014 年以来持续的下滑态势外，其他主要发达国家均较为同步地出现增长率上升（见图 1－2）。

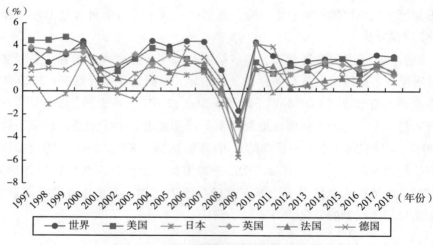

图 1－2　世界主要发达国家 GDP 增长率

资料来源：根据世界银行数据库计算而得。

3. 主要发展中国家经济发展周期性特征

选取金砖五国作为代表，考察世界主要发展中国家近 20 年的经济发展周期性变化。从整体来看，相对于发达国家的稳定低增长率，发展中国家的经济增长率具有高于世界平均增长率和稳定性较低、波动性较强两个明显特点，但不同国家之间也存在差异性。

就增长速度而言，自 21 世纪以来，中国和印度都保持了高于世界平均水准的增长率，印度为 5% ~ 10%，中国的表现更为耀眼，2011 年以前增长率长期保持在 10% 上下，2011 年开始稳步回归理性，至今企稳后仍有 6.5%。巴西和南非的增长速度处于世界平均水准，在 0 ~ 5% 波动，巴西在 2015 年重新回到负增长。2008 年经济危机对这两个国家影响深远，至今没有摆脱增长率趋于停滞的困境，总体来看有长期陷入"中等收入陷阱"的可能性。俄罗斯则处于两组国家之间，2008 年以前依靠国内的丰富资源和重工业产品商品和服务出口，保持了较高的增长速度；2008 年以后由于国际局势变化，商品和服务出口严重受挫，又由于国内经济结构和产业结构落后，受到经济危机的严重冲击，跌落到低增长甚至负增长水平。

就增长稳定性而言，在世界主要发展中国家当中，中国的增长稳定性是首屈一指的。从 1998 ~ 2007 年，经济增长速度逐年攀升，且十分稳定。在 2008 年的经济危机当中也并未受到严重冲击，依然保持了接近 10% 的增长速度。依托"4 万亿"财政政策的刺激，中国是世界上最早从危机中恢复的发展中大国。从 2010 年开始，中国经济开始"软着陆"过程，增长率逐渐趋于理性收敛。具有中等稳定性的国家是印度和南非，其经济周期的波动性在 5% 左右，印度处于 5% ~ 10%，南非处于 0 ~ 5%。并且，两个国家的经济周期波动性在逐渐缩小，自 2012 年以来，印度增长速度在 7% 左右波动，南非在 2% 左右，且两国存在周期错配，主要是由于人均收入和国际价值链分工位置的不同。经济波动性最强的国家是俄罗斯和巴西，其波幅在 10% 以上，个别时期（如 1998 年的俄罗斯）波幅超过 15%。造成这种严重波动性的主要原因有二：第一，两个的要素禀赋均为自然资源丰富而人口不足（人口密度低），形成了商品和服务出口外向型经济，因而极易遭到世界性经济金融危机的外生冲击；第二，两国国内的经济结构不平衡，主要是制造产业结构不平衡，俄罗斯缺乏轻工业而巴西重工业发展水平低（见图 1 - 3）。

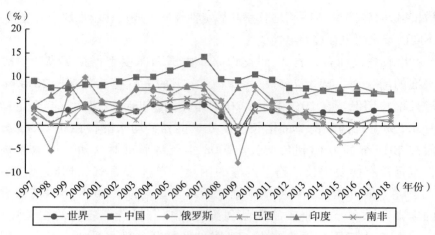

图1-3　世界主要发展中国家GDP增长率

资料来源：根据世界银行数据库计算而得。

二、中国经济发展周期性特征

1. 新中国成立以来经济发展周期性特征

首先，有必要对中国的经济周期性特征进行全面梳理。根据学界主流观点，自新中国成立以来，中国的经济发展可以根据GDP增长率波动分为11个短周期（刘树成，2009）。就周期本身的形态特征而言，主要具有以下特点：

（1）波动强度（波峰位置）：逐步下降。新中国成立初期的几个周期经济增长率的波动高度几乎都在15%以上，个别甚至可以达到25%以上。自20世纪70年代中期开始，波动强度减弱，高峰处于11%~15%。进入21世纪后，在第10个周期，峰位控制在14%，并逐步趋稳。

（2）波动深度（波谷位置）：稳健提高。从整体来看，在前几个周期当中，每个周期经济增长率的低谷往往近于零，个别年份出现增长率为负。而改革开放之后出现的经济周期性调整，经济增长率的低谷均为正增长，未再出现负增长局面。

（3）波动幅度：逐步缩小。每个周期经济增长率的峰谷落差，由新中国成立前期的近 50 个百分点，降至改革开放之后的六七个百分点。在第 10 个周期，峰谷落差仅为 5 个百分点。

（4）波动的平均高度：逐步提升。1953～1978 年（以 1952 年为基年）的 26 年中，GDP 年均增长率为 6.1%；1979～2010 年（以 1978 年为基年）的 32 年中，GDP 年均增长率为 9.9%，比过去提升了 3.8 个百分点。

（5）波动的长度：逐步延长。20 世纪 90 年代初之后，在第 9 和第 10 个周期中，周期长度延长到 9～10 年，扩展为中周期。特别是在第 10 个周期中，上升阶段由新中国成立初期的 1～2 年延长到 8 年，这在新中国经济发展史上还是从未有过的，这也从侧面说明我国经济的发展动力已经发生明显变化。

中国 GDP 增长周期如图 1-4 所示。

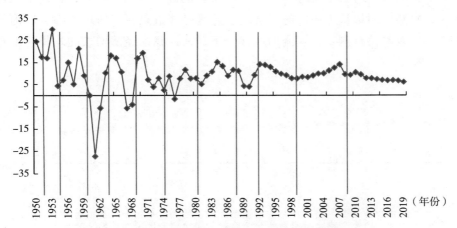

图 1-4　新中国成立以来中国 GDP 增长率周期变化

资料来源：国内生产总值指数（上年 = 100）根据国家统计局资料计算而得。

2. "新常态" 以来经济发展周期性特征

习近平总书记在 2014 年 5 月考察河南省途中首次指出，中国应当从经济发展的阶段性特征出发，适应新常态。[①] 2014 年 12 月，中央政治局会议中正

———————————

① 中国共产党新闻网，http://cpc.people.com.cn/n/2014/0511/c64094-25001070.html。

式提出中国经济进入新常态。根据以往经济理论界和智库的研究，结合政府相关文件和政策趋势，在此将中国经济新常态阶段的开始时间定义为 2014 年。从经济运行周期的角度而言，一个显著特征和重要原因是，2014 年是"4 万亿"逆周期政策经济刺激效应充分发挥的重要时间点，即在帮助中国走出经济危机的同时，其短期刺激效应逐渐消退，而长期结构性影响开始显现的时间节点。

近年来中国的经济周期性波动可以简单分为两个阶段。第一个阶段是理性回调阶段，第二个阶段是小幅度波动的短周期运动阶段。如图 1 - 5 所示，自 2012 年以来，中国经济增长率由 8.2% 开始，经历了 4 次波动式下降，在 2014 年底 ~ 2015 年初到达 7.1%，初步完成了理性回调过程。自 2015 年第三季度 ~ 2017 年初，经历了第一次平缓的周期波动，波幅在 0.3 个百分点左右。2017 年第二季度开始至今，处于一个新的缓慢波动周期中，目前下调过程还未结束。可以认为中国的经济增长速度已经进入收敛阶段，综合国内外相关的宏观经济预测，在主流周期视角下，预计我国经济增长的均衡速度约为 6.5%。

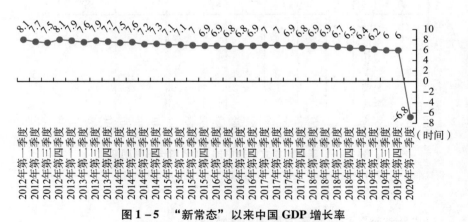

图 1 - 5 "新常态"以来中国 GDP 增长率

资料来源：国内生产总值指数（上年同期 = 100）当季值，根据国家统计局资料计算而得。

综上所述，根据我国经济发展的实践，结合国外经济发展的经验，回顾历史，展望未来，可把中国经济增长速度概括为四种类型：一是超高速增长（前改革时代 9% 及以上的增长率）；二是相对高速增长（后改革时代的 6% ~

8% 的增长率）；三是正常增长（经济成熟期 3% ~ 5% 的增长率）；四是低速增长（经济成熟期 1% ~ 2% 之间的增长率）。当前，中国经济"新常态"的主要态势是在结构调整中进入相对高速增长阶段。

2020 年新冠肺炎疫情的暴发对中国经济运行形成了极为强烈的短期冲击，从中国经济运行的周期性变化来看，本次疫情冲击的影响程度远远超过 2003 年非典型肺炎（SARS）和 2008 年世界金融危机。2020 年第一季度经济增长率同比降低 6.8%，其中第二产业下降幅度最高，达到 -9.6%。2020 年 1 月全球制造业产出环比降低 11%，其中中国下降了 35%，是受冲击最严重的主要制造业国家之一。第三产业当中，批发零售和住宿餐饮等服务消费下降最多，但实体经济停摆的同时，以金融业和信息技术业为代表的虚拟经济部门出现较大增长。

新冠肺炎疫情对中国未来经济发展存在多方面影响，尽管对经济新常态的平稳过渡造成了干扰，但总体而言仍是"危中有机"。一方面，世界宏观经济周期进一步衰退，以及政治、经济环境不确定性增强，对我国传统的重制造业、重投资的要素投入驱动型增长极为不利，尤其存在贸易战等外部冲突的情况下，对外贸易动力的持续走弱将在较长时期内难以恢复；在国内居民部门负债率处于高位的情况下，新常态经济增速可能面临较长时期的中低速增长。另一方面，新冠肺炎疫情推动了大量消费行为和服务供给转到线上，这推动了与电子商务相关的消费服务、国内物流、信息技术等一系列服务业的快速增长和转型升级。尤其是信息基础设施的完善，可能将成为未来供给侧结构性改革创新驱动、推动产业结构转型升级的一大主要新动力。在当前中国审慎货币政策的背景下，政府对高新技术产业的有效投资，尤其是对创新型中小企业的转移支付，将可能借助疫情带来的特殊窗口期，加速促进传统产业的信息化转型，以及培育具有竞争优势的创新产业，从而以深化结构性改革助推创新驱动力生成。

三、世界主要国家经济发展动力趋势

1. 世界整体经济发展动力趋势

（1）世界整体"需求侧"经济发展动力。从世界整体来看，近半个世纪以来，经济发展"需求侧"的三大动力源，即消费支出、资本形成和商品和服务出口总体稳定。最终消费支出占 GDP 比重始终处于 70% 以上，是"需求侧"最主要的动力源泉。就资本形成总额和商品和服务出口而言，在 20 世纪后半叶，始终处于资本形成总额高于商品和服务出口的状态，但商品和服务出口比重不断上升，资本形成总额比重不断下降，这反映了世界市场在制度开放、交通通信和科学技术的推动下不断发展。在 21 世纪初，商品和服务出口比重超过了资本形成总额，但比重进一步扩大的趋势未能持续，说明全球贸易发展开始进入瓶颈期。资本形成总额比重稳步上升的态势在 2008 年的经济危机时被打破，其波动式调整持续至今（见图 1–6）。

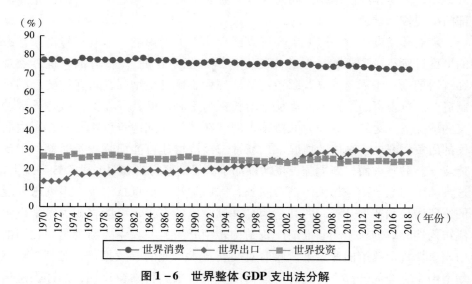

图 1–6　世界整体 GDP 支出法分解

资料来源：根据世界银行数据库计算而得。

　　具体考察世界主要发达国家和发展中国家的状况，可以看出两类国家存在明显差异。首先，就最终消费支出而言，发达国家的比重始终在 70% ~ 75%，从较长的历史时期来看处于稳定状态，这说明发达国家的经济发展动力在需求侧已经形成了稳定的消费结构。而发展中国家则不同，可以看出自 1970 年至今，发展中国家的最终消费支出呈现出螺旋式下降的长期趋势，从最高点 79% 到 2011 年的最低点 70% 左右，落差近 10%。发展中国家由于人均收入较低，投资需求旺盛和经济结构不够成熟，其消费结构尚未定型，仍然受多方面因素干扰（见图1-7）。

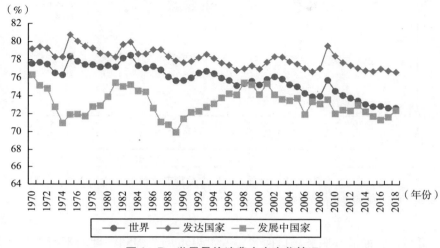

图1-7 世界最终消费支出变化情况

资料来源：根据世界银行数据库计算而得。

其次，就资本形成总额而言，在20世纪发达国家和发展中国家的投资率趋势相对接近，同步变动，但在21世纪出现了明显的分化趋势。发达国家的投资率稳定在20%，而发展中国家则一路攀升到了30%，近几年出现滑落。根据世界银行的定义，资本形成总额（以前称为国内投资总额）由新增固定资产支出加上库存的净变动值构成。资本形成总额主要反映了国内固定资产的增加速度。发达国家通常已经完成了国家基础设施体系的建设，又因为基础设施的更新往往牵涉到一系列利益安排，基于民主投票的政治体系很难进行高效处理，因此其比重不断下降。发展中国家往往面临基础设施投入不足，因此资本形成会对投资规模起重要影响，是经济发展的重要动力。例如，我国在经济危机时期采用"4万亿"财政刺激，促使大量投资进入基础设施建设，为我国的及早复苏提供了重要动力（见图1-8）。

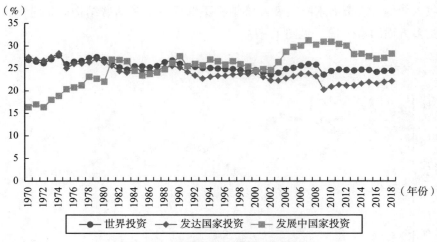

图 1 – 8　世界资本形成总额变化情况

资料来源：根据世界银行数据库计算而得。

最后，就商品和服务出口而言，受世界市场范围和深度的不断扩大和增加影响，长期以来世界出口总额基本处于平稳上升状态，2008 年经济危机对全球贸易的影响程度也较为同步。近年来发达国家商品和服务出口有明显增长，而发展中国家受到经济危机影响持续萎缩，主要是两类国家在国际价值链中的地位不同，发展中国家以原材料、基础产品为主，而发达国家以高科技和创新产品为主，因而经济危机对前者冲击更大。需要注意的是，2018 年以美国为代表的部分发达国家逐渐实行有差别的贸易政策，对发展中国家的影响将会是深远的。自 2020 年初新冠肺炎疫情全球蔓延起，全球贸易量和贸易额均出现了大幅降低。根据联合国贸发会的数据（UNCTAD），2020 年第一季度全球贸易额环比持续下降，突破了 3%，而根据疫情传播模型的预测，第二季度环比降幅可能达到 26.9%。价格方面，自 2020 年以来自由市场商品价格指数（FMCPI）持续下降，到 3 月份降幅达到 20.4%，主要源于原油等大宗商品的降价。全球贸易的萎缩对外向型经济将造成巨大打击，尤其是以处于产业链中低端的出口加工和贸易为主的发展中国家。为此，必须塑造主导产业的国际竞争优势，从价值链嵌入全面转向价值链攀升（见图 1 – 9）。

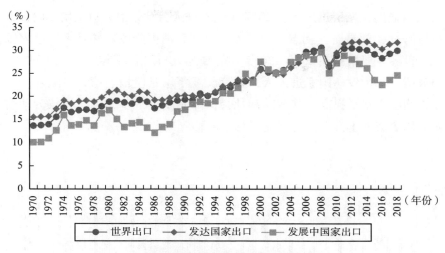

图 1 - 9　世界商品和服务出口变化情况

资料来源：根据世界银行数据库计算而得。

（2）世界整体"供给侧"经济发展动力。在全球经济增速普遍放缓的大背景下，各国普遍采取以凯恩斯主义为指导的财政、货币政策来刺激"需求侧"动力，但长期来看收效甚微，部分国家又出现新一轮"滞涨"风险。因此，包括中国在内的许多国家开始认为问题的根源来自"供给侧"，转而以供给管理和改善供给结构为主导的经济改革政策。事实证明，不论是经济理论还是现实实践都支持这一看法。因此，有必要对经济发展的供给侧动力因素进行考察和梳理。

①人口结构老化、劳动力增速放缓。首先，考察世界整体劳动力变化情况。根据世界银行和世界劳工组织的统计数据，如图 1 - 10 所示，折线图为劳动力参与率变化趋势，柱状图为劳动力数量。就劳动力参与率而言，从 20 世纪 90 年代至今，全世界 15 ～ 64 岁劳动力参与率整体下降了 4 个百分点，目前为 62%。其中，高收入国家由于人口和就业结构成熟，城市化率高，加之普遍的高福利和完善的社会保障政策，劳动力参与率长期处于稳定的较低水平，为 60%。中等收入国家劳动力参与率的快速下降是全球劳动力参与率下降的主要原因，造成该情况的主要原因有两点。第一，人口老龄化。根据世界劳工组织的估计，包括美国、中国、日本和欧盟在内世界主要国家（地

区）人口老龄化发展迅速，在 2017 年左右进入劳动年龄人口负增长阶段，中国也将跨过"刘易斯"拐点，即进入人口红利消失阶段。并且，据世界银行估计，世界主要国家在 2016～2035 年的预测人口增长率相对于过去的 20 年大幅放缓，不少发达国家进入人口负增长或零增长阶段。第二，随着发展中国家人均收入水平提高，其劳动和社会保障制度进一步完善，导致劳动密集型企业用工成本上升，出现产业"梯度转移"现象。

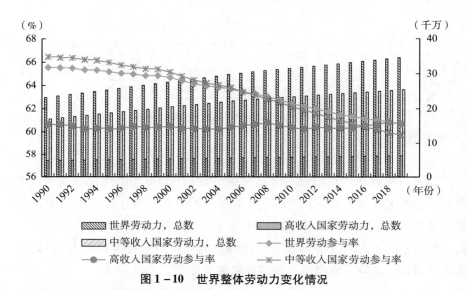

图 1-10　世界整体劳动力变化情况

资料来源：根据世界银行数据库计算而得。

　　由于发展中国家人口增长速度普遍放缓，20 世纪 90 年代以来世界人口增长速度持续降低。人口增速放慢和老龄化是全球经济增速下降的核心原因之一。按照现有趋势，未来人口增速将显著放慢，而且工作年龄人口占比将持续下降，并趋向老龄化。

　　值得一提的是，2020 年的新冠肺炎疫情在供给侧对劳动力供应造成了自"二战"以来最严重的冲击。为应对疫情传播，各国均采用了社会隔离、旅行和出入境限制，以及关闭公众场合等政策降低人口流动。根据世界银行数据，2020 年第二季度全球总劳动力供给下降 10.5%；其中，中低收入国家受冲击最严重，达到 12.5%，原因在于中低收入国家存在大量的制造业低端加工产业工人，其服务业发展水平较低，多为本地服务业，大都难以转移到线上；其次是高收入国家，主要原因是制造业投入供应困难，伴随着生产性服务业和服务类消费的停滞。相比而言，低收入、中高收入国家受影响低于平均。需要注意的是劳动力供给降低会导致劳动者收入损失，而"因病致贫"的影响在低收入国家将远高于高收入国家，这加剧了长期的贫困问题，可能降低未来劳动供给的质量。对此，中国必须从进一步解决贫困问题和重视人力资本积累两方面着手，促进劳动力质量提高以推动产业转型升级。

②全要素生产率趋势性下降。近年来，由于技术创新（尤其是原创性技术创新）速度趋于放缓，信息革命和计算机普及带来的影响仅限于金融业等少数行业，其影响的广度还难以与前两次工业革命相比，因此全球全要素生产率增长将持续放缓，这也是导致全球经济发展动力下降的原因之一。

根据 Penn World Table 统计的全球各国全要素生产率变化情况，20 世纪 90 年代至 2008 年全球金融危机期间，世界代表性国家中，中国和印度的全要素生产率有较大改善，俄罗斯先下降后上升，发达国家全要素生产率增长较为缓慢。经济危机后，世界整体全要素生产率的增长进一步放缓，除中国和印度仍保持一定的增幅外，大部分国家陷入停滞，个别出现倒退（见图 1 - 11）。

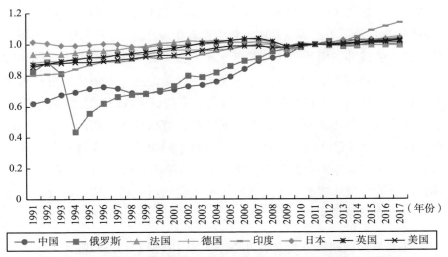

图 1 - 11 世界主要发达国家全要素生产率变化情况（2010 年为基年）

资料来源：Penn World Table 9.0。

③其他供给侧动力因素。根据近年来学界对经济发展动力的研究，尤其是针对发展中国家可能陷入"中等收入陷阱"问题展开的讨论，一个主要结论是，处于不同发展阶段的国家，其经济发展的驱动力因素是不尽相同的。例如，张德荣（2013）的研究发现，除了资本和劳动力以外，人力资本积累和对外开放因素在人均收入处于中低水平时是经济发展的重要动力因素，而在人均收入进入中高水平时，则制度质量和原创性技术进步成为经济发展的主要动力。

④深层次结构性因素未能解决。在当前阶段，世界经济增长的整体形势转向下行，具有其内在的结构性因素，是由长期以来发展格局的路径以来所导致的。例如，美国经济在 2008 金融危机之后率先复苏，而日本、欧元区仍然深陷其中，结构性因素占据主导地位。美国具有优越的社会制度，尤其是资本市场形成了发达的创投体系，且拥有合理的税制和社会保障，对全球其他国家的人才吸引能力无与伦比，这一定程度上使其有效地克服了人口老龄化问题。而欧洲国家则由于政府被长期的高福利制度所绑架，工会势力过于强大，且资本市场直接融资通道较少，对个人创新的激励不足，因此难以通过政府直接干预的方式快速形成创新激励，加之社会阶层固化现象严重，因此在本轮复苏当中表现弱于美国。

⑤以货币政策为代表的短期刺激政策效果减弱。为应对全球金融危机，从 2007 年 8 月起，美欧等发达国家将货币政策刺激运用到了极致。美国、欧元区、日本的基准利率处于历史超低水平，欧元区、丹麦、瑞士、瑞典和日本五个国家（地区）的中央银行引入负利率政策，这些经济体总量约占全球产出的四分之一。日本和欧洲央行采取负利率造成通货膨胀以刺激经济增长，但实际政策效果却与事与愿违，事实证明量化宽松等货币刺激政策对经济增长的边际促进作用已经趋于消失，欧洲和日本的银行股票在降息后下跌。近年来美国、加拿大等国均已事实上放弃进一步采用量化宽松等政策刺激经济。各国财政政策理论基础逐步从凯恩斯主义转向供给学派，未来财政刺激将更注重生产性投资和减税。

2. 主要发达国家经济发展动力趋势及其（转换）拐点特征

具体考察世界主要发达国家经济发展的需求侧动力趋势。首先，就最终消费支出而言，自20世纪末开始，主要发达国家普遍形成了各自较为稳定的消费结构，因而最终消费占GDP比重呈现稳定的趋势。以美国和英国为代表的传统高消费型发达国家，其最终消费占GDP比重大致在80%，法国略低，大约在75%~80%。德国由于大力推行产业结构升级，其最终消费比重有一定下降，从20世纪末的75%以上到近年的72%左右。日本则由于经济发展长期不振，居民消费比重在55%。自2008年经济危机开始大力刺激消费，居民消费仍未超过60%，但由于政府支出大幅上升，带动最终消费支出比重一路攀升至近80%，近年略有下降，回到75%左右（见图1-12）。

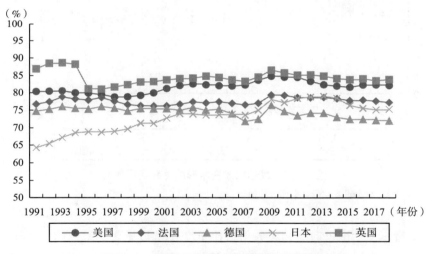

图1-12 发达国家最终消费支出变化情况

资料来源：根据世界银行数据库计算而得。

其次，主要发达国家的资本形成总额从2008年经济危机以来也出现了一定程度的趋同趋势，大致分为三个档次水平。日本20世纪70年代为高速发展时期，八九十年代为泡沫破裂时期，因此投资率由40%的高水平不断下降，法国则从28%缓慢下调，两国都在近年达到22%左右，均处于发达国家中较高的水平。美国和德国自20世纪70年代中期始终在20%~25%的区间内波动，2008年经济危机使两国达到18%的历史低点，2012年短期复苏后又回归正常区间，总体来看处于发达国家中间水平，且与发达国家整体波动性的同步程度较高。英国自 20 世纪 90 年代起资本形成率出现较大的滑坡，至今仅为 17%，为发达国家中较低水平，这是由于英国经济结构出现较大转变，其主要经济部门开始从实体经济转向虚拟经济，即以伦敦金融城为代表的金融行业（见图 1 – 13）。

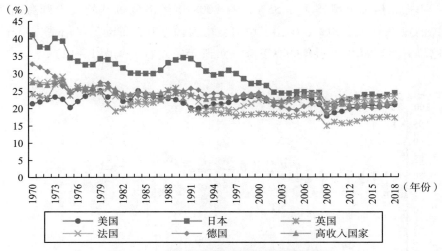

图 1 – 13　发达国家资本形成总额变化情况

资料来源：根据世界银行数据库计算而得。

　　最后，发达国家商品和服务出口比重变化是最显著的。德国得益于产业结构转型，大幅度扩张了外向型出口规模，由 21 世纪初的 30% 上升到近年的峰值 47%，其经济表现在欧盟国家中独树一帜，虽然 2008 年经济危机对其造成的冲击也相当大，出口有 5% 以上的跌幅，但德国复苏后仍然维持了高出口比重，在主要发达国家中处于最高水平。英国和法国的出口处于发达国家平均水平，得益于世界市场发展和发展中国家的消费升级需求，两国从 20 世纪 90 年代至今出口比重上升了 10 个百分点。美国和日本虽然有许多高科技和重工业产品全球领先，但出口并非其主要需求侧经济发展动力，日本长期处于 10% ~ 15%，近年来略有提升。美国的比重在 10% 左右，相应地，美国在经济危机中出口所受的冲击是发达国家中最低的，仅为 1%（见图 1 – 14）。

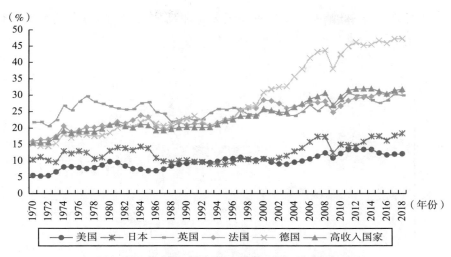

图 1 – 14   发达国家商品和服务出口变化情况

资料来源：根据世界银行数据库计算而得。

3. 主要发展中国家经济发展动力趋势

发展中国家与发达国家在需求侧动力上的区别是显著的。由于需求结构与经济发展水平密切相关，发展中国家的需求结构尚处于变动之中。具体来看，首先，就最终消费支出来看，由于各国经济禀赋和发展方式不同，其消费支出比重具有显著差异。巴西和南非两国均为原材料出口大国，其经济结构尚待发展完善，因而具有相当稳定的高消费支出比重，在发展中大国中处于最高水平。印度的消费支出在 21 世纪下降了 10 个百分点，体现出发展中国家的一般规律，即在人均收入较低阶段时，伴随着快速增长的往往是投资对消费的挤出。俄罗斯自 20 世纪 90 年代独立以来由于国内经济的剧烈波动，消费比重也出现较大波动，其峰谷落差达到 25%（最高 75%，最低 50%）。21 世纪以来逐渐趋于稳定，为 70%，与印度处于同一水平。中国的情况则不同，由于极为重视积累的民族特性和高投资型发展战略，中国的最终消费支出比重从未超过 60%，其中居民消费比重更低。实行"4 万亿"财政刺激以来，最终消费支出进一步被投资挤出，达到历史低点 49%，近年来未能取得进一步突破。众所周知，经济"新常态"以来党和政府以供给侧改革创造经济发展新动力，"低消费，高投资"的要素驱动式发展模式必须得到有效改变（见图 1 - 15）。

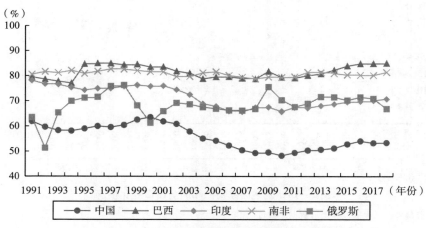

图 1 - 15　发展中国家最终消费支出变化情况

资料来源：根据世界银行数据库计算而得。

其次，反观投资形成总额比重，与图 1 - 15 直接相对应的就是我国的高投资水平趋势。自 21 世纪起，中国的投资形成总额比重始终在 40% ~ 50%，近年来随着供给侧结构性改革的推进，投资有缓慢下降趋势，但仍然远高于发展中国家平均水平。印度虽然有过一段时间的高投资模式，但是由政府政策主导，居民消费比重始终较小，近年来随着印度国内经济政策改变，投资占比重归原先 30% 左右的规模。俄罗斯在 20 世纪末独立初期曾有过一段时间的高投资发展模式，但受制于国际形势和国内不平衡的产业结构，加之国内政治寡头对经济的严重干预，高投资模式难以为继，在 2000 年左右投资比重滑落到 20%，与南非和巴西等需求结构较为稳定的发展中国家相同（见图 1 - 16）。

最后，发展中商品和服务出口受制于其产品结构较为低端，竞争性较强，其出口产品以资源品和低级工业制品为主，因此受全球贸易条件影响较大。受到经济危机的长期影响，加之近年来全球各国贸易保护主义的抬头，发展中国家出口比重稳中有降。值得一提的是，我国出口在 2008 年遭到的冲击不仅具有较大的短期效应（大约 10 个百分点），在近几年仍处于下降趋势。出口的疲软另一方面也源自出口对象对我国采取的不正当竞争措施，例如以保护国内产业和打击中国具有比较优势产业为目的的反垄断调查和反倾销调查（见图1-17）。

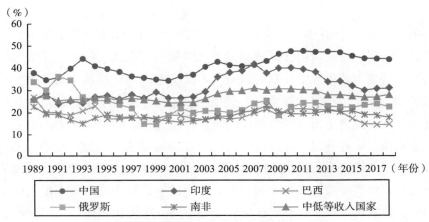

图1-16　发展中国家投资形成总额变化情况

资料来源：根据世界银行数据库计算而得。

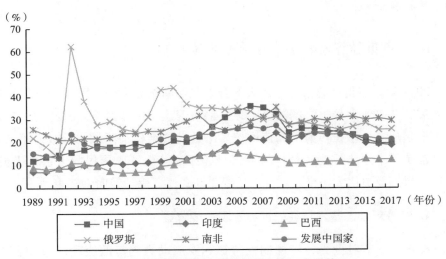

图1-17　发展中国家商品和服务出口变化情况

资料来源：根据世界银行数据库计算而得。

第二节　中国经济新常态的基本特征
及发展动力转换必要性分析

中国经济经过 40 多年的高速增长后，在全球经济普遍下滑并陷入低迷的大背景下，开始进入结构性减速与发展换挡阶段。在这一阶段，需要告别传统的要素密集型的粗放增长模式，向技术推动型的可持续的中高速增长模式全面转型。因此，经济"新常态"转型的理论研究需要从中国经济发展的历史性特征以及其内生经济增长规律的阶段性变化上进行更为全面的分析。在新常态阶段，一些有别于过去发展历程的发展特征愈发凸显，最明显的，依靠数量扩张的经济增长模式已经难以支撑当今体量如此庞大的经济继续实现高速增长。特别是随着人口红利消失、要素成本快速上涨、资源配置效率改善减弱、要素供给效率以及潜在增长率的下降，中国比以往任何时候都需要通过推动创新驱动和技术进步来进一步提升国家竞争力，摆脱陷入"中等收入陷阱"的风险，实现重构国家竞争优势的目标，最终完成伟大复兴中国梦的历史任务。

一、中国经济新常态发展的基本特征

2014 年，习近平总书记在亚太经合组织工商领导人峰会题目为《谋求持久发展，共筑亚太梦想》的演讲中，完整地阐述了中国经济新常态的主要特点：一是从高速增长转为中高速增长。二是经济结构不断优化升级，第三产业、消费需求逐步成为主体，城乡区域差距逐步缩小，居民收入占比上升，发展成果惠及更广大民众。三是从要素驱动、投资驱动转向创新驱动。①

1. 经济新常态基本特征的世界宏观经济背景

根据第一节对世界经济周期性特征和发展动力趋势的梳理，20 世纪 90

---

①　参见人民网：http://politics.people.com.cn/n/2014/1110/c1024-26000531.html.

年代末～2008 年经济危机这一时期，世界经济发展的整体趋势可以说经历了一个稳定的繁荣发展阶段，学界有部分观点称之为"大稳定"时期。在这个周期内，世界经济增长速度出现了阶段性加速现象，到 21 世纪初～2008 年危机爆发前这一阶段，全球经济以发展中国家为主要引擎，包括大部分主要发达国家在内，都取得了令人瞩目的高速发展。

直到 2008 年始于美国的金融危机导致全球市场普遍陷入经济危机前，学界和各国政府仍认为这一事件仅仅是整个经济发展"黄金"周期内的波动性现象。基于这种认识，主要国家共同采取量化宽松等货币政策刺激经济，但事实证明，凯恩斯主义指导下所采取的一系列短期"需求侧"刺激无法使全球经济重新返回高速增长轨道，刺激政策的边际效应衰减相当迅速，这说明了，这场危机并非普通的周期性波动，而是长期经济增长过程内部结构性问题的集中凸显。

我国政府在危机发生前期采取了"4 万亿"财政刺激政策，虽然中国经济表面上取得了快速复苏，增长率未出现明显冲击，但财政政策的长期结构性效应很快得到了体现，大量产业出现产能过剩，投资的挤出效应使得股票市场和房地产市场先后成为过剩流动性的低洼集聚地，尤其是房地产市场，当前已成为中国经济结构中的主要不稳定因素和结构问题的集中体现之所在。

我国经济增长速度的趋势性下降也反映了短期刺激不能解决结构性问题。因此，有必要从各方面梳理中国经济新常态的基本特征和内在原因，从以结构性改革推动经济"供给侧"动力转换角度寻找新常态的发展方向和发展路径。

2. 发展经济学视角下的经济新常态基本特征

从全球经济发展历史看，经济新常态并非中国经济所特有的现象，而是发展中国家、新兴经济体实现成功转型后的普遍经济状态。这种转变不是短期的经济周期性调整，而是长期的结构性、趋势性改变。能否顺利地从旧常态过渡到新常态，也即能否成功跨过"中等收入陷阱"，是追赶型（或赶超型）经济体成功转型的重要标志。可以说，"中等收入陷阱"问题是经济新常态基本特征在世界范围内的一种表现形式。

学术界研究当中，菲利佩等（Felipe et al.，2012）根据全球各国宏观数据，对中等收入陷阱现象进行了较为全面的研究。定义单位资本国内生产总值（Per Capita GDP）在 2000～11750 美元（购买力平价后）之间的经济体为中等收入国家，可以细分为中低收入和中高收入国家（分界点为 7250 美元）。而跨越"中等收入陷阱"需要增长率在 28 年和 14 年内（对于两个阶段）实现 4.7% 和 3.5% 的年均增长率。按照这个定义，52 个中等收入国家（地区）中有 35 个陷入了"中等收入陷阱"，概率约为 67%，另外还有 8 个国家（地区）具有陷入"中等收入陷阱"的风险。而造成陷入"中等收入陷阱"的最主要原因则是经济转型的成效，该国的出口产品结构及其产业多样化程度。

国内研究方面，张德荣（2013）对中等收入现象做了经验性归纳，采用从 1960 年到 1980 年每间隔 5 年作为基准，考察中等收入国家数量的变化情况。结果显示，如果以 1980 年作为门槛，以 30 年为考察期，仍有 59% 的中低收入国家未能成为中高收入国家；以同样标准计算，中高收入国家实现跨越的概率最高也仅为 50%。成因方面，主要是不同发展阶段的驱动力不同，而中等收入国家无法推动和实现动力转换或经济结构转型。

如果采用 Penn World Table 资料库的世界经济数据，计算相对收入转移概率矩阵，自"二战"后至今，在全球 101 个追赶型经济体中，实现跨越"中等收入陷阱"的国家和地区的成功概率仅为 15.56%（见表 1-1）。大多数没有跨过"中等收入陷阱"的国家，如部分非洲和拉丁美洲国家，经济又再次陷入低水平均衡状态，经济社会长期停滞不前，甚至由此引发社会动荡和发展倒退。以上经验研究揭示的一个共同现象是：自 20 世纪 80 年代以来，"中等收入陷阱"现象正在加剧，而非减弱，即越来越多的国家不能进入更高收入阶层。

表 1-1　　　　　　　相对人均收入转移矩阵　　　　　　单位：个

1960 年	2010 年			
	低收入	中等收入	高收入	1960 年加总
低收入	42 (75%)	13 (23.21%)	1 (1.79%)	56 (100%)

1960 年	2010 年			
	低收入	中等收入	高收入	1960 年加总
中等收入	17 （18.89%）	59 （65.56%）	14 （15.56%）	90 （100%）
高收入	0 （0%）	3 （14.29%）	18 （85.71%）	21 （100%）
2010 年加总	59 （35.33%）	75 （44.91%）	33 （19.76%）	167 （100%）

注：括号内百分比数据为转移概率。
资料来源：来自龚刚（2017）。

根据以上研究可知，中国目前经济新常态的基本特征与"中等收入陷阱"具有很高的内在关联性。党和政府在"十三五"规划当中明确指出的一个目标是努力实现跨越"中等收入陷阱"，是实现两个一百年发展目标和中华民族伟大复兴的阶段性目标和关键环节。

由于"中等收入陷阱"的存在，中国经济新常态的这个重要特征意味着，要达到"两个一百年"规划的中等发达国家收入水平，单纯依靠目前的经济发展内生动力以及生产力和生产关系结构是不够的；意味着如果不通过包括深化体制改革、实现创新驱动和改善社会公平在内的供给侧结构性改革，就无法成功实现作为一个世界级发展中大国的经济赶超战略。

3. 中国经济新常态基本特征的历史分析

（1）经济史视角下的经济新常态定义。从广义角度理解经济"新常态"的含义，其实任何一个历史时期都又取决于其经济大环境的具有普适性的经济发展状态。金碚（2015）从认识论角度对"新常态"进行概括，认为"新常态"的本质是对作为长期历史现象和特征的一定经济发展阶段做出的理论总结和现实概括。因此，要对当前的"新常态"的主要特征做出判断，必须采用较长时间跨度下的研究视角。

自亚当·斯密发表《国富论》以来的250多年，世界经济发生了三次重要的生产力革命，每一次的动力都有所不同，但其共同特征是，都极大地加快了经济增长速度，过去 250 多年人类生产力的进步超过了过去几千年历史的总和。因此，可以把工业化阶段看作整个经济增长史中的一个宏观的"常态"时期。但即便如此，资料表明，工业革命后人类社会的长期增长率也仅为 1% ~ 1.5%。

对此，法国经济学家托马斯·皮凯蒂（2014）在《21 世纪资本论》中，通过回顾人类经济发展和财富分配的长期趋势支撑了这一结论："过去两个世纪的历史表明，发达国家的人均产值很难以高于 1.5% 的速度保持长期增长"。经济史学家安格斯·麦迪逊（2003）对中国过去一千年的经济表现进行了详细的回顾并做出判断，中国改革开放以来的高增长率是历史性的、不可持续的，中国在 2030 年以前极大可能以平均每年 4.5% 的速度增长，而且会逐渐减慢。根据国内学界的主流研究，中国未来的潜在增长率约为 5.4% ~ 6.3%。

综上所述，无论是考察长期历史，还是近 30 年世界经济发展的周期性变化，中国经济进入的"新常态"阶段，是经济增长作为一个长期历史过程的正常现象，符合经济发展的正常规律。"从高速增长转向中高速增长"作为经济新常态最主要的基本特征，应当属于对经济增长进入新阶段的理性预期和主流趋势。

（2）从中国工业化历史进程看经济"新常态"基本特征。中国的工业化进程晚于西方，根据学术界定义，可以认为开始于中华民国成立的 1912 年。金碚（2015）将其划分为 5 个阶段，每个阶段都有其对应的"常态"特征。从中国近代史，尤其是工业化历程，可以更好地从我国发展趋势出发认识当代新常态的基本特征。

1912 ~ 1949 年是中国工业化的萌芽期。由于战争和革命的时代背景，以民族资本家为代表的工业化力量以实业救国为目标，是这一阶段发展的时代精神动力。而实业落地虽然促使物质主义初步进入国民价值观，但在这样的年代，工业化显然无法跨越时代局限性，不具备追赶欧美发达国家的物质实力，而是以维持生存为动力，推动经济发展。相应地，由于中、西方的巨大差距，我们的发展目标只能够是全盘学习西方的器物、技术乃至制度，例如土地制度方面，孙中山先生提出了以保民生、促经济为目标的地权革命。

自新中国成立到20世纪70年代末期是我国工业化的发展初期。在这一时期没有了热战争影响，但世界仍处于冷战中，尤其是我国所处的社会主义阵营遭到欧美的强力抵制。这一时期，工业化的主要力量来自党和政府，通过推动一系列五年计划的实施，建立起完整的工业部门，尤其是基础性的重工业。但受制于我国落后的工业基础和满目疮痍的经济基础，这一阶段的发展目标只能以摆脱贫困和原始积累为主。由于社会主义制度在我国的成功建立，随之而来的是朴素物质主义，即追求实物生产，而非当代普遍的GDP积累。

改革开放以来，至基本进入新常态为止，是我国工业化的加速阶段。社会政治经济形势的再度稳定，是我国进入了以致富为目标的高速发展阶段。改革开放的最重要举措可以总结为社会主义市场经济所有制、分配制为主的基本制度的建立，和以融入全球贸易为目的的逐步开放。GDP竞争取代了"以粮为纲"的实物积累，因此价值取向也随增长速度同时起步加速。然而这一阶段的增长也有重大的代价，粗放式生产导致资源浪费，盲目追求财富和发展忽略生态环境可持续性，以及激烈的市场竞争带来的不公平、腐败以及非货币效用的过度牺牲。

总结以上历史阶段的发展过程，可以对"新常态"阶段，即工业化深化阶段的基本特征做出理性分析和合理推断。在当前，我国以约14亿人口的体量到达了人均收入中高水平，这已是世界经济史上的奇迹。在此阶段，经济增长速度不是唯一追求，对非金钱效用方面的追求应当得到更多重视，这就要求着重培育以公平分配和成果共享为主的社会精神。"唯GDP论"让位于物质—精神平衡论，这一阶段的目标是应当从发展结果转向过程可持续和发展质量的提高。

另外，可以合理推测的是，经济"新常态"阶段所指向的后工业化情形，应该是在收入水平大幅提高的条件下，目标进一步转向到个人的自由全面发展，行为上注重个体的自我实现和生活质量，社会在实现包容性发展方面取得显著突破的时代特点。

中国近现代发展阶段的经济特征如表1-2所示。

表 1 - 2　　　　　中国近现代发展阶段的经济特征概略

时间	发展阶段	时代特征	社会精神	价值取向	行为目标	行为特征	政策意愿
1912~1949 年	工业化萌发	战乱：彷徨探索	实业救国	向物质主义过渡	基本生计	中体西渐	地权革命，维持民生
20 世纪 50~70 年代	工业化初期	苦斗：计划经济	脱困，节俭	朴素的物质主义	实物产品	集体主义，自我牺牲	先生产，后生活
20 世纪 80 年代~2012 年	工业化加速	致富：改革开放	先富起来	亢奋的物质主义	GDP 收入，财富	血拼竞争，求快贪大	效率优先，促快扶大
2013 年~21 世纪中叶	工业化深化	富强：国家治理	渴望，分享	权衡的物质主义	发展可持续	主张公平，规避风险	以公平促进效率，法制
21 世纪中叶~	后工业化	自由：共享民生富足	多元，包容	后物质主义	生活质量，自我实现	辛劳—闲暇平衡，自主	遵从民意，福利主义

资料来源：金碚. 中国经济新常态研究 [J]. 中国工业经济，2015 (1).

二、中国经济新常态发展的动力转换必要性分析

目前，我国面临劳动、资本和全要素回报率下降以及"低端产业产能过剩，高端产业产能不足"结构性困境，同时我国的要素禀赋结构也从劳动力富裕、资本稀缺的结构逐渐演变成劳动力稀缺、资本相对富裕的结构。为求解这一困境，中央提出供给侧结构性改革的相关要求，这一要求将成为今后一个时期中国经济发展的大方向。供给侧结构性改革是我国在经济发展新常态背景下，通过体制改革与制度创新来驱动经济发展新动力，推动社会生产力水平实现整体跃升的重大改革方略与必由之路。

1. 从增长趋势特征看新常态经济增长动力转换的必要性

自改革开放至经济新常态阶段以来，中国保持了 35 年，年均增长率 9.8% 的经济增长奇迹。但是，任何一国都要遵循经济发展的客观规律，即国家的潜在增长率依赖于多种因素，包括社会条件、资源禀赋、制度环境与管理能力等，而且必须充分利用、优化配置各类经济资源，以使其实际增长率接近或达到潜在增长率。

进入经济新常态以来，我国经济发展的内外条件都发生了本质性的变化。如前面所述，不仅作为经济增长基础的劳动力成本上升，人口红利消失；而且在投资方面，投资回报率、国际贸易和国内生产中的成本优势都在逐渐消失。因此，潜在增长率不可避免地出现下降趋势。因此，党和政府对经济新常态的主要特征判断，"潜在增长率自然回落，经济从高速增长逐渐向中高速增长过渡"是符合经济发展规律的客观论述。

为了分析新常态阶段经济发展的特征，从而更深刻地了解新常态阶段的发展动力及其转换必要性，有必要对近 10 年以来我国经济增长的基本情况做进一步解析。根据国家统计局数据公布的国内生产总值指数，将以下 6 个指标作为增长趋势的主要指标，分别是：（1）国民总收入指数，即国民生产总值，指一个国家（或地区）所有常住单位在一定时期内收入初次分配的最终结果，相对于作为生产概念的国内生产总值，是一个收入概念，二者通常是高度相关的。（2）国内生产总值指数，即 GDP，指一个国家或地区所有常住单位在一定时期内生产活动的最终成果。（3）第一产业增加值指数：指农、林、牧、渔业。（4）第二产业增加值指数：指采矿业，制造业，电力、煤气及水的生产和供应业，建筑业。（5）第三产业增加值指数，指除第一、第二产业以外的其他行业，主要是各类服务行业。（6）人均国内生产总值指数。

从以上 6 个增长指标近 10 年的变化趋势可以对新常态经济增长趋势特征进行基本的概括。首先，根据前面所述，国内生产总值增长率的平稳下降是新常态增长的第一个基本特征。其次，人均国内生产总值和国民总收入增长率的变化趋势与国内生产总值增长率密切相关，但有两点区别：一是二者下降的平稳性弱于 GDP，部分年份出现跳跃式下跌；二是下降趋势的来临较 GDP 为晚，大约在 2012 年出现明显的下降趋势。这种现象的出现一方面是由于统计数据本身的误差，以及通货膨胀率调整等因素导致的人民币币值变化因素，另一方面则是由于经济增长减速的结构性特征所致。由本节的分析可知，2008 年经济危机不仅仅是世界经济周期性调整现象，更是由于一个较长时期内发展动力的变化导致的，因此这种动能转换以及政府所采取的各类财政和货币政策必须经过一个传导过程才能进入各个经济部门，最终体现在国民收入核算表内。这是新常态增长趋势的一个主要特征（见表 1-3）。

表1-3　　　　近10年中国经济增长指数（指数处理，上年＝100）

指标	2016年	2015年	2014年	2013年	2012年	2011年	2010年	2009年	2008年	2007年
国民总收入指数	106.7	106.4	108.3	107.1	108.6	109	110.3	108.5	110.1	114.7
国内生产总值指数	106.7	106.9	107.3	107.8	107.9	109.5	110.6	109.4	109.7	114.2
第一产业增加值指数	103.3	103.9	104.1	103.8	104.5	104.2	104.3	104	105.2	103.5
第二产业增加值指数	106.3	106.2	107.4	108	108.4	110.7	112.7	110.3	109.8	115.1
第三产业增加值指数	107.7	108.2	107.8	108.3	108	109.5	109.7	109.6	110.5	116.1
人均国内生产总值指数	106.1	106.4	106.8	107.2	107.3	109	110.1	108.9	109.1	113.6

资料来源：根据国家统计局数据整理。

　　三次产业增长率的差异同样体现了我国新常态时期经济增长的一个显著特点，即第三产业的重要性逐渐凸显。可以看到，第一产业增加值在2007～2016年期间的变化不超过2个百分点，年均增长率在4%左右。因此第一产业已非我国经济增长的主要动力；第二产业的年增长率由2007年的15.1%下降到了2016年的6.3%，降幅达到8.8个百分点，而第二产业在我国的产值比重长期徘徊在45%左右，居三大产业之首，直到2013年才被第三产业超过。因此，第二产业的增长率大幅减缓说明我国实体经济，尤其是制造业的发展减速，构成了经济增长动力下降的主要环节。如表1-3、表1-4所示，第三产业的产值比重在2012年与第二产业持平后，一路上升，2016年时已经超过总产值的一半。再看增长率，第三产业增长率10年跌幅也达到了8.4个百分点，但还维持在7.7%的水平，可以推测，未来中国经济的主要驱动力可能将转移到第三产业。对此，郭凯明等（2017）对我国改革开放以来的产业结构转型的影响因素进行研究时，发现鲍莫尔效应，即不同产业部门产品相对价格导致的劳动力流动效应，虽然对我国第一、第三产业存在一定影响，但并非产业结构转型的主要影响因素。因此，西方经济主流理论所提出的"鲍莫尔病",即服务业增长停滞对经济增长的影响在我国短期内应当不会出现。

表 1-4　　　　　　　中国三次产业比重构成变化情况　　　　　　单位：%

项目	2016 年	2015 年	2014 年	2013 年	2012 年	2011 年	2010 年	2009 年	2008 年	2007 年
第一产业增加值	8.6	8.8	9.1	9.3	9.4	9.4	9.5	9.8	10.3	10.3
第二产业增加值	39.9	40.9	43.1	44	45.3	46.4	46.4	45.9	46.9	46.9
第三产业增加值	51.6	50.2	47.8	46.7	45.3	44.2	44.1	44.3	42.8	42.9

资料来源：根据国家统计局数据整理。

2. 中国新常态发展动力转换的经济理论分析

以中国经济增长动力及其转换为研究对象的文献大量出现的时间点为2015 年，主要的研究路径有两条：第一，以增长核算理论为基础，通过统计回归分析经济动力的变化情况并做出解释；第二，是以经济增长和经济发展理论为基础，构建各种综合性指标来对经济结构和质量进行评估，衡量发展动力的变化。还有些文献从宏观 DSGE 模型出发衡量结构变迁对中国经济周期的影响。

（1）基于增长核算理论的经济增长动力转换分析。余泳泽（2015）基于资本存量核算方法，研究中国经济增长动力的来源和时空特征，发现中国生产率在 1996~1998 年以及 2008 年发生了较大的波动。研究结论是，中国是典型的投资主导型经济，全要素生产率对经济增长的贡献在逐年下降。从改革开放初期的资本、劳动力和 TFP 平衡拉动形成当前的资本和 TFP"反向角力"。而"4 万亿"财政刺激政策牺牲了 TFP 增长率，导致全要素增长率自2008 年开始呈断崖式下降。

靳涛等（2015）从生产要素、结构因素和体制因素三个方面考察中国经济增长动力的变化情况。根据数据结构特征划分不同动力时期，用最小二乘法回归分阶段对中国经济增长的动力机制做出解释，结果如表 1-5 所示。

表1-5　　　　　　　　　中国经济增长阶段性动力情况分析

项目	1952~2020年	1952~1981年	1982~1997年	1998~2012年
经济增长的阶段性动力及其作用	资本、劳动力、科技创新、城市化、对外开放、政府主导以及非国有化都对经济增长有显著的推动作用，而产业结构扭曲阻碍了经济增长	资本对增长的贡献显著，而计划经济体制下的产业结构扭曲阻碍了经济增长	资本和城市化推动经济增长，非国有经济的蓬勃发展带动了经济增长	资本的作用更为显著；政府主导对经济增长的推动作用加强，但限制了非国有经济的发展；产业结构矛盾有所缓解，金融结构的阻碍凸显

资料来源：靳涛和陶新宇. 中国持续经济增长的阶段性动力解析与比较［J］. 数量经济技术经济研究，2015（11）.

此外，蔡文龙（2015）通过对比包括中国在内的14个新兴国家经济体的历史发展动力，发现投资拉动率的不断下降会不可避免地转型消费主导。赵昌文等（2015）认为，自中国2012年进入工业化后期，产业结构转向服务业和技术密集型产业；要素供给质量和配置优化；新动力为总需求扩张。要求政府转向服务型，改变行为，建立市场体系。张豪等（2017）在可变要素弹性下测度了中国经济增长的动力来源，进一步测度全要素生产率分解项的贡献率。总体看，投资贡献主导，劳动的贡献为正但持续下降，全要素生产率的贡献很低甚至为负。

总体来看，资本对我国经济发展具有重要的动力作用，这一点在新常态时期不会出现转折性变化，但可以肯定的是，随着资本要素投入边际报酬的持续降低，若不从制度变革、创新驱动和结构转型等多方变革发展动力，以资本要素投入为主导的模式将难以为继。此外，资本投入型增长具有两点负面因素。一是对经济增长结构性因素的抑制作用，例如具有创新性和活力性的民营经济被国有资本挤出，金融泡沫化风险加速等影响，将在长期发展中威胁我国经济运行的稳定性和可持续性。二是对以全要素增长率为主要体现的技术进步、效率改进等因素。全要素增长率的持续下降反映了我国新常态增长趋势的低效性和粗放性。若不及时转向以技术进步为主要动力的创新驱动型增长，则新常态的增长下降趋势难以得到改变。

近年来，许多国内外研究基于增长核算理论，从增长减缓的识别和经验分析角度研究了新常态增长动力转换的必要性问题，例如李静等（2015）研究了中国经济增长减缓与稳定增长动力问题。结论发现，原创性技术进步、高人力资本是未来的重要动力，而投资和出口已经成为不稳定因素。

关于增长减缓现象的识别，多数研究集中于寻找样本国家增长率的转折点。近年来转向经验法则，例如增长率出现前所未有的"崩溃式"降幅。艾肯格林（Eichen-green，2012）界定了三个条件：前期增长率 3.5%、降幅大于 2% 且人均收入超过 10000 美元，包括前面提到的菲利佩等（Felipe et al.，2012）界定了跨越中等收入陷阱的标准：中等收入国家年增长率超过 4.7%。

关于增长减缓的特征和原因，艾肯格林（2012）认为主要是前期高速增长与人口结构不合理两大特征，而人力资本水平高的国家不容易发生增长减缓。李猛（2013）总结了增长核算框架体系中增长减缓的特征，把增长速度减缓的原因归结为 TFP 放缓，和少部分资本增长减缓。张德荣（2013）的研究发现，发展中国家的增长减缓现象源于不能适时转换增长的动力机制，而改革和原创性技术进步对转换增长动力非常重要。

综上所述，以往研究根据经验数据对增长减缓现象的定义是，突然且持续性偏离预期增长路径（Aiyar，2013）。对不同国家发生减缓的时间点和增长率进行比较发现，增长减缓的重要指标是 GDP 增长率和人均收入水平。通过前面的周期变化特征分析发现，中国 2008 年出现增长减缓态势，而 2015 年再度出现，这说明中国经济面临增长减缓问题，而增长减缓带来的需求不足和就业问题，是新兴经济体陷入发展危机的根本原因。

（2）基于指标评价体系的经济增长动力转换分析。刘燕妮（2014）通过客观因子和主观评价测度了我国经济结构的失衡程度，进而用结构方程法衡量经济结构扭曲失衡现象我国对经济增长及其质量的影响。发现我国经济结构失衡现象呈现为"U"形特征，目前处于不断恶化的趋势。经济结构动力在我国部分地区对经济增长起阻碍作用。

郑江淮等（2018）构建了我国经济发展动力的供给侧和需求侧指标，较为全面系统地研究了我国经济的发展动力。结果发现自 2001 年中国加入WTO，到 2018 年为止，我国经济的增长动力发生过两次重大转换。一是2001 年加入 WTO 引发的外向型经济增长动能对国内改革动能形成了强有力的补充和相互促进作用，带动了中国工业化、城市化迅速发展；二是在 2008年全球金融危机之后，俗称"4 万亿"的巨大投资动能，持续宽松的宏观经济政策进一步强化高速增长方式，基础设施投资、房地产投资动能也得到进一步增强，技术创新与设备更新投资增长及其带动的结构调整、出口产品升级等动能相对不足，从而导致了这次动能的增长效应在短暂的几年后消失，经济增长在资源配置扭曲、结构失衡中趋缓。这也再次验证了之前文献的研究结果。

根据第一节对中国经济发展周期性特征的分析，在"4万亿"政策刺激政策下，中国经济复苏呈现先升后降的趋势，经济增长的动力转换进入了一个历史抉择时期。这个时期的发展动力呈现分散化、多渠道、渐进式的特征。这是因为人均GDP的增长越来越多地依赖于"新动能"，处于新旧动力转换时期，而经济发展新动力具有分散化、多元化的特征所致。

总体而言，中国经济增长动能转换从"旧动能"规模报酬递减阶段逐渐过渡到以供给侧结构性改革促进"新动能"阶段。根据相关文献的研究，"新动能"持续增长主要来源于人力资本水平持续上升，以及我国在供给侧全球价值链分工地位的不断提升。自我国整体进入中等收入阶段后，居民消费升级的动能没有持续上升，2009年以来持续下降，陷入历史低位水平。作为全要素增长率重要来源的创新动能同样也在低水平徘徊，甚至有趋于零的可能性，没有对"新动能"的生成和增长形成贡献。因此，为了培育和促进中国经济增长"新动能"的产生和健康发展，应通过供给侧结构性改革释放需求侧的消费升级动力，以及供给侧生产者的创新动力。

中国经济增长新旧动能指标如表1-6所示。

表1-6　　　　　　　　　　中国经济增长新旧动能指标

"新动能"	"常规动能"
1. 基于熊彼特效应的创新动能 2. 人力资本偏向性技术进步的动能 3. 基于恩格尔效应的内需动能 4. 全球价值链攀升动能	1. 金融发展动能 2. 基于相对价格变动的资源再配置动能 3. 资本深化动能 4. 鲍莫尔效应 5. 基于比较优势的外需动能 6. 出口产品空间攀升动能

资料来源：郑江淮等. 中国经济增长新旧动能转换的进展评估［J］. 中国工业经济，2018（6）.

（3）基于结构转型理论的经济增长动力转换分析。综合以上的研究结果可以发现，很少有研究为经济发展动能寻找微观理论基础，而这方面的实证研究结果也较少。因此，介绍该领域的国外研究，以分析我国结构转型中的发展动力不足问题之根源。

切列穆欣（Cheremukhin，2015）基于新古典多部门增长模型，通过一个考虑历史因素的分析框架研究了中国增长动力和结构变迁问题，对中国自1953年以来的经济增长纳入了一个统一的解释框架，尤其是统一了改革开放前后两个时期的经济增长。其主要结果发现：第一，产业部门间的劳动力楔差（labor wedge），即工资差异，解释了大部分农业比重变化。全要素增长率和产业部门间楔差的变化对 GDP 增长的解释贡献率最大。

第二，进一步对楔差（即工资差异）减少的效应进行分解，发现生产因素（不同部门劳动边际产品与相对工资的比率之间的差异）与消费因素（不同部门边际替代率与产品相对价格之间比率的差异）在不同产业中解释效果不同，但是二者的组合能解释大部分

第三，以改革开放前为基准来度量改革开放后时期，改革开放对 GDP 增长率的贡献约为每年4.2%，对劳动力部门间转移的贡献率约为23.9%。生产部分楔差的下降与市场竞争和去垄断化相符，消费楔差的下降与价格和房地产改革相符。

第四，通过参数校准后的模型，以当前增长路径为基准，对中国未来的经济增长率进行了估测。结果认为，中国的增长速度将在2030年前后下降到4.5%，进而在2030~2050年逐步稳定在3.6%。这与基于经济史分析和世界主要经济机构的估计较为接近。

查涛（2015）对中国1990~2010年的宏观经济和金融周期进行了较为全面的研究，其构建的理论模型考虑了金融体系的重要作用，这种基于微观理论的宏观研究是目前国内研究较为缺乏的。该研究总结了中国经济新常态前，增长的5个趋势性特征和3个周期性特征。

具体而言，5个趋势性特征是：①投资产出比上升，消费产出比下降；②劳动力收入份额下降；③长（针对固定投资）、短（针对流动资本）期贷款比从0.4上升到2.5；④重/轻工业资本比持续上升；⑤重轻工业收入比从1上升到2.5。3个周期性特征是：①总投资与消费联动性为负或极低；②总投资与劳动力收入联动性为负或极低；③长/短期贷款比联动性为负。

该文指出中国经济增长特征的特殊性，主要在于传统理论中总投资和消

费、总投资和劳动者收入都是正相关的，因此中国的经济增长无法用传统增长理论来解释。基于以上事实特征，提出一个新的解释，即由于中国的金融体系发展落后，以及金融政策偏向重工业/国有企业等重资产企业，导致投资在轻/重资产部门的分配不平衡，轻资产企业很难得到金融贷款，因此也造成了劳动者收入比重的持续下降，继而出现消费不足，投资过剩的"投资主导型"经济增长。

基于这个解释，要在"新常态"转换发展动力，解决供给侧结构性问题，例如投资消费比不平衡，创新型企业不足以及劳动者收入过低等问题，必须先解决轻资产企业的融资困难问题，而主要途径有两个。

第一，我国的金融市场需要为全体企业服务，开通更多种类的融资渠道、更多样化的融资产品和开辟更多层次的融资市场，使企业减轻对商业银行融资这种单一渠道的过度依赖性。这就要求金融市场不仅要为国有企业和重资产企业服务，也应使得轻资产型企业能够获得更多融资服务。为此，我国金融机构和金融体系应学习并引入更先进、完善的风险评估和风险控制体系，例如，可以充分利用大数据模式，以便更好地为创新创业企业、服务业企业、人力资本密集型企业以及广大小微型企业提供资本市场的参与渠道。

第二，要从根本上解决该问题，必须从供给侧结构性改革，完善资本市场，从构建产业、技术和金融协同创新机制着手，从股票发行到交易制度进行全方位改革，构建尊重市场规律的、回归金融产品本质的资本市场体系。要建立创新机制，促使证券经营机构回归中介功能，并以服务实体经济为目的。增强市场对长期投资的吸引力等和有效性监管改革等。

（4）基于统一增长理论视角的新常态发展动力转换必要性分析。中国经济发展的另一个主要动力可以归结为大量低成本劳动力的红利优势。近年来，学界研究中国经济发展问题时越来越多地开始关注统一增长理论（unified growth theory），主要原因就是该理论特别关注劳动力和人口在经济发展中扮演的重要作用。根据统一增长理论，一个经济体的发展过程可以大致分为三个阶段：从以农业为主的农业化阶段，到以工业制造业为主的工业化、现代化阶段，最后发展到以人力资本和科技进步为主导的后现代化阶段。

在统一增长理论框架中，对经济发展最重要的因素是劳动力流动，或者称之为部门转移。随着经济发展和工资水平上升，劳动力应从低生产率的行业流动到高生产率行业。起源于产业结构理论的"库兹涅茨过程"特别说明了，劳动力转移过程是从农业主导发展到以工业和服务业为主导。

所谓库兹涅茨现象指的是，库兹涅茨通过研究世界经济发展史，发现一个重要现象：一个国家农业人口比重与经济发展速度具有负相关关系。"二战"后的东亚国家经济高速增长现象体现了这一点：日本从 20 世纪 50～70 年代，韩国从七八十年代以及中国自 80 年代至今，都出现了人口从第一产业大量涌入二、三产业的现象。

①人口红利的消失："刘易斯拐点"。然而，进一步研究发现，农业人口占总劳动力比重降到 20% 时，经济增长速度将进入缓慢增长的新阶段。日本在 20 世纪 70 年代，韩国在 80 年代中后期，都达到了 20% 比重的发展转折点，同样出现了经济增速放缓。

由于中国存在大量流动人口，所以第一产业人口的真实比重难以确定。不过，就前文分析，第一产业产值占我国总产值比重长期低于 10%，且劳动人口比重处于稳步下降中，农业人口低于总劳动力的 20% 必然会在新常态阶段出现。从统一增长理论的角度，"新常态"意味着中国同其他亚洲国家一样，进入了经济增长的新阶段。

统一增长理论中，影响经济增长的第二个重要因素是所谓的"人口红利"，指的是由于城乡转移、出生率上升等原因导致的劳动力资源大幅增加，带来的劳动力成本降低，该现象最早由刘易斯在城乡二元发展理论中提出。例如，日本在"二战"结束后，韩国在朝鲜战争后，中国在"大跃进"时期结束后，国家稳定，继而进入人口增长高峰期，出现婴儿潮现象。当这批"婴儿潮"人口进入社会，成为劳动力时，竞争会促使劳动力成本降低，此时丰富的劳动力资源会促使经济发展，就是所谓的"人口红利"。因此，显然当这一阶段的劳动力人口退出劳动力市场时，由于生育率下降，劳动力资源得不到及时补充，经济增长因劳动力成本上升出现减速。

自 2013 年开始，中国劳动力每年新增供给的绝对数量开始减少，而劳动力每年新增的需求量依然稳定在 1000 万以上，中国虽然是世界排名第一的人口大国，但新常态阶段下，随着生育率持续下降，劳动力成本上升，根据权威机构研究分析，我国的"人口红利"已经消失。未来中国的劳动力资源并非需求不足，而是反过来出现供给不足的问题。

因此，新常态阶段的经济增长无法再继续依靠大规模低成本劳动力投入来维持。在我国的人口红利减少乃至消失的新时期，推动经济增长的主要动力应当转移到提升以提升劳动生产率和全要素生产率为主的新动力。而劳动生产率的提升主要依靠两个因素：第一是资本化投资，即对机器、工厂等固定资本的投资，使生产方式由劳动密集型转向资本密集型，再逐步转向技术密集型；第二是对以提升人力资本为主的教育、制度等进行投资，这就涉及对劳动与投资作为新古典增长理论中两大要素之间的关系问题进行探讨。

②人力资本及其积累的重要作用。对固定资本和人力资本的投资是影响经济增长的重要因素。在改革开放以来的40多年中，我国的投资回报率长期处于高位，吸引大量的包括外商直接投资（FDI）在内的资本形成性投资，这其中有大量资本用于提高劳动生产率。但近年来，我国的资本回报率出现了明显下滑趋势。因此，根据以上分析，如果投资回报率持续下滑，会间接影响劳动生产率的提升。而如果资本投入型增长难以为继，又没有采取足够措施推动发展动力转换，提升我国的人力资本水平，将会反过来导致我国资本回报率继续降低，形成一种恶性循环，从而很有可能导致我国陷入"中等收入陷阱"。

人力资本对经济增长的长期良性循环具有重要意义，但不可忽略的是，人力资本形成具有极高的短期成本，很难在短时间内快速形成。例如，教育体制对人力资本培养很重要，但教育体系的形成与国家制度，禀赋和发展阶段息息相关，国家无法脱离实际地采取超越可承受水平的教育体系。同样，个体所受教育时间的长短与经济水平具有显著正相关，父母对后代的教养和照顾能力同样如此。人力资本的发展成本实际上应呈指数函数形式，即人力资本水平越高，其培养成本的增加越多。因此，现阶段明显可见的是，我国中产收入水平家庭的一胎化和少子化现象。

我国自实行计划生育政策以来，生育率大幅下降后，长期保持在极为稳定的低水平。根据统一增长理论所强调的人力资本规律，在新常态阶段，人力资本的重要性愈发凸显，但与此同时家庭生育率会因为以上因素继续下降。即使目前我国已经放宽计划生育政策，数据显示我国城市家庭生育率也未出现明显回升现象，这是中国目前人口和劳动力要素面临的严峻挑战。

（5）劳动力要素是中国未来增长的关键动能因素。世界各国长期经济增长的事实表明，劳动力人口占总人口比重是影响经济长期增长的决定性因素。

数据显示，在过去的 10 年里，中国的实际劳动参与率呈下降态势。原因主要有两方面。第一，由于低生育率导致的劳动人口绝对数量减少；第二，由于经济发展，带来的医疗卫生、营养水平等大幅提高，我国平均寿命提高到了历史最高水平，但随之而来的是严重且发展速度超过许多高收入国家的人口老龄化现象，给经济增长带来巨大的压力和挑战，中国已然未富先老，提前进入老龄化社会。根据权威研究，中国的社会老龄化程度将在 2030 年左右达到全球最高水平，但收入水平仍无法达到世界银行的高收入国家标准。

因此，随着人口老龄化的快速发展和新生儿数量的绝对下降趋势难以逆转，劳动力人口比重的持续下降难以避免。虽然任何一个经济体随着经济发展都会进入老龄化阶段。但中国由于存在计划生育政策的独特性因素，老龄化问题的到来比一般发展中国家提早很多，这更加带来了经济增长方面的巨大调整。因此，新常态阶段必须从低成本劳动力密集投入的传统发展动力，转换到以提高人力资本为主要方式的劳动生产率增长型的新动力路径，以避免前面论述的劳动投入与资本投入陷入"恶性循环"，使经济增长出现停滞。

第三节　制约中国全要素生产率
提高的制度性障碍分析

综上所述，统一增长理论较为详细和深入地分析了人口和劳动力因素对经济增长长期过程的影响，一定程度弥补了目前讨论新常态增长路径时，以新古典增长模型为主要框架，从而将劳动力看作一个数量性的静态因素，而非包含社会经济因素的动态要素的缺憾。因此，根据以上讨论可知，人口和劳动力影响经济增长的几大因素，在我国已经发了重要的变化，中国经济进入新常态不仅意味着发展动力和路径的数量变化，同样意味着我国经济增长本质特征的变化。

党的十八届五中全会通过了《中共中央关于制定国民经济和社会发展第十三个五年规划的建议》，将"创新发展"等五大发展理念作为全新的发展理念，作为"十三五"时期发展的纲领性指导。不论是从中国经济发展新常态的阶段性要求出发，即经济发展不平衡、不协调和不可持续的问题，还是着眼于实现增长动力变革，以实现全面建成小康社会的总任务，努力提高全要素生产率及其贡献率，都是坚持创新发展的重要抓手和衡量标准。

一、全要素生产率的理论分析

1. 全要素生产率的问题背景和理论基础

中国经济的腾飞举世瞩目，但学术界对其原因的解释却莫衷一是。许多学者认为中国的经济奇迹同样属于以东亚模式为代表的要素投入驱动型增长，另一些则认为中国的经济增长大部分归因于生产力提升。因此，问题的关键就聚焦于中国全要素生产率问题。

早在 1994 年，一场关于经济增长"东亚奇迹"现象的争论围绕着经济增长主要动力展开。著名经济学家克鲁格曼（Krugman，1994）在《东亚奇迹的神话》中认为，20 世纪 60 年代以来，东亚地区的新兴经济体持续的高速增长来源于要素投入规模扩张，而非以劳动生产率或全要素生产率（total factor productivity，TFP）提升为主的真正的经济增长，即所谓东亚奇迹并不存在。其原因在于，要素报酬最终必然走向递减阶段，劳动力投入受到人口规模约束，资本深化也无法长期维持在高水平。而以谢长泰（Hsieh C. T.，1999）为代表的另一派观点则认为克鲁格曼和永（Young）等的观点有失偏颇，无法简单地试图通过测算要素报酬且排除要素数量的方法检验增长因素，并通过改变计量模型设定发现克鲁格曼等的分析缺乏稳健性。1998 年左右发生的亚洲金融危机似乎支持克鲁格曼等的观点，但这一问题在学术界始终处于争议当中。

不可忽略的是，全要素生产率在经济增长中处于极为重要的中心地位。因为在新古典增长模型当中，全要素生产率实际上描述的是要素投入转化为产出的效率（张军等，2003），即所有生产要素（通常包括劳动、资本、土地、人力资本，新古典模型中用劳动和资本概括所有要素）的投入量固定时，产出数量增加的部分。

在经典的 Solow 模型中，可以用如下式子表示全要素生产率：令生产函数为 $Y = AF(K, L)$，其中 Y 为产出，K 为投资，L 为劳动力，A 代表以技术进步为主的全要素生产率。

进一步，若 F(K，L) 为规模报酬不变的科布 - 道格拉斯生产函数，即 $Y = AK^{\alpha}L^{1-\alpha}$；对该式取对数差分后移项，即可得到：

$$\frac{\Delta A}{A} = \frac{\Delta Y}{Y} - \alpha \frac{\Delta K}{K} - (1 - \alpha)\frac{\Delta L}{L}$$

公式右边为全要素增长率，左边为产出增长率减去资本要素增长率和劳动要素增长率分别乘以其要素产出弹性。从以上简单模型可以看出，全要素增长率是一个不仅衡量了技术进步率，还同样考虑了包括规模报酬，技术效率，甚至其背后的经济制度因素等多方面影响生产效率的"黑箱"因素。另外，由于在实证研究中存在不可避免的测量误差和内生变量问题，全要素增长率还应包括一切要素投入所不能解释的因素，因此早期又常被称为"索洛余值"。

2. 全要素生产率的主要测算方式

近年来，关于中国全要素生产率问题出现了大量研究，但针对同一问题的结果常常有一定出入，而基于全要素生产率的各类实证研究很容易得出相左的结论。研究结果不一致的部分原因可能在于对全要素生产采取的测算方式不同，或者采用的测算方式不一定适合选用的数据，或测算中存在一定偏差。针对这个问题，有必要首先对全要素生产率的测算问题进行一定的介绍和总结，了解其原理、优势和不足，以便得到对全要素生产率的问题和研究较为客观全面的认识。

目前针对中国宏观经济全要素生产率的测算方法，主要可以分为三类。第一类是基于新古典增长模型的经典方法，即索洛余值法；第二类是基于效率测算理论的非参数方法，有代表性的是数据包络分析法（data envelop analysis，DEA）；第三类是随机前沿分析法（stochastic frontier analysis，SFA），其中有代表性的是超越对数生产函数法。

（1）索洛余值法。索洛作为新古典增长模型的代表性人物，首先提出在一个固定规模报酬的科布 - 道格拉斯生产函数中引入希克斯中性（Hick neutral）项来描述技术进步。[①] 该方法的优点是具有较为完备的理论基础，并且

---

① 具体形式为 $Y = AK^{\alpha}L^{\beta}$，其中 $\alpha + \beta = 1$。

数据可得性较好，但其缺点也是明显的。

第一，如前面所述，索洛余项所得出的"技术进步"实际上包括了计算误差、遗漏变量、规模效率提升等非技术因素，因此全要素生产率这个名词更为贴切，并且由于新古典外生增长理论的假设较为严格，导致很难进一步将全要素增长率的因素进行分解。

第二，对要素投入的度量差别会导致结果差异极大。众所周知，索洛模型将要素归结为资本和劳动，但与现实概念不同，这两个理论概念很难得到一致的衡量。例如，劳动力存在明显的异质性，而如何将这种异质性通过人力资本等方式体现出来是一个困难问题。另外，资本投入应采用固定资本增加值还是形成总额，即资本对生产过程而言是一个流量还是存量问题，同样对测算结果具有很大影响。

第三，模型假定的严格性制约了全要素增长率的内涵。为了平衡索洛模型的抽象性和可解性，全要素生产率被假定为具有外生性、非体现性和希克斯中性，导致全要素生产率本身难以得到解释，且与现实存在巨大的偏差。

除了以上三个主要缺陷，索洛模型的具体设定以及实证应用还存在多方面的局限。因此，学术界试图改进这一方法，代表人物为乔根森（Jorgensen）。乔根森等从增长理论的基础出发，认为全要素生产率的本质是测量偏差，即测算过程中的残差项，其来源就是上文提到过的要素度量偏差和遗漏变量。如果测量偏差得以解决，全要素生产率应当为 0。该思想一方面启发了一批学者继续应用索洛模型的扩展形式，即引入更多变量进一步对 TFP 进行测算，还启发了将非参数方法引入 TFP 测算的另一流派。

（2）非参数方法。非参数方法广泛应用于经济学中的效率测算问题起源于 20 世纪 70 年代末，查恩斯（Charnes）等将数据包络理论与曼奎斯特指数方法结合起来。其主要思想是，基于科普曼斯（Koopmans）提出的技术效率概念，即在一定技术条件下，不增加投入就无法获得更多产出即为技术有效，然后将技术有效的生产单位连接起来，构造生产前沿平面，以包络所有生产单位。曼奎斯特指数分解对该方法的贡献主要是为 DEA 的测度结果提供分解方法，将全要素生产率分解为技术进步和技术效率两部分，该方法的进一步发展还提供了更细致的分解方式。

该方法的优点主要在于可以研究多投入多产出以及存在非期望产出的情

形，而且构造方法清晰，"让数据说话"的特点使其结果不受人为设定的影响，因此可以对全要素生产率作出较为明确客观的测度，国内研究对该方法的使用量最多。

显然，该方法也有缺陷。首先，非参数方法是一种确定性前沿方法，不考虑随机因素对全要素生产率的影响。其次，非参数方法的测算基础是线性规划理论，其测算结果没有理论背景作为支撑，而且在实证研究中也缺乏作为检验基础的统计量，例如样本拟合度等统计性质。另外，非参数方法的测算结果的稳健性值得商榷，通常改变样本数量对结果的影响很大。

（3）随机前沿分析法。所谓随机前沿分析法实际上也是一种生产函数方法，但与第一种不同在于，其生产函数并非来源于理论模型构建，而是吸取了非参数方法的思想特征，将生产函数看作纯粹的投入产出效率问题。具体而言，随机前沿分析法将生产函数分为效率部分和非效率部分，将无法控制的随机误差从技术效率参数中分离出来。因此，该方法的优点在于既可以将全要素生产率基于效率改进的来源进一步进行分解，又避免了模型假设条件过强（例如固定弹性假设）而使全要素生产率的实证价值减弱。

昆巴卡尔（Kumbhakar，2000）提出了一种通过估测随机前沿生产函数的参数，然后将全要素生产率项分解为技术进步，技术效率，配置效率和规模效率，以便进一步深入考察全要素生产率的影响，十分利于进行实证研究。另外，随机前沿生产函数的这种特性还利于考察不同地区或行业的差异性特征，目前大量涉及宏观全要素生产率的研究都采用这种方法进行测算。

二、中国全要素生产率的变化特征

经济新常态阶段转换发展动力的核心是创新驱动，而全要素生产率必须作为新常态增长的新动力。在对全要素生产率的理论基础和实际意义进行介绍后，一个亟待研究的问题是，中国改革开放以来创造的经济奇迹是否存在？若中国高增速的本质只是要素投入的重复而非促进生产率上升的技术进步，那么在资源禀赋的约束下，中国的增长将面临严重危机。

1. 中国全要素生产率的历史测算和未来估计

通过文献计量分析发现，对中国宏观全要素生产率的研究主要出现于

2000~2010 年。首先对主要文献对我国全要素生产率的判断进行回顾。根据前面所述，对我国增长实质的看法分为两派，即要素驱动型和存在较大部分的生产率驱动型，而对全要素生产率的研究结论也分别支撑以上两种看法。

王小鲁等（2000）测算改革开放以来的全要素生产率，认为其对经济增长的贡献率为 14.9%。颜鹏飞等（2004）采用 DEA 方法测算了我国全要素生产率，发现全要素生产率的增长以 1997 年为节点先上升后下降，其上升主要来源于技术效率，而下降的原因是技术进步放缓。郭庆旺等（2005）通过潜在产出法估计我国改革开放到 2004 年的全要素生产率平均增长为 0.89%，属于典型的投入驱动型增长；其中技术进步的贡献率约为 10.13%，但资源配置效率对生产率有负面影响。武鹏（2013）综合使用了 SFA 和 DEA 方法对经济增长动力来源进行测算，同样认为资本是中国经济增长的主要动力来源，投资拉动的特征非常显著；而全要素生产率为波动下降态势，2002 年后为负值，且呈现与资本投入负相关关系。张勇（2013）基于劳动投入估算的全要素生产率增长为 -1%，认为要素拉动和金融危机对全要素生产率有较大的挤出效应。

另一种观点则对全要素生产率在我国经济增长中的作用持较为乐观的观点。例如周（Chow，2002）认为改革开放以来我国全要素增长率约为每年 2.7%，其对经济增长的贡献率为 28%。张军等（2003）对我国全要素生产率的测算结果类似，产出贡献为 28.9%。张健华等（2012）从重新估算我国资本存量的角度着手，测算了我国全要素生产率，发现折旧率设定对结果的稳健程度影响很大。结果认为我国改革开放以来的全要素增长率的均值为 2.48%，对经济增长的贡献比例大约为 1/4，但 21 世纪以来对要素投入的依赖正在扩大。还有一些研究则认为全要素生产率的贡献更大，比如张少华等（2014）认为全要素增长率贡献了中国经济增长 35.08% 的份额，但省际区域差距明显且正在继续扩大。李平等（2017）用不同方法测算的全要素生产率年均增长均在 4% 以上，对经济增长的贡献率为 40% 左右。

另外，对 2008 年以后的中国宏观经济全要素生产率的测算研究较少。余永泽（2015）总结前人的测算方法，认为超越对数生产函数法更适合我国现实，采用两种资本存量估计值对全要素生产率进行测算，结果发现，截至 2012 年进入新常态阶段，我国全要素生产率年均增长 1.48%，其中，技术效率改进为主,占 1.23% ,技术进步为 0.37% ,而且 2008 年以来确实出现了全要素生产率严重下降的趋势(见图 1 - 18)。

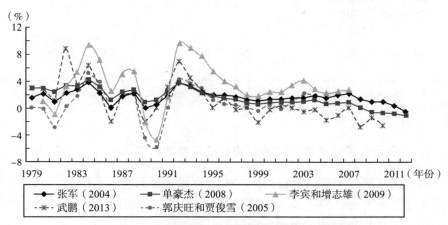

图 1 - 18　代表性文献对我国全要素增长率的计算

资料来源:余永泽. 改革开放以来中国经济增长动力转换的时空特征 [J]. 数量经济技术经济研究,2015 (2).

近年来许多文献转向了预测我国未来在新常态阶段的全要素生产率变化趋势。大部分估计结果认为,在 2020 年以前全要素生产率的增长速度在 2% 左右。随着供给侧结构性改革推进增长动力转换的进行,2020 ~ 2050 的全要素生产率长期趋势可能在 2% ~ 3% 的区间,根据不同发展情境而有所变化,但对我国长期发展中生产率的持续改进持较为一致的乐观态度(见表 1 - 7)。

表 1 - 7　　　　　代表性文献对我国未来全要素增长率的测算

代表性文献	预测时段	年均增速
李善同 (2010)	2008 ~ 2030 年	2% 左右
陆旸和蔡昉 (2016)	2011 ~ 2050 年	2.37%
谭海鸣等 (2016)	2015 ~ 2050 年	3.13%
中国社会科学院经济研究所课题组 (2012)	2016 ~ 2020 年	2.0%
	2021 ~ 2030 年	2.5%

续表

代表性文献	预测时段	年均增速
世界银行、国务院发展研究中心课题组（2013）	2016~2030 年	2%左右
郭春丽等（2016）	2014~2020 年	1.5%（基准情景） 2.0%（次乐观情景） 2.5%（乐观情景）

资料来源：易信，郭春丽．未来 30 年我国潜在增长率变化趋势及 2049 年发展水平预测［J］．经济学家，2018（2）：36-45.

2. 中国全要素生产率变化的趋势特征和影响因素

各类文献虽然对我国全要素生产率的贡献程度看法有所分歧，但对其整体变化趋势的看法较为一致。根据张军（2003）、郭庆旺（2005）和余永泽（2015），大体可以分为五个变化阶段。

（1）1949~1977 年。从新中国成立到改革开放前这一时期被归为一个阶段的原因是，在该阶段我国的基本经济制度尚不完善，社会主义市场经济尚未建立，因此要素价格机制受计划经济的影响非常大，并且由于国内外政治经济局势的变化性，导致全要素增长率的波动巨大。例如，1949~1959 的 10 年间全要素增长率为总体正，但呈波动上升，可能是受五年计划的实施影响。1960~1962 出现了三年困难时期，加上中苏关系恶化，全要素增长率达到历史最低水平。1663~1970 年，虽然经济总体呈复苏趋势，但由于"文化大革命"的发生又出现大的降低，其波动程度虽然较新中国成立初较小，但峰谷差仍在 10%以上。"文革"中后期的 1970~1977 年，经济发展基本停滞，全要素增长率为负。

（2）1978~1992 年。这一阶段为改革开放伊始的经济发展探索时期，全要素生产率出现了两个明显变化。一是全要素生产率的增长明显提高，可以说是增长率较高的历史时期，其对经济增长的贡献率也处于较高水平。二是波动性明显下降，从改革开放前的 10%以上的波动性回归到 5%以内的正常态势，说明我国市场价格机制的逐步建立和完善，要素市场体系从无到有对全要素生产率有很大的促进作用。20 世纪 90 年代初，我国发生了较严重的通货膨胀，政府采取经济紧缩政策应对，加之全球经济不景，对全要素生产率产生了负影响。

（3）1993～2000 年。这一阶段为改革开放力度不断加大时期，全要素生产率趋于回落，进入更为稳定的阶段。邓小平"南方谈话"，推动改革开放的深入，随着经济制度的完善，政府管理能力的提升，一些前期市场化进程中出现的不合理现象得到纠正，这些管制出现的代价就是全要素生产率平滑下降，但不可否认这些改革对我国经济的长期健康发展有至关重要的意义。

（4）2000～2007 年。这一时期为世纪初到经济危机前，中国经济再次进入高速良性发展，全要素生产率呈现温和上升的趋势，基本回到了较高水平，其中的峰值是 2003 年和 2007 年。这一阶段明显出现了技术进步和资源配置效率的改善，但由于我国经济形势的乐观，这一阶段也是要素投入增长较快的时期，因此通过全要素生产率体现的生产率提升并不是非常明显。

（5）2008 年至今。这一时期世界经济危机的发生到缓慢复苏阶段，中国经济也进入新常态阶段。全要素生产率的一个显著特点是经济危机和"4 万亿"财政刺激双重作用下的"断崖式"下跌，至今尚未恢复到前期的正常水平。这一阶段全要素生产率影响因素较为复杂，不同研究得出的结论很不一致，但总体观点倾向于认为早期全要素生产率的增长更多来自技术效率和规模效率的提高，而近期则更多地源自技术进步和技术效率改进，但后者作用始终有限。

综上所述，总结我国全要素生产率的变化特征，主要有三点。第一，不论采用何种测算方式，我国经济都呈现明显的投资驱动主导性增长，投资的贡献率大致在 75%。劳动对增长的贡献非常小，一般认为不到 10%。第二，我国全要素生产率的变化趋势具有较明显的波动特征，主要是受到各方面的影响，例如政府政策、要素投入挤出和数据质量问题，很难反映出技术进步的实际情况。第三，从增长动力转换的角度看，"三驾马车"之间的差距始终在不断拉大，现阶段许多研究都认为资本投入与全要素增长率出现越来越高的负相关关系，这说明资本投入型增长开始出现路径依赖现象。

三、中国全要素生产率提升的制度障碍

通过对我国宏观全要素生产率的进一步分析可知，虽然在新常态以前中国经济经历过几次高增长阶段，但是全要素生产率始终没有突破瓶颈，上升到比较高的水平，资本始终主导经济增长，而劳动的贡献长期偏低。因此，要提升全要素生产率在新常态阶段供给侧结构性改革的重要目标，有必要从制度等根源性因素剖析该现象产生的原因，找出相应的对策。

1. 根据全要素生产率的来源进行分解

根据前面对全要素生产率理论基础的介绍，全要素生产率可以被分解为两部分：一是要素配置效率；二是纯技术进步。因此，首先从这两个主要因素寻找全要素生产率难以提升的原因。

（1）要素资源配置扭曲。对于中国这个发展中大国而言，许多因素会限制要素配置效率，例如，区域资源禀赋不平衡，市场化程度较低，制度安排低效率等等。许多研究表明要素结构失衡、资源错误配置是中国全要素生产率较低的重要原因。谢长泰等（Hsieh C. T. et al.，2009）在宏观增长模型中引入垄断竞争市场，证明了资本和劳动要素扭曲会降低全要素生产率，而要素扭曲的具体表现是要素边际产出与价格之比的差异性。许多实证研究通过反事实方法估计要素结构扭曲对全要素生产率的影响程度。邵挺（2010）发现中国金融要素结构扭曲对增长率的影响约为 2% ~ 8%；罗德明等（2012）研究发现如果能够纠正我国的要素错配现象，全要素生产率可以提高 15% 左右。

进一步研究发现，不同要素的扭曲程度有差异，而且造成要素扭曲的根本原因几乎都与制度因素有关。例如多勒和魏（Dollar and Wei，2007）的早期研究发现我国国有企业和私营企业面临的投资回报率存在显著差异，如果二者的投资回报率相等，资本投入扭曲程度降低可能间接使全要素生产率提高 5% 左右。鄢萍（2012）发现投资的要素扭曲程度高于劳动，原因是不同类型企业面对的利率差异。以上研究表明，大型国有企业的存在一定程度上提高了资本扭曲程度。但是也有研究发现，非国有企业内部同样存在投资扭

曲。例如于蔚等（2012）发现私营企业往往存在一定程度的政治关联，继而通过腐败等非正当行为降低企业的投资成本。

对劳动要素扭曲的研究少于投资，但现有结果同样支持制度对劳动要素的扭曲。袁志刚等（2011）认为，我国的户籍制度对劳动力转移的抑制作用是长期存在的，由于户口转移困难，过多劳动力被滞留在农村或无法完全向城镇转移。陈斌开（2015）发现，中国目前房地产价格过高造成了投资和劳动的双重扭曲，一方面流动性被大量吸引到房地产行业造成过度投资和产能过剩，另一方面劳动力转移的间接成本大大提升。

（2）创新驱动水平不足。从另一方面看，我国全要素生产率难以提高的另一个重要原因是技术进步不足，创新能力有限。在我国经济发展的不同阶段，由于后发模仿优势、经济自由程度、政治影响以及国内市场开放程度等因素，我国的技术进步速度也有所差异。总体而言，根据林毅夫等提出的新结构经济学理论，我国的技术进步具有比较明显的后发优势，主要原因有两点。一是，早期我国经济的落后主要是因为战乱、政治局面等原因，而人才储备和资源禀赋都较为丰富，给后发追赶打下了基础。二是，我国人口众多，领土广阔形成天然的巨大市场，一旦出现机会，新技术应用带来的生产效率提高，就经济总量而言是十分庞大的。

就这方面研究而言，蔡跃洲等（2017）分阶段剖析了我国全要素生产率的来源。结果发现，不同时期技术进步对全要素生产率的贡献具有明显差别。在改革开放初期，技术进步对全要素生产率增长的贡献达到33%，远远高于结构优化的效应。21世纪以来，由于中国与世界先进水平的技术差距越来越小，加之后发模仿的路径依赖导致自主创新能力不强，技术对外依赖性高，后发优势有可能转化成"模仿劣势"，实证结果表明技术进步对全要素生产率的贡献迅速下降，而近年来支持全要素生产率的主要是资源配置改进，尤其是在第三产业中十分突出。自2008年金融危机以来，由于制造业产能过剩普遍，房地产行业吸收大量资金，导致金融体系的资源配置效率被大大抑制，技术进步甚至出现了逆增长趋势。

2. 全要素增长率放缓背后的制度性根源

（1）周期性因素：要素投入驱动增长的动力衰减。自改革开放以来，要素投入的大幅增加长期使我国经济增长速度保持高速增长，根据前文的数据可知，要素投入的增长速度和边际报酬对全要素生产率作用的发挥起重要作用。要素投入增加对全要生产率提升的影响主要来源于三方面。第一，要素规模报酬。例如在改革开放初期，我国处于资本存量相对低、劳动力相对丰富的情形，资本要素的大量投入有利于资本密集型行业快速扩张发展，此时要素投入具有相对为正的规模报酬，要素投入增加会带来全要素生产率的上升。第二，要素结构效应，即前面介绍的技术效率，具体指的是单个生产单位向生产效率前沿移动的程度。其现实意义在于，要素投入的增加可以通过产业结构优化、部门间资源流动等渠道，配置到生产力较高的部门，由此推动全要素生产率上升。第三，即要素投入带来的技术进步，即生产效率前沿自身的向前移动。

根据以上理论分析，考察改革开放以来我国全要素生产率提升的来源情况。由表1-8可知，我国宏观全要素生产率的主要来源在不同阶段、不同产业间有所差异，但总体趋势是以技术进步为主要来源，结构效应处于次要地位。

表1-8　　　　　改革开放以来三次产业层面全要素增长率贡献分解　　　单位：%

项目	1978～ 1980 年	1980～ 1985 年	1985～ 1990 年	1990～ 1995 年	1995～ 2000 年	2000～ 2005 年	2005～ 2010 年	2010～ 2014 年	1978～ 2014 年
技术效应	57.2	89.9	117.0	86.8	117.7	82.1	72.1	40.7	83.7
其中：第一产业	-57.6	8.8	-47.2	23.3	3.3	23.7	21.8	47.5	14.2
第二产业	76.7	21.2	73.6	45.2	82.3	28.9	18.5	-29.4	34.5
第三产业	38.1	59.8	90.6	18.4	32.1	29.5	31.7	22.6	35.0
结构效应	42.8	10.1	-17.0	13.2	-17.7	17.9	27.9	59.3	16.3
其中：第一产业	40.9	13.5	-16.0	-22.1	-21.4	-23.7	-28.7	-52.5	-15.5
第二产业	2.3	1.3	-11.3	16.7	-21.8	22.5	37.1	88.2	17.4
第三产业	-0.4	-4.7	10.4	18.5	25.5	19.0	19.5	23.5	14.5
资本要素结构效应	5.1	1.9	28.3	5.8	-9.1	9.1	20.8	22.6	8.8
其中：第一产业	-34.6	-15.9	-72.6	-11.3	-30.5	-11.8	-18.5	-26.7	-18.9
第二产业	24.9	10.9	59.4	9.9	17.7	15.1	29.2	32.6	18.4
第三产业	14.8	6.9	41.5	7.1	3.7	5.8	10.2	16.7	9.3

续表

项目	1978 ~ 1980 年	1980 ~ 1985 年	1985 ~ 1990 年	1990 ~ 1995 年	1995 ~ 2000 年	2000 ~ 2005 年	2005 ~ 2010 年	2010 ~ 2014 年	1978 ~ 2014 年
劳动要素结构效应	238.5	8.3	-40.6	7.4	-7.8	9.1	7.9	37.6	7.0
其中：第一产业	75.1	29.5	56.6	-10.8	9.1	-11.8	-10.2	-25.8	3.4
第二产业	-21.8	-9.6	-66.0	6.8	-38.7	7.4	8.4	56.1	-1.0
第三产业	-14.8	-11.6	-31.1	11.4	21.8	13.6	9.6	7.2	4.7

资料来源：蔡跃洲，付一夫. 全要素生产率增长中的技术效应与结构效应——基于中国宏观和产业数据的测算及分解 [J]. 经济研究，2017（1）.

第一产业在 20 世纪 90 年代以来始终保持正的技术效应和负的结构效应，其中，结构效应为负主要是因为资本要素结构效应，这说明我国第一产业要素投入驱动的主要制约因素是资本要素没有得到有效配置。

第二产业在 2010 年以前都表现为正的技术效应，但近几年来由正转负；结构效应在较短时期内出现负数，但 21 世纪以来逐渐提高，近年来已成为全要素生产率的主要贡献来源；具体来源方面，早期以资本结构效应为主，这是因为第二产业以制造业为主，在发展早期缺乏资本要素而劳动力要素过剩，因此资本投入的流入快速提升了第二产业全要素生产率。

就第三产业而言，技术效应长期稳定为正，说明第三产业具有的技术进步贡献较高；结构效应在改革开放早期为负，原因是产业部门发展遵循库兹涅茨规律，在发展初期的主要动力是第二产业，相应地，进入第三产业的要素资源必定具有较高的边际报酬，因此，在第三产业经济占比不高的情况下也具有较高的技术效应。同样可以观察到，第三产业技术效应不断下降，在 2010 年开始出现负数，这说明第三产业技术进步放缓，主要是因为我国长期的对外开放使得中外技术、管理上的差距缩小。第三产业结构效应始终较低，近年来有上升趋势，但始终处于次要位置。其中，资本要素结构效应是结构效应的主要来源，主要原因是第三产业以服务业为主，更倾向于资本、技术密集型行业，相应的劳动要素结构效应在 20 世纪为负，21 世纪以来上升但仍低于资本。总体来看，随着第三产业逐渐成为我国经济增长的主要来源，如果不能通过供给侧结构性改革改善第三产业的结构效应和技术效应，则要素投入驱动难以为继的同时，全要素生产率也无法成为转变发展动力的主要来源，而是成为制约因素。

（2）结构性因素：经济结构深度扭曲。中国全要素生产率提升不仅受到技术进步和资源配置效率的阻碍，其根本上还受制于经济结构扭曲这个深层次因素。经济结构扭曲是一个综合性的现象，包括产业结构扭曲、区域结构扭曲、产权结构扭曲、政府政策扭曲等多种因素。但各方面的经济结构扭曲对全要素生产率的影响机制是较为统一的，那就是阻碍包括要素资源、市场环境、制度背景等影响市场机制运行有效性的因素充分发挥作用，可称之为"一阶扭曲效应"；继而，进一步使得公共领域在调节市场运行和发挥再分配等服务功能时出现低效率甚至负效应的"二阶扭曲效应"。

第四节　新常态下供给侧结构性改革的实质内容与核心问题

供给侧结构性改革的实质内容，在于牢牢紧扣世界经济运行的周期性特征，中国经济新常态发展的基本特征和供给侧所面临的突出问题，以体制改革突破经济供给侧的结构性问题，经由结构性问题的解决驱动经济发展新动力的生成，继而通过动能转换提高全要素生产率，最终实现推动中国经济高质量发展的根本性目标。

一、新常态下供给侧结构性改革的实质内容

具体而言，要通过供给侧结构性改革解决结构性问题，核心在于完善要素市场结构，打造科技创新激励体制和优化政府公共服务能力与制度质量三大方面。因而，体制改革与制度创新的重点即在于为这三大方面的改革提供配套的参与约束和激励相容约束。继而，改革的目标是将过去的要素驱动发展转变为通过结构优化、科技创新和制度公平三大新动力，提升全要素生产率的创新驱动型发展，从而促进我国社会生产力整体跃升和经济可持续发展的总体目标。

1. "三去一降一补"五大任务的实施情况与未来展望

供给侧结构性改革的第一阶段主要实行"三去一降一补"政策，即去产能、去库存、去杠杆、降成本和补短板。而 2018 年以前主要以政府主导的去产能、去库存和去杠杆为主导，其结果是，对宏观经济起到了一定的调结构、稳增长作用，尤其是国民经济增长速度达到预期目标，顺利实现新常态的增长速度稳着陆。然而也必须要看到，"三去"的实现仍然具有显著的政府干预色彩，虽然在我国政府的强势主导下淘汰了一大批无效产能和僵尸企业，然而其背后对市场的干预行为在长期不能促进供给侧结构性改革根本目的，即以体制机制改革促进经济结构改革的根本目的，反而可能进一步扭曲微观经济个体，如居民和企业部门的市场预期和激励结构，要素结构进一步扭曲，甚至使得宏观调控政策的边际效应进一步减弱化和无效化。

为了促使未来中国经济适应新常态经济运行特征及规律要求，在政策取向上应：重市场，即简政放权，激活市场；微刺激，即依据市场经济和经济新常态运行特征及规律要求，依法有序而又科学合理地改善宏观调控体系，应规避过去那种以政府规划为导向的具有明显行政动员特征的大起大落式宏观调控；励创新，将经济增长的动力源由投资驱动源转向协同创新源；促就业，增加生产劳动参与率，并提高劳动生产率；固实体，确立实体经济是稳定经济增长、扩大内需、控制通胀的基本保障，也是增进社会财富、提升综合竞争力的物质基础的基本理念。

（1）去产能、去库存、去杠杆。

①去产能实施情况。2016 年以来，政府宏观调控思路从传统的重需求管理、重短期刺激向供给与需求"两手抓"的重大转变，"供给侧改革"成为政策主线。供给侧改革围绕"去产能、去库存、去杠杆、降成本、补短板"五大任务快速展开。去产能与去库存的力度尤为强大。去产能不仅会一定程度上减少供给，对市场供求关系产生实质性影响，同时给市场一个积极预期，由于过剩产能的淘汰，市场供求关系会发生变化。在去产能政策的作用下，2016 年以来，传统行业产品价格持续回升，传统行业经营环境也在不断改善。

钢铁行业、煤炭开采、水泥制造、玻璃制造、工业金属业等主要去产能行业得益于供给侧改革，盈利能力从 2016 年以来持续提升，股价也不断上涨。2016～2017 年，水泥制造、钢铁、煤炭行业的盈利能力终结了自 2010 年以来的持续阶段性下挫，由 5% 以下回升到了 5%～15%。结合 A 股指数，其中煤炭、钢铁和水泥行业的累计涨幅分别达到了 74.6%、41.8% 和 30.1%，明显跑赢同期上证综指（20.8%）和深圳成指（17.2%）（见图 1 – 19）。

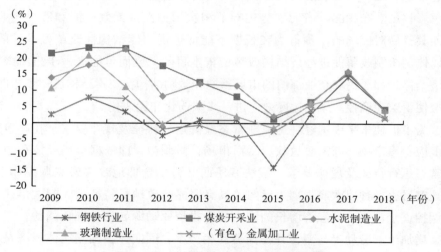

图 1 – 19　主要去产能行业净资产收益率

资料来源：根据 Wind 数据库计算获得。

②去库存实施情况。2015 年以来，在国家鼓励房地产去库存的大背景下，多地政府陆续出台地方版的房地产去库存政策，促需求、减投资成为地产行业的主基调。得益于去库存政策实施，商品房待售面积同比增速持续下行，2016 年 12 月增速转为负数。同时，商品房待售面积从 2016 年 2 月的最高点 73931 万平方米开始持续下行，2018 年 4 月降至 56687 万平方米，去库存成效显著。①

---

① 参见国家统计局月度报告：《全国房地产开发投资和销售情况》（2018 年 4 月：http：//www. stats. gov. cn/tjsj/zxfb/201805/t20180515_1599273. html，2016 年 2 月，http：//www. stats. gov. cn/tjsj/zxfb/201603/t20160312_1330121. html）。

以去库存任务最集中，也是中央最为强调的去库存领域，即以房地产行业为例，自去库存实施以来的产业盈利能力持续好转：A股市场房地产开发企业净资产收益率从2015年的11.9%的低点持续回升至2017年的16.7%。A股市场中，房地产板块的市盈率为12.5倍，市净率为1.8倍，表明资本市场对现阶段去库存反映良好。①

③去杠杆实施情况。"去杠杆"不能一刀切，需要根据不同企业的规模、所有权特征、行业特征以及区域特征，鼓励"好的杠杆"，去掉"坏的杠杆"，优化信贷资源的均衡配置。

通过发展多层次资本市场，显著提升直接融资特别是股权融资的比重；通过引入优先股模式，将部分商业银行债务、部分财政投资转变为优先股；采取一系列积极政策，鼓励优质上市公司通过资本市场股权融资实施并购、重组，盘活存量；进而降低企业的杠杆水平。去杠杆意味着直接融资规模的提升，多层次资本市场的发展、债转股、并购、重组的巨大市场，这些都极大地扩展未来股市的内涵和外延，预示着股市巨大的发展空间。

（2）降成本：税收结构性调整。高税率是经济增长的"抑制剂"，只有降低税率才能增加生产要素供给、提升资源的配置效率，刺激经济增长。而供给侧改革的重要一环就是减税。从世界范围内的供给侧改革实践来看，减税是里根经济学、奥巴马经济刺激计划、撒切尔主义以及科尔经济政策的共同特征。

中国宏观税负整体偏高，实际税负分布也不合理：首先，宏观税负中大部分通过税负转嫁最终由家庭部门承担，恶化了家庭部门在国民收入中的分配地位，导致消费不振；其次，第三产业总体承担的税负比第一、第二产业重，这不利于经济转型中的产业升级；最后，较重的税负恶化了小微企业的生态环境，不利于科技创新型小微企业发挥自主创新的主力军作用。因此，未来减税政策必将是我国供给侧改革的重点，特别是实施针对性减税措施，支持经济结构调整与产业转型升级。

（3）补短板：全面深化改革。近年来，为实现保持经济运行态势平稳、经济发展转向高质量增长模式等目标，中国坚持全面深化改革，全方位推动

---

① 数据来源：Wind数据库中金标准房地产住宅类投资收益指数。

政治改革与经济改革同步进行，尤其是在国民经济的核心领域、关键领域提供大量政策支持与制度供给。"补短板"主要是通过全面深化改革，制度供给创新，对经济发展领域的短板进行针对性补强，包括"三农"、区域协调发展、科技创新、现代服务业、环境保护等领域。

首先，在推动结构优化新动力方面，中国长期以来注重发展传统制造业，这是对外开放嵌入全球价值链的必须战略，然而也造成服务业，尤其是现代服务业发展水平不高的产业部门失调，注重资本要素密集投入的发展模式也造成了要素配置效率低的"经济结构短板"。对此，中国一方面大力推动先进制造业与现代服务业深度融合的产业升级路径，借助中国制造业的比较优势和市场潜力推动产业结构的转换升级，从而通过发展现代服务业部门提升劳动生产率和全要素生产率；① 另一方面着力构建更加完善的要素市场体系，通过提高资源配置效率优化产业结构。②

其次，在提升技术创新新动力方面，中国近年来高度重视科学研究与技术创新投入，有效提升了科研水平与教育质量，现代服务业的规模、质量有了长足的进步。近年来，中国专利数量有了飞跃式提高，尤其是在 5G 等信息技术领域的发明专利数量大幅提升，这表明我国正在逐步由"模仿型"或"追赶型"创新转向以原创性技术进步为核心的自主创新模式。为此，中国通过建设国家创新体系，打通产学研螺旋式创新渠道，加强知识产权保护等创新制度建设以及持续的制度供给，有效地保障了技术创新在未来经济发展动能转换中的核心性、支撑性地位。

最后，在生成制度公平新动力方面，众所周知，我国目前存在着劳动报酬占比过低、民生建设水平落后的"社会结构短板"。为此，我国政府特别重视文化、卫生等民生基础设施供给，例如在落后农村地区积极开发旅游资源以实现美丽乡村、精准扶贫等目标。为此，对交通基础设施进行了大量投入，建成了总长世界第一、覆盖全国的高速铁路网；建成了包括港珠澳大桥、

---

① 2019 年 11 月，经中央全面深化改革委员会审议通过，国家发改委联合 15 部门印发《关于推动先进制造业和现代服务业深度融合发展的实施意见》，明确了推动"两业融合"的总体思路和目标、具体路径以及保障措施等。

② 2020 年 3 月，出台《中共中央 国务院关于构建更加完善的要素市场化配置体制机制的意见》，强调了社会主义市场经济需要贯彻落实市场在资源配置过程中的基础性作用，并进一步提出了资本、劳动力、技术、土地和数据 5 个主要的要素市场改革方向。

矮寨特大桥等在内的具有世界领先水平的桥梁工程，完善了国家交通网络，对促进实现区域平衡发展等战略目标具有重要意义。

2. 供给侧结构性改革的新阶段：以结构优化、科技创新、制度公平三大新动力驱动经济发展

以供给侧结构性改革驱动经济发展新动力，其核心在于理顺政府与市场关系，完善要素市场制度结构，促进要素资源自由流动、提高要素配置效率，实现要素控制权的公平均衡配置。完善要素市场体制结构，重点在于提高要素配置效率，调整产业结构，协调实体经济和虚拟经济比例关系，驱动经济发展结构优化新动力。

（1）结构优化新动力。

①以制度结构改革推动产业结构合理化，促进产业结构升级。多年来非均衡粗放投资驱动型的改革发展模式，产生了诸多制度安排与制度结构上的缺陷，由此诱发了诸多结构性不匹配问题，如一方面中低端产品过剩，另一方面高端产品不足；一方面传统产业产能过剩，另一方面高新技术和现代服务业供给不足；一方面存在较大范围企业"融资难、融资贵"问题，另一方面金融体系积累了大量债务，存在潜在金融风险；等等。这些结构性不匹配问题制约了供给侧生产要素效率的提高与经济发展新动力的有效驱动。为此，必须要以提升全要素生产率为核心目标，通过制度创新和全面深化改革，在要素市场和产品市场两端破除阻碍要素流动的制度性障碍，尤其是必须处理好资本、劳动和土地等主要要素市场的空间配置扭曲问题。此外，中国目前的央地关系在激励地方政府提升发展绩效的同时，也加剧了要素分配不合理、产业结构同质化等矛盾。为打破产业同构等路径依赖问题，中央政府应继续优化制度设计，进一步完善地方政府绩效考核机制，以及产业政策制定模式。

②调整优化虚拟经济与实体经济比例关系为中心的经济结构。资本市场的完善与多层次资本市场的构建，是新常态下实现促进资本优化配置、调整并优化产业结构，协调实体经济与虚拟经济比例关系的重要制度保障。完善并构建多层次资本市场，其核心在于理清政府与市场的关系基础上，充分发挥市场在资本配置的决定性作用，与此同时，要正确处理主板、中小板、创业板以及场外市场之间的比例和结构关系以及二级市场中价值论与投机论等

关系问题。为促进供给结构优化升级，需要做到：

首先，一方面，需要去除无效供给。去无效供给，促增长动力转换。保护、发展好优质产能和市场份额，减少无效的低端的供给。具体来说，就是要去过剩产能，实现煤炭、钢铁、船舶、水泥、平板玻璃、电解铝等行业压减过剩产能目标任务；用市场的办法淘汰落后产能。由于供给结构不适应消费升级。随着消费升级显著加快，以高端消费为代表的品质消费快速崛起。但在消费升级加速的同时，供需矛盾日渐突出，商品的供给结构难以满足居民对于品质消费增长的需求。另一方面，需要提升有效供给。增加有效供给，着力补齐短板是推进结构性改革的关键点之一。而"补短板"的核心实际上在于实现"三个转变"：一是资源驱动向创新驱动的转变；二是低端生产向中高端生产的转变；三是传统业态向新兴业态的转变。

其次，深度城市化。我国目前的城镇化存在区域协调发展不协调等问题。我国东部沿海地区率先开放发展，形成了京津冀、长江三角洲、珠江三角洲等一批城市群，成为国民经济重要的增长极。与此同时，中西部地区发展相对滞后，中西部城市发育明显不足。目前东部地区常住人口城镇化率达到62.2%，而中部、西部地区分别只有48.5%、44.8%。综合来看，我国在2015年城市化率已经达到56.1%，预计到2020年城市化率将达到60%，每增长1个百分点，意味着约有1300万人口涌进城市。[①] 中国的城镇化水平和质量在未来一段时间内将稳步提升，会使更多农民通过转移就业提高收入，通过转为市民享受更好的公共服务，从而使城镇消费群体不断扩大、消费结构不断升级、消费潜力不断释放，也会带来城市基础设施、公共服务设施和住宅建设等巨大投资需求，这将为经济发展提供持续的动力。

再次，"一带一路"倡议与新型全球化。综合国内和国际的相关因素来看，"一带一路"倡议有望扎实稳步推进，建筑、金融、环保等领域或受利好。2017年，产能输出与市场开拓有望逐步展露成效，同时"一带一路"倡议下的多个实质性具体项目将陆续开花结果。

最后，完善要素市场定价机制。要素市场在经济结构中具有基础性、战略性地位，然而我国要素市场长期受到政府和国有企业的垄断性支配，由此

---

① 中共中央 国务院印发. 国家新型城镇化规划（2014 – 2020 年），http：//www.gov.cn/gong-bao/content/2014/content_2644805.htm。

对产品市场乃至整体经济产生了较为严重和长期的负外部性影响。要素市场结构决定生产要素配置和经济发展的协调性和平衡性，要素价格体系决定了要素资源的流动性与公平高效配置。供给侧结构性改革的进一步实施，必然要求全面深化经济体制改革，而探索建立符合我国经济发展导向的合理要素定价体系是其中的应有之义。

目前政府审批主导型的要素定价机制，决定了我国的要素价格体系存在根本性的制度缺陷，会对产业结构的优化升级，以及实体经济与虚拟经济的比例关系方面形成抑制和扭曲效应，进而影响要素配置效率，从而抑制全要素生产率提升。

对此，应当从四个方面解决要素市场发育不良问题，形成驱动经济发展的结构优化新动力。第一，明晰要素产权制度基础，优化要素交易市场制度结构，引导要素资源控制权公平配置，化解要素供给结构性失衡。第二，借助资本市场优化资本合理配置，发挥市场价格机制的倒逼作用，化解要素定价机制、要素资源配置和要素流动中的权力黏附及利益束缚带来的要素结构失调，修正要素价格体系，促进产业结构优化升级，协调虚拟经济与实体经济关系，促进经济"脱虚向实"，以资本市场反哺实体经济。第三，发挥产业、技术和金融的协同创新作用，以金融促进企业成长，将资本流动向技术创新性企业和产业引导，同时使金融产品回归本质价值，反映创新型企业的市场价值，发挥资本市场在"三去一降一补"中的正向作用。第四，要向市场化方向改革股票发行上市制度，构建尊重市场规律的交易制度，从而在长期使得资本经营机构回归中介功能，服务于实体经济，并在宏观层面强化资本市场的协调性、安全性和有效性，从而顺利发挥增强市场对长期投资吸引力的作用，助力供给侧改革。

（2）科技创新新动力。科技体制创新对供给质量体系与产业结构升级具有重要的作用，主要包括建立健全政府、科研机构和企业之间"三螺旋"协同创新范式，和实施以纠正"系统失灵"为主要目标的技术创新政策，以优化科技资源控制权公平配置为主线，激发科技体制活力，驱动经济发展技术创新动力生成。

科技体制创新的核心是促进科技与经济的深度融合，科技创新将为未来经济持续增长提供强大的动力，为此，我国应构建企业为主导，政府、科研机构和企业相协调的开放式科研体制机制，并改革科技成果评价体制，提升科技创新在产业结构优化升级中的引领功能。加强科学与技术的耦合，提升科技创新质量科学与技术耦合的失效是经济发展结构失衡的一个重要表现。科技创新必须通过产学研联盟和与产业界深度耦合，才能最大限度地发挥科技创新的经济增长动能作用。

改革科技评价机制，提升供给质量，实现科技与经济融合发展。科技创新与经济发展不能有效融合的一个关键问题在于现行科技评价机制存在漏洞。不合理的科技创新成果评价机制对经济发展存在潜在的抑制效应，从科研创新角度来看，科研人员晋升管理失效，会导致科研从业者失去研发激励；科研经费管理不合理，会阻碍科研正常进行。从科学技术的经济效应来看，耦合不善会严重阻碍科研成果转化效率，甚至扭曲科研方向，例如盲目追求"短平快"，忽视基础学科创新等结果；科技创新研发资源分配不均衡，会引起学科之间人力和其他资源的配置扭曲，部分学科投入过大边际产出降低，从而产生研发效率低等浪费现象，另一部分学科亟须投入却无法得到足够供给，最终会引起研发体系失衡，失去跨学科互补带来的外部效应。

因此，一方面，应当通过合理设计科技成果转化激励制度，通盘考虑科技创新政策对供给体系结构与质量的影响，及其对产业结构的具体影响和耦合机制，特别是要重视企业家精神在科技创新产业化过程中的关键作用，合理引导科研工作者与产业界的深入对接，充分发挥科技创新对经济体制转型的推动功能。另一方面，从长远角度考虑，科技创新与经济发展是一个完整的产业生态系统，必须建立起行之有效的政府、科研机构和企业的"三螺旋"协同合作机制，才能从根本上解决科研激励、成果转化到结构优化、经济高质量发展的创新驱动模式。

（3）制度公平新动力。

①塑造公平正义制度环境，优化分配结构。纵观唯物历史观和马克思主义政治经济学基本原理，劳动者是生产力中最具有革命性的因素，也是经济发展的活的动力源泉。劳动者在经济活动中既扮演了生产活动的基本单位，同时也作为消费者为经济活动提供基本的动力。供给侧结构性改革中的制度公平新动力以优化分配结构，形成"公平—效率"新常态关系为目标，以民生资源控制权改革为纽带，关注公平竞争和提高生产劳动者收入角度，促进

经济发展的包容性制度基础与激励相容机制，其最终目的是优化以政府民生公共服务为主体的公共制度供给结构，创造公平正义的制度环境，继而改善居民分配与需求结构，提高居民消费水平，扩大有效需求，从而驱动经济高质量发展。

②提高生产劳动积极性、改善需求结构，提升居民有效需求。生产劳动者努力系数提高与人力资本积累是经济持续发展的根本动力源泉，政府应以改善民生为导向，优化制度供给结构，塑造公平公正制度环境，改善产权与收入分配制度。在此基础上，改善需求结构，优化消费投资比例关系，促进居民消费升级。

要推动经济持续健康发展，必须全面深化经济体制改革，保证政府民生公共制度的持续供给，促进社会公平正义、增进人民福祉。唯此，才能充分释放制度公平动力，提高广大生产劳动者的生产努力系数和消费需求能力。因此，供给侧结构性改革过程中，既要正确处理政府与市场的关系，也要更好发挥政府作用，特别是加强和优化政府民生制度供给结构，增进公平正义，改善居民分配、消费结构，提高居民消费水平。所以，供给侧结构性改革中的制度公平新动力，必须结合以居民消费为主导的需求侧管理，研究优化政府公共制度供给结构，驱动制度公平动力，解放、发展劳动生产力，进而完善分配与消费结构，提高居民需求水平。

在目前利益权利关系失衡、收入差距扩大、消费占比下降背景下，为优化政府公共服务制度供给结构，必须从利益权利关系调整着手，综合考量我国不同区域和不同经济主体的制度配置历史演化过程，逐步解决区域发展失衡，城乡差距扩大等利益矛盾冲突问题，由此改善分配结构，平衡制度供给，继而在供给侧提升人力资本投资和生产者努力系数，在需求侧改善居民消费结构，解除目前对需求的抑制性因素。在这一过程中，政府应当科学进行宏观调控，形成有效治理能力，注重社会性公共品供给质量，以及普惠性制度设计。针对前者，应通过合理产业布局、区域分工协作与区域经济一体化等区域经济协同发展机制，促进利益权利在不同区域空间的公平均衡配置，实现区域结构优化，释放区域公平发展新动力；针对后者，应深化产权保护制度，形成收入分配合理、劳资关系协调的公共资源均衡配置格局，以促进利益权利在不同经济主体之间的公平均衡配置，从而释放经济发展劳动主体公平新动力。

二、新常态下供给侧结构性改革的核心问题

供给侧结构性改革驱动经济发展新动力的理论核心问题在于，中国的结构性改革亟须一个整合制度与结构变量的、符合中国发展模式和要求的分析框架，以便为供给侧结构性改革驱动经济发展新动力提供方向上的理论指导，且可以为供给侧结构性改革驱动经济发展新动力的基本原则、目标要求和基本方向的确定提供新思路；相应地，供给侧结构性改革驱动经济发展新动力的核心实践问题在于，求解供给侧结构性改革驱动经济发展新动力的路径选择问题，同时探索在全面深化体制改革的制度背景下，基于三大核心领域，促进经济社会生产力进一步提升的具体路径和策略。

1. 供给侧结构性改革的核心内涵：以制度供给催化动力变革

供给侧结构性改革的核心问题在于：以体制机制的变革促进发展方式转变，而经济体制的制度核心，在于将市场经济体制作为经济运行的基础。因此，供给侧结构性改革必须进一步释放市场机制对资源配置的决定性作用，这就要求我们继续推动市场化改革，从机制设计的角度来讲，是打破对市场配置资源功能的约束，重塑价格机制的激励作用；从制度顶层设计的角度来看，要把经济发展的驱动力从以要素投入的成本优势，转化为以生产率和创新能力为主的供给能力优势，走可持续高质量发展道路。

首先，供给侧结构性改革要优化政府对经济的影响力，这不仅包括约束政府对经济的无效或过度干预，更要强调以政府为主导，提升供给质量，政府能动作用的发挥要尊重市场规律，激发市场活力，进而提高全要素生产率。其次，供给侧改革对于供给侧的改善在质不在量，要在提高全要素生产率的基础上，加强优质供给、扩大有效供给、减少无效供给，要在质量提升和结构优化前提下增加供给量，除制度外，创新成为影响要素提升和全要素生产率的另一个重要因素，是实现经济增长驱动力转变的关键。最后，供给侧改革并不忽略需求侧，要求增强供给结构对需求变化的适应性和灵活性，使供给体系更好地适应需求结构变化，在总供给和总需求间建立良性的互动协调，

在更高层次上实现供需平衡。

2. 供给侧结构性改革的核心要义：重视结构动力，增加有效供给

（1）结构调整优化。

①以结构改革应对发展失衡，消除市场障碍和制度约束，从各方面提高供给体系质量。提升供给体系的灵活性与适应性，尤其是对起基础作用的要素市场价格体系，应该坚决打破行政垄断定价权，使得要素在市场间充分流动，提高全要素生产率。

②针对供给结构中的缺陷，要持续推动改革，在供给体系与市场需求之间建立良好沟通通道，减轻乃至消除资源错配，继而通过供给体系改革推动有效需求扩张。对此，要在经济的宏观、中观和微观层面采取针对性措施。对宏观层面而言，首先是推进制度变革，例如以功能性产业政策替代行政命令式的直接干预市场；完善公共民生制度供给，进而理顺居民收入分配制度。在中观的产业层面，以产学研协同创新体系为产业结构转型和优化升级提供激励机制，对传统产业和落后供给，也应该采取技术改造激励和建立负面清单制度来逐步淘汰落后产能，以缓解前期去产能、去库存带来的进一步价格扭曲。对微观层面作为消费者和劳动者的居民部门，应进一步健全劳动力产权保护和劳动力制度，把来源于要素市场扭曲、实体经济与虚拟经济比例失调和金融资本市场不完善带来的居民资产相对价格体系扭曲逐步调整到正常方向和水平。

（2）增加有效供给。

①以驱动经济发展新动力生成提高有效供给。自新常态下供给侧结构性改革的概念提出以来，最重要的一点就是将中国经济发展从要素投入驱动转向以技术创新和环境保护为代表的创新驱动高质量发展模式。我国目前在创新动力生成方面最主要的改革内容是：第一，健全知识产权保护制度和完善法律法规，为创新驱动提供制度保障。第二，发挥"产官学"三螺旋创新体系对科技创新和产业升级之间的耦合强化作用，深度挖掘技术创新对经济发展的推动效应。第三，从基础层面改革科研评价与管理体系，发挥科研人才主观能动性，创造良好的研发氛围，以及加强对基础科学与长期成果的投入与成果评价体系建设。

②依靠体制结构改革从根本上增加制度有效供给。在这一层面上的核心内容是完善我国以公有制为主、鼓励私有经济和市场对资源配置起决定性配置作用的基本经济制度。这就要求我们坚持社会主义市场经济的基本所有制结构，完善以劳动为逻辑的分配制度改革，在供给侧结构性改革中真正做到以人民为中心，才能巩固供给结构的制度基础，形成制度供给—经济发展—民生改善—结构优化的良性循环，才能保持在经济发展方式转变的过程中毫不动摇我国的基本价值取向，形成真正意义上的高质量发展道路。

3. 供给侧结构性改革的核心突破

"十三五"期间，在经济增速换挡、结构调整阵痛、动能转换困难相互交织的经济发展环境下，要完成决胜全面建成小康社会的历史承诺，就必须积极适应把握引领经济发展新常态，坚持中国特色社会主义政治经济学的重要原则，坚持社会主义市场经济改革方向。要按照完善和发展中国特色社会主义制度、推进国家治理体系和治理能力现代化的要求，深化供给侧结构性改革。要依据我国经济发展新常态的阶段性特征，探索方向定位合理并具有重大牵动性和外溢性的重点领域和关键环节的突破性改革，通过优化结构、增强动力、化解矛盾、补齐短板，推动中国经济实现稳中求进，实现社会生产力水平整体跃升，全面增强经济发展的质量和效益。这是我国深化供给侧结构性改革，决胜全面建成小康社会，努力跨越中等收入陷阱的理性选择。为此，必须将马克思主义政治经济学的基本原理和中国经济发展新常态的阶段性特征有机结合，实现供给侧结构性改革的新突破，进而决胜全面建成小康社会。据此，供给侧结构性改革的突破问题可以总结为四个方面：方向性突破、关键性突破、中心性突破和根本性突破。

（1）改革的方向性突破：完善中国特色社会主义道路，坚持以人民为中心。实现供给侧结构性改革的方向性突破，前提是坚持中国特色社会主义政治经济学的重要原则，坚持社会主义市场经济的改革方向。首先，要按照完善和发展中国特色社会主义制度、推进国家治理体系和治理能力现代化的总目标，提出供给侧结构性改革的新思路新举措。其基础在于深化公有制实现方式改革，促使国有经济与市场经济更好地融为一体；深化分配制度改革，调整收入分配结构，提高居民收入占国民收入的比重。其次，供给侧结构性改革应促进市场经济与社会主义的有机结合，并充分发挥经济和政治两个优势。既要将社会主义基本制度的优越性与市场经济体制的优越性有机融合，最大限度地发挥"合力"；又要正确处理社会主义与市场经济的辩证关系，使社会主义市场经济的发展始终保持正确的方向和强劲的势头。最后，供给侧结构性改革要依据共同富裕发展规律和全面建设小康社会的实践要求，以促进社会公平正义、保障改善民生、增进人民福祉作为改革的出发点和落脚点，实现经济发展和民生改善良性循环。

（2）改革的关键性突破：以制度供给促结构优化，以制度结构改善经济结构。供给侧结构性改革的关键性突破在于完善要素市场制度结构，健全要素定价机制，促进经济结构有效调整。为此，首先要理顺政府与市场关系，努力将权力关进"制度笼子"，消除要素市场当中扭曲市场定价的行为。其次要健全归属清晰、权责明确、保护严格、流转顺畅的现代要素产权制度。推进产权保护法治化，依法保护各种所有制经济和各种要素主体的权益。再次要完善要素市场制度结构，健全要素定价机制，构建合理的要素价格体系，促进土地、资本和劳动力等要素资源的自由流动，提高要素配置效率。最后要加快完善土地和资本市场。从土地市场来看，重点在于一方面要在坚持农用地集体所有的基础上，运用股份农庄、公司＋农户、代耕代营等多种形式促进土地的合理流转，实现土地规模经营；另一方面要加快建立城乡统一的建设用地市场，推进农村集体经营性建设用地与国有建设用地同等入市、同权同价。从资本市场来看，目前改革的核心在于要在理顺政府与市场关系的基础上，正确处理主板、中小板、创业板及场外市场间的比例和结构关系等问题。

（3）改革的中心性突破：消除制度障碍，塑造创新激励机制。供给侧结构性改革的中心突破在于有效配置并激励创新型要素。为此，必须加快科技体制创新，实施创新驱动战略，促进科技与经济的深度融合。首先，各级政府和人才使用单位要把人才作为支撑发展的第一资源，加快推进人才发展体制和政策创新，构建有国际竞争力的人才制度。其次，探索以优化科技资源控制权公平配置为主线，以有效配置与激励技术、人力资本、创新产品和创新业态等创新型要素为基本原则的供给侧结构性改革的重点任务与实践路径。最后，要完善人才评价激励机制和服务保障体系，营造有利于人人皆可成才和青年人才脱颖而出的社会环境。

（4）改革的根本性突破：形成公平正义制度环境，提高服务型政府治理能力。供给侧结构性改革的根本性突破在于塑造公平正义的制度环境，释放并提高广大劳动人民的主动性与创造性。为此，供给侧结构性改革，要从更加关注公平竞争和提高劳动者收入角度，探索促进经济发展公平新动力的包容性制度基础与激励相容机制，并着力研究优化政府民生为主体的公共制度供给结构，创造公平正义的制度环境，改善居民的分配与需求结构，提高居民消费水平。必须深化政府行政管理体制改革，加快政府职能转变，持续推进简政放权、放管结合、优化服务，努力促使经济发展型政府转向公共服务型政府。

综上所述，供给侧结构性改革要解决的核心问题，即实现供给侧结构性改革的四大突破，可以总结为以下七个具体的施政要点：第一，要重视市场的资源配置基本作用，以简政放权来盘活市场功能；第二，顺应中国特色社会主义市场经济和经济新常态的总规律及新特征，依法、科学、合理地进行宏观调控；第三，激励创新动能，尤其是要鼓励自主技术创新，从而促进先进科技与产业发展之间的高度耦合；第四，促进就业，重点是提升就业结构，继而提高劳动生产率；第五，坚决去杠杆，稳控各类经济主体过度进行负债投资，特别要重视以博取资产价差为目标的高杠杆投机行为，严防金融系统性风险；第六，扎实巩固实体经济，稳步实现经济结构脱虚向实；第七，加大生态环境保护力度和生态环境制度建设，实现可持续的绿色高质量经济发展。

第二章

供给侧结构性改革驱动经济发展新动力的
不同经济理论探讨与分析框架构建

如何坚持中国特色社会主义政治经济学的重要原则，坚持社会主义市场经济改革方向，贯彻供给侧结构性改革主线，驱动经济发展新动力，推动社会生产力水平实现整体跃升，促进经济运行体系质量变革、效率变革、动力变革，进而提高全要素生产率，提升经济发展质量，这是我国贯彻新发展理念、建设现代化经济体系中的一个必须着力研究的重大现实课题。从经济理论史发展来看，有关如何依据经济运行条件的变化而变革体制或制度，以驱动经济发展新动力，推动经济运行效率与质量变革，提升经济发展质量，促进经济健康稳态持续增长的研究，可以说是贯穿经济学说史发展中的一个中心主题。

第一节　政治经济学关于供给侧结构性改革驱动
经济发展新动力的理论演进分析

一、马克思主义政治经济学关于供给侧结构性改革驱动经济发展新动力的理论分析

马克思主义政治经济学以物质资料生产为出发点，以求解劳动人民生存与发展即民生问题为价值导向，将唯物史观、剩余价值论和科学社会主义结合起来，对社会生产方式及其与之相适应的生产关系和交换关系进行唯物辩

证与唯物历史研究，进而对人类社会经济形态及其制度结构进行科学分析。在此基础上，揭示人类经济活动的基本运动规律，并从中找出不同社会促进经济发展动力变革的规律及其制度基础。

《1844 年经济学哲学手稿》《国民经济批判大纲》是马克思恩格斯经济思想形成时期的重要代表作。马克思在《1844 年经济学哲学手稿》中论述了劳动对于人类文明和历史进步的伟大意义，分析了资本、地产和劳动等生产条件的分离、市场价格与社会财富增长波动对工人阶级的不利影响，弄清了"私有制、贪欲以及劳动、资本、地产三者之间的分离之间、交换和竞争之间、人的价值和人的贬值之间、垄断和竞争等等之间以及全部异化和货币制度之间的本质联系"①，重点研究了异化劳动与私有财产之间的内在逻辑关系，指出资本主义私有制必然会造成劳动异化，给工人阶级和整个人类文明带来灾难性后果，强调工人阶级只有打碎私有制的桎梏，才能使本阶级和整个社会获得解放。马克思在对异化劳动与私有财产进行历史考察与分析基础上，对未来共产主义思想进行了探索。他认为，共产主义是对私有财产即对人的异化劳动的积极的扬弃，因而是通过人并且是为了人而对人的本质的真正占有；因此，它是人向自身，也就是向社会的即合乎人性的人的复归，这种复归是完全的复归。恩格斯在《国民经济批判大纲》中，对古典资产阶级政治经济学的起源、影响以及阶级本质与历史局限性，进行了唯物主义分析，同时揭示了竞争的规律、后果及其制度基础，由此剖析了资本主义生产方式的矛盾。在恩格斯看来，竞争使得市场供给与需求从未有过相互适应，由此导致市场"从未有过健康的状态，而总是兴奋和松弛相更迭——这种更迭排斥一切进步——一种达不到目的的永恒运动"②。恩格斯还认为：竞争使资本与劳动、劳动与劳动、土地所有者与土地所有者发生对立，并导致力量较强的一方在斗争中获胜，从而产生了财产的集中与垄断。恩格斯揭示了竞争与垄断辩证关系运动的制度基础是源于私有制，强调在私有制基础上，垄断引起了自由竞争，自由竞争又引起了垄断。因此，恩格斯认为，私有制是资本主义社会各种矛盾的根源，强调只有消灭私有制，资本、劳动、土地所有者内部的对立及相互对立才会消失，资本主义的各种弊端才能消除。

---

① 马克思恩格斯文集（第 1 卷）［M］. 北京：人民出版社，2009：156.
② 马克思恩格斯文集（第 1 卷）［M］. 北京：人民出版社，2009：74.

可以看出，在马克思恩格斯经济思想形成时期，他们主要是通过研究异化劳动和私有财产关系的起源和本质特征，来阐述劳动与资本的对立运动，并推导出共产主义是私有财产即人的自我异化的积极扬弃，是人和自然、人和人的矛盾的真正解决等共产主义思想观点。这表明在马克思恩格斯看来，未来共产主义社会必须通过制度变革来消除产生异化劳动的私有财产制度基础，以促进人与自然、人与人的协调发展，实现社会经济包容性可持续发展和人的全面自由发展。

此外，马克思和恩格斯在 1845～1846 年共同撰写的《德意志意识形态》中，首次对唯物史观做了系统的论述，阐明了社会存在决定社会意识这一唯物史观的出发点，论证了物质生产在人类历史发展中的决定作用，并从生产力和交往形式的矛盾运动中揭示人类历史发展的一般规律，指出作为未来社会形态的共产主义，是生产力和生产关系矛盾运动的必然产物。1847 年马克思撰写的第一部政治经济学著作《哲学的贫困》，进一步阐发了唯物史观的基本观点，论述了生产力和生产关系的辩证运动以及生产力在社会发展中的决定作用。不仅如此，马克思还将唯物史观贯穿于政治经济学研究之中，不仅指出经济范畴的物质属性，同时还强调了经济范畴的社会历史性。特别是，马克思在《1857～1858 年经济学手稿》中，基于唯物史观，形成了以"生产力—生产方式（生产力的运动形式）—社会关系（生产关系）—理论、观念"的社会结构理论，以及社会与经济发展中现实与历史过程相统一的整体观念，并从生产关系与生产力、生产方式以及与社会关系、理论、观念的相互联系上确立政治经济学的研究对象①。为此，马克思不仅对社会生产关系的内部结构，即社会生产关系运动中的生产与分配、交换、消费之间的辩证关系进行了研究，而且还对社会运动整体的系统关系，即社会生产关系与生产力、经济基础与上层建筑之间的相互关系作了系统阐述，因而形成了马克思政治经济学研究的总体方法论。可以看出：马克思、恩格斯创立的唯物史观，以及通过社会结构系统中确立生产关系的政治经济学研究对象和社会总体方法论，对于目前我国如何基于唯物史观，通过社会生产力和生产关系的矛盾运动以及以此为逻辑基础的社会结构系统运动规律的科学分析，来深化供给侧

---

① 张雷生. 马克思恩格斯经济思想的形成及在世纪之交的发展［M］//张雷声. 新编经济思想史（第四卷），北京：经济科学出版社，2016：176.

结构性改革，推进经济结构优化升级，实现供需结构高水平动态平衡，进而提升经济发展质量具有重大的方法论指导意义。

马克思在其理论巨著《资本论》中，以劳动价值论为前提，以剩余价值为中心，通过剩余价值论、资本积累理论、资本循环与周转以及社会资本再生产等理论分析，深刻剖析了资本主义生产方式的运行特征、运动规律的基础上，并逻辑与历史相统一地剖析了在剩余价值规律和自由竞争规律作用下资本主义经济发展的内在动力与外在压力，以及资本主义再生产即社会增长与发展的理论前提、静态与动态均衡条件，与此同时，又揭示了资本主义生产方式下必然产生异化劳动问题、社会再生产各种比例关系的破坏和经济结构的失衡以及周期性的经济危机。

在马克思看来，商品是资本主义财富的细胞形式，因此，商品生产是资本主义生产的基本特征，价值规律是商品生产的基本规律。不仅如此，马克思还认为，资本主义生产不仅要生产商品的使用价值，而且要生产商品的价值；不仅要生产价值，而且要生产剩余价值，并认为，生产剩余价值或赚钱是资本主义社会的绝对规律，剩余价值规律是资本主义生产方式中的最基本经济规律，也是资本主义经济增长的内在根本动力。为了研究资本主义生产方式下如何生产剩余价值，马克思历史与逻辑地分析了绝对剩余价值和相对剩余价值两种基本方法。强调要使资本具有更高的生产力和更高的剩余价值率，除了增强劳动强度、延长劳动时间之外，还必须不断通过技术与组织创新来提高社会劳动生产力，如通过协作、分工提高劳动生产力，特别是需要通过机器化大生产来推进技术革命和技术进步，并变革组织制度和生产方式本身，以获取更大的超额剩余价值和相对剩余价值。资本在角逐剩余价值，特别是在角逐超额剩余价值和相对剩余价值过程中，兼之市场价值规律的自发作用，必然要产生竞争规律。马克思认为，由于剩余价值规律的内在作用和竞争规律的外在作用，则决定了剩余价值的生产是一个不断的运动过程，因而也决定了资本要不断地通过资本集聚和资本集中两种方式来实现资本积累，进行"规模不断扩大的再生产"。这就是资本主义生产方式下经济增长的微观动力机制。

马克思认为，资本要实现最大程度的价值增殖，则必须不断地运动，保持资本运动的连续性，加速资本的流通。为此，马克思在研究产业资本中单个资本形态循环的形式、特点、条件、所需时间与费用，以及周期性循环或不断反复的循环即资本周转的影响因素、资本周转速度对剩余价值生产和实现的影响基础上，还揭示了单个资本运动的总和即社会总资本价值增殖（即社会经济增长）运动的核心问题与实现条件。马克思在《资本论》第二卷第三篇中提出的社会再生产理论告诉我们：要使社会再生产能够顺利地进行，生产资料生产和消费资料生产之间必须保持适当的比例关系，社会再生产不仅要从价值方面，而且要从物质方面得到补偿。马克思说："这个运动不仅是价值补偿，而且是物质补偿，因而既要受社会产品的价值组成部分相互之间的比例的制约，又要受它们的使用价值，它们的物质形式的制约。"① 因此，社会再生产的核心问题是社会总产品的市场实现，不仅包括了价值与使用价值的替换，也包括了总量和结构性补偿，归根到底是社会再生产或经济运行中如何按比例发展的问题。为了研究社会再生产中的比例关系，马克思提出了再生产理论的基本前提，即将社会总产品从实物形态上分成生产资料和消费资料，从而将社会总生产分成生产资料生产部门（即第Ⅰ部类）和生产消费资料的生产部门（即第Ⅱ部类），并从价值形态上将每一部门的资本分成不变资本、可变资本和剩余价值三部门。在此基础上，依据社会再生产的内在逻辑关系，研究了再生产过程中的基本交换关系，并由此得出社会再生产的实现条件。马克思认为，从简单再生产来说，其实现条件是：（1）第一部类的全部产品价值必须和社会当年两大部类为维持简单再生产需要补偿的生产资料总和的价值相等，即 $Ⅰ(c+v+m) = Ⅰc + Ⅱc$；（2）第二部类的全部产品价值必须和社会当年维持两大部类劳动者和资本所有者既有规模的消费需求相等，即：$Ⅱ(c+v+m) = Ⅰ(v+m) + Ⅱ(v+m)$；（3）第一部类商品资本中的 $v+m$ 价值额必须等于第二部类不变资本价值额，即$Ⅰ(v+m) = Ⅱc$。如果要实行扩大再生产，马克思则认为，不仅需要进行货币资本的积累，而且还必须能够在市场上买到追加的生产资料和劳动力，以及维持追加劳动力所必需的消费资料。用公式来表示扩大再生产的实现条件，其一：$Ⅰ(c+v+m) = Ⅰ(c+\Delta c) + Ⅱ(c+\Delta c)$，即第一部类全部产品的价值，必须等于两大部类原有的不变资本价值加上追加的不变资本价值之和。其二：

---

① 马克思. 资本论（第 2 卷）[M]. 北京：人民出版社，1975：437 – 438.

$II(c+v+m) = I(v+\Delta v+m/x) + II(v+\Delta v+m/x)$，即第二部类全部产品的价值，必须等于两大部类原有的可变资本价值、追加的可变资本价值以及投资者用于个人消费的剩余价值之和。

还必须看到，马克思不仅揭示了资本主义生产方式下经济增长的动力机制以及实现经济增长的实现条件，而且马克思还通过资本主义经济关系的研究，认为在资本主义私有制雇佣劳动制度下，必然产生异化劳动问题，由此引起劳动主体动力耗损。不仅如此，马克思还认为在资本主义生产方式下，由于资本主义内在矛盾和利润率下降规律的内在作用，既难以满足单个资本运动连续性的条件，而且还会产生资本过剩、过度竞争和相对人口过剩等经济问题。特别是，由于资本无限扩张的内在冲动，以及资本主义生产的社会化与生产资料私人占有之间基本矛盾的内在作用，将导致"市场的联系和调节这种联系的条件越来越采取一种不以生产者为转移的自然规律的形式，越来越无法控制。"① 由此，必然引发生产扩张与商品价值实现之间以及社会生产力与社会消费力之间的矛盾，进而产生社会生产与社会消费之间的不匹配，以及社会再生产各种比例关系的破坏和经济结构的失衡，由此导致社会再生产的实现条件常常是通过周期性的经济危机而强制性地实现。这表明资本主义生产方式在根本上是制约了生产主体的动力发挥与经济发展质量的提升，因而资本主义生产方式是不能实现包容性可持续经济发展。

马克思和恩格斯通过对社会生产方式变革的广义政治经济学研究，认为要消除资本主义生产方式下劳动异化以及周期性经济危机问题，则必须变革资本主义私有制，建立社会的公共的生产资料所有制，并认为：构成未来社会所有制的基础是"共同占有和共同控制生产资料"，"共同的社会生产能力"成为"社会财富"，占有和控制这些生产资料的主体则是"社会化的工人"，即以高度的"社会性"和"科学性为基础的结合劳动主体"，或者说是"联合起来的个人"。② 在此基础上，马克思、恩格斯还认为必须变革资本主义生产方式下的生产无政府状态和分配方式，强调应有计划地分配社会劳动，按照全社会和每个成员的需要对生产进行社会的有计划的调节，分配方式是生产方式和交换方式发展到特定历史阶段的产物，并应随着社会机体和劳动

① 马克思. 资本论（第3卷）[M]. 北京：人民出版社，1975：273.
② 马克思恩格斯文集（第8卷）[M]. 北京：人民出版社，2009：53.

者的历史发展过程而改变，按劳分配应成为社会主义社会特有的个人消费品分配原则。此外，马克思和恩格斯还从人与自然相协调、创新驱动、结构优化等方面探讨了未来社会经济运行特征，以及如何驱动经济发展新动力、提升经济发展质量，促进人的全面自由发展等问题。这些经典理论与思想为我们深化供给侧结构性改革驱动经济发展新动力，推动效率、质量变革，促进经济结构优化，提升经济发展质量，提供了具有动态历史和社会结构特征的科学分析框架。

19世纪90年代，列宁在《俄国资本主义发展》《再论实现论问题》中，依据马克思主义分析方法，通过批判民粹派和"合法马克思主义者"的错误观点，阐述了资本主义社会的市场理论和再生产理论，揭示了资本主义市场存在根本性矛盾，资本主义生产和消费之间存在固有矛盾，因而资本主义危机存在着内在必然性。首先，列宁揭露了民粹派源于西斯蒙第市场实现论的错误，从正面阐述了马克思实现论的基本前提，概述了马克思社会产品得以全部实现的基本条件，即：在进行简单再生产时，第一部类的可变资本与剩余价值之和应与第二部类的不变资本相等；在进行扩大再生产时，第一部类的可变资本与剩余价值之和应大于第二部类的不变资本。其次，列宁论证了社会总产品的实现条件与市场的关系，他指出："实现问题就是：如何为每一部分资本主义产品按价值（不变资本、可变资本和额外价值）在市场上找到替换它的另一部分产品"①。最后，列宁分析了社会生产两大部类在资本主义发展过程中变化的必然趋势，论证了生产资料优先增长的原理，并由此产生无限制扩大生产的趋势和人民群众有限的消费之间的矛盾。因此，列宁认为生产与消费的矛盾是从资本主义基本矛盾运动中即在周期性危机的过程中发展的。

19世纪末和20世纪初，列宁根据自由竞争发展到垄断资本主义的时代特征，撰写了《帝国主义是资本主义的最高阶段》，科学分析了帝国主义时代的新特征，并研究了帝国主义的历史地位和发展趋势问题。特别是，列宁在《国家与革命》《苏维埃政权的当期任务》等著作中，探索了俄国社会主义革命道路、俄国实现社会主义经济过渡的制度基础、俄国建设社会主义的

---

① 列宁全集（第3卷）[M]. 北京：人民出版社，1985：27.

经济制度和经济体制，以及如何运用统一的经济计划和市场来发展社会主义经济问题。列宁认为，俄国过渡时期的根本任务就是实现社会主义生产资料公有制，要运用国家资本主义来改造私人资本主义和小商品经济；社会主义制度建立后，首要的任务则是大力发展社会主义经济，指出统一的经济计划和市场都是发展社会主义经济的重要手段，发展社会主义经济要正确处理计划与市场的关系。列宁一方面强调，统一的经济计划是建设社会主义的重要手段。他说："只有按照一个总的大计划进行的、力求合理地利用经济资源的建设，才配称为社会主义的建设"；[①] 另一方面列宁也认为要利用商品货币关系和市场机制来发展社会主义经济。列宁提出，"在理论上，不一定要认为国家垄断制从社会主义观点来看是最好的办法"[②]，需要通过国家调节自由贸易，利用市场实现国家计划。在阐述建立社会主义物质技术基础问题时，列宁认为大工业是建立社会主义的物质基础。他说："开发资源、建立社会主义社会的真正的唯一的基础只有一个，这就是大工业。如果没有资本主义的大工厂，没有高度发达的大工业，那就根本谈不上社会主义，而对于一个农民国家来说就更是如此"。[③] 列宁还认为：社会主义是建立在资本主义基础之上，因此，建设社会主义要充分利用资本主义取得的人才、技术等方面的成就。上述列宁有关竞争与垄断并存下市场经济的内在矛盾和如何通过体制变革以防范、化解市场经济内在矛盾与危机的理论分析，以及建设社会主义经济必须正确处理计划与市场关系，夯实社会主义物质基础的相关论述，这对于我们提升经济发展质量，促进经济健康可持续发展是具有重大的理论启发与实践参考价值。

斯大林对苏联社会主义经济发展道路以及对社会主义经济发展问题的探讨，特别是斯大林在《苏联社会主义经济问题》一书中，有关社会主义经济规律的提升，对于我们如何依据经济规律，特别是社会主义经济规律的要求，来驱动经济发展新动力，是有现实参考价值的。如斯大林依据苏联社会主义经济建设的实践，不仅指出生产关系一定要适合生产力发展状况的规律在社会主义社会同样起作用，而且提出要运用国民经济有计划按比例规律、社会

---

① 列宁全集（第35卷）[M]．北京：人民出版社，1985：18．
② 列宁全集（第41卷）[M]．北京：人民出版社，1986：35．
③ 列宁全集（第41卷）[M]．北京：人民出版社，1986：30．

主义基本经济规律，并有限度利用商品生产和价值规律去发展社会主义经济。这对于我们如何通过坚持社会主义市场经济改革方向促进经济协调平衡发展，应该说仍有较大的现实参考价值。

二、中国特色社会主义政治经济学关于供给侧结构性改革驱动经济发展新动力的理论演进

以毛泽东、邓小平、江泽民、胡锦涛、习近平同志为主要代表的中国共产党人在领导中国革命、建设和改革的长期实践中，把马克思主义基本原理同中国具体实际和时代特征结合起来，产生了毛泽东思想和中国特色社会主义理论体系两大理论成果，推进了马克思主义经济学中国化，并形成了中国特色社会主义政治经济学，科学地回答中国建设社会主义的经济制度基础，以及如何通过体制改革促进中国经济持续健康发展、推进中国社会主义现代化进程等重要理论与实践问题。

从 1956~1957 年，毛泽东同志集合全党智慧，探索出一条符合中国国情的社会主义工业化道路。依据毛泽东同志的社会主义工业化思想，中国共产党人根据中国国情、党情和世情提出了过渡时期总路线（逐步实现国家的社会主义工业化，并逐步实现对农业、手工业和资本主义工商业的社会主义改造），以及以产值增长为目标、以增加积累和投入为手段、以外延扩大再生产为方式的赶超型经济发展战略思想。同时，以毛泽东同志为代表的中国共产党人还依据马克思列宁主义普遍真理与中国社会主义建设的探索实践，阐明了社会主义社会基本矛盾，深刻地分析了我国工业化进程中农、轻、重三大产业部门的关系问题，创造性地提出工业化中发展工业与发展农业同时并举的思想，提出了"以农业为基础，以工业为主导"的发展国民经济总方针，并提出了要建设以"四个现代化"为标志的社会主义强国。值得一提的是，针对 1958 年因追求高速度"大跃进"决策而导致的比例失衡与国民经济严重受挫问题，中国共产党初步探索了社会主义经济管理体制改革，强调经济发展需要统筹兼顾，生产力区域合理布局，充分调动一切积极因素，为此，提出了以"调整、巩固、充实、提高"八字方针为主要内容的改革发展决策。围绕"八字"方针，我国经济理论界在 20 世纪 50 年代末、60 年代初

就外延扩大再生产和内涵再生产、积累与消费的比例关系、增长速度与按比例发展等社会主义再生产问题进行了广泛的讨论。上述以毛泽东为代表的中国共产党人所探索出来的适合中国国情的社会主义工业化和现代化的发展道路与制度基础、推进中国社会主义工业化和现代化进程中必须处理的各种矛盾与比例关系，以及社会主义经济管理体制改革的初步思想，为我们如何通过供给侧结构性改革提升经济发展质量，既提高了有价值的思想指导，又提供了有益历史借鉴。

改革开放以来，以邓小平为代表的中国共产党人，依据马克思主义政治经济学基本原理，科学总结了我国社会主义经济建设的经验与教训，并对在经济文化落后的国家如何建设、巩固和发展社会主义问题进行了具有理论创新的实践探索，由此产生了邓小平经济思想，并开创了中国特色社会主义理论体系。邓小平同志不仅科学回答了什么是社会主义，而且提出从中国的实际，特别是应以社会主义初级阶段为经济研究的出发点，并强调应从中国长期处于社会主义初级阶段这个最大的实际出发来思考如何建设中国的社会主义问题。1982 年 9 月，邓小平在党的十二大开幕词中就指出：我们的现代化建设，必须从中国的实际出发，这是我们制定经济发展战略和各项政策措施的基本出发点。① 邓小平强调：要克服经济建设战略上的"左"的错误，真正从我国国情和客观经济规律出发制定经济发展战略。为此，邓小平提出了"三步走"的中国经济建设的战略部署。依据邓小平的经济思想，1987 年 10 月召开的中共十三大，提出了社会主义初级阶段理论，指出必须从国情出发，把马克思主义基本原理同中国实际结合起来，在实际中开辟有中国特色的社会主义道路，并强调必须坚定不移地贯彻执行注重效益、提高质量、协调发展、稳定增长的战略。为了中国的现代化建设和走中国特色的社会主义道路，邓小平同志依据马克思主义的基本原则，结合中国及世界社会主义的经验教训，强调社会主义的本质及根本任务就是要发展生产力。只有发展生产力，才能真正体现社会主义制度的优越性。为了发展生产力、实现社会主义制度的自我完善与自我发展，邓小平同志认为经济体制改革是必由之路。为此，邓小平同志先后提出了计划与市场相结合、社会主义市场经济等经济体制改

---

① 《邓小平文选》（第 3 卷）［M］. 北京：人民出版社，1993：3.

革思想，从理论上阐明了社会主义与市场经济体制的兼容性，并提出处于初级阶段的社会主义所有制结构只能是以公有制为主体、多种经济成分长期共同发展，实行按劳分配为主体多种分配形式并存的分配结构，要正确处理"先富"与"后富"以及"共同富裕"等一系列理论创新观点。总之，邓小平同志在新的历史时期，依据马克思主义、毛泽东思想的基本原理，坚持"解放思想、实事求是"思想路线，紧密结合中国社会经济发展的实际情况，对什么是社会主义、如何建设社会主义、如何通过经济体制改革解放社会生产力等中国现代化建设过程中的一系列根本性问题进行了新的探索，初步构筑了中国特色社会主义政治经济学理论体系的框架，既丰富和发展了马克思主义政治经济学理论体系，也为马克思主义政治经济学中国化作出了开创性的历史贡献。

从中共十四大到十六大经济改革时期，以江泽民同志为主要代表的中国共产党人，高举邓小平理论旗帜，提出"三个代表"重要思想，进一步深化了对什么是社会主义、如何建设社会主义，什么是发展、如何发展等重大理论与现实问题的认识，并构成了中国特色社会主义理论体系的重要组成部分。"三个代表"重要思想，首先，深化了公有制为主体、多种所有制共同发展的社会主义初级阶段基本经济制度的现实依据和科学内涵，提出了公有制实现形式的多样化，将公有制与公有制的实现形式进行了剥离，这为深化国有企业改革、激发多种所有制的经济活力奠定了理论与基本经济制度基础。其次，中共十四大确立了建立社会主义市场经济体制的目标，中共十四大三中全会通过的《中共中央关于建立社会主义市场经济体制若干问题的决定》，将中共十四大确立的建立社会主义市场经济体制的目标与基本原则加以具体化和系统化，中共十五大和十六大，则从理论与实践相结合上，丰富、发展了社会主义市场经济理论，并在实践中推动了我国经济体制改革的进程，从而进一步驱动了经济发展的体制活力与动力。最后，江泽民同志早在1994年就提出了转变经济增长方式的战略思想和战略任务。据此战略思想，中共十四届五中全会则明确提出要"实现经济体制从传统的计划经济体制向社会主义市场经济体制转变；经济增长方式从粗放型向集约型转变"两个具有全局意义的根本性转变。为了落实两个根本性转变，中共中央提出了科技兴国、可持续发展和区域经济发展三大战略，这为驱动经济增长方式转变提供了新思路、新战略和新动力。

中共十六大以来，以胡锦涛同志为主要代表的中国共产党人，提出了科学发展观的指导思想，强调科学发展观的第一要义是发展，核心是以人为本，基本要求是全面协调发展，根本方法是统筹兼顾。科学发展观既丰富、发展了中国特色社会主义理论体系，也为转变经济发展方式、驱动经济发展新动力提供了科学的指导思想。为了破解经济发展中的不平衡、不协调、不可持续以及如何践行科学发展观等问题，以胡锦涛为总书记的党中央提出经济发展方式转变理论。中共十七大进一步明确指出，"实现未来经济发展目标，关键要在加快转变经济发展方式、完善社会主义市场经济体制方面取得重大进展"。围绕落实科学发展观和加快经济发展方式，以胡锦涛为总书记的党中央提出了走新型工业化道路，推进产业结构调整；大力推进自主创新、建设创新型国家；统筹城乡协调、建设社会主义新农村；促进区域经济协调发展等一系列经济发展的战略思想与经济政策。

总之，上述以社会主义初级阶段为基本国情，并以此为出发点而提出的中国特色社会主义经济体制改革理论，社会主义初级阶段的基本经济制度和分配制度理论，社会主义经济可持续发展战略，以及社会主义市场经济中宏观调控等对马克思主义经济学发展具有历史性贡献的中国特色主义政治经济学理论体系，以及以此理论为基础而提出的一系列具有中国特色的经济发展战略新思想与经济政策，科学回答了在发展社会主义市场经济过程中，如何通过体制改革与制度创新来解放、发展社会生产力，促进社会经济健康可持续发展，从而不断满足人民群众日益增长的物质文化需要等重大理论与实践问题。这为我们如何通过供给侧结构性改革提升经济发展质量提供了方向性的理论指导。

党的十八大以来，以习近平同志为核心的党中央，提出了促进经济持续健康发展、全面深化体制改革、经济新常态、五大发展理念、供给侧结构性改革等一系列具有重大创新的马克思主义经济学中国化与时代化的治国理政新思想。特别是，在我国经济运行特征、要素供给条件和供给结构发生转折性变化，以及经济发展动力减退的形势下，创造性地做出了我国经济已进入新常态经济发展的历史性判断，强调认识新常态、适应新常态、引领新常态，是当前和今后一个时期我国经济发展的大逻辑。据此逻辑，习近平总书记多次强调要推进供给侧结构性改革，着力提高供给体系质量和效率，增强经济持续增长动力，推动我国社会生产力水平实现整体跃升，并强调供给侧结构性改革的重点是解放和发展社会生产力，用改革的办法推进结构调整，减少无效和低端供给，扩大有效和中高端供给，增强供给结构对需求变化的适应性和灵活性。进而，习近平新时代中国特色社会主义思想指出，发展是解决我国一切问题的基础和关键，发展必须是科学发展，必须坚定不移贯彻创新、协调、绿色、开放、共享的发展理念。特别是，习近平总书记在党的十九大报告中强调指出我国经济已由高速增长阶段转向高质量发展阶段，正处在转变发展方式、优化经济结构、转换增长动力的攻关期，为此，必须坚持质量第一、效益优先，以供给侧结构性改革为主线，把提高供给体系质量作为主攻方向，推动经济发展质量变革、效率变革、动力变革，提高全要素生产率，着力加快建设实体经济、科技创新、现代金融、人力资源协同发展的产业体系，着力构建市场机制有效、微观主体有活力、宏观调控有度的经济体制，不断增强我国经济创新力和竞争力。上述习近平新时代中国特色社会主义思想，为本书研究提供了基本价值取向与理论指导，并为如何为深化供给侧结构性改革驱动经济发展新动力，推动效率、质量变革，促进经济结构优化，提升经济发展质量，奠定了理论指导、基本原则与行动准则。

三、中国政治经济学者关于供给侧结构性改革驱动经济发展新动力的不同理论与实践探讨

中国政治经济学者围绕"如何通过体制改革驱动经济发展新动力，提升经济发展质量"的主题进行了持续的多角度理论与实践探讨。

在中国政治经济学理论学术界，就如何通过体制改革以驱动经济发展新动力问题，早在"经济发展新常态"概念流行以前，就有学者进行了积极探讨。如卫兴华（2010）、白永秀（2011）、简新华（2010）等侧重从马克思主义政治经济学的理论框架角度，研究了转变发展方式中的矛盾问题、影响因素、目标任务和求解路径。赖明勇（2005）等从人力资本、研究开发与技术外溢方面，解读了经济增长的源泉与新动力。沈坤荣和李子联（2011）从产业结构的调整、市场竞争机制和资本市场的完善、人才计划的实施和体制机

制的深化改革等方面，探讨了如何调整政策以发掘经济增长新动力。胡乃武等（2010）认为我国在产业结构优化、城镇化提升、区域发展协调、"人口红利"发挥、技术进步加快、民营经济发展、收入分配结构调整、制度变革等方面存在巨大增长潜力与发展动力。王小鲁（2000）、靳涛（2011）等认为，未来中国经济发展更重要的贡献是来自制度变革引起的资源重新配置，今后中国要保持中高速度增长，其动力与动能将取决于若干深层体制改革和政策调整。张德荣（2013）认为不同经济发展阶段经济增长的动力机制是不同的，在低收入阶段和中低收入阶段，经济增长共同的动力因素是固定资本形成率，中高收入阶段以上国家和高收入国家的经济增长动力，主要是来自制度和原创性技术进步，而人力资本和对外开放度不再是经济增长的动力因素；并认为如果不能适时激励转换动力机制将导致发展中国家陷入"中等收入陷阱"，强调推动未来中国经济可持续增长的引擎是制度和技术创新，中国经济发展方式转型必须依靠原创性技术进步和改革来保障，其中，改善政府治理、抑制政府腐败是重中之重。黄泰岩（2014）认为，经济转型的本质问题是更换经济增长引擎。为此，他提出了动力转型的理论假说，即随着经济增长约束条件的改变，经济增长的动力系统就要随之更换，并运用我国改革开放 30 多年中先后完成的两次经济增长动力转型的经验检验，揭示了经济周期、改革周期和动力转型的内在机制，证明了我国当前经济增长放缓的根本原因不是扩大内需的政策和措施不到位，而是需要更换新引擎，实施第三次动力转型，即主要依靠供给推动经济增长。

自习近平强调认识、适应、引领新常态，是当前和今后一个时期我国经济发展的大逻辑以后，我国学术界围绕新常态下如何通过全面深化体制改革来驱动经济增长新动力，进行了积极的理论与实践探讨。如金碚（2015）对经济新常态下的时代特征、改革动力、行为特征和规则意识等做了有价值的分析，并强调形成"公平—效率"的新常态关系，这是能否实现经济新常态经济发展动力转换之关键。赵昌文等（2015）从多个角度研究了工业化后期各种增长动力的发展趋势以及增长新动力的源泉，结果表明：从产业结构角度看，经济主导产业将由过去的资本密集型重化工业转向服务业和技术密集型制造业，这要求经济增长模式由重化工业时代的要素扩张驱动转向创新驱动；从要素供给角度看，当前中国的劳动力数量和资本积累对增长的贡献已经显著下降并将进一步减少，增长的新动力主要在于通过提高要素质量和促进要素优化配置提高生产率；从总需求角度看，进入工业化后期以后投资和出口对增长的贡献将难以维持在较高水平，增长的新动力主要在于扩大居民消费需求。余泳泽（2015）研究发现，1978 年以来，中国 TFP 对经济增长的贡献水平偏低，总体呈下降趋势，一些年份甚至为负值，TFP 停滞所导致的粗放经济增长态势令人担忧，并通过研究表明，原创性技术进步不仅能引致经济增长进步，还具有足够动力维持经济稳定增长。我国仍面临着"缺核少芯""少创新、缺设计"等问题，若不能实现高人力资本环境下的自主创新，创新驱动发展将无从谈起。李静等（2015）中国经济增长进入新阶段后，大规模的经济赶超，比较优势的发挥已逐渐失去动力，因此，需要结合"新常态"下经济增长阶段性特征，适时转换经济增长动力机制，迎接下一个稳定增长的关键时期，并认为原创性技术进步是未来经济稳定增长的主要动力，高人力资本是经济稳定增长动力之源。何自力（2015）从政治经济学的角度，认为中国具有实现经济中高速增长的动力与潜力，并强调要保持经济中高速增长，须正确处理社会主义基本经济制度定型与继续深化改革、公有制经济与非公有制经济、政府与市场、投资与消费几个重要关系。

供给侧结构性改革重大改革方略提出以后，特别是党的十九大强调要以供给侧结构性改革为主线，把提高供给体系质量作为主攻方向，推动经济发展质量变革、效率变革、动力变革，提高全要素生产率，不断增强我国经济创新力和竞争力以后，经济理论与实践界围绕如何以推动高质量发展为导向、以供给侧结构性改革为主线，从现实必要、理论内涵、实践要求等多方面，探讨了新旧动能转换问题。由于国内外经济环境的根本性变化，不少学者认为不能再将扩大总需求视为经济增长的根本动力，强调要发展动能应由传统的需求动能转向供给侧新动能。如贾康、苏京春（2016）认为支撑经济持续发展的因素不在需求侧而在供给侧，并强调供给具体包括生产要素的供给和制度供给两大层面。龚刚（2016）认为在进入新常态之后我国已经转变为"供给决定型经济"，推动经济增长的动力因素主要集中于供给侧，所以新常态下我们需要从供给侧发力。任保平等（2016）认为，在质量型经济增长的新阶段，其动力转换的内容涵盖配置效率、经济结构、制度供给、供给侧改革四方面，即要从规模扩张转向效率提升的动力转换，从经济结构多元化向高级化的动力转换，从制度构建向制度创新的动力转换，从需求刺激向供给结构改革的动力转换。蔡昉（2017）强调保持经济中高速增长的任务，其核心是实现增长动力的转换，即以生产率驱动的方式实现预期的增长目标。为此，要放弃从需求侧寻找政策手段的思路，转向从供给侧那些导致潜在生产率下降的因素着眼，从妨碍生产要素供给和全要素生产率提高的体制障碍入手，通过结构性改革挖掘新的增长动力，提高潜在增长率，这是保持经济可持续发展的关键。张文等（2017）认为，从供给侧维度看，新旧动能转换是具有开放性内涵的相对概念，在逻辑体系上可分为器物层、技术层、产业层、制度层与观念层的"五维结构"。在当前供给侧结构性改革导向下，我国新旧动能转换的基本面相呈现为：基于需求变动的发展动能后劲不足；基于要素供给的发展动能约束凸显；基于产业供给的发展动能亟待升级；基于制度供给的发展动能迫需改革。

经济由高速增长向高质量发展的转型，促使不少学者探讨高质量发展内涵特征及其对新旧动力转换的内在要求，如金碚（2018）认为，高质量发展是能够更好满足人民不断增长的真实需要的经济发展方式、结构和动力状态，与高速增长阶段主要以工具理性为动力的机制不同，高质量发展阶段必须有更具本真价值理性的新动力机制，即更自觉地主攻能够更直接体现人民向往目标和经济发展本真目的的发展战略目标。这种新动力机制的供给侧是创新引领，需求侧则是人民向往。任保平等（2018）认为高质量发展强调的是经济效益、社会效益和生态效益的结合，体现的是人与经济社会相协调的一种包容性的增长。为了推动高质量发展，必须推进动力变革，培育新动能，实现新旧动力的接续转换，而新动能的培育就在于供给侧"三大发动机"，即制度变革、结构优化和要素升级。杨蕙馨等（2018）认为新旧动能转换是实现创新驱动、推动经济由高速增长向高质量发展的重大举措，它不仅是世界经济演进的客观规律、也是新技术革命持续发展的必然要求，更是中国迈向全球价值链中高端、进入经济发展新时代的根本出路。他们认为新旧动能转换包含要素、企业、产业和社会四个层面的着力点，存在从政府主导走向政府引导、从经济领域走向社会领域、从重点示范走向全面推进、从要素驱动走向创新驱动、从渐进性革新走向颠覆性创新等多条发展路径。陈昌兵（2018）认为，新时代我国经济高质量发展动力转换研究，应以创新驱动为核心，研究我国从要素投资驱动转向创新驱动过程中发展动力转换条件及如何培育新增长点等问题，并着力探讨如何通过系统性的全面深化体制改革建设激发我国经济增长的潜能与动力，促进我国经济可持续增长。蒲晓晔等（2018）认为经济高质量发展的各动力源彼此相互联系相互作用，构成了高质量发展的动力结构；要素投入、技术进步、制度创新共同构成了高质量发展的供给动力结构，其中制度创新是促进中国经济中高速增长的根源性动力，要素投入则为促进中国经济中高速增长的基本动力，技术进步成为中国经济中高速增长的核心动力。

除此之外，也有学者从实践层面探讨高质量发展新旧动能转换的变化趋势、进展评估、机制设计和路径选择问题。如中国人民大学宏观经济分析与预测课题组（2016）通过实证分析，指出我国因人口红利消失、资本边际报酬下降和对外开放带来的技术赶超空间收窄，而导致我国潜在产出增速持续下滑。为此，我国需要从模仿赶超阶段向自主创新阶段转型，提升潜在增长率。课题组强调推动新旧动能转换的重要力量是新一轮结构性改革，尤其是供给侧结构性改革。这次改革需要再次调整市场与政府的关系，将以技术模仿为动力的赶超型模式转变为促进前沿创新的经济治理模式。第一，系统性改革最为核心的是再次调整政府和市场的边界，缩小政府职能范围，建立创新导向的市场机制。第二，改革金融领域，放松企业的外部融资约束。推动资源、土地等要素价格改革。第三，将以规模为导向的产业政策转向关注市场失灵。第四，改革教育和劳动市场，提升劳动供给质量。第五，建设高效能国家创新体系。欧阳志刚等（2018）借鉴鲁德布施（Rudebusch）和斯文森（Svensson）所使用的宏观经济模型，讨论了供给侧和需求侧各驱动力的相互影响。他们认为需求侧和供给侧的驱动力不仅各自影响经济增长，而且它们还相互作用，形成合力共同推动经济增长。并通过实证分析，得出：供给侧驱动力和需求侧驱动力对经济增长的累积冲击效应都为正值，这就意味着供给侧驱动力和需求侧驱动力都对经济增长具有正向驱动作用。在当前的供给侧结构性改革过程中，应努力实现供给侧和需求侧的长短期政策互补，双轮驱动，共同推动经济的持续增长。从供给侧的驱动力看，中国未来的供给侧驱动力应该转向制度变迁、产业结构升级、人力资本积累和技术创新。需求侧的着力点应在继续保持稳定的投资和出口增速的条件下大力促进消费并推动商品消费向服务消费升级。郑江淮（2018）等从需求侧、供给侧及结构转换视角，探寻了中国经济发展的动力来源，他们通过实证研究发现：中国经济增长动能转换已从"新动能"不断累积上升阶段进入突破"常规动能"阶段。"新动能"持续增长主要来源于人力资本密集度持续上升、全球价值链分工地位提升带来的动能。进入中等收入阶段之后，居民消费升级的动能没有持续上升，2009 年以来持续下降，陷入历史低位。作为 TFP 增长率重要来源的创新动能同样也在低水平徘徊。这两个动能没有对"新动能"增长形成贡献。因此，中国经济增长"新动能"的持续上升，应把释放居民消费升级动能、促进企业创新动能作为政策重点。易信等（2018）对决定 2049 年前经济潜在增速的劳动、资本等投入要素、全要素生产率及改革红利等的判断情况如下：一是劳动力数量趋势性下降；二是资本形成速度趋势性下滑；三是全要素生产率仍将继续提升。为确保 2049 年达到高收入国家平均发展水平，奠定实现第二个百年目标的经济基础，应以全面深化改革为主线，从增加资源数量和提高资源配置效率两个方面着手，着力提高人力资本存量、改善基础设施质量、增加创新要素积累等，提高劳动、资本、科技等生产要素的配置效率，增加生产要素投入和提高全要素生产率，提升我国潜在经济增长率。

上述研究结合了中国改革发展的现实背景与不同时期的突出问题，研究了如何通过体制改革驱动中国经济发展动能转换和新动力的发掘。但上述研究，多数是建立在引入宏观经济结构因素的新古典主义增长模型上，缺乏对微观视角结构转变的考察，很少研究经济发展动能的微观理论基础，此外，现有文献有关驱动发展新动力的路径选择，多数是从经济结构转型为最终落脚点，研究如何完善市场体制机制、激励和形成创新能力，促进政府制度质量改善等，较少结合质量、公平等更具本真人本价值理性的新型动能机制的特征要求，进行深度政治经济学分析。为此，我们有必要在马克思主义政治经济学与中国特色社会主义政治经济学大框架下，综合西方古典政治经济学、新古典经济学和不同宏观经济学流派，以及各种经济增长与发展理论有关经济增长动力转换的理论探索，并结合高质量发展的内涵特征与实践要求，去构建一个宏观与微观、工具理性和本真价值理性相结合的有中国特色解释力的理论分析新框架，来探索供给侧结构性改革驱动经济发展新动力并推动高质量发展的机制设计及路径选择。

第二节　西方经济学关于供给侧结构性改革驱动经济发展新动力的理论演进分析

一、古典政治经济学关于经济发展动力的理论演进分析

休谟、斯密、马尔萨斯、李嘉图、穆勒等古典政治经济学家，依据资本主义生产方式形成与发展初期特征，以要阐明这种生产方式和生产关系能够促进生产力发展与财富增进为理论任务，侧重从生产（或供给）角度对经济增长与发展的动力问题作出了符合时代特征的阐述。

休谟以人性论为其经济思想的哲学基础，将经济分析置于人类和社会的广阔背景之中，引入个体偏好异质性假设，基于比较优势提出其经济增长动力学观点与思想。在休谟看来，产出是劳动、土地和制造业的函数；劳动和土地的生产率取决于制造业的规模；制造业的规模则取决于国内外交易的规模，而利用比较优势可以促使生产率得到提升①。他强调，不仅要利用人类的经济动机，而且更要利用非经济动机，实施扩张主义的自由贸易政策，来刺激经济增长。

斯密强调富国裕民是政治经济学研究的目的，为此，他以分工为逻辑起点研究国民财富的决定因素及其制度条件。他认为一个国家的国民财富取决于劳动生产力以及生产性劳动与非生产性劳动之比率两大因素。其中，劳动生产力是国民财富增长的最重要的动力，而它取决于劳动分工。在斯密看来，"劳动生产力上最大的增进，以及运用劳动时所表现的更大的熟练、技巧和判断力，似乎都是分工的结果"②。劳动分工是由斯密所谓的市场的范围与资本积累决定的，并且，市场的范围也是取决于资本的积累。斯密断定：因为资本"数量积累理所当然地先于劳动分工，所以劳动分工只能随着此前积累

---

① W. W. 罗斯托. 经济增长理论史 [M]. 杭州：浙江大学出版社，2016：30.
② 亚当·斯密. 国民财富的性质和原因的研究（上卷），北京：商务印书馆，1981：5.

得越来越多的储蓄而越来越细分"① 不仅如此，在斯密看来，资本积累还决定了生产性即劳动者与非生产性劳动者之间的比率。他说："增加一国土地和劳动的年产物的价值，只有两个方法，一为生产性劳动者的数目，二为增进受雇劳动者的生产力。很明显，要增加生产性劳动者的数目，必先增加资本，增加维持生产性劳动者的基金"②。由此看来，斯密主张要启动国民财富的增长动力，则应深化劳动分工、拓展市场范围、增强生产性劳动的比率，而其中经常起决定性作用的是以资本积累为前提条件的分工深度与广度。由此，可以推论，斯密主张资本是国家财富的主要决定因素，资本积累占总产量的比率越大，经济增长率就越高。

如何才能激励扩大资本积累？斯密认为，资本积累毫无疑问需要一个自由市场与私人财产的制度框架。在斯密看来，经济发展的动力机制在于私有自由市场体制下的经济人的自利心和竞争。私有自由市场体制下的经济人的自利心和竞争，可以确保既定的投资水平在没有政府指导下得以有效分配，进而确保最高的经济增长率。因此，对于国民财富增长的制度基础，斯密是在"经济人"假设基础上，崇尚自由竞争，主张自由放任，反对政府对经济生活的干预。斯密认为市场交换和自由竞争制度促进了分工与生产发展，而劳动分工引起的专业化协作可以带来收益递增并构成长期经济增长的持续动力源泉。

作为英国古典政治经济学第二代代表人物的马尔萨斯，以财富的增长为题研究了经济增长问题。马尔萨斯认为，一国的财富取决于两个因素：其一是产品数量的资本和劳动人口的变动；其二是产品适应人们有效需求的程度，或决定这一程度的产品分配。马尔萨斯在斯密经济增长因素分析基础上，进一步对经济增长的因素及条件作出了全面系统分析。首先，他依据人口增长率、资本形成、土地及其肥力和劳动节约型的发明创造等经济因素分析了经济增长决定因素，并强调资本积累、土地肥力和劳动节约型的发明创造是对生产最有利的三大因素。其次，马尔萨斯还看到了供给能力和有效需求之间的平衡增长是财富增长的必要条件。从供给方面看，马尔萨斯认为，"对生

---

① 亚当·斯密. 国民财富的性质和原因的研究（上卷），北京：商务印书馆，1981：260.
② 亚当·斯密. 国民财富的性质和原因的研究（上卷），北京：商务印书馆，1981：315.

产最有利的三种重大的因素是：资本的积累、土地的肥力和节约劳动的新发明"①，并认为：为了保证财富的不断增长，除了增加供给的生产能力之外，还需要有足够的有效需求。他提出：增加有效需求的方式是产品的分配，因此，有必要把生产能力与分配方式相结合来保证财富的持续增长。在他看来："产品数量的增加，主要决定于生产能力，而产品价值的增加决定于分配方式。生产和分配是财富的两个重大因素"②。再次，马尔萨斯还特别关注公共政策，强调制度、道德和宗教因素等非经济因素对经济增长的作用。如，他认为大地产制度是一种最不利于有效需求的财富分配，提出由地产和动产一定程度的分布，有助于财富增长；还认为国内贸易的发展和市场的扩大，既能增加产品数量，又增加产品总价值。最后，马尔萨斯认为财富增长的还取决于比例协调性，强调投资和消费之间需要一个合适的"比例协调性"。

与马尔萨斯同时代的李嘉图，以阶级利益对立为出发点，以劳动价值论基础，以维护工业资产阶级利益为立场，将分配理论和增长理论统一起来，思考经济有效增长的决定因素及其相互关系，并侧重从调整分配关系层面研究经济增长动力问题。他考察了劳动创造的价值在工资、利润和地租三者之间的分配及其相互关系的发展变化，将其价值论和分配论应用于动态分析，以此来说明资本主义经济发展的基本条件。在李嘉图看来，资本主义社会财富源于资本积累，其规模的大小又取决于利润的多少，在他看来，高额利润是发展经济并增加财富的基本条件。李嘉图还认为促进经济有效增长的主要手段是提高劳动生产率，缩短必要劳动时间，限制和缩小地租及赋税比例，反对地主、官吏等非生产阶级的奢侈性消费。

作为古典政治经济学集大成者的约翰·斯图亚特·穆勒，不仅从劳动、资本、土地即"自然所提供的材料与动力"等一般要素出发，研究生产增加（或经济增长）的规律，而且他还分析了劳动、资本、土地三者的"生产率水平"问题。在他看来，生产的增加或经济增长的决定因素不仅取决于劳动、资本、土地等生产要素的增加，而且取决于生产要素的生产效率。穆勒在讨论产出水平和增长率的决定因素时，还引入了诸如教育水平、习俗和制度提供的动机强弱等非市场变量。

---

① 马尔萨斯. 政治经济学原理［M］. 北京：商务印书馆，1962：297 - 298.

② 马尔萨斯. 政治经济学原理［M］. 北京：商务印书馆，1962：306.

总之，古典政治经济学家认为经济增长与发展的动力是来自多种因素的综合作用，是劳动、资本、自然（或土地）等内生要素和技术进步、社会经济制度等外生因素的综合因素促进经济增长。它为如何通过制度创新驱动经济发展新动力，提升经济运行效率和经济发展质量提供了以定性为主的分析框架，但其分析框架更多体现的是一般性质，缺乏社会结构与制度历史分析，难以对通过制度创新驱动经济发展新动力、提升经济运行效率和经济发展质量的主要变量作出契合时代特征的深度理论解释。

二、现代西方经济学关于供给侧结构性改革驱动经济发展新动力的不同理论分析

以萨伊为代表的庸俗经济学在否定古典政治经济学劳动价值论和生产方式具有历史性基础上，以效用价值论为基础，将经济学研究主题从古典经济学关于社会财富生产和分配规律的研究，转向对市场交换关系和流通过程的研究，提出"供给会自动创造需求"的"萨伊定理"，开启了市场有效与经济自由主义的理论新河。马歇尔为代表的新古典经济学，特别是瓦尔拉斯、帕累托、德布鲁构建的一般均衡模型框架，延续并强化了以"萨伊定律"为理论依据的经济自由主义，以供求均衡价格理论取代古典经济学的劳动价值论，认为市场运行是有效率的，价格机制能够保证供给与需求的均衡，从而实现资源有效配置，政府无须市场运行进行干预。

20 世纪 20 年代末西方资本主义经济大危机的爆发，凯恩斯在其历史性名著《就业、利息和货币通论》中提出有效需求理论，论证资本主义现实经济不会总是处于古典学派描述的"充分就业"状况，而有可能因为有效需求不足，使生产无法达到潜在总供给的水平，从而出现"非自愿失业"。他强调政府可以通过财政政策和货币政策等手段刺激总需求，使经济回到充分就业的水平。希克斯、汉森、托宾、萨缪尔森等后凯恩斯主流学派，将凯恩斯经济思想与新古典经济思想综合而成"新古典综合"，通过构建 IS – LM 模型以及基于乘数—加速数的经济周期模型，"集中注意力于一种受到管理的经济，通过熟练地运用财政政策和货币政策，把凯恩斯的有效需求的力量引向

按一个新古典模型那样地行动"①，即他们将总需求管理作为国家宏观调控与促进经济发展的基本政策取向。

20 世纪 70 年代出现的"滞胀"，使西方经济学者开始质疑凯恩斯主义经济理论逻辑及其政策效果。以货币主义、供给学派、理性预期理论为代表的新自由主义经济学得以复兴。以弗里德曼为领袖的货币主义学派，其基本共识有：反对积极的需求管理政策，认为市场经济本身具有内在的稳定性，会大致上保持处于"自然率"处的就业；货币供给量的增长也许会导致不同的通货膨胀率，但是任何货币供给增长率都可以同充分就业的均衡相匹配；货币供给增长率的变动，在短期内会暂时改变实际的经济增长率和失业率，但在长期内，这种实际效应等于零。以拉弗、菲尔德斯坦、蒙代尔等为代表的"供给学派"，因美国总统里根公开宣称采用其减税主张并实行经济复兴计划而名噪一时。供给学派反对凯恩斯主义的有效需求管理理论及其政策主张，主张让市场机制自行调节经济。他们注重供给刺激与生产率调节，强调通过减税政策来刺激工作积极性，并增强储蓄和投资的引诱力，并主张缩小政府开支，要注重提高私人投资的能力。相比于现代货币主义和供给学派来说，以卢卡斯为代表的理性预期学派，在经济自由主义方面更为彻底。他们认为过多的国家干预只能引起经济的混乱，为保持经济繁荣，唯一有效的办法就是尽量减少政府对经济生活的干预，充分发挥市场本身的调节作用，因为"市场比任何模型都聪明"。

此外，以布兰查德、斯坦利·费雪、约瑟夫·斯蒂格利茨、曼昆等为代表的"新凯恩斯学派"，他们将理性预期纳入分析框架，并从分析微观行为入手来讨论宏观经济结果的根源，试图使凯恩斯主义理论在微观基础和理论的严谨性上与新古典理论保持一致。特别是来自德兰德和普雷斯科特的实际周期理论的动态随机一般均衡分析，一方面考虑各种经济变量随着时间的变化而变化的轨迹，另一方面考虑宏观和微观的所有经济变量之间的相互影响，力图构建一个用来分析所有经济问题的一般理论。动态随机一般模型即引入了可以评价经济政策福利水平的效用因素，也有良好的微观基础，并且涵盖经济主体的整个生存周期，使得能够将长期与短期分析结合起来研究宏观经

---

① 萨缪尔森. 略论后凯恩斯主义 ［M］//萨缪尔森科学论文集（第 2 卷），麻省理工学院出版社英文版，1996：341.

济问题。

上述西方以经济自由主义为理论宗旨的不同宏观经济学流派，尽管其理论观点、方法及政策各不相同，但主流是认同市场体制是有效率的，并认为促使市场有效运行与经济稳态均衡增长的宏观政策导向，或是通过需求管理或是通过供给管理来完善市场体制机制。其理论观点、方法和政策主张虽然对于如何完善市场体制并发挥市场体制配置资源的功能，以及如何运用财政、货币等宏观调控政策稳定经济增长动能是具有实践参考价值的，但是它们：其一，缺乏对于经济体制的复杂性、多变性，以及经济政策需要随着经济体制的变化而变化的理论分析（Kirman，2016）；其二，只有宏观总量分析，缺乏微观基础和质量与异质性分析；其三，没有对制约市场经济有序运行的社会历史结构与制度差异进行理论分析，因此经济自由主义范式下的增长动力转换，是不能作为供给侧结构性改革驱动经济发展新动力与推动高质量发展的理论与方法基础。

哈罗德—多马模型的现代经济增长理论，对经济增长的决定性因素以及如何驱动经济增长动力的研究，经历了由外生增长到内生增长的演进历程。20 世纪 40 年代末，以哈罗德—多马模式为代表的资本积累论，强调经济增长率取决于储蓄率和资本—产出比率，并奠定了现代经济增长理论的资本逻辑分析起点。但此模型以资本产出比固定不变为假定前提，没有考虑技术进步在经济增长中的作用，这决定了它具有不适合进行长期经济增长动能分析之缺陷。索洛（1956）、斯旺（1956）等修正此模型关于资本产出比例不变之假定，创立新古典增长模型。此模型在满足资本与劳动可以相互替代、要素边际收益递减的假设前提下，认为经济产出是由储蓄率决定，并认为储蓄率的上升只有在其能带来资本边际产品增加的前提下，才能促进增长，当经济中不存在技术进步时，经济最终会陷入停滞状态。此模型还认为：从长期来看，经济增长不仅取决于资本增长率、劳动力增长率以及资本和劳动对产量增长的相对作用程度，还取决于技术进步，甚至他们强调增长的源泉是技术进步。新古典增长理论一方面将技术进步视为经济增长的决定性动能，并强调发展中国家不应只重视资本数量积累，更应关注资本质量的提升，要将资本积累和技术创新、技术改造、技术引进结合起来促进经济增长；另一方面又假定技术进步是外生变量，并要求外生的技术进步必须是哈罗德中性意义上的，这限制了此模型的解释力和适用性。

以罗默的《递增收益与长期增长》（1986）和卢卡斯的《论经济发展机制》（1988）为标志，并经 G. 格罗斯曼、E. 赫尔普曼、R. 阿罗、P. 阿吉翁、P. 克鲁格曼、阿尔文·扬、L. 琼斯、S. 雷贝洛、G. 贝克尔、杨小凯等推进和发展的新增长理论，放弃了资本边际收益递减的关键假定，强调内生的技术进步是经济增长的决定性动能因素，并认为技术、人力资本产生的溢出效应是实现持续增长不可缺少的条件。围绕内生增长模型，经济学家对经济增长动能进行了深入研究。如罗默的知识溢出模型（Romer，1986）、卢卡斯的人力资本溢出模型（1988）①等在完全竞争分析框架并以收益递增和外部性假设下考察经济增长的决定，认为内生知识资本或人力资本积累是技术进步与经济增长的潜能源泉。这类新经济增长模型代表了新增长理论的主要研究思路，以后的新经济增长模型基本上是沿此思路而开展拓展与深化研究。此外，罗默的知识驱动型模型（Romer，1990）、格罗斯曼 – 赫尔普曼模型（Grossman，1991）等产品品种增加型内生增长模型，以及格罗斯曼 – 赫尔普曼模型（1991）、阿格亨 – 豪伊特模型（Aghion Howilt，1989）等产品质量升级型模型则在垄断竞争分析框架下，通过着重研究技术商品特征、技术进步类型来考察经济增长的动能因素，进而更具体地说明技术进步如何影响经济增长，并对技术进步、人力资本、收入差距、贸易等因素与经济增长之间的关系，进行了理论与实证研究。

20 世纪后半期以来，经济学家围绕着原有内生增长模型的精致化、对原有增长理论中的规模效应修正、新熊彼特主义的复兴、分工与结构变化和增长之关系、内生经济增长的实证分析等方面，对经济增长与发展的动能开展了深入与拓展研究，并取得了不少新进展。如（1）如杨（Young，1991，1993）、巴苏和威尔（Basu & Weil，1999）提出的增长模型，认为增长既可能受到发明约束，也可能受到干中学约束，经济增长是由干中学和技术进步与资本积累两方面驱动。（2）伊斯特利和莱文（Easterly & Levine，2001）、豪伊特和梅耶 – 福克斯（Howitt & Mayer – Foulks，2005）等的熊彼特主义增长理论将跨国经济增长的差异归结为生产率的差异而不是要素积累的差异，

---

① Lucas R E. On the mechanics of economic development [J]. General Information, 1988, 22 (1): 3 – 42.

并假定技术进步来源于追逐超额利润的企业所实施的创新活动。（3）阿吉翁和霍伊特（Aghion & Howitt，1998）发展了市场结构与技术进步的关系，认为寻求垄断租金是研究与开发进而是经济增长得以持续的重要动能。雷斯和特拉卡（Reis & Traca，2001）则建立了一个市场结构内生的增长模型，强调竞争的压力是企业从事研究和开发活动的动力，也是生产率增长的动能来源。（4）莱特纳（Laitner，2000）等研究了结构变化与经济增长之间的关系，认为一个国家在工业化过程中，储蓄率内生地上升，经济增长也随之而发生变化。缪马和沙特尔（Moomaw & Shatter，1996）对90多个经济体的回归分析，发现城镇化水平与人均 GDP、工业化水平等经济指标呈显著正相关。此外，亨德森（Henderson，2000，2003）通过对多个国家的研究发现，城镇化率与人均 GDP 的相关系数为 0.85，并认为要保持城镇化与经济增长的正相关性，需要为城镇发展提供制度性和政策性支持。特别值得一提的是，斯蒂格利茨和格林沃尔德（2017）高度肯定索洛关于内生性学习和知识生产对于推动科技进步，提高生产效率，促进经济增长的理论模型价值，并强调在 21 世纪人类迈向知识经济的过程中，一个基于由于学习得来的技术进步，对于持续增长与发展尤为重要。

总之，新增长理论着重分析了后工业社会中技术创新、人力资本积累、知识溢出等经济增长的新动能，可以更好地解释处于领先地位的国家何以能够保持持续的增长，而没有出现报酬递减现象，因而使此理论可以成为"知识经济"的理论与政策基础，也为推动高质量发展新旧动能机制设计方向及路径选择提供了理论参考价值。但是各种新增长模型基本上是在西方主流宏观经济学的框架下探讨稳态均衡经济增长的新动力因素，没有探讨经济增长的制度创新动力，更没有基于生产方式与社会经济结构变革背景下分析经济增长与制度变迁双向互动关系，以及如何提供制度创新提升经济增长质量。这制约了对经济增长新旧动力转换进行深度的制度结构与历史分析，因而难以为供给侧结构性改革驱动经济发展提供符合国情的理论参照。

还需指出的是，上述新经济增长理论虽然关注于技术、知识创新等经济增长新动能，但是缺乏对经济增长新旧动能转换的历史演化分析。正是考虑到历史和经济系统内在循环因素在理解经济增长过程的重要性，熊彼特（1921）和库兹涅茨（1930）将历史、统计分析与理论结合起来，并把经济增长与经济周期密切联系起来，强调创新是经济增长的关键因素，认为"经济发展"是"来自内部自身创造性的一种变动"。沿着熊彼特开辟的创新分析道路，多西（Dosi，1982）和佩雷斯（Pérez，2001）在长周期技术诱导产业变革和经济发展的理论分析框架中，认为技术演化会遵循某些类似的"自然轨道"，并可划分为初始优化期、渐进创新期、成熟期三个阶段；从而新兴产业的发展也可分为萌芽期、成长期与成熟期。此外，博尔丁、纳尔逊和温特等承续了熊彼特等的历史演化分析，将技术知识与制度演化结合起来，构建了演化动态性的经济增长动能分析框架。如纳尔逊（Nelson，2002）强调了演化和制度性因素在理解经济增长时的作用，并提出了一个融合演化和制度问题的方案。阿尔考夫和库恩（Alcouffe & Kuhn，2004）讨论了熊彼特内生增长模型是否会通过"创造性毁灭"过程引致熊彼特的发展理论。纳尔逊（Nelson，2008）强调了技术学习过程和经济演化的相互作用，并批评新古典理论对经济组织的简化处理，主张现实经济组织的复杂性。冈田和矢野（Okada & Yano，2014）通过引入生物和环境交互作用的术语"稳定性选择""单向性选择"和"分裂性选择"来扩展了熊彼特增长理论。库尔特和多普弗（Kurt & Dopfer，2011）基于经验基础，通过使用中观经济学作为分析主体，将微观经济学与宏观经济学、静态世界与动态世界桥接起来，构建了微观、中观、宏观于一体的演化分析框架。佩蕾丝（2007）从复杂演化系统的角度，提出"技术—经济"范式概念，对技术革命、金融资本和经济增长之间的动态演化关系提出了一个具有开创性的解释框架，并认为目前的世界经济正处于类似于"二战"后20多年"黄金时代"前夜，而"黄金年代"能否到来，则取决于制度大转型能否为第五次技术革命浪潮的"拓展期"创造前提条件。上述演化经济学有关经济增长创新动能形成机制极其复杂动态的分析框架，对于新常态下研究经济长期增长与发展动能转换的演化过程及其路径选择，是具有一定的现实参考价值，但演化增长理论缺乏一个统一的"增长—分配"理论，这对于研究以驱动人民共享包容与结构优化为价值目标取向的经济发展新动力来说，无疑有必要做出相应的理论拓展。

针对以新古典均衡分析为基础的现代经济增长与发展理论脱离历史、结构和制度变量分析的缺陷，以刘易斯、诺斯、阿西莫格鲁等为代表提出了制度主义经济发展理论，通过对新古典经济学假定的现实化修改，并结合经济史实，将制度与结构变迁引入经济发展的历史进程分析之中，提出了更为现实化的经济增长与发展理论。此理论认为经济发展和制度与结构之间存在着内在联系，强调经济发展的真正原因是有效的经济制度。如正刘易斯在《经济增长理论》中，将理论、历史、统计融为一体，全面分析了经济增长与发展的经济与非经济因素，强调经济增长取决于自然资源和人的行为，其中起主导作用的是人的行为，并认为决定经济增长的人类行为的直接原因是从事经济活动的努力、知识的增长与运用，以及资本积累，而决定这些直接原因的原因是观念与制度（Lewis，1954）。钱纳里等（1986）运用投入—产出分析法和一般均衡分析法，分析了结构转变同经济增长的一般关系、剖析了影响工业化和经济增长的各种因素，强调结构转变对于发展中国家比发达国家更具有增长意义及潜力。库兹涅茨（1989）认为在任何时代，增长不仅仅是整体上的变动，还应包括结构的转变，并强调技术进步和制度变革共同作用是创新时期增长的核心。诺斯、戴维斯、托马斯等新制度主义发展经济学家则将交易费用引入专业化和分工模型之中，通过经济史的"新解"特别是通过两次经济革命的研究，发现创新、规模经济、教育和资本积累这些经济增长原因并不是真正的增长原因，真正的原因是是否存在一个有效率的经济组织，特别是有效的所有权体系的出现（North，1987）。

此外，阿西莫格鲁等（2012①，2015②）以政治权力为纽带，为解释世界经济发展基本格局提出了一个制度分析框架，并认为只有包容性制度才能实现经济长期增长，他们还通过建立熊彼特主义增长模型，得出结论：各国提升增长的制度或政策选择并非一成不变，而是随一个国家或产业离技术前沿的距离的变化而变化。魏（Wei，2017）也强调制度质量对经济发展的影响十分深远，认为制度质量需要投入，较差的制度质量会阻碍国际资本投入，并认为内在开放性（即人口、地理位置等不可控因素所决定的开放性）会越多地受到低制度质量的损害，因而需要更多的投入来提高制度质量。此外，还评估了中国未来发展动能转型的可行性，发现中国的创新能力在逐步加强，

---

① Acemoglu D, Gancia G, Zilibotti F. Competing Engines of Growth: Innovation and Standardiztion [J]. Journal of Economic Theory, 2012, 147 (2): 570 – 601.

② Acemoglu D. Robinson J A. The Rise and Decline of General Laws of Capifalism [J]. Journal of Economic Perspectives, 2015, 29 (1): 3 – 28.

认为如果中国继续推动创新能力提高，完全有能力完成转换发展动能的任务。福斯特（Foster，2016）对亚洲国家经济增长中的结构性改革做了比较研究，并从结构转型对 TFP 和劳动生产率的影响情况研究了结构转型对经济增长的程度和形式。他发现，中国的劳动生产率和劳动力增长对产出增长的贡献在所有亚洲国家中处于偏低位置，说明中国的结构转型对劳动生产率的促进作用可能仍处于发挥过程中，并且还通过反事实估计发现，中国的结构转型尚有很高的劳动生产率推动潜力。上述对经济增长制度动能源的不同探讨，对于我们如何提供制度创新、提升制度以构建有效的制度激励动能体系，去驱动提供劳动生产率和全要素生产率，推动经济发展质量，可以提供一个有益的理论参考，但是，他们的理论分析框架是以私有产权最有效率为假设前提的，因而此理论分析范式不符合我国坚持社会主义市场经济改革方向的价值取向；并且此理论分析范式较少涉及经济结构调整下的制度创新分析，因而也不能体现新时代下供给侧结构性改革视域内新旧动能转换及路径选择的实践要求，所以我们不能套用此理论来推演推动高质量发展新旧动能转换机制设计及路径选择的思路、任务与措施。

在经济发展制度动力源研究基础上，近来西方经济学者基于社会公平发展的视角，高度关注了包容性增长以及如何通过制度创新驱动包容性增长动力问题研究。如阿里（Ali，2007）、阿马蒂亚·森（2013）等为代表的经济学家以及亚洲银行（2007）、世界银行（2009）等国家机构，不仅强调机会平等和成果共享是包容性增长的核心内涵，而且指出包容性增长是要在可持续发展中实现经济社会的协调发展。在此基础上，他们还分别从如何创造体面的就业机会、确保公平竞争机会、增强能力和提供社会安全网络、建立合作伙伴关系、增强相互关联维度等方面提出了如何挖掘可持续发展的动能，以及如何实现包容性增长的策略（Deining & Squire，1996）。此外，有学者还关注收入分配与经济增长之关联研究，如有学者建立了一个考虑公共投资的内生增长模型，通过劳动和资本禀赋相对份额这一主要分配变量，确立了收入分配对经济增长的作用机制（Alesina & Rodkik，1994）；分析了物质资本和人力资本积累及其在经济增长中扮演的不同角色，并探讨了收入差距对经济增长的影响（Galor & Moav，1999）。此外，有学者就收入分配对经济增长的影响进行了大量实证研究（Perotti，1996；Clarke，1995；Persson & Tabellini，1994；Barro，2000）。上述研究注意到要提升经济发展质量则必须处理好人与人、人与社会之间利益矛盾，要驱动机会均等和成果共享等公平动能源泉问题，为此，从促进公平的角度，研究了如何通过优化收入分配来构建有效的人本倾向激励机制，以激发经济发展中劳动主体性的活力与潜能性新动能，从而实现包容性经济发展。这为课题研究提供了富有启发性的理论参考，但对于如何通过制度创新来有效解决结构失衡、利益冲突、公平缺失等包容性发展问题，并为经济持续包容发展注入公平性新动能，没有做出符合我国制度禀赋性的理论分析。与上述主流的制度主义发展经济学不同，英国著名学者哈维以将土地视为"纯粹的金融资产"为出发点，运用"阶级—垄断地租"核心概念，通过对资本主义都市化的制度分析，构建一个崭新的马克思主义城市地租理论，阐释资本积累从"初级循环"转入"次级循环"的结构性条件和"阶级—垄断地租"在"次级循环"中的普遍形成，由此揭示了当代资本运动规律的新特征和金融资本主义所带来的新的剥削形式，因而从一个新的角度解释了金融资本主义发展动能衰退的制度成因[1]。哈维的城市地租理论，对于目前我国地产投资快速驱动城市化而引起的实体经济与虚拟经济比例失衡和城市阶层—垄断租金的制度成因，有较大的现实解释力。并且对于如何通过深化供给侧突破性改革设计新旧动能转换及路径选择，以消除实体经济与虚拟经济比例失衡和城市阶层—垄断租金而引起的动能不足，也是具有一定的实践参考价值。

第三节　基于生产方式的供给侧结构性改革驱动经济发展新动力的理论分析框架构建

综上国内外有关经济发展动力因素及其如何驱动经济发展新动力的理论与实践研究，我们认为：

其一，古典政治经济学与现代供给学派虽从生产或供给角度分析如何通过制度或生产管理政策创新驱动经济发展新动力，但其理论分析是以经济自

---

[1]　孟捷，龚剑.金融资本与"阶级—垄断地租"——哈维对资本主义都市化的制度分析 [J].中国社会科学，2014（8）.

由主义为导向，并且缺乏社会结构与制度历史分析。新古典经济学和凯恩斯主义宏观经学则从消费或需求管理角度分析经济发展动力，主张通过完善市场体制，促进生产要素有效配置和市场均衡以促进经济稳态增长，其理论分析同样缺乏社会历史结构与制度差异分析。各种经济增长与发展理论有关发展动力的分析，主要是依据以线性、稳定、均衡的新古典经济增长理论为基础并通过因素分解法去阐释经济发展动力转换问题。而经济发展的动力系统是一个复杂非线性系统，并置于一定的社会生产方式与社会经济结构变化之中。因此，对供给侧结构性改革驱动经济发展新动力的研究，不能简单地套用现有西方经济学中的相关理论，有必要依据马克思主义政治经济学和中国特色社会主义政治经济学的基本原理，在深刻剖析社会主义市场经济下生产方式与经济结构变革的历史特征基础上，探析符合中国国情的供给侧结构性改革驱动经济发展新动力的理论与实践问题。

其二，国内研究没有结合中国体制改革的历史特征和经济发展动力转换以及经济发展的周期性演变与长期表现特征，特别是没有紧扣新常态下经济运行的变化趋势、基本特征和突出问题，以马克思主义政治经济学与中国特色社会主义政治经济学为理论基础，以生产方式和经济结构变革为逻辑主线，将新古典经济学和凯恩斯主义宏观经学中的要素市场优化配置理论，以及新经济增长理论、新制度主义发展经济学和包容性发展视域内有关经济发展的技术、制度、公平动力解说有机统一起来，去构建一个有解释力的理论分析新框架，来探索供给侧结构性改革驱动经济发展新动力、提升经济发展质量的理论与路径问题。

其三，现有经济增长与发展理论有关经济发展动力转换，以及国内学者有关以体制改革驱动经济发展新动力的实践分析，主要是以资本为中心而展开线性均衡分析，没有以人和经济结构调整为中心展开分析，也没有基于唯物历史观来构建一个制度变革、经济行为与结构调整绩效互动演化下的经济发展新动力分析框架，更没构建一个满足增速换挡、结构优化、动力转换经济新常态特征约束下的供给侧结构性改革与经济发展新动力互动关系的分析框架，正因如此，现有的各种理论与实践研究难以求解我国新常态下经济发展的关键性新动力因素，以及供给侧结构性改革驱动经济发展新动力的本质要求、基本原则、重点任务及实践路径等现实问题。

对于供给侧结构性改革驱动经济发展新动力的研究，我们认为一方面应紧扣经济增速换挡、结构调整阵痛、动能转换困难相互交织的经济新常态发展环境，并结合制约经济发展动力转换中的供给侧结构性领域的突出问题开展研究。另一方面要以解决结构调整与经济发展新动力驱动中的体制性、制度性障碍为主线，以改善民生和促进增长与分配、效率与公平相协调为价值导向，以提高要素配置效率与调整产业结构、提升供给体系质量与优化升级产业结构、提高生产劳动者努力系数与改善分配和需求结构为改革目标要求。最后，要深入研究我国生产方式与经济结构变革的历史演化特征，以马克思主义政治经济学和中国特色社会主义政治经济学为基础，以习近平新时代中国特色社会主义经济思想为指导，围绕提高全要素生产率核心问题，在研究体制改革、结构性问题与驱动经济发展新动力之间的内在关联基础上，来探索供给侧结构性改革驱动经济发展新动力、提升经济发展质量的理论基础。

从马克思主义政治经济学来看，以供给侧结构性改革驱动经济发展新动力，本质上是从社会经济结构的角度来处理生产力和生产关系两个方面及其对立统一关系。这里，既有社会生产力层面的改革，例如，如何提高制度创新来激励生产力各要素质量的提升以及各要素之间的高效合理配置，又有生产关系层面的改革，这里，不仅存在微观层面生产关系和生产制度的改革，还存在宏观层面生产、分配、交换、消费这四个社会再生产环节之间对立统一关系的科学调节，以及社会总产品如何实现等问题；此外，更为重要的是如何促进生产关系与生产力之间相互适应层面的改革。因此，供给侧结构性改革驱动经济发展新动力，究其本质是通过社会生产方式的系统变革，来促进社会生产力的整体跃升，进而推动经济发展质量的提升。所以，对供给侧结构性改革提升经济发展质量理论基础的探索，无疑必须以生产方式的唯物历史分析为理论逻辑基础。即，既要从自然物质层面或社会生产力层面去分析供给侧结构性改革驱动经济发展新动力的物质基础，还必须从社会关系或社会制度层面去探索供给侧结构性改革驱动经济发展新动力的制度基础。如果我们基于唯物史观来分析供给侧结构性改革提升经济发展质量的求解方式，则从根本上来说，还在于生产力和生产关系、经济基础和上层建筑之间的矛盾运动，其核心是社会生产方式的矛盾运动。

目前中国如何通过供给侧结构性改革来驱动经济发展新动力、并推动高质量经济发展，我们认为应在遵循马克思主义经济学的基本原理基础上，紧密结合新时代中国特色社会主义经济发展与改革开放中存在的时代问题，要与时俱进地运用习近平新时代中国特色社会主义经济思想指导中国特色社会主义市场经济的改革与发展。为此：

首先，必须坚定不移坚持和发展中国特色社会主义，坚持社会主义市场经济的改革方向。既要始终站在人民大众立场上，立党为公、执政为民，把服务群众、造福百姓作为最大责任，又要在供给侧结构性改革驱动经济发展新动力、推动高质量经济发展的实践过程中，认真学习和掌握马克思主义关于人类社会发展规律及其历史趋势的基本观点，生产活动是人类社会存在和发展根本前提的观点，社会主义经济政治文化社会协调发展的观点，人的全面发展的观点，注重社会主义经济建设、政治建设、文化建设、社会建设以及生态文明建设的协调发展的观点等。

其次，要以认识、适应、引领经济新常态发展为逻辑，紧扣中国特色社会主义新时代主要矛盾的变化特征和发展要求，从建设现代化经济体系与促进经济平衡充分发展过程中来探索经济发展新动力。党的十八大以来，在我国经济运行特征、要素供给条件和供给结构发生转折性变化，以及经济发展动力减退的形势下，以习近平同志为核心的党中央，创造性地做出了我国经济已进入新常态经济发展的历史性判断，强调认识新常态、适应新常态、引领新常态，是当前和今后一个时期我国经济发展的大逻辑。特别是，以习近平同志为核心的党中央，创造性地做出了中国特色社会主义已进入新时代的历史判断，并对我国社会主要矛盾做出了新概括，在党的十九大报告强调："必须认识到，我国社会主要矛盾的变化是关系全局的历史性变化，对党和国家工作提出了许多新要求。我们要在继续推动发展的基础上，着力解决好发展不平衡不充分问题，大力提升发展质量和效益，更好满足人民在经济、政治、文化、社会、生态等方面日益增长的需要，更好推动人的全面发展、社会全面进步。"①

最后，要以人民为中心，全面贯彻五大发展理念，以推动质量、效率、动力三大变革为目标来驱动经济发展新动力，促进经济高质量发展。在十九

---

① 习近平．决胜全面建成小康社会 夺取新时代中国特色社会主义伟大胜利，［M］//中国共产党第十八次全国代表大会文件汇编．北京：人民文学出版社，2017：9 – 10.

大报告中，习近平同志把坚持以人民为中心视为新时代坚持和发展中国特色社会主义的十四条基本方略之一，并指出："人民是历史的创造者，是决定党和国家前途命运的根本力量。"[①] 要实现以人民为中心的发展，满足人民日益增长的美好生活需要，则必须全面贯彻创新、协调、绿色、开放、共享的发展理念，推动高质量经济发展。为此，我们必须坚持质量第一、效益优先，以供给侧结构性改革为主线，驱动经济发展新动力，推动经济发展质量、效率与动力变革，进而提高全要素生产率，促进经济发展质量提升。

由此看来，供给侧结构性改革驱动经济发展新动力的理论基础，既要符合马克思主义政治经济学基本原理的科学要求，更要符合习近平新时代中国特色社会主义经济思想的理论特征与实践要求。为此，我们认为需要研究的主要理论问题有：①新常态下供给侧结构性改革的实质内容与核心问题。即从大跨度时间和国别比较角度，研究世界主要国家经济发展周期性变化特征及发展动力趋势，进而研究我国经济新常态发展的基本特征及其动力转换的必要性，在此基础上，剖析制约我国全要素生产率提高的供给侧原因及其体制性障碍，进而研究新常态下供给侧结构性改革的实质内容与核心问题。②供给侧结构性改革与经济发展新动力之间的逻辑关系。以马克思主义政治经济学的生产方式与经济结构变革理论和生产关系与生产力相互关系理论为基础，借鉴诺斯等新制度经济学的制度变迁与经济发展制度动力源理论、阿西莫格鲁等提出的包容性经济发展的制度分析框架，研究制度变迁、经济结构调整与经济发展动力转换之间的一般互动关系及相互作用机理，进而，结合我国经济运行和经济改革发展的特征与问题，研究我国体制改革、结构调整与驱动经济发展新动力之间的特殊互动关系和相互作用机理，并探索我国供给侧结构性改革与经济发展新动力之间的内在逻辑关系。③供给侧结构性改革驱动经济发展新动力的理论框架。在综合比较不同的有关制度变革与经济发展动力变换的理论分析基础上，紧扣新常态下经济运行与经济发展动力的变化特征、趋势以及供给侧结构性改革中核心问题，以马克思主义政治经济学与中国特色社会主义政治经济学为理论基础，借鉴西方相关的经济增长与发展理论，以生产方式和经济结构变革为逻辑主线，将市场结构优化动力、

---

① 习近平. 决胜全面建成小康社会 夺取新时代中国特色社会主义伟大胜利，[M] //中国共产党第十八次全国代表大会文件汇编. 北京：人民文学出版社，2017：17.

科技创新动力、制度公平动力有机统一起来，探索如何构建一个具有中国特色并具有实践解释力的供给侧结构性改革驱动经济发展新动力的理论分析框架。④供给侧结构性改革驱动经济发展新动力的生成机制与实现条件。依据以马克思主义政治经济学为理论基础的供给侧结构性改革驱动经济发展新动力的理论分析框架，借鉴演化济学的系统演化分析框架，研究要素市场优化配置、科技创新与制度变迁之间的互动匹配模型及其动态协同演化机制，进而探索新常态下供给侧结构性改革驱动经济发展新动力的生成机制、实现条件及其制度基础。⑤新常态下供给侧结构性改革驱动经济发展新动力的绩效评价。依据新发展理念和可持续发展的实践要求，以全要素生产率提高为核心，以结构优化、创新驱动、制度公平三大新动力对可持续发展的驱动效应为中心，运用理论模型来探索供给侧结构性改革驱动经济发展新动力的绩效评价体系。

依据上述理论研究，我们认为供给侧结构性改革提升经济发展质量，有待破解的总体实践问题是：如何紧扣新时代中国特色社会主义主要矛盾的变化，以及经济高速增长阶段转向高质量发展阶段的基本特征，以生产方式与经济结构变革为逻辑基础，以建设现代化经济体系为战略目标，以提升供给体系质量为主攻方向，以发展实体经济为政策着力点，围绕提高全要素生产率核心问题，研究供给侧结构改革、经济发展新动力和经济发展质量之间的内在关联，并探索如何以重点领域与关键环节的供给侧结构性改革以破解结构性问题，由结构性问题的求解深化供给侧结构性驱动经济发展新动力、提升经济发展质量的目标要求和实践路径。

依据供给侧结构性改革驱动经济发展新动力、提升经济发展质量有待破解的主要问题，我们认为求解供给侧结构性改革提升经济发展质量的实践路径，其基本思路应从两方面考虑（见图2-1）：一方面，应依据中国特色社会主义政治经济学重要原则，特别是习近平新时代中国特色社会主义经济思想的理论指导，按照完善和发展中国特色社会主义制度、推进国家治理体系和治理能力现代化的总目标要求，研究供给侧结构性改革提升经济发展质量过程中如何坚持社会主义市场经济改革方向，及如何坚持、完善并夯实基本经济制度基础等重大原则与方向问题。对此，如何完善以国有、非国有"双赢"为特征的社会主义市场经济基本所有制结构，以及如何深化以劳动为逻辑的分配制度改革，是实现经济发展和民生改革良性互动，进而推动以人民为中心的高质量经济发展的根本制度保障，也是衡量是否坚持社会主义市场经济改革方向的根本准则。另一方面，应围绕调整、优化结构以驱动经济发展新动力核心问题，以及降低实体经济生产、交易成本和提升全要素生产率突破性改革的目标导向性问题，从完善资本要素市场结构、创新科技体制、优化政府公共民生产品与服务供给体制三大方面，去研究如何驱动结构优化、科技创新、制度公平这三大新动力系统，实现优化产业结构、提高供给体系质量和全要素生产率，进而提升促进经济发展质量。由于从短期目标而言，供给侧结构性改革的主要目标是优结构、降成本、强动力、化矛盾、补短板，所以完善要素市场、创新科技体制、优化政府公共民生产品与服务供给体制三大方面的配套协同改革，应成为供给侧结构性改革提升经济发展质量的重点领域与关键环节。

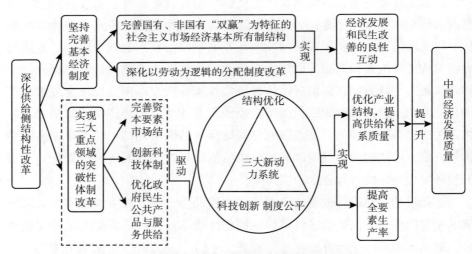

图 2 - 1　依据供给侧结构性供给驱动经济发展新动力、
提升经济发展质量需要研究的基本思路

依据供给侧结构性供给提升经济发展质量需要研究的理论基础及其基本思路，我们对如何实现供给侧结构性改革以驱动经济发展新动力、提升经济发展质量，提出如下几点初步思考：

（1）对中国供给侧结构性改革驱动经济发展新动力、提升经济发展质量的探索，应在分析新时代中国特色社会主义主要矛盾变化要求，以及中国经济由高速发展转向高质量发展的阶段性特征、世界与中国经济发展新动力转换趋势，以及我国供给侧结构性突破改革的实质内容与核心问题基础上，将经济发展动力理论分析史与我国体制改革的现实历史相结合，引入制度变革与结构调整两大具有中国特色的变量，来构建一个具有理论创新和实践解释力的新理论分析框架。要深究体制改革、结构调整和发展新动力与经济发展质量之间的内在联系，进而研究供给侧结构性改革驱动经济发展新动力、提升经济发展质量的内在机制、实现条件、制度基础。为此，在分析思路上：其一，要与以新古典经济理论和生产函数为基础来研究驱动发展新动力、提升经济发展质量有本质区别，必须紧扣新时代中国特色社会主义主要矛盾变化与新常态发展的本质特征，以社会生产方式和经济结构变革为分析逻辑基础，将制度变革和结构调整互动关系引入驱动经济发展新动力和提升经济发展质量的分析系统框架，并以此去解读新时代中国特色社会主义条件下供给侧结构性改革驱动经济发展新动力、提升经济发展质量的形成机理、实现条件及其配套体制改革的基本原则、重点任务和实践路径等理论与实践问题。其二，要与以往以资本为中心和以需求管理为导向来分析驱动经济发展新动力不同，应强调要以马克思主义政治经济学和中国特色社会主义政治学为基础，以习近平新时代中国特色社会主义经济思想为指导，借鉴新制度主义经济发展理论、演化经济和熊彼特主义增长与发展理论中，有关以制度变革驱动经济发展新动力、提升经济发展质量的分析框架，以推动平衡充分发展、形成"公平—效率"相兼容的新常态关系为目标。要以释放广大企业家和生产劳动者活力为中心，以供给侧或生产领域的配套制度结构完善或体制创新为主线，来构建供给侧结构性改革驱动经济发展新动力、提升经济发展质量的分析框架。

（2）以供给侧结构性改革驱动经济发展新动力、提升经济发展质量，其核心在于理顺政府与市场关系，完善要素市场制度结构、理顺要素定价机制，促进要素资源自由流动、提高要素配置效率，实现要素控制权的公平均衡配置。因此，需要通过对要素市场体系的历史变革特征、制度缺陷，及其对提高要素配置效率、调整产业结构、协调实体经济和虚拟经济比例关系等方面的影响效应进行分析，研究完善要素市场体制结构，驱动经济发展结构优化新动力，促进产业结构调整与优化实体经济和虚拟经济比例关系，提升经济发展质量的基本原则、重点任务和实践路径。尤其是，如何完善土地、资本这两大要素市场善，谨防土地、资本价格扭曲，这是新常态下实现促进要素优化配置、调整并优化产业结构，协调实体经济与虚拟经济比例关系的重要制度保障。

（3）以供给侧结构性改革驱动经济发展新动力、提升经济发展质量的关键问题之一，在于如何通过科技体制创新以促进科技与经济的深度融合，进而促进产业价值链迈向中高端，实现结构优化升级和供给体系质量提升。为此，我们需要：①依据马克思主义政治经济学的再生产理论，在分析生产、分配、交换、消费之间的结构和比率关系基础上，研究创新型要素（如知识、技术、人力资本、创新产品和创新业态等）应如何合理配置，以激励创新，释放新发展动力并提升供给体系质量提升。②结合经济增长的周期性特征，探讨科学研究部门和技术创新部门的自身演化，以及两部门的互动耦合对产业结构优化升级、供给质量提升的影响效应，并由此剖析制约我国产业结构优化升级、供给质量提升的科技制度性障碍，特别是讨论部门间互动产生的创新型要素错配效应。③如何从价值链和技术创新两个维度，构建制造业优化升级路径模型，分析网络经济、产业融合、共享经济、人工智能等新经济动能如何驱动制造业优化升级。应思考如何从质量第一、效益优先角度，分析产业结构优化升级战略。④结合"三螺旋"协同创新范式，强调纠正"系统失灵"的技术创新政策设计，通过有效区分政府对科技资源的所有权、科研单位对科技资源的支配权和科研人员对科技资源的使用权这三种权利，分析科技资源控制权的优化、公平配置。由此，从改革实践层面，为科技创新体制重点领域的完善以促进产业结构优化升级、提升发展质量，提出突破性改革的基本原则、重点领域和关键环节。

（4）企业家与劳动者是推动供给侧结构性改革、振兴我国实体经济的主力军，也是经济高质量发展的根本动力源泉。因此，完善企业家和广大劳动者创新创业制度环境，充分发挥企业家精神、劳模精神和工匠精神，是全面振兴实体经济、提升经济发展质量的主观公平动力。只有完善公共产品供给体制、优化公共产品供给结构及质量，消除经济发展和创新创业的社会阻碍，才能充分释放制度公平动力，提高劳动者创新和企业家创业的积极性，带动经济蹄快步稳的发展。供给侧结构性改革驱动经济发展新动力、提升经济发展质量，究其根本，还在于释放并提高广大企业家和劳动人民的主动性与创造性。为此，供给侧结构性改革，应以改善民生为导向，优化制度供给结构，塑造公平公正制度环境，改善产权与收入分配制度，在此基础上，改善消费投资比例关系，促进居民消费升级。所以，供给侧结构性改革，应以民生资源控制权改革为纽带，从更加关注公平竞争创新产业环境。应从塑造和提高企业家和生产劳动者创新产业积极性的角度，研究促进经济发展制度公平新动力，提升经济发展质量的包容性公共民生制度基础与激励相容机制。并且，着力从公共产品与服务预算制度与预算权力架构、税收制度、政府职能转变与放管服等关键环节，研究创新政府服务方式，优化政府公共民生产品与服务供给结构，创造公平正义制度环境，改善居民需求结构，提高居民消费水平，提升经济发展质量的基本原则与实践路径。

（5）供给侧结构性改革提升经济发展质量，要按照完善和发展中国特色社会主义制度、推进国家治理体系和治理能力现代化的要求，依据新时代中国特色社会主义的内在发展规律和可持续发展的基本原理，探索方位定位合理，并具有重大牵动性和外溢性的重点领域和关键环节的突破性改革。实现供给侧结构性改革的方向性突破，前提是坚持中国特色社会主义政治经济学的重要原则和习近平新时代中国特色社会主义经济思想的理论指导，坚持社会主义市场经济的改革方向。

第三章

供给侧结构性改革与经济发展
新动力之间的逻辑关系研究

本章在承接前面研究成果的基础上，以马克思主义政治经济学的生产方式与经济结构变革理论和生产关系与生产力相互关系理论为指导，并借鉴诺斯等新制度经济学的制度变迁与经济发展制度动力源理论、阿西莫格鲁等提出的包容性经济发展的制度分析框架，探讨了供给侧结构性改革与经济发展新动力之间的逻辑关系。具体来说：

首先，基于马克思主义政治经济学与制度经济学的分析框架，探寻了制度变迁、经济结构调整与经济发展动力转换之间的一般互动关系。其次，在明晰制度变迁、经济结构调整与经济发展动力转换互动关系的基础上，进一步使用联立方程模型厘清了制度变迁、经济结构调整与经济发展动力转换三者间的相互作用机理。再次，结合我国经济运行和经济改革发展的特征与问题，分析了我国体制改革、结构调整与驱动经济发展新动力之间的互动关系和相互作用机理，并对比借鉴国外代表性转型国家的实践路径，明晰了我国体制改革、结构调整与驱动经济发展新动力之间相互作用机理的特征表现。最后，本着从抽象到具体的逻辑思路，探索了我国供给侧结构性改革与经济发展新动力之间的内在逻辑关系，从而为下面进一步厘清供给侧结构性改革驱动经济发展新动力的生成机制及实现条件打下了坚实的理论基础。

第一节　制度变迁、经济结构调整
与经济发展的一般互动关系

经济发展是包含经济活动诸要素全面发展的系统概念。经济发展首先表现为经济总量的增长，这是经济发展最本质的方面。然而，经济发展不能局限于经济增长，现代经济发展观更注重增长过程的高效率，经济增长结果的公平分配以及可持续增长能力。在经济发展的低水平阶段，各经济体通过要素投入，扩大规模的粗放式经营促进经济增长。要素驱动型经济增长方式一方面伴随着资源浪费，生态环境破坏以及发展不平衡等问题，另一方面受制于要素成本上升，规模不经济等因素的影响，经济增长率下降。马克思提出："社会的物质生产力发展到一定阶段，便同它们一直在其中运动的现存生产关系或财产关系（这只是生产关系的法律用语）发生矛盾。于是这些关系便由生产力的发展形式变成生产力的桎梏。那时社会革命的时代就到来了"（马克思、恩格斯，1995）。在经济增长过程中，经济结构不断调整；同时，社会政治、经济、法律制度以及文化推陈出新。制度变迁，经济结构调整是生产关系不断调整以适应社会生产力，铲除阻碍生产力发展桎梏的过程。

学者们从不同的角度对制度有不同的具体定义。作为新制度经济学的代表，道格拉斯·诺斯（1994）认为："制度通过向人们提供一个日常生活的结构来减少不确定性。""制度包括人类用来决定任命相互关系的任何形式的制约。制度是正规的还是非正规的？二者兼而有之。"柯武刚、史漫飞（2005）提出："制度是人类相互交往的规则。它抑制着可能出现的、机会主义的和乖僻的个人行为，使人们的行为更可预见并由此促进着劳动分工和财富创造。"以上学者对制度的定义为学术界普遍认可。根据诺斯的观点，制度变迁既包括成文法这一类正式制度的制定，也包括道德、习俗、文化等非正式规则的演化。从社会生活的不同领域看，制度变迁包含政治制度，经济制度以及文化和意识形态的变迁。制度本身不是目的，只是人类实现美好生活的手段，那么制度变迁便是人类追求美好生活的过程。

经济结构调整从不同视角看有不同的分类。从社会总产品性质的角度来看，马克思将社会生产分为生产资料的第一部类和生产消费资料的第二部类。两部类同比例协调发展是社会扩大再生产的前提条件；从产权关系来看，经济结构调整表现为不同所有制经济在国民经济中的比例调整，即公有制经济和非公有制经济的比例变动；从产业结构视角来看，经济结构体现为农业、工业和服务业三大产业结构的比例变动；此外，还有区域经济结构的差异变化，城乡经济结构变动，高新技术产业与传统生产技术产业结构的变动，虚拟经济与实体经济结构的变动。经济结构调整的根本动因是适应经济发展水平，同时，有众多直接和间接的因素推动经济结构调整。从直接角度来看，行政干预和所有权制度改革会直接影响公有制经济与非公有制经济的结构，需求变动直接带动经济结构调整；从间接角度来看，制度变迁改变要素的相对价格，技术创新提升供给能力间接促进经济结构调整。

制度变迁与经济结构调整是一个人与人之间社会关系变革的过程，由经济发展水平决定。生产关系的变革常常表现为以政府为主导的改革，一旦改革失败，将会演化为更为激烈的政权更迭。改革的成败决定了社会的长治久安和稳定发展。在改革中，政府如何把控制度变迁和经济结构调整的节奏、范围以及改革方式就决定了新的制度，新的经济结构是否能与经济发展水平相适应。因此，探究制度变迁，经济结构调整与经济发展的一般互动关系是政府制定各项改革措施的理论前提。

一、经济发展水平决定制度变迁与经济结构调整

一定时期的经济发展水平体现为 GDP 及其增长率、投入产出比率、人均收入水平，生产和生活环境质量等诸多方面。制度变迁包含主要由政府主导的正式规则的重新制定，以及非正式规则自发的、渐进的演变。经济结构调整可以分为生产结构的变动和消费结构的变动。经济发展水平对制度变迁和经济结构调整有直接影响和间接影响。

1. 经济发展水平对制度变迁与经济结构调整的直接决定作用

社会财富总量的增加提高各经济主体的收入，促进消费结构调整。在分配制度发生变革之前，政府的财政收入、资本家的利润和劳动者的工资收入同比例增加。由于产品需求的价格弹性和收入弹性之间存在差异，劳动者的收入增加会改变产品的消费结构，从而直接促进经济结构调整。基于恩格尔效应理论，贡萨穆特等（Kongsamut et al.，2001）对美国 1869～1970 年三大产业数据进行实证研究发现，由于农产品的需求弹性比较小，当收入增加时，分配到农产品的支出份额下降，分配到服务业的产品的消费支出份额上升。从而，农业产出的比重和农业部门就业量的比重都下降了，反之，服务业部

门产业的比重和就业量的比重均上升。改革开放以来，中国城镇居民人均可支配收入从 343.4 元上升到 2012 年的 2142.21 元（剔除价格因素）；农村居民人均纯收入从 1978 年的 133.36 元上升到 2012 年的 672.66 元。中国 1978 年农村居民家庭恩格尔系数为 67.7%，城镇居民家庭恩格尔系数为 57.5%，到 2012 年，农村居民家庭恩格尔系数下降为 39.3%，城镇居民家庭恩格尔系数下降为 36.2%。同时，1978 年农业从业人员占总就业人数达 70.53%，到 2015 年，农业从业人员仅为 28.30%，1978 年服务业从业人员占总就业人数仅 12.18%，到 2015 年，服务业从业人员比重上升为 42.40%。可见，经济发展水平提升，消费结构随之发生变动，直接促进经济结构调整。[1]

一定时期的经济发展状况会通过政府政策直接决定制度变迁和调整经济结构。政府根据经济发展状况制定各项政治、经济制度，促进产权结构、产业结构等发生变动。马克思提出："……具有契约形式的（不管这种契约是不是用法律固定下来的）法的关系，是一种反映着经济关系的意志关系。这种法的关系或意志关系的内容是由这种经济关系本身决定的。"[2] 20 世纪 30 年代资本主义"大萧条"期间，西方各主要经济体国家垄断资本主义迅速发展。经济危机期间，美国实行"罗斯福新政"：整顿金融体系，放弃金本位制；颁布《全国工业复兴法》，规定企业规模、价格水平防止无序竞争导致的产能过剩；实行"以工代赈"，大力兴建公共设施。这一系列措施直接改变了经济制度以及产业结构。类似地，到 20 世纪七八十年代，美国、英国、法国、联邦德国、意大利、日本、加拿大等主要资本主义国家纷纷陷入"滞胀"。80 年代，里根政府出台"反滞胀"的《经济复兴计划》，削减社会福利开支约 200 个项目，在交通运输、通信、能源等领域放松政府管制，经济制度和经济结构直接受政策影响。

综上所述，经济发展对制度变迁和经济结构调整的直接影响主要体现在以下两个方面（见图 3-1）：其一，由于产品需求的收入弹性和价格弹性存在差异，居民收入变动会直接改变消费结构，这是需求改变经济结构。其二，政府根据不同时期经济发展状况制定政策是同一过程的两个方面。一方面体现为制度变迁的过程，特别是正式规则的改变；另一方面直接调整经济结构，

---

[1] 数据来源于《中国统计年鉴》《中国劳动统计年鉴》。

[2] 马克思. 资本论（第 1 卷）[M]. 北京：人民出版社，2004：103.

政府政策的出台（尤其是经济政策），直接对经济结构产生影响。经济发展水平对制度变迁和经济结构调整的直接影响是显而易见的；除此之外，经济发展水平也通过其他中介影响制度变迁和经济结构调整。

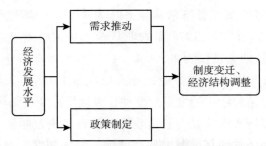

图3-1　经济发展水平对制度变迁与经济结构调整的直接影响

2. 经济发展水平对制度变迁与经济结构调整的间接影响

（1）经济发展水平通过改变要素相对价格间接影响制度变迁。诺斯强调相对价格的变化是制度变迁的根源，他说："制度变迁的进程可以描述如下，相对价格的变化导致一方或双方去进行一项交易（不管这一交易是政治的还是经济的），设想一方或双方在一个改变了的协议或合约下情况可能会更好，因而将作出对合约进行重新谈判的努力①。"人们获取信息的成本变化及要素相对价格变化都是相对价格变化的具体形态。相对价格的变化改变了经济主体的交易成本，为经济主体寻求新的交易规则提供激励，促进制度变迁。

经济发展水平改变相对价格，使得现存制度系统存在帕累托改进的机会，诱发制度变迁。首先，技术进步通过改变信息传递方式，降低经济主体获取信息的成本，促进新的交易规则出现。新增长理论的学者认为技术进步是经济长期增长源泉。但是，新制度经济学派则认为制度变迁是经济增长的动力，而技术进步则是经济增长本身。综合而言，经济发展水平的提高必然伴随着技术进步。技术进步拓宽信息传递的途径，提高信息传递效率，在网络等通信技术高度发达的市场经济中，经济体获取信息的成本大幅下降。近年来兴

---

① 道格拉斯·诺斯. 制度、制度变迁与经济绩效 [M]. 上海：上海三联书店，1994：115 - 116.

起的电子商务、跨境电商等新型交易形式正是信息成本降低的产物。借助网络平台，消费者可以足不出户了解供应商产品的规格、质量等信息，并通过与其他消费者的交流获取供应商的信用水平，甚至是产品消费过程的体验。对于消费者而言，线上消费降低时间成本及交通费用；对于供应商而言，仓储和租金费用降低，即交易成本降低，存在帕累托改进的空间，催生新的交易形式。经济主体之间这种新型交易模式就是一种新的制度安排，体现了微观主体之间制度变迁的过程。此外，获取信息成本的降低也会推进宏观制度变迁。例如，网络通信技术改进民主选举制度和居民参政议政制度。

其次，要素相对价格的变化改变生产要素所有者之间的相对关系，促进产权制度变迁。常见的要素相对价格变化有土地和劳动力、土地和资本、劳动力和资本相对价格的变动。在第二次工业革命初期，资本主义市场经济依靠重工业和轻工业蓬勃发展。马克思对这一时期资本主义经济生产关系有如下的描述："一方是价值或货币的占有者，另一方是创造价值的实体的占有者；一方是生产资料和生活资料的占有者，另一方是除了劳动力以外一无所有的占有者。"① 这一时期，工人虽然是劳动力的占有者，但是，由于工人不占有生产资料以及相对过剩人口的广泛存在，资本家在交易中占主动地位，劳动力的价格相对于资本价格较低。工人只能被动选择出售劳动力，资本家取得包括劳动力在内的所有生产资料所有权。随着经济发展水平的提高，人口出生率下降、劳动力包含了更多人力资本的成分，使得劳动力价格逐渐上升，尤其是高质量劳动力价格大幅度上升。劳动力的稀缺性越来越凸显，劳动力价格相对于资本价格上升，作为劳动力所有者的工人在谈判中的地位上升。工人可以选择出售劳动力，或者自己成为劳动力的雇佣者。例如，以劳动力出资设立的特殊合伙企业和普通合伙企业。正是经济发展水平的提高催生了新产业的出现，使得劳动力价格相对于资本价格上升，改变了工人在交易中的地位，工人有权要求占有部分生产资料，使得生产资料所有权发生变动。

最后，相对价格变化、正式规则的变迁和实施改变经济主体的偏好，促进非正式规则的演化。非正式规则包括文化、习俗、伦理道德及意识形态等。

---

① 马克思. 资本论（第 1 卷）[M]. 北京：人民出版社，2004：658.

基于一定的经济发展水平和正式规则的安排，个体对制度应达到的状态有自己的预期。非正式规则的演化不是由某个个体单独决策形成的，相反，是每位社会成员根据自己对制度的预期，结合他人的可能行动做出的反应。非正式制度变迁是人的意识创新的表现，而意识创新由客观环境决定。下面我将用一个简单的例子来说明。在经济发展水平较低的阶段，社会主体主要解决温饱的问题。为了获取食物，人们可以任意猎杀动物、开采资源而不会受到谴责。但是，随着经济发展水平的提高、生物的多样性，良好的生态环境被更多人重视。即便没有法律法规等正式规则的约束，猎杀野生动物、无节制的开采资源被认为是不道德的。保护野生动物、保护环境成为一种被全社会认同的观点。这是因为，随着经济发展水平的提高，环境资源的相对价格提高了，人们对良好的生态环境需求更大了，也就是对环境资源的偏好发生了变化。环境资源的相对价格和对环境资源的偏好变化促进了环保意识的出现。"仓廪实而知礼节，衣食足而知荣辱"也是这个道理。

（2）经济发展水平通过改变要素相对价格间接影响经济结构调整。根据马克思主义政治经济学，市场主体的经济活动包含生产、分配、交换和消费。马克思认为："所谓的分配关系，是同生产过程的历史地规定的特殊社会形式，以及人们在他们的人类生活的再生产过程中相互所处的关系相适应的，并且是由这些形式和关系产生的。这些分配关系的历史性质就是生产关系的历史性质，分配关系不过表现生产关系的一个方面。"[①] 同时，"……社会消费力既不是取决于绝对的生产力，也不是取决于绝对的消费力，而是取决于以对抗性的分配关系为基础的消费力。"[②] 可见，生产关系由一定时期的生产力决定，生产力则体现为经济发展水平，生产关系决定分配关系；一定时期的分配关系决定社会消费水平。经济发展水平对经济结构调整的间接影响可以从生产关系和社会消费水平两个方面考察，也就是从供给侧和需求侧两方面发生作用。

从生产关系方面考察经济发展水平对经济结构调整的影响。生产关系是人们在物质资料生产过程中形成的社会关系，包括生产资料所有制，人们在生产中的地位关系以及由此决定的分配关系。如上述分析，生产关系一般由

---

① 马克思. 资本论（第三卷）[M]. 北京：人民出版社，2004：999－1000.
② 马克思. 资本论（第三卷）[M]. 北京：人民出版社，2004：272－273.

经济发展水平直接决定。生产关系的变动会改变市场主体的经济活动。正是人们经济活动的改变使得资源的相对稀缺性发生变化，进而改变生产要素的相对价格，促进经济结构调整。

技术进步通过开发新资源、新产品改变资源的相对稀缺性。一方面，商品的价值由生产该商品的社会必要劳动时间决定，与劳动生产率成反比。技术进步促进劳动生产率提高，降低开发资源的成本，进而降低资源的价值。技术在不同领域不平衡发展，导致各产业部门之间生产效率各异，因此各种生产要素的相对价格发生变动。另一方面，技术进步开发新产品，使得对中间产品和生产要素的需求也发生改变，进而改变生产要素的相对价格。在市场经济中，企业为了提高利润会选择相对价格较低的生产要素生产现有产品。同时，以较低价格的生产要素生产新的替代产品。这里的替代产品可以是功能和现有产品类似的产品，也可以是满足相同效用的产品。可见，生产要素的相对价格发生变动，经济结构也随之发生变动。经济发展水平通过改变生产要素相对价格对经济结构的这种影响不易察觉，但却广泛存在。

不同经济主体之间的分配关系变动通过引导资本和劳动要素在不同部门之间转移影响经济结构变动。当资本、土地和劳动力要素的回报率不均等达到一定程度就表现为要素市场价格的扭曲。在各个国家的市场经济中，资本和土地的回报率高于劳动力的工资。要素市场价格扭曲会导致劳动力和生产资料脱节，产业资本不能雇佣足够的劳动力。资本便大量流向虚拟经济部门，形成金融资本，并由此引发实体经济和虚拟经济结构比例失调。马克思强调："在劳动过程中，人的活动借助劳动资料使劳动对象发生预定的变化。过程消失在产品中。它的产品是使用价值，是经过形式变化而适合人的需要的自然物质。"[①] 社会财富的形成需要劳动力和生产资料相结合，在劳动过程中创造出来。但是，随着信用货币的出现，虚拟经济在现代市场经济中占据半壁江山。虚拟经济部门是从实体经济中派生出来，并反映实体经济运行状况的部门。虚拟经济本身并不创造使用价值，也就不能形成新的社会财富。但是，虚拟经济部门的运行却可以脱离实体经济独立完成资本循环，并在这个循环过程中实现"资本增值"。虚拟经济部门的"资本增值"和产业资本的增殖

---

① 马克思. 资本论（第1卷）[M]. 北京：人民出版社，2004：211.

过程有着本质的差异。虚拟经济部门资产的增殖一部分反映了产业资本的增殖；同时，由于其独立运行的体系，虚拟资产的供求关系使得虚拟资产的价格不能真实地反映产业资产的价值。虚拟资产价格高于产业资产价值的部分表现为虚拟资产的"资产增值"，形成虚拟资产的泡沫。虚拟资产一旦高估产业资产的价值，就会吸引资本从产业部门向虚拟经济部门转移，同时，更多的劳动力从产业部门退出，加剧虚拟经济和实体经济的结构失衡。

从社会消费水平考察经济发展水平对经济结构调整的间接影响。社会消费水平反映了一定时期的社会分配关系，并表现为一定时期的社会需求状况。影响社会需求状况的，除了直接的收入水平以外，分配关系和偏好的改变也有举足轻重的作用。经济发展水平对经济结构调整的间接影响主要是通过改变分配关系。在市场经济中，分配关系的改变体现在生产要素报酬率的变化。威廉·配第说："土地是财富之母，劳动是财富之父"，威廉·配第将土地和劳动视为两大生产要素。马克思将生产要素分为可变资本和不变资本，不变资本指生产资料，可变资本就是指资本家雇佣的劳动力，创立了劳动价值论。此外，马克思提出："人在生产中只能像自然本身那样发挥作用，就是说，只能改变物质的形式。不仅如此，他在这种改变形态的劳动本身中还要经常依靠自然力的帮助。因此，劳动并不是它所生产的使用价值即物质财富的唯一源泉。"[1] 可见，在马克思看来，生产要素包括资本家的资本投入，劳动者的劳动力以及自然力的作用，而最具代表性的自然力便是土地。西奥多·W.舒尔茨（Thodore W. Schults）认为人力资本是经济长期增长的主要原因。马克思在《资本论》里将劳动分为简单劳动和复杂劳动，复杂劳动是多倍的简单劳动。事实上，舒尔茨人力资本的概念与马克思提出的复杂劳动是不谋而合的。概括而言，我们将生产要素分解为土地，劳动力和资本。

从生产要素参与分配的角度来看，社会总产出分为工资、利润和租金，分别对应劳动力，资本和土地要素的收入。此外，资本可以分为产业资本和金融资本，因此利润中的一部分可以划分为利息。人作为市场消费的主体，绝大部分是劳动力。劳动力要素的报酬就决定了社会总体消费水平。在资本主义市场经济发展初期，劳动者一无所有，劳动力的工资水平维持在支付劳

---

① 马克思. 资本论（第 1 卷）[M]. 北京：人民出版社，2004：56.

动者本身扩大再生产的水平。此时，社会消费水平低，经济结构体现为消费结构的单一性。在市场经济高度发展的阶段，现代企业分配制度发生了变化：股份激励政策，员工持股制度等激励措施登上历史的舞台。人力资本，或者说复杂劳动开始参与剩余价值的分配，劳动力的收入能够满足一部分自身发展的需求。需求的增长不仅表现为消费总量的增加，更重要的是消费结构变化趋于复杂多样，经济结构表现为多样性。综上所述，经济发展水平对制度变迁与经济结构调整的间接影响应当表现在这两个方面：一方面，经济发展水平改变相对价格，促进正式规则和非正式规则的演变；另一方面，经济发展水平通过促进生产关系和分配关系的变动，改变生产要素的相对价格，引导生产要素在不同部门之间重新配置，带动经济结构调整（见图3 - 2）。

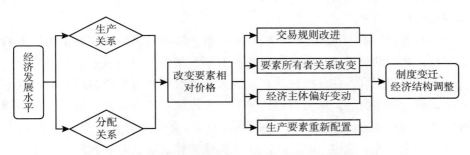

图3 - 2　经济发展水平对制度变迁与经济结构调整的间接影响

二、制度变迁与经济结构调整的互动关系

1. 制度变迁对经济结构调整的直接影响

制度变迁对经济结构的直接影响体现在政府对经济结构的行政干预。一方面，政府通过行政干预可以直接决定生产要素的配置，进而直接影响经济结构。另一方面，政府通过行政干预直接影响生产资料的产权结构，进而影响经济结构。

政府通过行政干预决定要素配置，影响经济结构。科斯（Coase，1960）认为："实际上，政府是一个超级企业（但是一种非常特殊的企业），因为它能通过行政决定影响生产要素的使用。"市场主体获得和使用生产要素表面上看是获得和使用一种实物资源。但是，从本质上看，获得和使用生产要素是一种权利。这项权利包括占有、使用以及索取与该项生产要素相关的经济利益。因此，一项制度安排体现为一种生产要素在不同经济部门的使用，并由此直接决定了经济结构。政府对生产要素配置的最常见形式有发放特许经营许可证，扶持、禁止或者限制某些行业的发展。苏联在 20 世纪 30 年代开始确立斯大林模式，持续到 20 世纪 80 年代。在产业结构方面，斯大林模式主张优先发展工业，尤其是重工业。这种重生产、轻流通的经济制度使得生产要素向重工业部门倾斜，苏联三大产业结构发展极度不平衡，经济结构扭曲。据相关文献数据统计，苏联的生产资料工业从 1950 年的 69% 上升到 1964 年的 74.8%，生活资料工业发展严重萎缩①。两大部类比重失衡，社会生产总值的增加伴随着人民生活水平的下降，劳动力的扩大再生产受到限制，抑制社会扩大再生产。

政府通过行政干预决定生产资料所有权，影响经济结构。关于生产资料所有权，典型的例子就是生产资料的私有制、集体所有制、公有制及其及组合结构。一般而言，在政权更迭和经济大转型时期，生产资料所有制会发生较大变动。如前所述，斯大林模式除了优先发展重工业以外，在生产资料所有制方面，建立集体所有制和全民所有制的社会主义公有制度。这一期间，公有制占绝对统治地位。但是，1991 年苏联解体之后，叶利钦对苏联经济体制进行改革。从农业私有化开始，再到国有企业私有化，截止到 20 世纪末，俄罗斯私有制经济比重已经超过公有制经济，经济的所有权结构随着制度变迁发生质的转变。同时，生产资料所有制的变动在渐进式改革中也屡见不鲜。中国在改革开放前后生产资料所有制发生了质的转变。在 20 世纪六七十年代的公社化运动中，建立起单一公有制为基础的社会主义基本经济制度。1978 年改革开放到 80 年代末，法律上确认了非公有制经济的合理存在，这一时期，非公有制经济仅仅作为公有制经济的有益补充。1992 年，党的十四大提出公有制为主体，多种成分经济共同发展的方针，党的十五大确立公有制为主体多种所有制经济共同发展的基本经济制度。截至目前，中国所有制改革仍在有条不紊地进行，公有制为主体多种所有制经济共同发展的基本经济制

---

① E. 普雷舍夫斯基. 在发达的社会主义条件下社会生产两大部类的比例关系 [J]. 共产党人，1973 (4)：50 – 54.

度不断完善。

2. 制度变迁通过改变经济活动的相对价格间接促进经济结构调整

制度通过规范经济主体的活动，消除不确定性，降低交易成本，促进经济结构调整。制度变迁通过改变经济主体各项活动的成本收益，重新界定经济主体对经济活动的选择集，改变资源和要素的流向，促进经济结构转变。一个典型的例子是经济主体的寻租行为。在制度环境不完善的时候，经济主体通过寻租活动可以获得高收益，寻租活动更普遍。例如，钢铁加工企业是重污染企业，在不必承担污染治理的情况下，可以获取高额利润。但是，法律规定企业需要治理污染，而高额的治理费用会导致经济利润消失。这时，企业所有者倾向于通过与政府行政人员勾结，获取清洁生产的证明，或者获取虚假污染治理报告。由于缺乏对寻租行为问责的法律法规，寻租成本远远低于污染治理费用，企业家倾向于通过寻租使污染企业持续经营。但是，在制度环境相对完善时，例如新颁布了对行贿受贿的惩罚条例，寻租成本大大提高。对于钢铁生产企业主而言，勾结政府行政人员不仅要付出经济成本，还涉及行政处罚的风险。寻租活动的成本大大提高，甚至超过污染治理费用。此时，企业主的最佳选择是退出钢铁生产行业，或者进行污染治理技术研发。最终的结果是污染企业消失，经济结构得到优化。

制度变迁改变资源禀赋的结构，促进经济结构调整。制度变迁，尤其是产权结构变动改变资源禀赋，资源相对稀缺性改变，进而要素相对价格发生变化，促进经济结构调整。新结构经济学以要素禀赋结构作为切入点，利用新古典经济学的分析方法研究经济结构变动的相关问题。新结构经济学家林毅夫（2017）认为："如果选择的技术和产业与要素禀赋的结构特性相适应，企业的生产成本就会较低，具有比较优势。进而如果所有产业或技术都符合比较优势，那么要素生产价格会最低，经济体就会表现出巨大的竞争力，因而与要素禀赋结构所决定的比较优势相适应的产业结构就是该时点上的产业最优结构。"显然，任何产业的发展都离不开要素投入，资源禀赋的变动确实促进产业结构调整。但是，更深入地，我们需要了解是什么原因导致了资源禀赋的变动。关于技术创新是新产品和新工艺产生的源泉已经被学界普遍认可。但是，技术创新的出现离不开制度变迁。布罗姆利认为："制度由于其性质，它界定了引入、控制和使用新技术的社会经济环境。由于制度界定和保护了收入流（产权），没有适宜的和相应的制度安排，新技术的引入是不可能的。"① 一项新技术的出现必然伴随着关于新技术归属权的界定。事实上，如果没有保护创新者对新技术的所有权和收益权，新技术不可能出现。制度创新是技术创新的保障，而技术创新改变了资源禀赋结构，从而促进经济结构调整。

3. 制度变迁与经济结构调整节奏分析

（1）制度与经济结构协同演化分析。制度与经济结构协同演化是指制度变迁的节奏与经济结构调整的步调相适应的状态。制度与经济结构协同演化存在两种状态。其一，制度与经济结构稳定、有序地随着经济发展水平变动，并促进经济发展的理想状态；其二，制度锁定和经济结构调整刚性的低水平均衡状态。经济结构调整要求要素自由流动，因此，灵活有效的制度变迁是经济结构调整的前提条件。诺斯认为："一种制度矩阵的相互依赖的构造会产生巨大的报酬递增。""在存在报酬递增时，制度是重要的，它确立了经济的长期路线，但是只要相应的市场是竞争性的，或即便是大致接近于零交易费用模型的，长期路线也具有这里已使用的有效一词的含义。"② 制度系统具有报酬递增的特征，制度变迁使得市场接近于完全竞争，交易费用接近于零的时候，经济的长期路线是有效的，那么也意味着经济结构是朝着合理化和高度化有序调整的。"但是如果市场是不完全的，信息的反馈又是分割的，且交易费用也是十分显著的……不仅路线的分叉而且持久的不良绩效将居于支配性，历史上由行动者派生的观念就会规定他们所作出的选择。"③ 可见，制度变迁并非都是有效的，当制度变迁被锁定在低效的状态，市场存在大量交易费用，生产要素便无法实现自由流动，与之相匹配的就是经济结构调整的刚性。

（2）制度变迁先导性与经济结构调整滞后性分析。制度变迁先导性表现为制度变迁的节奏快于经济结构调整的速度。当市场环境发生变化，经济发

---

① 丹尼尔·W. 布罗姆利. 经济利益与经济制度——公共政策的理论基础［M］. 上海：上海三联书店，2007：34.

②③ 道格拉斯·诺斯. 制度、制度变迁与经济绩效［M］. 上海：上海三联书店，1994：128.

展状况出现异常时，经济主体往往能够快速做出反应，制定新政策、改变交易规则。经济结构滞后性表现为经济结构调整步伐远远落后于制度变迁进程。造成经济结构调整缓慢的主要因素有以下三点：第一，要素自由流动受阻。一方面，劳动力的技能转变需要一个比较长的学习过程；另一方面，若产业之间出现较大的技术断层，劳动生产率存在巨大差距，则劳动力在产业间的转移障碍大大提高。此外，资产专用性形成的退出壁垒会阻碍资本在产业间的流动。第二，规模经济形成的结构性壁垒给资本进入新行业设置更高的门槛。制度变迁能够消除一部分行为性进入和退出障碍，也就是较少人为设置的不合理的进入和退出障碍。但是，由于行业本身的性质，和现有技术水平、资源禀赋等的约束，阻碍经济结构及时调整。第三，制度创新不对称导致的制度不互补是经济结构调整滞后的原因。周小亮（2001）认为制度创新不对称及由此产生的制度不互补是经济结构三大矛盾的制度成因。事实上，市场自发的制度变迁和政府主导的制度变迁会形成制度创新"双轨制"。政府主导的制度创新与市场自发的制度创新相违背时，制度创新的互补性十分欠缺，从而形成经济结构调整的障碍。制度前导性与经济结构滞后性导致经济发展缓慢，甚至出现停滞期。

（3）制度变迁、经济结构调整对经济发展的作用机制分析。制度变迁与经济结构调整并不总是促进经济发展，要判断一项制度变迁和经济结构调整是否是有效的，首先要明确经济发展的目标。经济发展并不仅仅是经济总量的增长，经济发展要求有效率的增长，合理的收入分配，充分就业，物价稳定，良好的生态环境等多方面全方位的发展。诺斯的制度变迁理论强调制度变迁的发生是由于相对价格的变化产生的。采用一项新的制度安排带来的收益大于这项新制度的设计和实施成本，制度变迁就发生了。事实上，完全基于市场调节的制度变迁更切合诺斯的观点。市场经济以效率为导向，以经济利润最大化为目标。但是，包括发达资本主义市场经济国家在内，并没有哪个国家的经济完全是由市场主导的。政府在经济增长，充分就业，稳定物价和保护环境等领域依然发挥重要的作用。因此，制度变迁和经济结构调整对经济发展的作用机制应该分情况而论。

①政府主导的制度变迁、经济结构调整对经济发展的作用机制。比较制度经济学家青木昌彦提出："制度是关于博弈重复进行的主要方式的共有信

念的自我维系系统……我们认为博弈规则是由参与人的策略互动内生的，存在于参与人的意识中，并且是可自我实施的，这就如同均衡博弈论者所认为的那样，制度作为共有信念的自我维系系统，其实质是对博弈均衡的概要表征，它作为许多可能的表征形式之一起到协调参与人信念的作用。"① 在还没有政府出现的原始小社会中，参与博弈的各方在地位上是相对平等的，博弈的结果产生了各式各样的规则。政府的出现也可以看成是各方参与博弈的结果。但是，在政府形成以后，政府作为一方参与到博弈中。此时，博弈的各方在地位上发生了质的变化。政府、企业、个人、利益团体均是博弈的参与人，但是参与人的相对地位是非平等的，政府在博弈中有绝对的主导权。在参与各方地位不平等基础上进行博弈产生的制度将不再是参与方之间的"共有信念"。政府可以在其他参与方反对的情况下利用特权对制度进行修正。就像诺斯提出的："统治者为了他们自己的利益会修正产权。交易费用会导致很普遍的无效产权。"② 可见，当政府主导的制度变迁不是以社会经济发展为目标，制度变迁很可能是无效的，由此产生的经济结构变动也未必适应经济发展。事实上，无效和低效的制度安排广泛存在不同经济体的各个时期，这也可以解释经济体之间巨大的经济发展差距。当然，并非所有以政府为主导的制度变迁都是脱离经济发展需求的。在大部分情况下，经济发展是包括政府在内的各参与方之间的共同目标。当政府的权力受到其他参与方的有效监督和制约时，各博弈的参与方处于相对平等的地位。这样，以政府为主导的制度变迁将会以各参与方的共同追求为目标，制度变迁对经济发展会产生正的促进作用。

②市场主导的制度变迁、经济结构调整对经济发展的作用机制。市场主导的制度变迁和经济结构调整的动力源于相对价格变化。市场向来以效率为导向，当推行一项新的制度安排带来的收益超过其成本，制度变迁就发生了。同样，在新的制度安排下，要素禀赋、相对价格及交易成本发生变化，经济结构随之调整。从市场效率出发引致的制度变迁和经济结构调整可以保证一定程度的经济增长效率。从福利经济学的角度看，资源配置达到帕累托最优。但是，仅仅满足经济增长效率的制度变迁和经济结构调整离经济发展的总体

---

① 青木昌彦. 比较制度分析 [M]. 上海：上海远东出版社，2001：11.
② 道格拉斯·诺斯. 制度、制度变迁与经济绩效 [M]. 上海：上海三联书店，1994：9.

目标还有很长距离。"资源配置存在着许多帕累托最优，每一种均与社会成员对不同的分配状况的满意程度相联系。另外，对于收入在大众之间每一种可能的分配而言，都存在一种帕累托最优配置。"① 虽然市场主导的制度变迁可以使资源配置达到最优状态，但是，达到的是多种最优配置的哪一种是无法控制的，多样的最优配置对谁而言是最有效率的仍需考虑。经济发展一个重要的目标是收入分配公平，而这恰恰是市场主导的制度变迁和经济结构调整无法兼顾的。总而言之，市场主导的制度变迁和经济结构调整可以促进经济有效率增长，但是无法保证经济发展的公平性。

4. 制度变迁互补性、经济结构合理化和高度化对经济发展的作用机制

（1）协调政府和市场在制度变迁与经济结构调整的互补性对经济发展的作用机制。正如我们在第二节的分析，政府主导的制度变迁和经济结构调整很可能因为政府在博弈中的绝对优势地位而导致寻租行为，使得制度变迁和经济结构调整不符合经济发展的效率原则，阻碍经济发展。相反地，市场主导的制度变迁和经济结构调整是以经济增长效率为出发点，在此基础上形成的新制度和新的经济结构是有效率的，但是不能保证经济发展的公平性要求，违背了包容性经济发展的理念。基于这样的事实，我们可以看到，世界上各个国家都的制度变迁和经济结构调整都不是单一的政府主导或者单一的市场主导。只是两者主导的力度在各个国家或者同一国家不同发展阶段存在差异。

协调政府与市场主导的制度变迁、经济结构调整的互补性是促进经济发展实现的必由之路。政府与市场在制度变迁、经济结构调整进程中缺一不可，二者的力量相辅相成是促进经济发展有效率、并符合公平性理念的保证。政府主导的制度变迁、经济结构调整需要着重关注政府权力的限制，减少政府寻租行为，发挥政府在协调收入分配方面的优势作用。市场主导的制度变迁、经济结构调整应着重关注市场在资源配置中的相对独立性与决定性作用，是生产要素自由流动，提升经济增长的效率。明确政府和市场在制度变迁与经济结构调整的职能范围，二者各司其职，提高各项制度的互补性，经济结构趋于合理，促进经济实现有效率的包容性增长。

---

① 丹尼尔·W.布罗姆利. 经济利益与经济制度——公共政策的理论基础 [M]. 上海：上海三联书店，2007：3.

（2）正式制度和非正式制度互补对经济发展的作用机制。诺斯首先提出非正式规则的概念，他说："制度是正规的还是非正规的？二者兼而有之。我对正规制约（如由人类设定的规则）及非正规制约（如习俗和行为准则）都有兴趣加以探讨。"① 正式制度指成文法律法规，非正式制度指不成文的习俗、惯例等。在制度变迁中，正式制度和非正式制度对立统一，或者在冲突中实现互补，或者从互补走向对立，分别对经济结构调整和经济发展产生截然相反的作用。

从制度变迁的节奏看，可以分为渐进式制度变迁和激进式制度变迁。激进式制度变迁常常以战争、革命等剧烈的形式表现出来，是特定历史时期的偶然事件。相反，渐进式制度变迁贯穿社会生活的各个时期，常常表现为和平时期的各项制度改革。渐进式制度变迁是主要的、更为普遍的制度变迁形式。我们有必要将正式制度与非正式制度按不同的演进节奏进行分析。在激进式制度变迁中，如社会革命，往往是一个王朝推翻另一个王朝，或者一个政党取代另一个政党，正式规则发生翻天覆地的变化。但是，尽管正式规则发生很大变化，生活在同一地区的人们的生活习惯、社会习俗、价值观念却很难及时作出调整。可见，在激进式制度变迁中，正式制度和非正式制度的变革节奏存在巨大脱节，二者的互补性很难得到保证。在渐进式的制度变迁中，正式制度改变可能是单个领域的、缓慢的改革；非正式规则演进则体现出潜移默化的特点。正如诺斯指出："从文化上衍生的非正规约束不会立即对正规规则的变迁作迅速反应。其结果，改变了正规规则和继承的非正规约束之间的摩擦导致的结果，在经济变迁方式中具有重要意义。"② 在渐进式制度变迁中，正式制度与非正式制度在变革节奏上更为接近，为正式制度与非正式制度趋于互补提供一个过渡期，可以在一定程度上降低制度冲突对经济发展的负面影响。

正式制度与非正式制度的互补性体现为正式制度系统和非正式制度系统的合作协调关系，两个系统相互作用发挥的效果优于单个系统单独运作产生的效果。如前所述，非正式制度在变迁过程中体现出较强的路径依赖性，正式制度要做到与非正式制度相协调，就要要求正式制度的确立和运行需以非

---

① 道格拉斯·诺斯. 制度、制度变迁与经济绩效［M］. 上海：上海三联书店，1994：4.

② 道格拉斯·诺斯. 制度、制度变迁与经济绩效［M］. 上海：上海三联书店，1994：67.

正式制度为基础。正式制度作为一种强制性规则，是制度系统中尤为重要的部分，是非正式制度得以延续的基础保障。但是，正式制度不可能涵盖所有方面，非正式制度作为正式制度的有益补充，在一定程度上加强正式制度的执行效果。此外，非正式制度和正式制度在一定程度上可以相互转化。例如，随着经济发展，人们对环境保护越来越重视，治理污染、保护濒危动物从最初的在道德上受到约束，到《中华人民共和国环境保护法》《中华人民共和国野生动物保护法》的出台，就是非正式制度向正式制度的转变。同样的，原有法律的废止也有一部分属于正式制度向非正式制度的转化。正式制度与非正式制度的这种相互协调、相互促进、相互转化决定了制度的稳定性。截至当前，制度变迁对经济发展具有显著影响已经成为学界的共识，而制度的稳定性相较于朝令夕改无疑对经济结构调整和经济发展具有正面的促进作用。

第二节　制度变迁驱动经济发展新动力的作用机理分析

经济持续增长的动力源泉是学术界长期关注和争论的焦点，新制度经济学诞生以来涌现出大批学者将制度因素作为经济发展的长期驱动力。本节以马克思主义政治经济学的生产关系与生产力相互关系理论为基础，借鉴诺斯等新制度经济学的制度变迁和经济发展动力源理论，探讨制度变迁驱动经济增长的一般路径。基于内生增长模型，采用 49 个国家（地区）1996 ~ 2015 年经济自由度指数衡量制度质量，构建面板联立方程模型进行实证检验。发现制度变迁和经济增长之间存在正的双向因果关系。此外，制度变迁对经济增长的驱动作用在低收入国家更显著。

一、问题的提出

经济持续增长的动力源泉一直是学界长期关注和争论的焦点。古典经济学亚当·斯密在《国富论》里面把国家财富的增长源泉归因于人在利己的动因下进行交换，交换促进分工，分工提高劳动生产率进而促进国民财富的增长。马克思主义政治经济学从生产方式与社会经济结构变革理论和生产力与生产关系相互关系理论探讨生产力持续发展的条件。马克思在《资本论》里面提到生产力决定生产关系，生产关系只有适应生产力的发展才能作为生产力持续发展的推动力，反之，会阻碍生产力的进一步发展①。这里，马克思所提到的生产力就是经济发展水平；生产关系就是社会经济结构及制度，马克思将制度因素作为经济增长的驱动力之一。新古典经济学则将制度视为外生给定的因素，主要考虑物质资本，人力资本，技术进步等因素对经济增长的影响。以罗默和卢卡斯为代表的内生经济增长理论通过将技术进步内生化，认为技术进步是经济增长的长期动力。20 世纪 70 年代以来，新制度经济学派兴起，他们将制度视为促进经济持续增长的动力。道格拉斯·诺斯在《西方世界的兴起》中指出西欧国家建立起有效率的经济组织是西方世界兴起的原因，而要保证经济组织有效率，产权的确定和制度安排是必要的②。诺斯（1994）认为"制度也是一个稀缺要素，当经济增长中存在制度瓶颈时，制度变迁会带来经济增长。"③

新制度经济学代表人物从诞生时起就对新古典增长理论忽视制度因素进行批判。诺斯认为制度通过它们对交换与生产成本的影响来影响经济绩效，制度能够有效提供激励，促进技术创新，提高资本的投资回报率。而技术进步和资本积累是经济增长本身。中国在改革开放之后逐步建立起社会主义市场经济体制，在这之前，中国实行计划经济体制。可以看到，改革开放以来中国经济出现快速的增长。类似地，朝鲜半岛在分裂之前有共同的政治和经济制度，经济发展水平大致相当。1948 年之后，朝鲜半岛北部成立朝鲜民主主义人民共和国，朝鲜半岛南部成立大韩民国，建立不同的政权。韩国一跃成为亚洲四小龙，经济增长速度大大超过朝鲜。至今为止，朝鲜和韩国发展的巨大差距是有目共睹的。基于历史事实，我们有理由相信制度变迁在很大程度上驱动了经济增长。但是，制度究竟是以何种方式驱动经济增长的呢？诺斯等新制度经济学派代表人物普遍是通过对史实案例的研究，说明制度变

---

① 马克思，恩格斯. 马克思恩格斯文集（第 5 卷）[M]. 北京：人民出版社，2009：532.

② 道格拉斯·诺斯，罗伯斯·托马斯. 西方世界的兴起 [M]. 北京：华夏出版社，1999：35.

③ 道格拉斯·诺斯，戴维斯. 制度、制度绩效与经济增长 [M]. 上海：上海三联书店，1994：77.

迁是经济增长的源泉。这种研究方法缺乏数理模型和以数据为基础的实证研究的支撑，受到主流经济学家的诟病。

二、理论研究基础

制度作为复杂经济系统中的一个重要变量，不仅对经济增长产生重要影响，同时，制度在随时间发展变化的过程也会受一定时期经济增长的作用。因而，学者普遍将制度作为经济增长系统中的一个内生变量。为了克服制度的内生性问题，研究制度变迁促进经济增长的途径主要是工具变量法。工具变量必须能够有效衡量制度，且工具变量不能通过制度以外的其他方式作用于经济增长。毛罗（Mauro，1995）提出将语言的多样性作为前欧洲殖民地政府腐败程度和行政效率的工具变量。霍尔和琼斯（Hall & Jones，1999）把各个国家到赤道的距离作为制度的工具变量。阿西莫格鲁等（Acemoglu et al.，2001）提出把欧洲殖民者在各殖民地的死亡率作为制度工具变量。他认为殖民者会选择向低死亡率地区移民，并建立起效仿母国的制度；在高死亡率地区则倾向于建立掠夺性政府，仅获取该地区的资源。根据诺斯提出的制度变迁路径依赖理论，这些殖民地国家即使在独立之后建立新的政治、经济制度，还是受殖民期间欧洲国家制度的影响。研究发现，产权制度对经济增长有正的促进作用。国内学者有方颖（2011）以1919年基督教教会小学的注册学生人数作为制度的工具变量。黄新飞（2013）基于民族异质性，选择跨国间遗传距离作为制度的工具变量。邓宏图（2016）将新中国成立前干部学历水平分布作为我国市场化指数的工具变量，发现干部学历分布通过影响不同省份政策实施，进而影响不同省份的经济发展路径。尽管以上学者的研究取得显著的成果，但是，由于事物之间的普遍联系性，找到合理的工具变量困难重重，这导致工具变量法的适用范围极其狭小，限制了研究的一般性。

当前，学者主要采用三种主要理论阐释经济增长，即新古典增长理论、内生增长理论和制度变迁理论。内生增长理论发展自新古典增长理论，将技术进步内生化。借鉴内生增长理论，将制度因素内生化到经济系统中，讨论制度变迁对经济增长的作用是普遍的做法。杨小凯（1991）和贝克尔（Becker，1992）引用了斯密的劳动分工是内生增长动力的思想，将"规模收益递增"和"协调分工的成本"两个要素作为经济增长的内生变量来研究。潘慧峰（2006）将制度变迁引入内生增长模型，得出制度变迁是经济增长的决定性因素的结论。模型忽略了经济增长是制度变迁的决定因素，仅单向地考虑制度变迁对经济增长的驱动。杨友才（2015）同样将制度因素引入内生增长模型，构建数理模型，探讨制度变迁均衡的存在性及制度变迁与经济增长的关系，同时建立联立方程模型分阶段检验我国制度变迁对经济增长的贡献，发现产权制度对我国经济增长有正的促进作用。

　　本节首先以马克思主义政治经济学的生产方式与社会经济结构变革理论和生产关系与生产力相互关系理论为基础，借鉴诺斯等新制度经济学的制度变迁和经济发展动力源理论，分析制度变迁与经济增长的一般互动关系。其次，将制度因素纳入内生增长模型，利用 C－D 生产函数在一般意义上构建数理模型，分析制度因素对经济增长的作用机理；再次，采用经济自由度指数作为制度的衡量指标，收集 49 个国家（地区）1996 ~ 2015 年的数据，构建面板联立方程模型进行实证检验。将 49 个国家（地区）按照人均 GDP 排名分为两组进行比较分析，考察高收入国家和低收入国家之间制度变迁对经济增长的差异；最后，在实证检验和理论分析的基础上提出制度变迁过程的相关政策建议。

三、制度变迁与经济增长的一般互动关系

1. 理论分析制度变迁与经济增长的一般互动关系

　　研究制度变迁与经济增长的一般互动关系，我们不得不直视在经济发展的初期，生产力和生产关系的原始状态及其相互关系。放眼世界，不同经济发展程度的经济体并存，同时，各个经济体之间的制度、经济结构也存在很大的差异。马克思主义政治经济学认为在人类社会发展的初期，社会各地的原始人群对抗自然界的能力很差。这个时期的地理环境、气候特征、资源禀赋的差异决定了地区之间生产方式的差异，这种生产方式的差异是意识形态、道德规范、社会伦理形成的基础。同时，马克思也承认文化及意识形态对社

会制度形成的重要影响。道格拉斯·诺斯则认为文化和意识形态构成了初始非正规合约，诸如社会的道德和伦理规范。这些初始的非正规制约决定了法律、合约等正规制约的形成。

马克思主义政治经济学认为生产力决定生产关系，生产关系的发展要和一定社会发展阶段的生产力相适应。经济增长是生产力发展最直接的表现形式，制度和经济结构则是生产关系的范畴。因而制度变迁要适应经济发展水平，才能促进经济发展，反之，会阻碍经济发展。马克思主义政治经济学也同时强调生产关系的相对独立性，一定的生产关系形成后，会反作用于生产力的发展。因此，一定社会的制度、经济结构不仅由经济发展程度决定，也会反作用于经济发展。

道格拉斯·诺斯在《制度、制度变迁与经济绩效》里面详细论述了制度变迁与经济绩效的相互影响。首先，"制度通过它们对交换与生产成本的影响来影响经济绩效。这些再加上所利用的技术，就决定了构成总成本的交易成本和转换（生产）成本"。交易费用反映在不确定性上，制度可以消除一部分不确定性，改变交易成本。生产成本反映在技术进步上，制度可以对技术进步形成激励机制，促进技术创新，降低生产成本，提高投资回报率。此外，技术进步通过工具创新、信息传递等途径促进制度变迁的发展。制度变迁和技术进步相互影响，改变不同行业的相对成本。在制度完善的竞争环境下，相对成本高的行业失去竞争优势，退出市场，提高经济市场的运行效率，对经济绩效产生影响。其次，政治团体不仅通过界定和实施产权决定了一个经济的基本激励结构，而且在现代世界中，政府在国民总产值中所占的份额，以及由它实施的无所不在的各种管制，也是经济绩效好坏的最关键问题。可见，不仅是经济制度会直接影响经济绩效。政治制度诸如政府财政收入占GDP的比重，政府行政效率的高低以及政府的腐败程度等因素都会直接或间接地影响经济绩效。最后，"相对价格的变化是制度变迁的原因，相对价格的变化创造了一个建立更有效的制度的激励。"相对价格的变化导致制度系统中存在帕累托改进的机会，交易的各方有动力进行重新进行谈判，改变产权结构，促进制度变迁。要素相对价格带来的制度系统自发形成的制度变迁受原有制度环境的影响，体现出制度变迁的路径依赖特征。此外，一个地区的文化和意识形态会形成非正规制约，非正规制约会进一步影响正规制度的形成。

综上所述，根据马克思主义政治经济学原理，经济发展水平决定制度变迁。结合诺斯的制度变迁理论，可知制度变迁同时受技术进步、原有制度甚至文化和意识形态的影响。同时，与经济发展水平相适应的制度会促进经济增长，反之，阻碍经济增长。制度变迁和技术进步相互影响，共同促进经济增长。

2. 理论模型构建

（1）经济增长方程。

考虑一般性生产单一商品的厂商，生产函数满足新古典模型的基本假设。令

$$Y(t) = F(K(t), L(t)) = K^a(t)L^\beta(t) \tag{3-1}$$

其中，$Y(t)$ 为 t 时期的总产出，$K(t)$ 为 t 时期的资本存量，$L(t)$ 为 t 时期的劳动力数量。a 和 β 分别为资本和劳动对产出的贡献，且假设 $a > 0$，$\beta > 0$，在实际经济增长中，规模报酬递增、规模报酬递减的情况均有可能出现，因此，去掉新古典模型中关于规模报酬不变的假设更符合实际。由于不同的制度环境和技术水平会对经济增长产生不同的影响，因此，改进的生产函数模型为：

$$Y(t) = F(K(t), N(t)) = K^a(t)N^\beta(t) \tag{3-2}$$

其中，$N(t)$ 为有效劳动，且

$$N(t) = A(t) \times I(t) \times L(t) \tag{3-3}$$

$A(t)$ 为 t 时期的技术水平，$I(t)$ 为 t 时期的制度质量，将公式（3-3）代入公式（3-2），整理可得：

$$Y(t) = K^a(t)A^\beta(t)I^\beta(t)L^\beta(t) \tag{3-4}$$

两边取自然对数得：

$$\ln Y(t) = a\ln K(t) + \beta\ln A(t) + \beta\ln I(t) + \beta\ln L(t) \tag{3-5}$$

（2）制度变迁方程。

首先，经济增长水平决定制度变迁，其次，根据制度变迁的路径依赖理论，制度变迁受原有制度环境的影响。此外，知识创新和技术进步通过工具创新、加速信息传递等途径促进制度变迁的发展。制度变迁方程如下：

$$\dot{I}(t) = Y^{\gamma}(t)I^{\varphi}(t)A^{\eta}(t) \qquad (3-6)$$

一般而言，较高的经济发展水平和技术水平有利于制度质量的提升，因此，假设是较为合理的。此外，路径依赖既有可能导致制度朝着好的方向变迁，也有可能陷入低水平的自我强化路径，因此，不对 η 的符号做限制。

两边取自然对数得：

$$\ln\dot{I}(t) = \gamma\ln Y(t) + \varphi\ln I(t) + \eta\ln A(t) \qquad (3-7)$$

（3）技术创新方程。

首先，根据内生增长理论，技术创新受原有技术水平的影响，且这种影响的方向是不确定的。其次，知识创新和技术进步的动力来源于物质激励和精神激励，只有制度才能提供这样的激励。因而技术进步方程要考虑制度因素，并且，一般制度变迁对技术进步有正向促进作用。技术进步方程假设如下：

$$\dot{A}(t) = A^{\theta}(t)I^{\tau}(t) \qquad (3-8)$$

一方面，原有技术水平越高，现阶段的创新可能从过去的研发中得到创意和技巧，对进一步创新有正的促进作用；另一方面，原有技术水平越高，取得新的研究成果困难越大，现有技术水平也可能对技术进步有阻碍作用。因而，θ 的符号不确定，假设 $\tau > 0$。

两边取自然对数得：

$$\ln\dot{A}(t) = \theta\ln A(t) + \tau\ln I(t) \qquad (3-9)$$

四、实证检验制度变迁对经济增长的驱动作用

1. 模型及变量说明

在复杂经济系统中，经济增长决定制度变迁，制度变迁也会影响经济增长；此外，根据第二节的分析，技术进步和制度变迁也存在双向因果关系。因此，经济增长、制度变迁和技术进步可视为经济系统中的内生变量。解释变量的内生性问题导致传统的 OLS 回归模型估计结果是有偏和非一致性的。一个行之有效的方法是建立联立方程模型。本书通过收集 49 个国家（地区）1996~2015 年的面板数据，根据第二节构建的数理模型，设置如下面板联立方程模型：

$$\ln y(t)_{it} = C(1) + C(2)\ln K(t)_{it} + C(3)\ln A(t)_{it}$$
$$+ C(4)\ln I(t)_{it} + C(5)\ln L(t)_{it} + \mu_{it}$$
$$\ln I(t)_{it} = C(6) + C(7)\ln y(t)_{it} C(8)\ln I(t)_{it-1} C(9)\ln A(t)_{it} + \varepsilon_{it}$$
$$\ln A(t)_{it} = C(10) + C(11)\ln I(t)_{it} + C(12)\ln A(t)_{it-1} + \nu_{it} \qquad (3-10)$$

经阶条件和秩条件检验，经济增长方程为恰好识别，制度变迁方程和技术创新方程为过度识别，该经济模型可识别。

其中，模型中 $y(t)_{it} = Y(t)_{it}/L(t)_{it}$，$Y(t)_{it}$ 为 i 国 t 时期的总产出，$y(t)_{it}$ 为 i 国 t 时期的人均产出，分别以国内总产出值（GDP）和人均 GDP 来衡量；$K(t)_{it}$ 为 i 国 t 时期的资本存量。采用稳态估算法估算基期资本存量，利用 $K_{it} = (1-\delta)k_{t-1} + I_t$，其中 I_t 为 t 时期资本形成总额，并参考张军（2004）的做法设置 $\delta = 9.6\%$ 求得。$A(t)_{it}$ 为 i 国 t 时期的技术水平，以该国居民专利申请数量来衡量，$I(t)_{it}$ 为 i 国 t 时期的制度质量，以经济自由度指数来衡量，经济自由度指数来自《华尔街日报》和美国传统基金会发布的数据。$L(t)_{it}$ 为 t 时期的劳动力数量，以劳动力总数来衡量。μ_{it}，ε_{it}，ν_{it} 均为误差项，表示全部其他影响总产出的因素。以上数据除经济自由度指数，全部来自世界银行，采用货币单位统一为 2010 年美元不变价。

2. 变量平稳性检验

本书采用面板数据，在回归之前需要对数据的平稳性进行检验，采用 ADF 检验的结果如表 3 - 1 所示。

表 3 - 1　　　　　　　　　　单位根检验结果

变量	统计量	p 值	检验形式（c，t，k）	结论
lny	137. 29	0. 005	（c，0，4）	平稳
lnK	1564. 77	0. 000	（c，0，4）	平稳
lnA	139. 43	0. 004	（c，t，3）	平稳
lnI	173. 37	0. 000	（c，t，3）	平稳
lnL	148. 89	0. 000	（c，0，3）	平稳

注：c，t，k 分别表示截距项，趋势项和滞后结束，c = 0 表示不含截距项，t = 0 表示不含趋势项，k 值依据 AIC 和 SC 最小准则确定。检验结果表明，变量在 5% 的显著性水平下均为平稳序列，可以直接进行回归分析。

3. 回归结果分析

联立方程模型分为单方程估计方法和系统估计方法。单方程估计法又称有限信息法，是对联立方程模型中每个方程分别进行估计。单方程中的解释变量可能与随机误差相关，此时估计结果是有偏的。系统估计方法又称完全信息法，是为解决单方程法的局限性提出的，将联立方程模型中所有方程作为一个系统同时估计，除了估计误差具有传递性，一般认为系统估计方法优于单方程法。本书采用系统估计方法的三阶段最小二乘法（3SLS），联立方程回归结果如表 3－2 所示。

从表 3－2 可以看到，经济增长方程所有变量均高度显著。其中，劳动力数量对人均 GDP 有显著的负面影响，劳动力总量每上升 1%，人均 GDP 下降 0.722%。这表明经济增长靠发展劳动密集型产业的时代已经一去不复返了。劳动力对经济增长的负效应在低收入国家（地区）更大，这和低收入国家（地区）拥有更多低水平劳动力的事实相符合。从样本中的 49 个国家（地区）来看，资本每增加 1%，经济增长相应提高 0.475%。资本对经济的贡献在高收入国家（地区）是 0.307，而在低收入国家（地区）则是 0.432。显然，低收入国家（地区）的经济增长更多地依赖于资本扩张。样本总体中，技术进步对经济增长的贡献为 0.191，在高收入国家（地区）是 0.164，而在低收入国家（地区）是 0.148。可见，技术进步对经济增长的贡献远小于资本对经济增长的贡献，而且，低收入国家（地区）的技术对经济的推动作用更小。制度对经济增长的作用在模型中表现得最为突出，样本总体中，制度对经济增长的作用达到 1.833，这远远大于资本和技术进步对经济增长的作用。良好的市场经济体制降低交易费用，有效促进各个经济体之间经济活动。从而促进经济增长。制度对经济增长的作用在高收入国家（地区）只有 0.857，而在低收入国家（地区）是 1.494，低收入国家（地区）制度对经济增长的贡献远大于高收入国家（地区）。通过观察原始数据，高收入国家（地区）制度质量的绝对数值大于低收入国家，这反映出，在样本观测期间，高收入国家（地区）普遍已经建立较为完善的市场经济体制，因而制度变迁的进程放缓，制度红利较小。相反，在经济全球化浪潮下，低收入国家（地区）或主动或被动进行经济体制改革，加速市场经济体制的建立和完善，这释放出巨大的制度红利，促进经济增长。

表3-2

联立方程结果分析

变量	49个国家（地区）			高收入国家（地区）			低收入国家（地区）		
	经济增长方程	制度变迁方程	技术创新方程	经济增长方程	制度变迁方程	技术创新方程	经济增长方程	制度变迁方程	技术创新方程
$\ln K_{it}$	0.475*** (27.54)			0.307*** (14.96)			0.432*** (17.68)		
$\ln A_{it}$	0.191*** (16.89)	-0.001*** (-2.68)		0.164*** (10.65)	-0.000 (-0.29)		0.148*** (9.04)	-0.003*** (-3.41)	
$\ln I_{it}$	1.833*** (14.48)		-0.075* (-1.77)	0.857*** (5.72)		-0.070 (-0.99)	1.494*** (8.06)		-0.035 (-0.41)
$\ln L_{it}$	-0.722*** (-43.77)			-0.557*** (-20.10)			-0.617*** (-27.34)		
$\ln y_{it}$		0.008*** (5.19)			0.007** (1.93)			0.012*** (4.20)	
$\ln I_{it-1}$		0.925*** (86.70)			0.956*** (78.46)			0.897*** (53.17)	
$\ln A_{it-1}$			0.997*** (302.82)			0.994*** (286.78)			1.002*** (159.49)

注: *、**、***分别表示10%、5%、1%的显著性水平，括号内为报告t统计量。

制度变迁方程中，经济增长对制度变迁的作用在全部样本中为 0.008，在高收入国家（地区）中为 0.007，在低收入国家（地区）为 0.012。这和制度变迁对经济增长的贡献类似，高收入国家（地区）经济进入稳定的低速增长期，相应地，制度的调整也不因经济增长而发生较大的变动。而低收入国家（地区）经济增长速度较快，制度为了适应较快的经济增长而发生较大的变动。结合经济增长方程和制度变迁方程可以看到，低收入国家（地区）制度变迁和经济增长之间的双向因果关系更大，这可以较好地解释低收入国家（地区）经济增长的后发优势。技术创新在样本总体和低收入国家（地区）中对制度变迁有很小的呈负效应，而在高收入国家（地区）中则没有显著的影响。模型显示制度变迁有很强的路径依赖特征，在样本总体中，路径依赖效应为 0.925，高收入国家（地区）则达到 0.956，低收入国家（地区）为 0.897。高收入国家的制度质量普遍高于低收入国家（地区），这体现了制度质量越高，制度的自我强化机制更强，制度稳定性更有保障。

技术进步方程中，技术进步主要受原有技术创新成果的影响。制度对技术创新没有显著的影响。这可能是两方面原因的共同结果。一方面，良好的市场经济体制对技术创新有激励作用，企业进行研发的积极性越高，创新成功的概率越高。另一方面，市场经济体制越完善，市场竞争更激烈，企业即便进行技术创新也很难获得市场势力，创新带来的利润不足以抵消创新成本，企业缺乏科研创新动力。综合而言，制度对技术进步的影响可能因产业差异、资产专用性等其他因素有不同的影响，而模型未能体现这些差异。

五、结论

本节首先以马克思主义政治经济学生产力与生产关系理论为基础，借鉴诺斯制度变迁路径依赖理论，分析制度变迁与经济增长的一般互动关系；其次基于内生增长模型，构建包含制度的经济增长方程，并建立面板联立方程模型做实证检验，得出以下结论：

第一，制度变迁与经济增长存在双向因果关系，一方面经济增长为制度变迁提供必要的物质基础，促进制度变迁；另一方面制度变迁通过自我强化机制，改变产权结构，不断降低生产成本和交易成本，保证经济的长期增长。

同理，糟糕的原始制度有可能导致制度变迁被锁定在低效状态，严重阻碍长期经济增长。

第二，高收入国家（地区）普遍拥有相对完善的市场经济体制，制度变迁的自我强化机制进一步提高制度的稳定性，同时，也表现为长期平稳的经济增长。在经济全球化浪潮下，低收入国家（地区）正在加速本国的市场经济体制改革，制度红利充分体现在许多低收入国家的增长奇迹上。当然，制度变迁越激烈，也将伴随着较大的经济波动。

第三，从实证结果可以发现，大部分国家的经济增长对资本的依赖度要远远高于技术对经济增长的驱动作用，而且低收入国家对资本的依赖性更高。制度变迁对技术创新的激励效果并不显著，这表明各个国家在市场经济体制改革中不仅要营造良好的竞争氛围，同时也应该更注重产权保护，为企业创新提供足够的经济激励。

第三节　我国体制改革、结构调整与驱动经济发展新动力之间的互动关系及其相互作用机理的特殊性探索

中国特色社会主义发展道路是党带领人民一步步摸索出来的。新中国成立以来，在党的领导下，我国经济建设成果丰硕，经济总量跃居全球第二。但近年来，我国粗放型经济发展方式在带来经济快速增长的同时，也造成了诸如贫富两极分化、社会不公平的包容性问题以及生态破坏、环境污染的绿色问题。为保障我国经济的可持续发展，以习近平同志为核心的党中央强调了我国要转变经济发展方式，将以注重经济增长速度的数量型发展模式转变为更加注重质量，更有效益、更可持续的质量型经济发展模式。并指出我国经济稳增长、转方式、调结构，推动经济可持续发展的关键是进行全面深化的经济体制改革。因此，我们有必要厘清体制改革、结构调整与驱动经济发展新动力的互动关系与作用机理。同时，更需借鉴全球范围内代表性转型国家的经验教训，比较分析我国实践路径的特征表现，为我国顺利推进体制改革，促进结构优化调整进而释放增长动能发挥保障作用。

一、我国体制改革、结构调整与驱动经济发展新动力的互动关系与作用机理

马克思主义政治经济学在探索经济发展动力与规律时以物质资料生产为出发点，以解决劳动人民生存发展为价值导向，深刻地探寻了社会生产力及其相应形式的生产关系之间的内在联系。传统发展理论认为经济增长的主要原因是资本积累，新古典经济学理论提出了推动经济增长的主要动力是资本与劳动力，而新古典增长理论则认为技术进步是经济增长的重要源泉。但可惜的是，新古典经济增长理论与内生经济增长理论均忽视了制度在经济增长的重要作用。针对上述理论缺失，有学者认为，一国的经济增长动力不仅来源于生产要素与技术进步的发展，更离不开一国经济体制与经济结构的调整作用，同时体制改革也能够以改变要素配置等方式促进经济结构调整。具体来说，体制改革、结构调整与驱动经济发展新动力的互动关系与作用机理应当有以下几点（见图3-3）。

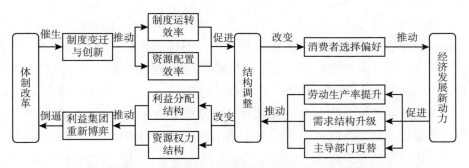

图3-3　我国体制改革、结构调整与驱动经济发展新动力的互动关系与作用机理

1. 体制改革与结构调整的互动关系与作用机理

改革开放数十年来，我国经济凭借制度革新、"人口红利"与大规模要素投入取得了举世瞩目的"增长奇迹"。但不容忽视的是，由于"人口红利"优势趋于弱化、经济结构调整阵痛以及要素投入规模报酬递减，我国经济增速呈逐步放缓趋势。为保障我国经济的持续稳定增长，以习近平同志为核心

的党中央强调了我国要转变经济发展方式，将注重经济增长速度的数量型发展方式转变为更加注重质量、更有效益、更可持续的质量型发展方式，并指出我国经济稳增长、转方式、调结构，推动经济可持续发展的关键是进行全面深化的经济体制改革进而促进经济结构的优化调整。在此背景下，探寻体制改革与结构调整的互动关系、厘清体制改革与结构调整的相互作用机理是时下十分重要的现实课题。

现有文献中，学者们认为能够引起经济结构调整的因素众多，归纳起来大致可以分为三类。其一是以供给因素为出发点，认为技术进步将导致要素配置结构发生变化，进而导致供给结构变动，最终使经济结构转变。其二是以贸易理论为出发点，将绝对优势、比较优势、资源禀赋理论作为分析基础，并认为比较优势的改变是导致经济结构调整的重要原因。其三则是以需求因素为出发点，认为随着人均收入的增长，人们的需求结构发生转变进而推动经济结构调整。钱纳里在其《工业化和经济增长的比较研究》中将影响经济结构调整的因素归纳为一系列的内生变量和外生变量，并依据此构建了著名的钱纳里模型①。然而可惜的是，上述关于经济结构调整影响因素的研究中忽视了制度变迁、体制改革的重要作用。

而从我国的实践历程来看，政府在经济社会发展中扮演着重要的角色，忽视经济制度与政治制度在经济结构调整中的作用显然不妥。有学者认为，转轨经济中的经济结构的调整不仅存在着要素配置的非均衡，更主要的是存在着更深层次的制度的非均衡（唐要家、沈宏达，2001）。这是因为正是关于资源要素的产权结构发生改变才导致要素配置发生转变。在转轨过程中，要素配置效率的提高既依赖于要素市场的发育程度与市场机制的完善程度，同时也依赖于随之配套的产权结构的不断优化调整。而产权结构的优化调整则取决于中央或地方政府在经济发展过程中的体制改革。因此，在我国经济转轨过程中，正是由于制度的非均衡性导致了要素配置的非均衡与低效率，而体制改革所引发的制度变迁或制度创新则能够通过提高制度运转效率、资源配置效率的方法促进经济结构调整。综上，我们认为，体制改革是促进经济结构调整的重要驱动力，若无有效的制度变迁或制度创新，要素配置效率

---

① 霍利斯·钱纳里. 工业化和经济增长的比较研究［M］. 上海：上海三联书店，1989：526.

的提高将受到显著制约，经济结构调整也将难以收获成效。

值得注意的是，有学者认为在转轨经济中制度应当是一个重要的内生变量，而不是外生给定的。这意味着体制改革与结构调整间并不是简单的单向因果关系而应当是双向互动关系。在产权理论中，学者们对制度的形成与变迁进行了阐释，如诺斯（1990）、青木昌彦（2001）等认为制度应当是不同经济主体相互博弈后形成的均衡结果。而阿西莫格鲁（2003）、黄少安（2014）等在内生制度变迁模型框架下指出，制度是不同经济主体依据自身拥有的资源禀赋或经济权力在相互博弈中形成的一种短期均衡状态，而外部冲击则将打破这种短期均衡。因此，假设突发某种科技创新或技术进步或其他外部冲击时，经济结构随之发生调整，而经济结构调整则将改变不同经济主体或利益集团的利益分配与资源结构。在此种情形下，各个经济主体为协调各方利益将进行新的相互博弈以期达到短期均衡，最终以倒逼体制改革的方式催生新制度的诞生。

2. 结构调整与驱动经济发展新动力的互动关系与作用机理

在 20 世纪 80 年代末 90 年代初，针对我国经济发展过程中出现的各种经济结构失衡现象，江泽民首次提出了转变经济增长方式的战略思想，并且在党的第十四届五中全会上明确提出要将我国的经济增长方式从粗放型向集约型经济转变两个重要的发展方针。至此，我国的经济增长方式开始逐步进入转型变革的道路，经济增长速度不断加快。2012 年党的十八大以来，以习近平同志为核心的党中央继续强调要转变发展方式，指出实现尊重经济规律、有质量、有效益、可持续的发展，根本途径是加快发展方式。而近年来，针对国民经济运行"三期叠加"的特征以及资本产出率、人口增量和全要素生产率"三降"而带来的经济发展动力明显减退趋势，探讨如何通过结构性问题的求解探索驱动经济发展新动力以及结构调整与驱动经济发展新动力间的互动关系和作用机理是目前极为重要的现实课题。

长期以来，经济发展动力与结构调整是发展经济学和产业经济学中的一个重要议题。其中，库兹涅茨与罗斯托的研究成果较具有代表性。在库兹涅茨的著作中，他指出，经济总量是影响结构变化与经济增长关系的关键因素。一般来说，经济总量的高速增长会引致经济结构的快速调整与优化升级，如果经济总量无法有效扩张，那么经济结构变迁的潜力也就无法释放。但值得注意的是，与库兹涅茨的看法相左，罗斯托则认为在发展过程中经济主导部门的不断演变才是有效解释经济增长的关键①。在其著作《经济增长的阶段》中，罗斯托依据经济史的沿革，把人类社会发展划分为六个阶段，即传统社会阶段、为起飞创造前提阶段、起飞阶段、向成熟推进阶段、大规模高消费阶段与追求生活质量阶段。并且认为在各个阶段中，经济中的"主导部门"并不是固定的，而是不断变化、不断发展、不断演化的，即"主导部门"会依据经济发展历程中的异质性阶段与条件不断变化。同时，此类"主导部门"的不断演化更进一步推动了经济增长与发展阶段的跃迁②。在关于如何推动结构调整的问题中，库兹涅茨在进一步证明"配第—克拉克定律"时发现，结构变动受到人均国民收入变动的影响，该理论被称为库兹涅茨人均收入决定论。而罗斯托则认为，主导部门的扩张及其扩散效应是影响结构调整的关键，他指出结构调整的源动力来自主导部门的扩张，而主导部门的扩张又将对其他部门产生影响，即主导部门的扩散效应③。总体来说，库兹涅茨和罗斯托的经济理论的确存在一定的分歧，但也存在一定的共同点，即他们均认可结构调整与发展动力间存在极为密切的联系。综合来看，结构调整与经济发展新动力间并不是简单的单向作用关系，而应当是相互联系、相互影响、相互制约的双向互动关系。

一方面，结构调整对驱动经济发展新动力的产生具有推动作用。经济结构对于需求具有重要影响（戚文海，2010），需求变动将推动例如技术进步等经济发展新动力的产生。这是因为当需求发生变动时，某个产业可能由于消费者偏好的倾斜得以快速发展，而该产业中的企业为了在市场竞争中获得领先地位，将力图通过以加大技术研发投入、重组生产方式、优化生产流程的方式提升自身产品的质量，这一过程则将加速培育包括技术进步在内的经济发展新动力。施穆克勒（1966）将此概括为"需求拉动说"，并做出如下阐释，即需求的不断增长和变换要求有更多的发明创造与之相匹配，以使这些受消费者青睐的产业进一步提升其竞争力。而与之相反的是，若某个产业

---

① 西蒙·库兹涅茨. 现代经济增长 ［M］. 北京：北京经济学院出版社，1989：247.
② W. W. 罗斯托. 经济增长的阶段 ［M］. 北京：中国社会科学出版社，2012：92.
③ W. W. 罗斯托. 经济增长的阶段 ［M］. 北京：中国社会科学出版社，2012：173.

处于衰退阶段（即夕阳产业），那么由于成本收益的原因该产业将选择退出或转型。选择退出的那些产业自然没有动力进行发明创造，而选择转型的产业却能积极进行技术改造与重组进而促进发明创造的产生。因此，当经济结构进行调整时，市场需求特征也将随之发生变动，而需求特征的变动则将进一步推动例如技术进步等经济发展新动力的产生。

另一方面，经济发展新动力也能够推动结构调整。罗斯托曾指出："任何一个时期，部门都是以不同的速度，或前进或后退。"① 即各个经济部门的发展速度与发展动力存在一定的异质性。假设当某些部门发生了重大的技术突破时，这些部门将进入报酬递增的阶段，而处于报酬递增的阶段的产业将与上下游产业形成联系并产生扩散效应，进而促进结构的优化调整。在地区与行业维度下，各个经济部门的发展动力分布具有一定的异质性。而当某个经济部门获得例如技术创新等的经济发展新动力后，则将迈入报酬递增阶段进而产生扩散效应，最终推动结构优化调整。而关于经济发展新动力与结构调整的作用机理，应当存在以下几条机制路径。其一，经济发展新动力能够通过提高劳动生产率推动经济结构优化调整。以技术创新等为代表的经济发展新动力使得分工进一步细化，而劳动者的专业化分工使劳动生产效率不断提高进而推动结构优化调整。其二，经济发展新动力能够以促进需求结构升级的方式推动经济结构优化调整。包含有技术创新、社会公平等在内的经济发展新动力，一方面由于技术创新，新产品的推出使得消费者偏好发生改变进而对需求结构造成影响；另一方面由于社会公平的改善，人民群众能够更好地获得发展机会、享受发展成果，该过程使得人民群众的收入水平不断攀升进而推动需求结构升级。其三，经济发展新动力将以促进主导部门更替的方式推动经济结构优化调整。以技术创新等为代表的经济发展新动力催生了一批新兴部门，但同时也对某些传统部门造成了负面影响，而该双重影响则将引发主导部门的新一轮更替。依据罗斯托的阐释，主导部门的发展与更替影响了上下游的其他产业部门，进而推动经济结构不断优化调整。

---

① W. W. 罗斯托. 经济增长的阶段 [M]. 北京：中国社会科学出版社，2012：151.

二、我国体制改革、结构调整与驱动经济发展新动力间作用机理的特殊性探索

纵观世界经济发展史，由于国家性质、资源禀赋、文化习俗等方面的差异，世界各国在发展方式与发展路径均存在一定的异质性。而为有效推动本国结构优化调整、培育经济发展新动力，一国的体制改革也需要依据本国的实际国情进行调整。新中国成立之初，我国面临着一穷二白的内部环境与强敌环伺的外部处境，发展环境与发展历程不可谓不艰难。在此背景下，党带领人民逐步摸索出一条符合我国国情的发展路径，以毛泽东为代表的中国共产党，以马克思列宁主义为指导，进行了中国社会主义建设的实践道路的探索，他们提出了具有适合中国国情的社会主义工业化和现代化发展道路。自改革开放以来，以邓小平为代表的中国共产党人根据马克思主义政治经济学基本原理，通过实行改革开放发展社会主义市场经济，提出了符合中国国情的中国特色社会主义经济体制改革和改革开放理论，并在一代代领导人的带领下不断进行完善，与时俱进，形成了社会主义初级阶段的基本经济制度和分配制度，并科学地回答了如何在发展社会主义市场经济过程中如何进行体制改革和制度创新，从而促进社会生产力的发展，不断满足人民的生活需要，促进社会的和谐发展。因此，作为一个不断发展的社会主义国家，我国的体制改革、结构调整与驱动经济发展间的作用机理有着自身的特殊性。

1. 代表性转型国家的实践路径

当前，全球诸国依据国家性质可以分为两种，一种是占大多数的资本主义性质国家，典型的如美国、英国、加拿大等国家；另一种则是以中国为典型代表的社会主义国家。而依据经济社会发展阶段也可以分为两种，一种是以 G7 国家为代表的资本主义工业化发达国家；另一种则是以金砖五国为典型的发展中国家。"二战"过后，和平与发展成为主流，多数国家依据自身资源禀赋、国家性质、文化习俗等因素，针对本国当前形势进行了未来发展道路的规划，纷纷进行经济转型的探索，并取得了较大的成果，成功使自身在新的世界环境下脱颖而出，在世界上扮演着越来越重要的角色，拥有了更

高的话语权。因此，在我国经济增速放缓、增长动能转换迫切的背景下推行体制改革，更需要明晰世界其他国家或地区的转型之路、厘清其通过体制改革释放增长动力的作用机理，及时吸收经验教训，取其精华去其糟粕，如此方能保障我国顺利推行体制改革，促进我国经济结构调整，最终释放增长动能。

（1）中东欧经济转型探索。在 20 世纪中后期，世界的经济格局发生了转变，众多国家进入了经济转型时期，其中影响较大的主要是中东欧经济转型。在东欧剧变后，关于建立何种经济体制被提上了国家决策者的议事议程上，最终，中东欧国家纷纷进行了经济转型，最为突出的体现便是中东欧国家采取了市场经济的转型模式，实行市场化经济体制改革。

在中东欧国家的经济转型中，主要追求的是经济的稳定性，市场的自由化以及建立有效的制度框架。由于东欧剧变、苏联解体的冲击，中东欧国家转型是在国家的基本经济制度遭到严重破坏瘫痪的情况下选择的转型之路，其初始的经济转型的基础条件十分不利，宏观经济具有严重的不稳定性。为此，保障经济顺利转型的前提便是要确保宏观环境的稳定性，使得改革能够在各个领域顺利推进。

中东欧国家体制改革的顺利推进离不开自由的市场环境。市场自由化意味着市场价格的自由化，中东欧国家进行了以价格改革为核心的市场化改革，通过自由贸易实现资源的合理优化配置。其放开了绝大多数商品与劳务的价格，让市场自由地进行供给与需求的交换，不做过多的干预，同时减少了国家对外贸易的垄断程度，较大地开放了国内市场，以促进本国商品与劳动力的流动，使得商品市场、劳动力市场以及金融市场恢复生机与活力。

除了稳定的宏观环境以及市场的自由化发展外，国家的正常运作也需要有完善的适合于市场经济的制度安排，具体来说包括了统计、会计、审计等制度的重新规定与完善。同时，为保障经济顺利转型还进行税制和预算改革，完善国家的货币管理制度，从各个领域建立起有效完善的制度体系，进而确保国家在有效的制度框架下进行改革。

通过改革，中东欧国家顺利完成了国家的经济转型，彻底摆脱了运行不良的中央计划经济体系，市场经济制度框架得以建立。在 1980～1989 年，阿尔巴尼亚、保加利亚、匈牙利、罗马尼亚、捷克以及波兰六国的平均增长率为 1.96%，在转型后 10 年，1990～1999 年六国的平均增长率为 -0.72%，经济持续下降，而在 2000～2007 年，六国经济平均增长率为 4.9%，远超转型前。① 中东欧国家的经济转型在最初经历了一个"转型性衰退"，国内生产总值持续下降，直到 2000 年，才实现了经济的普遍性增长，走上了经济持续增长的道路，而实践也证明了中东欧进行了顺利的经济转型，找到了适合国家发展的经济动力源泉。

（2）日本的经济转型探索。"二战"后，日本经济用了不到 30 年的时间进行了一系列改革转型，从战后的百废俱兴一跃成为全球的第二大经济体。由于当时经济形势与国内环境，日本政府采取了政府主导型经济体制改革，通过政府干预进行资源的调配与使用强制性干预市场经济行为，并且建立了政府主导、企业间接融资的融资制度，企业对银行的依赖性日益加深，形成了具有特色的日本银行制度。在政府的干预下，日本经济不断发展，1960 年日本 GDP 是 7191 亿美元，GDP 增长率为 11.26%，1973 年 GDP 是 21305 亿美元，是 1960 年的 2.96 倍。② "二战"后日本经济成功转型，成为亚洲唯一的发达国家。在这个时期，日本资本市场也得到了长足的发展。

日本在成功转型为工业化国家后，第二产业不断发展，日本经济稳定持续增长。但在 1985 年后，由于欧美压力以及经济自由化浪潮的冲击，日本进行了金融改革并放开了对外汇的管制，依赖于出口的日本企业随着日元升值陷入困境，而本国的需求与供给之间不相匹配，日本进入了泡沫经济时代。

1991 年泡沫经济崩溃之后，经过桥本与小泉内阁的改革，日本最终解决了泡沫经济崩溃带来的不良债权与资产负债表失衡等问题。2006 年后日本把经济改革的重心转向依赖增长战略，2012 年安倍政府进行了更为大胆的改革。金融宽松、财政刺激以及增长战略成为拉动"安倍经济学"的三驾马车。在这次的经济改革中，日本企业的经营状况得到了普遍的改善，经营业绩不断刷新历史纪录。截至 2015 年，日本企业的金融资产高达 1117 万亿日元，企业所持现金及存款达到了 246 亿日元的规模，国家税收突破 56 万亿日元。③ 日本的产业环境得到了有效的改善，经济结构转向与产业升级加速，日本走向了更为成熟的经济结构。而今，日本仍然以其强势的生产能力在世

---

①②③　数据来源于 WDI 数据库。

界上占据着重要地位，其经济产量常年跃居世界前列，人民的生活水平普遍较高。

（3）新加坡经济转型探索。新加坡的经济转型升级有着完整的轨迹，从要素驱动到效率驱动，再转型为当前以创新为载体的知识经济阶段。新加坡的经济转型成功之处主要依赖于高质量的教育体系和员工培训体系，实施人才战略是其经济竞争力提升的关键性因素之一，新加坡经济发展的每一个阶段都有着与经济相适应的人才培养、引进和服务配套政策，从而组合成为新加坡人才战略的主要内容。

新加坡在经济转型中，人才战略和政策有着发展的独特性，构成了"新加坡模式"的重要部分。依赖于长期紧张劳动力市场构建劳资合作机制，使得新加坡拥有着成熟人才队伍。由于自身地理位置发展的限制，新加坡在过去30年基本处于完全就业市场，国家采取了鼓励移民政策来输入劳动力与科技，劳动力市场的紧张直接导致了培训体系的不断完善，而新加坡在劳资关系中形成了以政府为主导的政府—产业—工会三边合作机制，保障了新加坡劳动力的供应和人才体系的形成。人才，成为新加坡国家发展强大旺盛的主要动力来源，劳资合作机制保障了人才的需求，完整的体系能够高效率地推动人力资本产出，从而为国家带来源源不断的收益。

新加坡是出口导向型国家，国家经济深受国际市场变化的影响，在多变的国际市场中，为应对经济的变化，新加坡政府有着更强的危机意识，尤其是在人才战略领域，不断地完善现有的教育和培训领域的相关体制和机制，执行完全的开放性政策，不断促进国家体制的完善，带动经济的发展。新加坡还拥有完全开放的服务领域。新加坡对于 WTO《服务贸易总协定》中涉及的教育和培训领域保持着完全开放性，在这种开放性制度下，新加坡"环球校园计划"，新教育体系改革倡议等才能顺利开展，形成了独具新加坡特色的多元合作模式。

新加坡经济的顺利转型离不开正确的人才战略，也离不开适合本土发展的制度体系，新加坡在经济转型过程中的人才培养、引进和服务政策等制度改革具有可借鉴之处。

（4）中亚五国经济转型探索。丝绸之路经济带上的中亚五国的经济转型探索之路各有不同，哈萨克斯坦等国接受了西方改革思想，进行了市场自由化经济改革，经济顺利进行了转型过渡；而乌兹别克斯坦、塔吉克斯坦、土库曼斯坦在改革则采取较为保守的姿态，发展了以政府为主导的工业化发展模式，最终不同国家所寻求的经济增长动力的不同，带来的影响也不相一致，哈萨克斯坦成功走上了工业化发展的道路，其他四个国家则仍处于初级发展阶段。

在苏联未解体之前，中亚五国是由苏联计划经济统一进行分工布局，按照各国的地理优势与能源分布，逐渐形成了各国自身的经济发展模式，但是产业组织形式较为单一、经济结构较为简单。当苏联解体后，中亚各国失去了苏联的经济支持，被迫走上了独立发展的道路，但由于缺乏资金、技术以及市场资源，各国基本上是以本国的自有资源和原材料作为主要经济来源，经济结构仍以农业和资源业为主体，工业化进展缓慢。

中亚五国经济的转型并非本国自愿性转型，在"华盛顿共识"下，中亚五国深受国际组织的影响，以至于失去了本国独立自主发展的特征，全面的市场化给国家的转型带来了阻碍。中亚五国国家的经济结构仍较为不合理，五国都存在着重视资源拉动经济，对本国消费品生产较少的问题，内部需求拉动不足，同时国内资本匮乏、国内储蓄率低投资较少，无法拉动本国的经济增长。粗放型的经济增长方式、不完善的制度体系、不合理的经济结构注定了中亚五国的经济转型道路是一个艰难而又曲折的过程。

不同经济模式的选择对国家的影响不同。在经济转型后，哈萨克斯坦经济发展趋势明显好于其他四国。根据世界经济论坛《全球竞争力报告》，通过对世界各国经济发展阶段的划分（2009～2017 年）认为吉尔吉斯斯坦、塔吉克斯坦目前还处于要素推动经济发展第一阶段，而哈萨克斯坦已处于要素推向效率推动第二阶段转变过渡阶段，哈萨克斯坦的经济发展远远超过了其他四国。

通过上述对中东欧国家、日本、新加坡以及中亚五国等国家经济转型道路的探究，可以发现一个成功转型的国家离不开正确方针政策的指引和完善的制度体系的支持。政府主导下的体制改革能够帮助国家不断寻找适合本国发展的道路，合理的经济结构将成为经济发展动力不断散发活力的保证。一个国家选择的体制将决定一个国家的经济走什么样的道路，明确经济发展的总方向，而合理的经济结构就是经济发展的主要枝干，支撑着国家各个产业各个行业的顺利发展，国家的经济体制促进了经济结构的优化升级，从而促进国家经济持续稳定增长。

2. 我国实践路径的特殊性讨论

中国作为一个不断发展的社会主义国家，对国家的经济发展模式也进行了不断的摸索与探讨。以毛泽东为代表的中国共产党人，依据马克思列宁主义普遍真理与中国社会主义建设的探索实践，阐明了社会主义社会基本矛盾，初步探索了社会主义经济管理体制改革，提出正确处理经济建设中的重大关系。改革开放以来，以邓小平、江泽民、胡锦涛为代表的中国共产党人依据马克思主义政治经济学基本原理，通过改革开放背景下发展社会主义市场经济实践的总结，提出了中国特色社会主义经济体制改革与改革开放理论，社会主义初级阶段的基本经济制度和分配制度理论，以及社会主义市场经济中宏观调控等对马克思主义经济学发展具有历史性贡献的中国特色主义政治经济学理论体系，科学回答了在发展社会主义市场经济过程中，如何通过体制改革与制度创新解放、发展社会生产力，促进社会经济健康可持续发展，从而不断满足人民群众日益增长的物质文化需要等重大理论与实践问题。党的十八大以来，以习近平同志为核心的党中央，提出了促进经济持续健康发展、全面深化体制改革、经济新常态、五大发展理念、供给侧结构性改革等一系列具有重大创新的马克思主义经济学中国化与时代化的治国理政新思想。

纵览我国发展历程，中国特色社会主义发展道路是党带领人民一步步摸索出来的。而由于我国的实际国情与社会环境与世界多数国家相比存在一定的异质性，因此我国体制改革、结构调整与驱动经济发展新动力的作用机理有着自身的特殊性。具体而言，我国体制改革、结构调整与驱动经济发展的作用机理至少从以下几个方面表现出特殊性：

（1）总体逻辑思路的特殊性。从总体逻辑思路来看，传统社会主义国家的体制改革策略不外乎"激进路线"与"渐进路线"两种逻辑思路。其中，"激进路线"以中东欧国家的体制改革实践为代表，而我国则是"渐进路线"的典型案例。20世纪80年代末90年代初，东欧剧变、苏联解体对中东欧诸国的经济社会体制造成了极大的冲击，面对社会稳定与经济发展的严峻现实，中东欧国家采取了极为激进的"休克疗法"。"休克疗法"最初被杰弗里·萨克斯为代表的美国青年经济学家所提出，并用于解决 80 年代中期拉美国家的经济危机且取得了一定成果①。由于该初期可能导致宏观经济的剧烈波动，引发经济衰退等负面后果，因此被形象地称为"休克疗法"。其核心含义即主张全面的自由化与私有化，力图剔除政府在经济活动中的干预能力。但从中东欧国家的实践来看，"休克疗法"收效甚微，且反而引起了近十年的经济衰退。

而与之相比，我国所奉行的"渐进路线"却收效显著。改革开放以来，我国不断扩大开放并进行制度革新，取得了 40 多年的持续稳定增长，经济总量一跃成为全球第二。因此，从结果来看，"激进路线"与"渐进路线"孰优孰劣似乎已可盖棺定论。具体而言，我国基于"渐近路线"的体制改革策略有如下几点特征表现：一方面，我国坚持了"以公有制为主体，多种所有制经济共同发展"的所有制结构。与中东欧国家"激进路线"相比，更符合我国处于社会主义初级阶段的现实国情，能够在充分刺激各方面生产积极性、释放增长动能的同时稳健地把握国民经济命脉，从而有效避免寡头涌现、收入差距拉大等负面影响。另一方面，在资源配置过程中引入市场力量的同时不忘施加政府干预。由于自由市场时常陷入市场失灵的窘境，因此有必要在经济活动中引入政府力量，调节干预市场经济行为，以克服或"熨平"可能出现的宏观经济波动，保障市场经济健康稳定发展，为我国结构优化调整、经济发展新动力的培育创造良好的市场环境。

（2）制度供给方式的特殊性。在体制改革、结构调整与驱动经济发展新动力的过程中，我国在制度供给方式上也具有一定的特殊性。总体来说，例如中东欧独联体国家在通过体制改革释放增长动能的过程中其制度供给更多的是移植式的，即照搬照抄西方资本主义国家发展数百年的资本主义经济制度，同时还引入发达国家的政治体制。在此过程中，由于本国资源禀赋、社会环境与文化习俗的特殊性，某些"移植式"制度收效甚微，乃至使本已动荡的国内政治经济环境雪上加霜②。而我国本着自力更生的发展策略，不是采取全盘接受的"移植式"制度供给方式，而是采取了更为贴合我国实际国情、满足实际发展需要的"独创式"制度供给方式。同时，我国践行"渐进

---

①② 刘洋. 前苏东国家与中国经济体制转轨模式的比较研究 [D]. 长春：吉林大学，2014：142 - 173.

路线"的体制改革策略，在采取"独创式"制度供给方式的过程中，能够本着"摸着石头过河"的思维理念进行政策试点。当某项制度收效不尽如人意时，权力中心则可依据制度运行状态查找病因、及时修改，保障制度供给的合理性与有效性。

例如，在我国房价高企的背景下，我国试图以推行房产税制度约束房价上涨速度。2011 年 1 月 28 日，我国在上海、重庆开始实施房产税试点工作，并引发社会舆论的广泛关注。在这之后，房产税制度面临着税率制定、税收法理等方面的问题，因此实行过程格外艰难。党的十八届三中全会《关于全面深化改革若干重大问题的决定》指出要"加快房地产税立法并适时推进改革"，这被认为是我国房产税制度暂时失败的标志（张克，2015）。通过此案例，我们可以发现，我国"摸着石头过河"的政策试点方法能够有效规避无效政策的唐突推行，对保障我国顺利推进体制改革、促进结构优化调整进而释放增长动能有着极为重要的作用。

（3）资源配置体系的特殊性。如何有效地配置生产要素，提升资源配置效率是经济学研究中的重要议题。从我国实践来看，党的十八届三中全会指出："让市场在资源配置中起决定性作用，同时要更好发挥政府作用。"即强调市场对一般资源的短期配置，与政府对地藏资源和基础设施等特殊资源的直接配置、与政府对不少一般资源的长期配置相结合（程恩富，2014）。该过程更为符合我国仍处于并将长期处于社会主义初级阶段的现实国情，也是保障我国有效推进体制改革，结构优化调整进而驱动经济发展新动力的必要路径。一方面，市场的决定性作用能够在遵循价值规律的基础上通过物质利益驱动一般资源的优化配置，有效提高资源配置效率、提升要素生产率。另一方面，在资源配置过程中更好发挥政府作用则能够将短期利益与长期利益、一般资源与战略资源统筹管理、优化配置。

我国是一个不断发展的社会主义国家，面临的国际形势严峻而复杂，某些战略性资源例如石油、稀土若完全由市场力量主导则可能导致两个后果。其一，从国家安全角度来看，在我国扩大开放的背景下，战略性资源若完全交由市场力量决定，将拱手交出国家经济命脉的掌控权。其二，改革开放以来，在煤炭等不可再生资源上曾交由市场力量决定，但引发了过度开采、产能过剩与环境破坏等负面影响。因此，与西方多数国家强调私有化、市场化的资源配置体系相比，我国独特的强调政府与市场均发挥作用的双轨制资源配置体系更符合我国的实际国情，也更有利于我国经济可持续发展。

第四节　我国供给侧结构性改革与经济发展新动力之间的内在逻辑关系

在我国经济运行特征、要素供给条件和供给结构发生转折性变化，以及经济发展动力减退的形势下，以习近平同志为核心的党中央创造性地做出了我国经济已进入新常态经济发展的历史性判断，强调认识新常态、适应新常态、引领新常态，是当前和今后一个时期我国经济发展的大逻辑。并据此逻辑提出推进供给侧结构性改革重大战略思想与战略部署，对此党的十九大报告指出："必须坚持质量第一、效率优先，以供给侧结构性改革为主线，推动经济发展质量变革、效率变革、动力变革，提高全要素生产率。"即强调在适度扩大总需求的同时，着力加强供给侧结构性改革、提高供给体系质量和效率，最终培育经济增长新动力保障我国经济持续稳定增长。

在供给侧结构性改革提出前，就有学者对经济增长的源动力以及体制改革与驱动经济发展新动力关系的问题进行了积极探讨，并指出体制改革既是一种驱动增长的源动力，也是释放发展潜力、转换增长动力的必要条件。如王小鲁（2000）认为，未来中国经济增长更重要的贡献是来自制度变革引起的资源重新配置，因此今后中国要保持中高速度增长，则取决于若干深层体制改革和政策调整。靳涛（2011）基于中国经济增长与制度变迁互动关系的经验分析，认为中国要保持经济可持续发展，则必须进一步深化体制改革，完成从政府主导的市场经济向市场主导的市场经济的过渡。

鉴于此，我们认为，供给侧结构性改革与经济发展新动力间的内在联系应当具有双重含义：一方面，供给侧结构性改革是驱动经济发展新动力的必要条件；另一方面，驱动经济发展新动力则是供给侧结构性改革的根本目的。

一、供给侧结构性改革驱动经济发展新动力的时代背景与内在原因

经济增长和发展有其内在的机制和规律，自改革开放以来，我国关注了需求在推进经济增长和发展过程中的作用，更为注重需求侧的管理。过多地关注经济发展总量的膨胀和规模的扩张而忽视了我国经济增长和发展遭遇的瓶颈，也形成了我国经济增长和发展结构的缺陷。

1. 我国经济运行已进入结构性减速阶段

近些年，我国经济增速已呈现出放缓趋势。如图 3－4 所示，自 1998 年亚洲金融危机爆发以来，中国通过国企改革等一系列重大措施使得我国在过去近 20 年里一直保持了经济的高增速：1998～2007 年，我国经济增速一路上涨，到 2007 年更是达到了惊人的 14.2%；纵观整个世界经济发展史，如此居高不下的经济增长率极为罕见，因此该现象被誉为"中国经济增长奇迹"。然而，在 2008 年世界金融危机的冲击之下，我国经济增长率开始出现明显下跌，但 2008 年 GDP 增速 9.7% 的水平仍然非常之高。在经历了 2009～2010 年短暂的经济回温之后，我国经济增速于 2010 年开始呈现出不断下滑趋势：由 2010 年的 10.6% 一路跌至 2016 年的 6.7%。

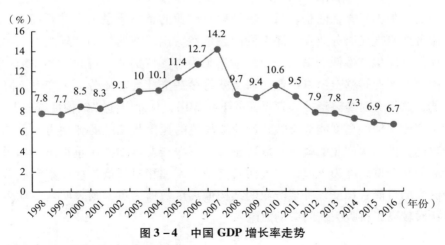

图 3－4 中国 GDP 增长率走势

资料来源：根据国家统计局数据整理。

从以上经济增速趋于放缓的事实可以看出，我国经济的发展阶段已明显改变，经济发展已进入强调"调结构，稳增长"的新常态时期。与此同时，深入剖析经济增速放缓的主因并发掘驱动经济增长的新动力是当下亟须思考的重点问题。

2. 产业结构升级带来的经济减速

随着工业化进程的不断推进，我国产业结构愈加高级化，由产业结构升级带来的"结构性减速"问题已被众多学者作为解释我国经济增速放缓的主要原因之一。袁富华（2012）和于斌斌（2015）等学者认为，当工业化处于中后期并开始向城市化演变时，主导产业也将逐渐由第二产业更替为第三产业；而从整体上看，第三产业较第二产业低的劳动生产率将使得全社会劳动生产率降低，进而使得经济增长速度放缓，这就是由产业结构升级造成的"结构性减速"问题的基本原理。

本书从我国三次产业在劳动生产率、产业结构偏离度和就业弹性三个方面的差异来论述我国产业结构升级造成"结构性减速"问题的可能性所在。

三次产业劳动生产率水平方面，图3-5展示了1978年以来我国三次产业劳动生产率的变化情况：可以明显看出，第一产业的劳动生产率水平明显低于第二、第三产业。而从整体看来，第二产业的劳动生产率要高于第三产业和第一产业。尽管部分第三产业（如生产性服务业）的劳动生产率水平同样较高，但不可否认的是，目前我国第三产业的整体质量水平并不高，生产性服务业等现代服务业发展滞后的问题依然突出。在这样的背景之下，第三产业的整体生产率低于第二产业也就不足为奇。特别地，若此时产业结构重心由第二产业转移至第三产业，那么就将存在全社会整体劳动生产率下降的可能，这将会对经济增速起到反面的下拉作用，从而引起"结构性减速"。

产业结构偏离度能够反映各产业增加值的比重与相应的劳动力比重的差异程度，由三次产业的就业人数比重减去三次产业增加值比重得出。如果该产业的结构偏离度为正值，则表明其劳动生产率相对较低，存在本产业劳动力流失的可能；相反，若某产业的结构偏离度数值为负，则表明其劳动生产率相对较高，将吸引新的劳动力流入。

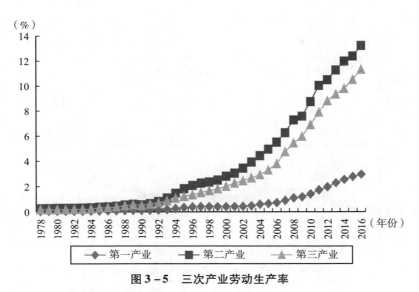

图 3 - 5　三次产业劳动生产率

资料来源：根据国家统计局数据整理。

　　由图 3 - 6 可知，第一产业的产业结构偏离度数值一直为正，这与现实比较相符。一般来说，第一产业虽为经济的基础产业，但其劳动生产率相较第二、第三产业明显较低。并且，随着工业化和城市化进程的不断推进，第一产业对劳动力的吸引力也随之降低。值得注意的是，第一产业的产业结构偏离度在近些年已呈下降趋势，这说明我国当前注重农业发展质量，开展农业转型升级的工作已初见成效。现今，更好地发挥农业生产的基础作用依然至关重要。

　　第二产业和第三产业的产业结构偏离度一直为负，不同的是第二产业的产业结构偏离度绝对值要大于第三产业，这说明第二产业的劳动生产率要高于第三产业，并且能够吸引更多的劳动力流入。但值得注意的是，第三产业的产业结构偏离度在近些年已渐渐和第二产业趋近，这说明第三产业在三次产业中的相对劳动生产率水平一直在不断提高。截至 2016 年，第二产业产业结构偏离度为 - 0.1108，同时，第三产业的产业结构偏离度已达 - 0.0806，两者已经十分接近。这说明我国产业结构升级的工作已初见成效。如何保质保量地发展第三产业，通过大力发展诸如生产性服务业这样的现代服务业来防止产业结构的"虚高度化"，不断提高第三产业的劳动生产率从而避免陷入"结构性减速"困境，是我国当下产业结构优化升级的工作重点所在。

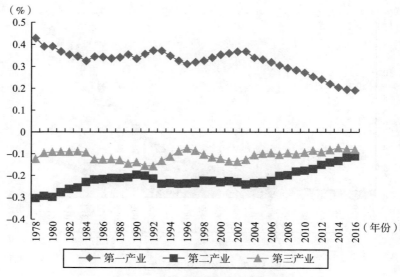

图 3 - 6　三次产业产业结构偏离度

资料来源：根据国家统计局数据整理。

　　通过产业结构偏离度的分析，我们知道产业结构的"虚高度化"会带来经济的"结构性减速"，紧接着我们将从三次产业就业弹性的角度来更为直观地分析三次产业对就业的吸纳能力大小。其中，三次产业就业弹性由三次产业各自的就业增长率除以其增加值变化率得出。

　　从图 3 - 7 可以看出，第一产业的就业弹性长期处于最低位置，并于2003 年开始一直为负，这说明第一产业对劳动力的吸纳能力一直较弱，并且存在着大量的过剩劳动力，这与我国现实相符。随着工业化和城市化进程的不断推进，我国需要将第一产业的过剩劳动力向第二、第三产业部门转移。

　　接下来关注第二产业。由图 3 - 7 可以看出，除去 1990 年的异常增长，第二产业的就业弹性走势在整体上较为平稳。值得关注的是，第二产业的就业弹性在 2013 年以后都为负值，这说明第二产业对劳动力的吸引能力也在逐渐降低，并且存在劳动力流出的趋势。近年来，我国继续深化国企改革并在工业上不断加深市场化程度，与此同时，第三产业的发展蒸蒸日上，这就促使原有第二产业的劳动力开始向其他产业转移。而在第一产业本身存在过剩劳动力的背景之下，劳动报酬相对较高的第三产业就自然地成为第二产业劳动力流入的理想对象。

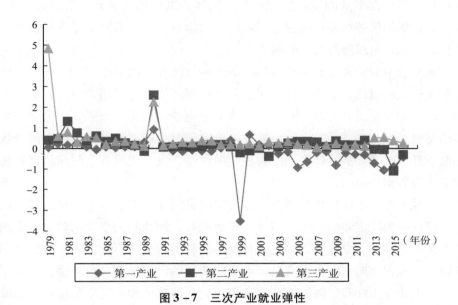

图 3 – 7 三次产业就业弹性

资料来源：根据国家统计局数据整理。

第三产业的就业弹性自 2013 年之后开始实现全面反超，成为吸纳就业能力最强的产业，这与我国产业结构升级战略的实施不无关联。如今，第三产业已成为拉动我国就业增长的主导产业，伴随着就业人员向第三产业的不断转移，第三产业极有可能在将来不远的时间里成为我国经济发展的主导产业部门。

以上的分析可知，我国的资本和劳动力在向第三产业转移过程中将难以使得劳动生产率像工业化时期那般大幅提升，相反，由于第二产业劳动力向第三产业进行转移，其劳动生产率的落差将使得产业结构的整体劳动生产率下降，进而造成"结构性减速"问题。

3. 结构调整带来的经济过剩

除了我国产业升级带来经济一定程度的减速，我国供给侧存在的问题更是长期积累的结果。它集中体现在生产领域的产能过剩、流通领域的库存积压以及在金融领域的债务风险的不断加大。造成我国产生供需结构失衡的原因，一方面来自多变的国际宏观环境，国际金融危机，世界经济复苏乏力，对国际市场的依赖性使我国深受国际环境的影响；另一方面也是由于我国企业盲目扩张，追求经济效益的结果。

从形式上看，在社会主义市场经济体制已经基本确立的今天，我国的所有制结构比起以往有了重大的变化，非公有制经济在经济活动中发挥着重要的作用，即使是国有企业，对市场经济的适应性也在不断增强。非公企业更多的是追求自身利益的最大化，这种以追求利润为核心的经济运行是解释我国改革开放以来经济社会取得巨大进步的原因，也是造成现今我国经济结构出现失衡的重要原因。

通过上述，可以看到我国经济运行中的供给和需求，基本上是直接或间接受谋利行为决定和制约的。当经济形势利好，预期利润率较高时，企业的供给会不断增加，由此又造成人们对资本品和消费品的不断需求；当经济形势较差，或者预期利润率下降时，人们对产品的需求也会相对下降，而由于固定资本的专用性和空间的相对固定性，企业的生产却不能立刻随着市场减少而减少，其库存积压甚至会更为严重，债务风险也会加剧。目前，我国就存在的相关问题。综合来说，我国供给侧存在的问题是由于结构调整多带来的经济过剩，收益表现为钢铁、水泥、建材等行业以产能过剩形式出现的生产资本过剩，并且伴随着上述行业和建筑业以库存积压形式出现的商品资本过剩，以及与过剩相关的以债务杠杆过多形式出现的借贷资本的过多。

4. 供需失衡，供给结构问题突出

我国供给侧结构性改革的主要问题是由于供需结构的失衡造成的供给过剩与产能的无效化，具体可以表现在企业、产业和区域三个层面，反映了我国生产要素存在着结构性矛盾。

在企业层面供给结构问题主要表现为企业的结构不合理，市场上存在着大量的"僵尸企业"，造成了资源的浪费同时优质型企业数量较少，生产要素无法集中到优质型企业当中，资源无法合理优化配置；企业还存在着所有制结构不合理，国有企业改革和战略性调整还需要很长的时间；企业产品结

构无法及时适应消费结构的变化，高品质、个性化、高复杂性、高附加值产品的生产能力不足，相对于提供的产品和服务的价值而言，企业生产成本较高，无法优化生产。

产业层面突出表现为产业处于低附加值状态多，亟待从低附加值环节向高附加值环节转型升级；产业结构高级化程度不足，我国的产业结构中虽然第三产业在我国经济中占比不断增长，近年来超过第二产业在我国经济中的比重，但是第二产业仍占据较大位置，尤其是重化工业主导的资源型产业、资金密集型产业占比较大，造成的产能过剩问题突出；产业融合程度还有待进一步提升，我国的工业化和信息化融合水平，制造业与服务业的融合水平还需不断加强。

我国的地理位置和经济政策的倾斜程度的不同造成我国的经济重心普遍位于东部沿海区域，区域间经济发展差异性大，生产要素区域配置无法充分利用区域优势，区域协调发展水平还有待提高，不同区域间生产要素的自由流动还不能够实现，区域的制度供给还存在着不合理。同时，中国的生产要素在国内外的配置也存在着不合理性，"走出去"的程度与中国的发展需要还不适应，还要不断加强我国国际化程度，利用全球资源来不断发展本国经济。

二、供给侧结构性改革是驱动经济发展新动力的必要条件

习近平总书记指出："供给侧结构性改革，重点是解放和发展社会生产力，用改革的办法推进结构调整，减少无效和低端供给，扩大有效和中高端供给，增强供给结构对需求变化的适应性和灵活性，提高全要素生产率。"[①] 我国供给侧结构性改革的着眼点是使有效供给不断扩大和提高，使得供给结构能够更好地适应需求结构的变化，实现经济增长和发展的供给需求相互适应与配合，社会有机体不断的生成与释放更多更大的经济增长和发展的动力。具体来说，其必要性反映在以下几点：

第一，近年来，我国经济增速显著下降，主要原因便是由于市场上供给结构与需求结构不匹配造成的"供给失灵"。一方面，我国钢铁等重工业行

---

① 习近平. 论坚持全面深化改革 [M]. 北京：中央文献出版社，2018：337.

业产能过剩，库存增加，另一方面，我国居民对其消费动力不足，消费与生产间矛盾日益加深，解决"供给失灵"成为我国急需解决的问题。供给侧结构性改革目的是去除过剩产能，提高我国有效供给能力，通过供给一端来实现需求端的目标，形成"供需平衡"的理想状态。因此，通过实行供给侧结构性改革能够有效优化调整供给结构，提高供给侧与需求侧的适配程度，充分释放增长潜力与培育经济发展新动力。

第二，供给侧结构性改革顺应了我国推进城镇化发展的客观要求。目前我国的城镇化率在不断的提高，不断推进我国的城镇化，提高人们的生活幸福感是我国进行经济结构性变化的根本推动力量。推行我国的城镇化进一步加深，必然需要供给结构发生转变，尤其是劳动力供给结构的变化，劳动力供给结构的变化间接影响着产业结构的转变，伴随着劳动力在不同产业部门间的流转与重新配置。同样的，城镇化进程的不断加快也会吸引更多的资本进入进行投资，快速的城镇化发展不仅在客观上产生规模巨大的投资需求，同时也通过城镇人口规模的持续扩大而不断推动居民消费对经济增长的拉动作用。同时，在城镇化推动力的作用下，我国的经济结构将会发生进一步的转变，我国城镇居民的消费占经济总量的占比会不断增加，逐渐形成以消费为主要驱动力的增长模式。城镇化造成的劳动力结构的重新调整，使得第一产业、第二产业的占比会不断减少，第三产业在经济中的比重会继续上升，促进未来我国的经济形态变为以服务业为主体，促进了我国产业结构的优化升级。

第三，从经济增长核算的角度来看，经济增长是资本积累、劳动力投入以及全要素生产率增长共同的作用，其中资本积累主要受到储蓄率水平的影响，劳动力投入包括了劳动力的数量与质量。从资本积累的结果来看，受到我国居民传统观念的影响，我国一直维持着较高的储蓄率，是世界上储蓄率最高的国家之一。而随着未来经济结构的调整和人口老龄化趋势，我国的储蓄率会有所下降。但是，即使是存在上述因素，中国的总体储蓄率也仍会在国际上占据较大的排名。高储蓄率也意味着高资本形成，可见投资仍旧会是中国未来经济增长的重要推动力。因此如何将我国的高储蓄率转化为高投资率，从而促进经济的增长是我国未来的工作重点。投资属于需求侧，但它对经济增长的长期影响将会体现在供给侧，决定了一个国家的经济增长的可持续性。而从劳动投入来看，未来人口老龄化问题会加重，导致了我国劳动力数量增长率的不断下降。我国已经进入了"人口红利"下降时期，然而，从劳动力质量来看，我国教育的发展大大提高了劳动力的质量，我国高中及以上的文化程度人口占比不断增加，显示出了我国的劳动力市场进入了"教育红利"时期，大大抵消了"人口红利"下降的影响。但是，"教育红利"进一步转为"人才红利"的程度，很大一部分取决于资本的配置效率以及劳动生产率的提升。综上我们可知，在未来，我国经济发展更大程度上将依赖于我国全要素生产率的提高。而实行供给侧结构性改革，能够充分发挥"教育红利"、提高资本投入效率、促进技术进步与创新水平的提升，进而驱动经济发展新动力。

三、驱动经济发展新动力是供给侧结构性改革的根本目的

转变经济发展方式，驱动经济增长新动力是供给侧结构性改革的根本目的，即通过体制改革，不断调整优化经济结构，培育经济发展新动力，促进经济转型升级。我国的供给侧结构性改革是党中央领导者对我国发展形势的正确解读，也是我国未来经济发展的主要方向，盲目追求经济总量的增加与经济速度已经使我国经济发展出现失衡，环境代价过大，这种经济发展模式已经无法适应于人民日益增长的美好生活需要，不利于经济的健康可持续发展。为此，我国进行供给侧结构性改革势在必行，其核心就在通过供给结构的改革，提高供给的质量与效率，增加供给的有效性与灵活性，从而使得供给能够更好地适应需求的变化，社会的生产要素能够更好地适应社会生产、社会消费、社会流通与社会分配，以此增强我国经济增长动力，使经济更加具有活力。因此，供给侧结构性改革就是为了实行各种资源的优化组合，提高资源配置，改善资源错配等低效率问题，从而充分释放增长潜力，驱动经济发展新动力。

在新常态背景下，以习近平同志为核心的党中央创造性地提出供给侧结构性改革这一重大战略思想与战略部署。从内容上看，供给侧结构性改革主要从生产领域改革生产体系、优化供给结构，提升供给质量与效率，以使其能够更为有效地满足不断改变的需求结构与日趋多样化的异质性需求。在经

济学理论中，供给与需求的矛盾运动常被视为是经济增长的源动力。一般来说，高效的供给或优质的供给能够在最大限度上满足人民群众日益增加的多样化需求，而低效的供给就是低效生产，不仅造成供需失衡而且导致资源浪费与资源配置效率的下降。因此，供给侧结构性改革通过调整供给结构有效提升供给的适配程度，其根本目的在于提高生产要素利用的全面性和要素利用的充分性，最终提高全要素生产率，培育经济发展新动力。

　　一般来说，社会是一个有机的整体，社会有机体内部的各种组成部分的相互协调配合是经济增长动力生成与增长的主要来源。因此，经济动力的生成与增强需要市场供给与需求双方相互配合适应。当前，我国一方面出现产能严重过剩现象，另一方面又出现了有效需求无法满足，供需矛盾日益加深，相对于需求来说，供给结构存在不匹配等问题，是导致经济增长动力减弱，甚至消失的原因。这就要求我国要通过提高供给质量和效率来培育乃至驱动经济发展新动力。因此，供给侧结构性改革的根本目的在于通过使用体制改革的办法推进结构调整，减少无效和低端供给，扩大有效和中高端供给，增强供给结构对需求变化的适应性和灵活性，进而驱动经济发展新动力，保障我国经济的持续稳定增长。

第四章

供给侧结构性改革驱动经济发展
新动力的生成机制及实现条件

供给侧结构性改革这一综合概念，不仅全面而深刻地把握了发展的源泉、动力以及中国未来发展的内在规定性，较全面地体现出中国未来经济发展的规律性；同时，也鲜明、直接地反映出我们党立足国情、深化改革，以及坚决推进经济结构转型、发展动力生成与转换的决心和信心。可以说，供给侧结构性改革的提出及其实践，实际上就是要素市场优化配置、科技体制创新与制度供给结构变迁等经济发展新动力生成机制的集中概括与实践体现。

在探讨供给侧结构性改革与经济发展新动力之间逻辑关系的基础上，本章进一步阐述了供给侧结构性改革如何生成新常态下经济发展的新动力，并探讨其实现条件以及制度基础。本章为进一步研究供给侧结构性改革的绩效评价问题提供理论基础，并为后续具体研究经济发展新动力奠定框架。

具体而言：首先，本章分析了供给侧结构性改革的三大主要突破方向，即要素市场优化配置、科技体制创新和制度供给结构之间的互动匹配与协同演化关系；其次，分析供给侧结构性改革驱动经济发展新动力的主要生成机制与实现条件；最后，提出供给侧结构性改革驱动经济发展新动力的制度基础的核心是社会主义基本经济制度。

第一节 要素市场优化配置、科技体制创新 与制度供给结构变迁之间的互动 匹配及其协同演化机制分析

供给侧结构性改革是在我国经济发展新常态下大逻辑背景下，通过体制

改革来驱动经济发展新动力，推动社会生产力水平实现整体跃迁的重大改革和必由之路。基于第三章对供给侧结构性改革与经济发展新动力之间逻辑关系的研究，供给侧结构性改革驱动经济发展新动力的生成机制在于要素市场优化配置、科技体制创新以及优化政府公共制度供给结构，以及这三方面的互动匹配与协同演化机制。

其具体逻辑为：首先，优化要素市场配置机制以促进要素价格市场化、合理化，释放市场结构转化的竞争活力以驱动经济发展；其次，通过科技体制创新激发科研人员活力，深化科技和经济的结合，加强技术创新能力促进产业结构转型升级实现中国经济高质量发展；最后，优化政府公共制度供给结构，特别是改善民生制度供给结构以减轻人民的生活成本，提高生活质量，切实感受到社会公平感、幸福感，充分激发个体的主观能动性和创造性，继而促进消费升级和社会创新，最终驱动经济可持续发展。需要强调的是，这三个方面并不是单一且各自为战的，而是相互影响，相辅相成的，三者之间的互动匹配、协同演化是促进中国经济供给侧结构优化、转型升级动力的重要生成机制，也是驱动中国经济高质量发展的重要条件。

一、要素市场优化配置、科技体制创新与制度供给结构变迁的基本内容与核心目标

1. 要素市场优化配置的基本内容与核心目标

（1）要素市场优化配置的基本内容是完善要素定价体系。生产要素（简称为要素），是指用于生产产品及服务的资本、劳动、土地等资源的投入品。随着中国改革开放 40 多年来，逐渐放开了市场管制，不断完善以价格机制为主导的商品定价体系。通过逐步放宽对价格的管制，中国的商品价格经历了"票证供应—价格双轨制—直接市场定价"的过程。至今，一般的生活化领域的商品定价直接由市场决定，基本完成了市场化，但是在资本、劳动力、以土地代表的资源型要素等基础生产要素领域，其主要价格的形成机制依然是以政府为主导的。因此，现今的要素市场体系并未市场化，各类要素价格存在扭曲，总体上是价格被低估（文欣、张雨微，2015）。诚然，之前生产

要素的低成本优势促进了中国经济腾飞，但是如今中国经济已经步入新常态，传统的粗犷增长、效率低下的经济发展方式已经难以为继，不利于中国经济发展可持续、高质量、稳定长久。《中共中央和国务院关于构建更加完善的要素市场化配置体制机制的意见》[①]将完善要素配置机制作为经济体制改革和高质量发展的坚实基础，对健全要素市场化配置体系，提升要素配置效率以推动三大变革，引导各要素协同提高生产率具有重大意义。

要素市场优化配置的实质是完善要素定价体系。一方面，要素市场价格的扭曲必然会带来错误的激励导向，从而损害整体效率，造成经济结构扭曲，不利于经济的长期稳定发展。其原因在于，在价格激励存在扭曲的情况下，企业在扭曲现状下所制定的生产"最优化"配置，然而此时的要素价格没有反映出自身应有的实际价值，从根源上就已经存在配置失衡，最终造成生产要素的空置和浪费。另一方面，要素价格体系的扭曲会使得生产要素的所有者缺乏动力或由于成本无法更新要素投入结构、提升生产要素质量，造成低级产品产能过剩，阻碍产业结构升级。例如，中国长期存在劳动力价格的低估，劳动者不愿在接受进一步教育培训上花费更多成本，导致全社会人力资本积累滞缓。更为重要的是，要素市场价格形成的过程难以摆脱行政干预的力量，阻碍了价格机制的正常运行，最终导致价格偏离了机会成本（陈林、罗莉娅、康妮，2016）。在中国当前的要素垄断型体制下，资本、土地、能源等生产要素的支配权基本都被大型国企或者地方政府所掌控。地方政府与国企都是典型的软预算约束的主体，以资本市场为例，中国的银行基本上都具有国有背景，由国家控制，银行是中国资金供给的主体，而地方政府和国企是中国资金需求的主体，相对于民营的中小企业，地方政府与国企总能以低利率从银行获得资金，甚至国企即使是在入不敷出的情况下，依然能得到银行的"输血救援"。同时地方官员为了晋升的政治资本，驱动着地方官员压低要素价格，招商引资，形成政绩。这种短视行为虽然使得地区在短期上得到了一定的发展，但是从长期和整体上而言有失效率与公平。因此，优化要素资源配置的关键就在于完善要素的定价体系，减少政府干预，让市场起决定性作用。让价格机制、竞争机制发挥作用，保护生产要素所有者的利益，

---

① 《中共中央 国务院关于构建更加完善的要素市场化配置体制机制的意见》，中华人民共和国中央人民政府网，2020 年 3 月 30 日。

强化要素所有者对生产要素质量进行创新升级的自觉性。

（2）要素市场优化配置核心目标是构建竞争性要素市场。需要注意的是，完善要素定价体系并非简单地放开价格管制，而是要构建完善的竞争性要素市场体系，主要由四个部分组成：①公平的生产要素交易市场；②以市场供需而不是政府指令为基础的生产要素价格形成机制；③市场主体多元化以确保市场价格竞争性而不是垄断性价格；④生产要素的产权明确。市场结构分为垄断市场、寡头市场、垄断竞争市场、完全竞争市场。前两者市场结构的价格形成虽然是市场化的但是并非竞争性的，后两者才能够形成真正意义上的竞争性市场价格。所以如果生产要素厂商数量稀少甚至是单一的，那么即便政府放开管制让市场自由定价，那么最终形成的要素价格也并非竞争性的市场化价格。因此，政府放开管制并且放宽要素厂商的市场准入，让其可以自由进出市场，使得市场主体多元化方能确保得到竞争性的市场价格。以利率市场化为例，简单地放开利率管制并不是利率市场化的最终一步。首先中国国内的银行业是以国有银行为垄断主导的，其次民营资本进入银行业受到各种有形无形的限制，最后国内国有银行高管的特殊的晋升方式是导致中国政府、银行两者难以分离，使得各大银行形成一个利益共同体，并很大程度上听命于政府。如中国银行高管很多具有在央行等重要政府部门任职的经历，而央行的领导也具有在商业银行担任重要职位的经历，央行行长与商业银行行长间的角色转换一方面使商业银行行长为了未来升迁至央行而听命于央行，另一方面央行行长由于曾经任职于商业银行，使得商业银行极大程度上会服从央行。

产权明确清晰是要素价格市场化的核心前提。产权明晰是生产要素自由流动从而进行市场交易的基本前提，产权不明晰将导致所有者利益和外部成本难以体现在要素价格之中，也就无法形成严格意义上的市场化要素价格。例如，在矿产资源价格市场化过程中，产权的作用尤为关键。矿产资源方面，现行法律只是笼统规定了矿产资源的所有权属于国家，然而对使用权和收益权的界定并不到位，这一方面导致矿产资源所有权与收益权发生了分离，少数国有企业通过无偿划拨垄断了矿产资源的使用权，独享了本应属于全体人民的收益权，另一方面导致矿产资源企业往往只需要承担直接开采成本，而不需承担环境治理和生态补偿等间接成本。如果不进行产权改革，只是简单地放开价格管制，很可能出现的局面是少数国有企业继续无偿或者以很低的成本获取矿产资源，而且它们依然不会考虑生产活动带来的环境污染和生态破坏等外部效应，最终不可能形成完全市场化的矿产资源价格。

2. 科技体制创新的基本内容与核心目标

（1）科技体制创新的基本内容是构建创新制度激励机制。我国科技与经济发展历程表明，科技体制创新是全面深化改革的重要组成部分。自邓小平在1988年提出"科学技术就是第一生产力"之后，我国的科技体制打破时代制约，突破思想藩篱，大刀阔斧地进行改革创新，不断取得了有益于经济发展的明显成效。然而，现如今的科技体制已无法起到促进、引领新时代新常态下的科技发展需求，束缚了科技生产力的进一步发展，制约了自主创新，难以支撑经济规模日益庞大、经济结构亟须转型升级的中国经济社会发展。科技体制创新便是通过对调整现行科技体制以符合新时代科技发展需求，进一步释放经济活力，实现高质量发展。着力破除制约创新活力迸发、抑制创新能力提升的体制机制障碍，不断解放和发展高校科研人员、企业研发工作者的创新活力；突破阻碍科技生产力发展、产学研协同创新不足的体制藩篱，促进科技创新与经济发展紧密结合。

促进科技与经济的深度融合的目的是激发企业和大众的科技创新活力。诺贝尔经济学奖得主费尔普斯（2013）认为，现代经济是把那些接近实际经济运行、容易接触新的商业创意的人，变成了主导开发到应用的创新过程的研究者和实验者，而科学家和工程师往往被他们召集过来提供技术支持。但是，想要达到这种情形需要一个前提：高效良好通畅的科研—商业对话机制。目前的中国由于体制因素，科研机构与企业之间存在着各类型阻碍，难以形成有效的科技创新转化。因此，破除产学研协同创新阻碍是科技体制创新势在必行的重点项目。坚持科技面向经济社会发展为导向，积极发挥市场对技术研发方向、路线选择、各类创新要素配置的主导作用，进一步探索产学研协同创新机制。与此同时，现亟须对现行的科研评价体系进行改革，健全和完善以重大产出为导向的科研评价体系，优化创新生态系统，为科研人员安心研究创造良好条件，最大限度地激发创造活力。除此之外，构建新型活跃的科技创新文化是激发大众科技创新活力的基础，植入创新基因。好的创新文化能显著提升创新群体的创新活力，激发科研人员的创造力，对促进科技创新能产生指数倍增效应（黄宁燕、王培德，2013）。历史经验也表明，有利于创新的文化环境对国家和民族的创新能力发挥着关键作用。而相反的是，不好的文化会抑制创新群体的创新活力，甚至扼杀原有的创造能力。但是，一个好的科技创新文化形成不是一朝一夕的简单任务，需要良好的科技体制不断引导，经过长久的时间沉淀，慢慢培育而成。因此，我们在科技体制创新的同时，必须有意识大力倡导那些有利于科技创新的文化，才能从全方位构建创新制度的激励机制。

（2）科技体制创新的核心目标是促进科学技术与经济发展深入融合。首先，我国的科技人才和科技论文数量已经居世界首位（洪银兴，2016），但是在重大科技突破成果上，学术成果质量仍然不能与西方发达国家相比，这种现状说明了在庞大的科技论文数量里面充斥着大量的水分。由于科技体制的不完善，学术评价体系的不合理形成的错误激励机制，使得我国科技人才，特别是高校研究人才，为了评职称、申请课题所产生的机会主义行为，生产了大量的重叠、相似的学术作品，对实际的国家科技进步并无显著促进作用。其次，数量众多的科技成果难以在现实生活中转化成有效的经济实践。一方面是因为科技成果质量相对较低，缺少决定性的重大科技成果。在技术核心方面难以突破，中国企业只能无奈受外国公司的技术钳制，产业水平大多只能处在全球价值链的中低端。另一方面，长期以来，大学与科研机构从事的科学研究与企业进行的技术创新是脱节的、分开的，科学家与企业家难以形成联系与沟通。我国的科学技术创新及其成果难以扩散，与市场、企业难以形成对接。高校是科学技术发展的前沿，众多重大的突破性成果的主要承担者，唯有科研机构的科技创新与市场主体的商业运营相结合，才能顺利使科学发现成果向产品及时并有效转化，推动新技术、新产业的发展。所以，目前科学研究水平并不低的中国，其产业总体水平仍然处于中低端。最后，促进科技与经济的深入融合能够激发经济活力，促进社会生产力进一步发展。通过科技体制创新，搭建科研与经济二者之间的桥梁，推进科研成果商业转化，使知识产权拥有者有利可得，方能激发现有科研人才的科技创新研究的积极性，形成坚实的科研中坚力量，吸引新一代青少年积极投身于科技研究，成为未来中国科技人才的后备力量。科研成果没有进入现实的生产过程，就不能带来物质财富的增加，就不能转化为现实的生产力。企业为了追求利润而争相进行科技成果转化、技术创新的过程也是全要素生产率提升与经济加快增长、质量提升的过程。作为创新的科技成果，新的技术或者生产方式会对旧的技术或生产方式产生革命性的替代，产生产业革命，改变原有的生产关系，提高生产力。因此，创新科技体制对步入经济新常态、经济结构转型升级迫切、提升全球价值链的中国而言至关重要。中国亟须在供给侧发力，通过科技体制创新以构建高效通畅的科技—经济对话体系，形成新型活跃的科技创新文化、优化科学合理的科研评价体系等方面，进一步促进科技成果的经济转化，提升我国科技创新成果的质量，加强我国科技人才的培养，不断解放与发展社会生产力。

3. 制度供给结构变迁的基本内容与核心目标

（1）我国制度供给变迁的基本内容是优化政府公共制度的供给结构。制度供给结构变迁的主要内容是优化政府公共制度的供给结构。自 1978 年改革开放以来，中国确立了以经济发展为中心的方针政策，即一切为经济增长服务，发展是解决一切问题的硬道理。这种有偏的经济发展政策忽视了社会公共服务体系的完善与发展，中国社会科学院的陆学艺教授（2002）曾经对我国社会结构进行定量分析，结果发现中国社会结构远远落后于经济结构，而这也是产生诸多社会矛盾问题的重要原因。习近平总书记在十九大报告中明确指出：中国特色社会主义进入新时代，我国社会主要矛盾已经转化为人民日益增长的美好生活需要和不平衡不充分的发展之间的矛盾。在享受经济增长带来的巨大好处的同时，中国人民对就业、收入分配、教育医疗、社会保障、公共产品服务等方面的民生诉求日益增长。现行的政府公共制度供给结构已不适应新时代的发展要求，已成为满足人民日益增长的美好生活需要的主要制约因素。在此背景下，优化政府公共制度供给结构已是不能再延迟。

改善民生制度供给结构不仅仅只是为了提高人民的社会福利，更是对激发社会活力、提升经济质量有着不可估量的作用。合理的民生制度供给结构能够促进社会民生不断改善，促进人的全面发展。民生改善对社会发展的意义是多方面的。首先，民生的改善有助于改善收入分配格局，缩小居民收入差距，缓解公众的不公平感，促进社会和谐；其次，民生的改善有助于提升社会公众的安全感，减少预防性储蓄，提高现期消费能力与水平，激发经济活力促进经济增长；最后，民生的改善有助于加强社会个体对人力资本的投资能力，提高劳动素质，例如教育医疗公共服务体系的完善与全面保障减少了个体，特别是中低收入群体的后顾之忧，挤出时间与金钱投资自己，提升劳动技能与能力。社会个体的进步与发展直接决定了社会人力资本水平，而卢卡斯（Lucas，1988）用人力资本的溢出解释技术进步与经济增长，认为经济增长的真正源泉是具有特殊专业技能的劳动者的人力资本。更重要的是，人力资本的迅速积累能够有效促进当今中国经济结构转型升级，促进创新，激发经济活力，化中国制造为中国创造，提升我国产业水平的全球价值链体系。

（2）制度供给结构变迁的核心目标是改善民生制度供给结构。优化政府公共制度供给结构的核心目标是改善民生制度供给结构。民生，是指民众的基本生存和生活状态，以及民众的基本发展机会、基本发展能力和基本权益保护状况。在现代社会，民生具体由就业、收入分配、教育医疗、社会保障、公共产品服务等方面体现。民生改善符合当前中国经济整体发展的客观需要，当前中国人民的生活水平发展已经从生存需要跃升到更高的情感尊重、自我实现的内心需求。然而，中国劳动力市场上的就业机会的户籍不平等、社会收入分配不均及劳动收入份额低、教育医疗资源稀缺且不均衡、社会保障落后不全面等方面的矛盾日益凸显。就业是民生之本，是人民群众改善生活的基本前提和基本途径，决定着每一个家庭的生计。于个体而言，就业是赖以生存，实现自我价值的基本途径和基本权利，于社会而言，就业是维系家庭，促进社会和谐的重要基础，于国家而言，就业是经济发展、生产力发展的基本保证。教育和健康方面的基本公共服务直接影响人们教育水平和健康水平的提高。教育落后直接制约着个体的技能，他们不得不陷入"收入水平低→人力资本投资不足→谋生能力差→收入水平低"的恶性循环。社会保障是人民生存和发展的依托。完善和健全养老、失业、医疗等社会保障机制，是人民群众老有所养，病有所医，居有其屋，衣食无忧。另外，收入分配合理是人民群众休养生息的源泉，让改革发展成果全民共享，优化收入分配方式，缩小贫富差距及收入分配公平化。收入分配的公平，主要表现为收入分配的相对平等，即要求社会成员之间的收入差距不能过于悬殊，要求保证人们的基本生活需要。它承认适度的差距，能调动劳动者的积极性，有助于协调人们之间的经济利益关系，实现经济发展、社会和谐。劳有所得，多劳多得，提高劳动者收入，才能调动广大人民的劳动积极性，激发经济发展活力，让所有中国人民都能过上好日子。人是一切社会关系的总和，而社会民生制度是人赖以生存及发展的基石，归根到底，经济的活跃程度取决于经济体内的参与者，有不同人组成的不同经济主体。因此，民生制度供给结构的优化一定程度上起到解放人民群众物质枷锁的作用，减轻了精神负担，使生活在这个社会的每一个个体都充满安全感，对未来充满期待。

二、要素市场优化配置、科技体制创新与制度供给结构变迁的协同演化机制分析

供给侧结构性改革与改革开放后经济体制的修修补补不可相提并论。供给侧结构性改革的三个主要战场：要素市场优化配置、科技体制创新、优化政府公共制度供给结构，具有复杂的全局统一性和阶段对立性。并且，在现实生活中其内涵与外延的发展很可能是相悖的。以现阶段的工业化进程为背景，人们不合理的生产、生活活动或政策、管理等都将激发三个方面的竞争抑制作用。所以仅仅是从一方面进行改革，效果可能是差强人意。现如今中国的改革已经进入深水区，剩下的都是难啃的硬骨头，想要促进中国经济进一步向高质量、可持续发展转变，只有更全面发展的思维，从全局上深入思考制度设计的合理性、长久性。要素市场体系、科技体制、政府公共体制三管齐下，相互支撑，互相促进，驱动生成经济发展新动力（见图4-1）。

1. 要素市场优化配置与科技体制创新间的互动机理

要素市场优化配置与科技体制创新两方面是具有相互统一性，二者相辅相成又相互促进。优化要素市场配置以完善要素市场定价体系，引入竞争机制，释放经济活力，提高了市场主体对科技创新的需要，倒逼科技体制创新以适应新时代特点。反过来，科技体制创新势必提高国家整体创新能力，形成新的技术，技术变革有可能对原本的要素产业形成冲击，打破政府垄断，改变政府干预市场的方式，优化要素市场配置让市场机制起决定性作用。

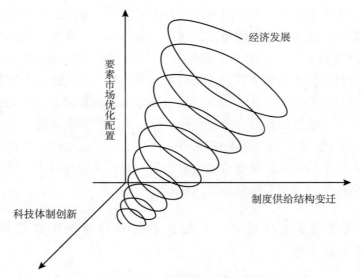

图 4 - 1　供给侧结构性改革三方面互动匹配机制

（1）要素市场优化配置促进科技体制创新。要素市场优化配置，完善要素定价体系，让市场机制起决定性作用，价格信号充分反映要素资源的稀缺性，更准确反映其自身价值。对于资本、劳动力、土地等自然资源等生产要素，要素定价市场化的过程必然会触动现有体制下的利益集团，比如大型国企央企，政府垄断企业。要素定价体系的优化将会遏止以往大型国企由于企业性质，借助政府力量干预要素市场，人为压低要素价格、降低生产成本而获利的情况。受到冲击的国有企业，为了能够继续经营运行，不得不改变经营策略，重视技术创新以提高劳动生产率，保持市场竞争力。自主创新是一个耗时耗力耗物巨大的工程，在大众创业、万众创新的时代背景之下，无论是自下而上的社会科技创新的需求，还是国家经济发展层面的结构转型对科技创新的需求，无不在倒逼现有科技体制进行必要的改革，期待新型高效的科技制度能够最大程度上向科技创新给予支持，促进自主研发水平。因此，要素市场优化配置的结果必然会增强中国经济社会的科技创新需求，反过来会促进科技体制创新以增强国家创新能力。

（2）科技体制创新倒逼要素市场改革。从另一方面而言，科技体制创新在一定程度上会促进要素市场改革，打破市场垄断，完善要素市场定价体系。

科技体制创新是为了促进提升国家创新能力，加快国内技术进步，特别是关键重大的技术突破，进而实现产业转型升级甚至是革命，全球价值链水平提升，实现社会生产力发展。因技术创新而导致的产业革命在人类历史上已有两次，两次工业革命依次使大量的生产技术得到了改善与应用，让人类解放了自己的双手，有效地促进了社会生产力的发展。且不论第三次工业革命何时会来临，自20世纪末以来，互联网技术已经极大地改变了人类的社会经济发展，在毁灭了传统产业的同时也滋生了许多新兴产业，当然这对传统产业而言也并不都是打击，互联网信息技术也改造升级了许多传统产业。所以从这一点来说，科技体制创新所带来的新兴技术有可能对传统的生产要素市场造成冲击，颠覆整个市场，重新建立新的交易方式、市场体系。也有可能由于技术升级克服了传统难关，使以前的不可能变成可能，促进要素市场体系的建立。以金融行业为例，近年来互联网技术在金融领域的应用已经出现了虚拟货币、众筹、P2P等金融创新，不仅对传统的商业银行构成了挑战，同时也创建了新的金融模式，加强了金融行业竞争，一定程度上对旧有的、垄断的资本要素市场形成冲击，并且应用最新的技术在完善互联网时代下的要素市场体系，加快了要素定价市场化进程。然而，科技体制创新是促进技术创新的重要前提。因此，科技体制创新促进科技发展、技术创新，最终会对要素市场体系形成冲击，加快市场化进程，优化要素资源配置。

2. 要素市场优化配置与制度供给结构变迁间的互动机理

要素市场优化配置与政府公共制度供给结构变迁两者都对于整个社会经济发展有夯实基础的作用，而且要素市场优化配置是社会个体关于公共财产与私人产权的进一步清晰，重视市场机制及其竞争规律，是个体发展、社会进步的重要基础。而反过来政府公共制度供给结构变迁是对要素市场优化配置的补充，优化政府公共制度供给结构更充分更有针对性地提供公共产品服务，满足公共需要。非排他性与非竞争性的特点注定公共服务产品只能由非营利机构或者政府提供，补充社会公民个体的发展需要。

（1）要素市场优化配置推动制度供给结构变迁。要素市场优化配置的目标是完善要素市场定价体系，要素价格充分由市场机制决定。完全由市场供求双方竞争关系所决定的要素价格能够充分反映要素本身的价值。要素市场化的过程就是不断地在释放市场活力，加强要素拥有者的市场竞争，吸引更多的潜在供给者进入市场。然而在这个阶段，蜂拥而入的竞争者可能对原有的央企国企发起冲击，甚至是逼迫原有的霸主退出市场，宣布倒闭。由于国企自身的政治原因以及企业性质，它们的倒闭将引发一系列社会问题，最为突出的就是下岗职工的安置。那么可能会导致社会问题的隐患，是政府在完善要素市场体系过程中不得不考虑的，倒逼着政府优化公共制度供给结构，尤其重点完善民生制度供给结构。另外，经过多数中国学者的估算，大家一直认为中国的要素价格偏离了边际报酬，总体上是处于被低估的状态。在要素价格市场化的过程中，必然会渐渐使得要素价格正常化，向上回归。然而，生产要素是诸多产业运转的基础，其价格提高必然会导致物价全面上涨，这对于中低收入群体而言无疑是个噩耗，从而亟须政府快速反应，改善民生制度供给，更全面更优质地保障人民的生活。由此可见，要素市场优化配置会从两个方面或是促进，或是逼迫政府迅速在政府公共制度供给结构上做出行动，改善民生制度以保证社会稳定，经济良好。

（2）政府公共制度供给结构促进要素市场机制完善。优化政府公共制度供给结构同样也会促进完善要素市场定价体系。政府部门加大社会投入，收入分配、就业、教育、医疗等民生方面的改善，不少方面需要从要素供给侧着手，那么会对现有的要素市场结构造成影响，有可能重建市场边界，市场主体、交易方式。如此这些对要素市场的冲击基本上都是以保障个人权利为基础的。以就业为例，改革开放以来大量农村劳动力涌入城市打工，然而却面临着同工不同酬的现象，不能像本地居民一般同等享受到城市的教育医疗等社会保障服务，主要原因就是因为没有本地户口。向中大城市聚集的农村劳动力绝对是中国改革开放 40 多年来的城市缔造者，经济建设者，在他们亲手打造的城市生活却无法享受到与之相匹配的福利保障，毫无疑问这是不公平的。进一步改善外来务工者的权益，或是户籍制度改革，取消户口限制都将会打破市场障碍，有效提高劳动力要素自由流动，促进要素市场定价体系的建立。还有就是土地改革，保障土地使用权，农村土地"三权"分置无不是在帮助农民将手中土地有效利用，获取额外收入提高生活水平。土地政策实施将会有效遏制政府拆迁过程中诸如压低土地征收成本高价卖给房地产开发商，如此与民争利的行为；有效促进土地资源优化配置，加快土地要素充分流动，建立要素市场定价体系。

3. 科技体制创新与制度供给结构变迁间的互动机理

人是科技创新发展、人类社会发展中的核心因素。其中，科技发展需要以人类为主体，学习知识创新知识，认识与实践相结合，辅助以资金、组织、生产，促成技术创新。而政府公共制度供给的初衷是保障人生存于世的基本条件，提供能够满足公民生活、生存与发展的某种直接需求，能使公民受益或享受的公共服务。二者的制度变革都作用于人，调动人的创新活力与生活积极性，发挥生活、生产过程的主观能动性以促进经济发展新动力的生成。

（1）科技体制创新优化制度供给结构。深化科技体制创新，打破束缚科技人员施展才华的条条框框，让科技从业人员无后顾之忧，无疑能够有效促进国家创新能力提升。技术进步极大丰富了科技成果在社会生活中的应用，从多方面对涉及社会民生的公共产品进行了更新换代，提高了公共服务效率，改善了民生供给质量。大数据、人脸识别等技术在公共安全领域的应用切实提高了警察的破案率，有效降低了地区犯罪率。传统教育结合现代技术，课堂上能有效提高教学质量，课下随时能与家长形成沟通，形成联动，更好地为小孩的成长服务。互联网技术在教育领域的应用，形成了如网络课堂、在线教育等新兴的教育方式；应用在医疗领域，形成了医疗咨询、网络医馆、健康智能管理手环等新型服务。而且，医疗器械、药物研发等方面的技术创新将会打破国外技术垄断，降低医疗成本，改善国民看病难、看病贵的顽疾。诸如以上民生方面的具体技术应用不胜枚举，更可贵的是技术创新形成了许多新兴产业，为社会创造更多的就业岗位，促进社会稳定。因此，科技体制创新促进的技术进步能够对民生公共产品服务产生积极影响，提升服务产品质量，提高服务效率，改善民生制度供给，优化政府公共制度供给结构。

（2）政府公共制度供给结构激励科技体制创新。优化政府公共制度供给结构，尤其是民生制度供给的改善同样也能对科技体制创新有一定的促进作用。民生供给结构改善进一步提高人民的生活水平，势必会扩大社会总需求，在短期内资源有限的情况之下，唯有加速发展社会生产力，扩大社会总供给，方能满足国家人民的物质生活需求。科技就是第一生产力，科技的发展能够有效促进生产力发展，科技的发展需要有良好合理的科技制度作为支撑，为科技研究保驾护航，如事务性工作交给行政人员，事权与财权相统一，给科技从业者创造最好的环境和条件，专心从事科技创新活动。而合适的科技体制是随着时代的进步而创新，不断地在进行创新以符合当代科技发展。从社会个体而言，民生的改善意味着更全面优质的社会保障，这有益于个人的全面自由发展。民生改善鼓励每一位个体追求自我价值的实现，人的自我价值和社会价值是辩证统一的，相互作用的，实现自我价值的过程就是实现社会价值的过程。自我价值的实现促进人的全面发展，促进社会制度改革，最终也会体现在科技体制创新方面，形成自由、活跃、兴趣的创新文化。因此，通过改善民生制度供给来优化政府公共制度供给结构最终将会激励科技制度不断进行创新。

第二节　供给侧结构性改革驱动经济发展 新动力的生成机制与实现条件

一、供给侧结构性改革驱动经济发展新动力的生成机制

要素市场优化配置是市场体制改革的重要组成部分，是供给侧结构性改革的基础。这是由于要素市场的基础性、战略性、垄断性以及外部性这些基本特征所决定的。要素市场定价体系的建立将充分影响整个中国经济运行体系，完善市场结构，优化资源配置，释放巨大的经济活力。完善市场结构将不同程度上分别促进产业结构、交换结构、人力资本结构、技术结构等的优化升级，促进中国经济转型升级，是驱动经济发展的结构新动力。

1. 完善市场结构驱动经济发展的结构新动力

赵昌平、许召元等（2017）采用变化的加权系数对汇率法与购买力平价法进行加权估计不变价人均 GDP，将改革开放后的中国工业化进程分为四个阶段：前工业化阶段（1978～1989 年）、工业化初期阶段（1990～1999 年）、工业化中期阶段（2000～2011 年）、工业化后期阶段（2012 年至今），并且

认为中国已经进入工业化后期阶段。不同的工业化阶段需要不同的主导产业，不同的主导产业需要不同的增长模式。在工业化初期和中期，经济中主导产业是轻工业和重化工业，这些产业的特点是高度规模扩张型的，其增长模式主要是外延式扩大再生产。改革开放以来，各地方政府之间相互竞争，大力招商引资，快速推动了经济增长，很大程度上在于通过提供充足而低价的土地等公共资源、配合丰富的劳动力资源和财税补贴返还政策而实现了规模化扩张。可以说40多年来政府对要素市场的干预是随处可见的。然而步入工业化后期阶段，主导产业也逐渐发生了变化，以往的增长方式已经不相适应，难以为继。改革开放以来，要素市场改革总体是滞后的，政府牢牢地把各项生产要素定价权、分配权掌控在手里，一方面是由于受到两千年来中国的中央集权统治思想的影响，认为生产要素是经济运行的基础，关乎经济全局稳定。"事在人为，人定胜天"可以说是中国人自古以来最鲜明的世界观写照。政府组织信奉唯有掌握生产要素处置权，才能有效地组织人力、物力和财力从事大规模的生产活动和经济建设以及救灾行动，利于社会经济的发展。另一方面各级地方政府在经济引导，社会治理过程中，以权力配置生产要素就是地方政府招商引资的谈判条件，相互压价竞争的结果不过是以损害当地老百姓的长期利益而换来的短期 GDP 的快速增长。地方政府、要害部门等个别公职人员以发展之名，借职务之便，行贪腐之事。权力进入市场搅乱交易，滋生官僚主义、贪腐现象，这表面上只是官员个别的道德问题，但是在深层次是制度性问题，是政府干预市场过多必然导致的负面结果。因此，摒弃以往的盲目扩张、粗犷随意的经济增长模式的首要工作就是建立要素市场体系，完善要素市场结构，引入竞争机制促进要素价格市场化。正是由于要素市场的基础性与外部性，完善市场结构势必会对中国经济造成巨大而长久的影响，幸运的是要素价格市场化对于现有的中国经济是一个帕累托改进的过程，提高市场运行效率，矫正要素价格以符合价值规律，最终形成驱动经济发展的新动力。

完善市场结构促进中国产业结构合理化、高级化的有机统一以驱动经济发展。一切决定和影响经济增长的因素都会不同程度上对产业结构的变动产生直接的或间接的影响，例如与生产要素相关的人口规模结构、人力资本水平、自然资源禀赋、资本规模等是一国产业结构演变过程中的基本制约因素。

完善要素市场结构短期内并不会改变上述变量的存量水平，但是会由于市场化程度的加深逐渐使得生产要素价格回归自身价值水平，矫正以往由于政府干预而导致的价格偏离。生产要素价格的合理化最终会使得追求利润最大化的要素拥有者及下游各个产业改变之后的生产投入，重新进行资源配置。所以：一方面，完善要素市场结构有利于促进产业结构合理化，根据科学技术水平、消费需求结构、人口基本素质和资源条件，对起初由于政府干预而导致的不合理产业结构进行调整，实现生产要素的合理配置，使各产业协调发展。另一方面，完善要素市场结构有利于促进产业结构高级化，促进中国以劳动密集型产业为主的低级结构向知识、技术密集型产业为主的高级结构调整和转变。根据诸多国内外学者的测算（Loren Brandt et al.，2013；张明志等，2017；鞠蕾，高越青，2016；陈林等，2016），我国要素价格长期处于被低估的状态，那么要素价格市场化势必将会提升生产要素价格，这将会有效限制对资源、能源耗费多、污染严重的、低附加值的工业产业，削减其生产能力，引导市场形成资源、能源耗费少、需要高度技术知识、能够形成高附加值的技术和知识密集型产业。产业结构优化升级是产业结构合理化和高度化的有机统一，产业结构高度化以产业结构合理化为基础，脱离合理化的高度化只能是一种"虚高度化"。产业结构合理化的过程，使结构效益不断提高，进而推动产业结构向高度化发展。除此之外，完善要素市场结构有助于促进中国人口素质提高，人力资本结构升级。要素价格市场化是不断尊重劳动者个体劳动能力的多样性、稀缺性的过程，在产权界定明晰的情况下，人力资本，既是资本，收益就不应该是工资（劳动报酬），资本的收益应该是产权，所以人力资本在企业中要拥有产权。完善劳动力市场结构促进劳动力市场竞争，促进每一位社会个体加大教育投入，提高专业素养。而人力资本相比于传统的物质资本具有更大的增殖空间，特别是在当今工业化后期时代和知识经济时代，人力资本增殖潜力更大。这是由于作为"活资本"的人力资本，具有创新性、创造性，具有有效配置资源、调整企业发展战略等市场应变能力。因此，人力资本结构的升级、规模扩大无疑会对未来中国经济增长形成驱动作用。最后，完善要素市场结构有利于转变我国现有交换结构，包括商品流转结构、价格结构和进出口结构等。要素价格市场化会使得要素价格不断趋于合理，释放被低估的空间。这势必会现有的交换结构造成冲击，尤其是进出口结构，更高的要素价格提高的中国企业的生产成本，降低了中国制造在国际的价格优势，不仅在抑制了国内企业的出口规模，更是在国内市场举步维艰，无法满足随着物质水平日渐提高的国民生活需求，在高技术含量产品市场上难以与国外企业竞争。但是阵痛只是暂时的，因人为压制要素价格而拥有的产品成本优势不利于企业的长远发展，长期而言将促使中国企业由价格低廉的低端产品向物美价廉的高端产品转变，以高技术、高质量的形象的国际市场重新具有竞争力。这是一个交换结构变差最终又变好的过程，但这也是一个优化的过程，发掘驱动经济发展新动力的过程。因此，完善要素市场结构将有效促进要素市场蓬勃发展，有利于完善中国特色社会主义市场经济体制，全面深化改革提高经济效率，释放经济结构转型新活力，驱动经济发展。

2. 创新科技体制驱动经济发展的创新新动力

科技体制是一个国家一段时期内科技活动的组织方式、制度安排、组织体系和运行机制等的总称，是表现科技系统各构成要素相互关系的动态模式。对于科技体制的构成要素，研究者一般理解为组织体系和运行机制，这种认识是有合理性一面的。组织体系是科技体制的表现形式，是行使科技活动组织和管理权力的物质载体，如果没有组织体系，科技体制也就不存在了。运行机制是科技体制的灵魂，是科技系统各构成要素连续不断的运行方式，科技体制赖此发挥作用，如果没有运行机制，科技体制就成了一个空架子。按照构成要素，科技体制包含着正式制度和非正式制度，二者再生产生活中具有重要的影响作用，相辅相成，共同促进社会发展。科技体制的内容涉及也相当广泛，如科技投入，科技产出、科技影响力等方面。对于科技发展而言，科技体制的影响是综合性和全局性的，它在总体上影响一个国家的科技水平。世界各国政府都采取了各种政策和措施来激励和推动科技进步，以提高科技实力，增强综合国力。这些政策和措施主要依赖于科技体制的贯彻和执行，换句话说，一个国家的科技进步主要依赖于科技体制作用的发挥。我国科技强国战略的实施，科技创新体系的建设，其基本的保障是科技体制改革创新能否顺利实现。

科技的落后，背后的实质与根源就是制度的落后。古代中国是世界文明中心之一，拥有着世界上最先进的科技成果，四大发明为世界的发展发挥了重要而深远的作用。然而在近代中国却没有发明创造出像样的现代科学技术，这也是闻名于世的"李约瑟之谜"①。林毅夫（2007）认为问题的根源在于古代科举制度的阻碍而未能及时实现向以科学与实验为基础的发明方式的转变，中国和西方的技术、经济差距迅速扩大。也就是说科技体制的不完善，错误激励机制将人的精力与创造力偏离了科学技术的发明创造，热衷于投身于四书五经的研究，追求官吏的地位和生活，抑制了广大人民的创新活力，从而阻碍了近代中国的科技发展。直到 1949 年新中国成立后，强力的国家干预，制定优先重点发展重工业的战略，科学技术相较之前有了很大的进步，在此期间成功建立了工业体系，原子弹、氢弹、人造卫星等重大科技突破。但是这是在突破西方国家对中国的封锁和经济制裁如此特殊时代背景下的产物，改革开放以来，科技体制逐渐创新改变，一定程度上促进了科学技术的进一步发展，科技论文数量已经是世界首位，但是仍然存在旧有体制的痼疾，国家干预色彩浓厚，微观主体缺乏自主权，劳动激励不足，科技成果重大突破较少。显然，目前的科技体制已经不足以支撑国家发展的创新需要，甚至在某些方面已经成为障碍。科技体制创新是进一步激发创新活力，推进科技进步与创新的重要手段。

通过科技体制创新逐步摆脱主要依靠行政手段管理科技工作的情况，优化科技资源分配及科研评价方式，激发科技创新活力，加强科技人才培养并优化配置科技人才。近几年所倡导的唯 SCI、唯数量的量化考核评价体系深刻影响了科研人员，制度设计的原意是为了能够激励青壮时期的科研人员尽快多出高水平成果，但是在实践过程中，几乎所有人都在为完成考核指标而奔波拼命，失去了科研乐趣。急功近利的风气对于需要"冷板凳"精神的科研工作者无疑是一种打击，为了考核而进行科技活动的结果就是短期内的确

① 1954 年，李约瑟（Joseph Needham）在《中国科学技术史》（第一卷）序言中，提出这样的疑问：在 1～15 世纪，中国的科学发明和发现遥遥领先于同时代的欧洲；但欧洲在 16 世纪以后诞生了近代科学，这种科学已被证明是形成近代世界秩序的基本因素之一，而中国文明却未能产生相似的近代科学，中国的科学为什么持续停留在经验阶段，并且只有原始型或中古型的理论，阻碍因素是什么？1976 年，肯尼思·博尔丁称其为"李约瑟之谜"。与李约瑟之谜相似的问题是许多经济学家和历史学家都认为在 14 世纪的中国已经具备了那些被认为是产生了 18 世纪末英国工业革命的所有主要条件，但为什么最终这场深刻的技术革命没有爆发在中国。

加速了科技发展，但是顶尖的世界性成果却寥寥无几。此外，如今的经费分配制度和评价体系是由管理部门和人员决定的，一切以管理者的管理为中心，而非以科学研究活动为中心的科技体制运转机制。科研人员基本没有发言权，不仅要老实按照学术圈外的管理者制定的规章制度办事，应付各种审查，提交各类报告，还要疲于奔命争项目、申课题、抢经费，此类事务性工作几乎占据了科研人员的 1/3 的时间，耗费了大量的精力的同时也挤占了科研及休息时间（黄宁燕、王培德，2013）。科技体制创新的出发点是尊重知识，尊重人才，按照科学规律办事，以科研活动的主体——科研工作者为中心。科研管理的评价权力应当归还给有发言权的学术权威，管理部门更应当起到科研辅助作用，协助科研部门在大量的是事务性工作中解脱出来，专心致志做科研。对科研人员、科研经费采取柔性制度管理，设立底线，顺应竞争规律，依靠"看不见的手"推动创新。科研活动应当容许失败，但是同时也要防止出现滥竽充数、学术不端的现象，因此底线的存在是必要的，可以采取违规扣分的形式，类似于信用评级，一旦低于一定标准，那么将会失去申请课题、减少经费分配等一系列权利。在底线之上进行管理，激励科研人员对自身价值、名誉、经济回报的追求来驱动科研创新。科技体制创新的目标就是要最大限度调动广大科技人员的积极性、创造性，激发全社会创新活力，营造有利于人才成长和发挥作用的学术环境和社会环境。良好的科技体制必然会有效促进国家创新体系的建设，推动技术创新，驱动经济发展。

通过科技体制创新促进科技与经济的深度融合，重视市场机制作用，结合政府、科研机构和企业之间"三螺旋"协同创新范式纠正"系统失灵"的技术创新政策，促进新常态下产业升级、结构升级，生成驱动经济发展新动力。当今工业化后期的中国经济主导产业逐渐转变成了高新技术制造业以及高端服务业。这些产业都不具备规模扩张型的发展模式，而更多属于创新驱动的内涵式增长模式。政府、科研机构和企业之间"三螺旋"协同创新需要在三方面做出进一步的努力，首先，科研机构不局限于创造知识，还要有意识将研究成果进一步推向应用，参与技术创新孵化阶段；其次，企业不只停留在接受新技术，应将技术创新环节向前延伸到技术孵化期，这样才能顺利连接技术与市场协同发展。而政府应当鼓励建立有利于科技人员流向企业的政策通道，保障企业能够迅速获得科技创新的技术资源。除此之外，政府应尽快完善知识产权制度，加强知识产权保护。吴超鹏、唐菂（2016）研究发现完善的知识产权制度，政府加强知识产权保护执法力度，可以提升企业创新能力，表现为企业专利产出和研发投资的增加；加强知识产权执法力度可以通过减少研发溢出损失和缓解外部融资约束两条途径来促进企业创新。科技与经济的深度融合是三赢的，于国家而言促进了科技的发展，技术进步，产业升级等持续性富强；在企业层面，获取前沿技术，加速产品创新，增强了企业的市场竞争力，获得更多的利润回报；而对于个人来说，科研工作者不仅通过科研活动，技术应用实现了自我价值和社会价值，而且还能获得更高的经济报酬，促进了个人的发展。因此，通过科技体制改革加深科技和经济的深度融合能够更好地促进科研技术的创新发展及其市场应用，推动企业变革，产业升级，能够生成驱动经济发展的创新新动力。

3. 优化政府公共制度供给结构驱动经济发展的公平新动力

优化政府公共制度供给结构，重点是要改善民生供给水平。人民群众是社会赖以存在和发展的社会物质财富的创造者，同时也在社会精神财富创造的过程中发挥着重要作用，更为重要的是，人民群众还是实现现实社会发生变革的决定性力量。人民群众是从事各种社会活动尤其是物质生产实践活动的主体。因此，政府应当通过深化就业、收入分配、教育医疗、社会保障等公共产品服务的民生资源均衡配置改革，以优化民生为主体的公共制度供给结构，为人民群众，为不同的经济主体创造公平正义的制度环境，从而促进居民收入分配与需求结构优化以驱动经济发展的制度公平新动力。

民生是指与实现人的生存权利有关的全部需求和与实现人的发展权利有关的普遍需求。前者强调的是生存条件，后者追求的是生活质量，即保证生存条件的全部需求和改善生活质量的普遍需求。这是党和政府最高的施政准则。自新中国成立并且完成社会主义过渡之后，我国建立了高度集中的计划经济体制一切生产资料都归集体所有，在计划经济的体制下，社会的生产全部由国家决定。在这个阶段，诸如民生供给结构完全由国家保障，并且在全民中实现了平均，每一个体所享受的社会公共产品消费是比较平等的。但是在这个阶段的民生供给水平是相对低的。改革开放后至今，逐步推进中国特色社会主义市场经济体系的建立，市场机制在资源配置过程发挥基础性作用，然而以经济建设为中心的国家发展战略导致举国上下为"GDP 增长"而疯狂，而最基本的社会民生公共产品的供给相对而言发展滞后，甚至出现了诸如食品安全、"假疫苗"等一系列后果严重、影响恶劣的民生事件。可以说从新中国成立以来，我国的社会民生产品供给水平一直是落后的，仍旧存在很大的提升空间。党的十九大报告指出，如今我国社会主要矛盾已经转化为人民日益增长的美好生活需要和不平衡不充分的发展之间的矛盾。人民的美好生活需要不仅仅只是物质水平上得到满足，逐渐增强对自由、平等、公正、法治等社会民生需要。民生的主要内容涉及有就业、收入分配、教育医疗、社会保障等公共产品服务，都与经济增长有难以分割的作用。例如，就业与经济增长本身就是经济学的一个重要方面，其中"奥肯定律"① 揭示了失业率与经济增长之间的反向相关关系。而且马克思的劳动价值论中认为劳动创造价值，劳动者是生产力中的关键因素（马克思，2004）。因此，优化政府公共制度，改善民生供给结构，提高全国人民的民生保障水平将进一步促进经济发展，实现民族复兴。

优化以民生为主体的公共制度供给结构，以塑造一个公平正义的制度环境，有利于提高社会人力资本投资水平和生产劳动者努力系数，有助于推动社会生产力的进一步发展，进一步驱动我国经济发展。百年大计，教育为本。教育是民生的重要内容之一，事关中华文明传承，民族振兴及社会进步，加大教育投入，促进教育公平具有重大现实意义。高素质劳动群体不多且劳动人口逐渐下降是我国现今面对的一大难题，所以必须加快实施教育发展战略，提升人才培养质量，创新人才培育机制，促进人力资本结构升级。教育是人力资源形成的重要手段，加大教育资源的投入将有效促进我国劳动力素质水平的整体提升，有效促进人力资本结构高级化。与西方发达国家相比较，我国人力资本结构优化调整的空间巨大，而低教育程度的人力资本结构向高教育程度的人力资本结构演进过程，高素质劳动群体逐渐增多，不断推动各式各样的技术应用普及且促进技术创新，从而推动技术结构升级，产业结构升

---

① 美国著名的经济学家阿瑟·奥肯在 1962 年发现了周期波动中经济增长率和失业率之间的经验关系，即当实际 GDP 增长相对于潜在 GDP 增长（美国一般将之定义为3%）下降2%时，失业率上升大约1%；当实际 GDP 增长相对于潜在 GDP 增长上升2%时，失业率下降大约1%，这条经验法则以其发现者为名，称之为奥肯定律。

级，从而对经济增长有着促进作用。此外，收入分配是民生之源，是改善民生、实现发展成果由人民共享最重要、最直接的方式。凯恩斯认为收入分配是能够通过决定消费需求影响经济增长的一个重要因素（凯恩斯，2005）。收入分配不仅以收入水平影响经济增长，而且分配的差距也对经济增长造成一定的影响。合理的收入分配机制有助于促进生产劳动者的努力系数，如果对于一个经济个体而言，努力工作所获得的回报与不努力的结果相差无几，他将很难调动自己的积极性投入到生产过程中。生活中有了目标。企业和个人才有动力不断去扩张发展，激发社会活力，形成驱动经济的活力。中国梦归根结底是人民的梦，让人人有人生出彩的机会。人民群众是历史的创造者，公平正义的制度环境使得社会上的个体都能够为实现自我价值而奋斗，实现个人价值与社会价值的统一，将自己的个人成长与国家发展结合在一起，驱动经济发展、民族复兴。

另外，民生保障水平的提升、公平正义社会环境的塑造有利于提高社会需求水平并且优化居民生活消费结构，最终生成驱动经济发展的新动力之一。消费资料分为生存资料、享受资料、发展资料三大类。生存资料是补偿劳动者必要劳动消耗所必需的消费资料；发展资料是劳动力扩大再生产所必需的消费资料；享受资料是提高劳动者生活水平、满足人们享乐需要的消费资料。在这三大类中，生存资料属于消费资料中基础性层次，其消费需求的弹性最小。无论生存资料、享受资料或发展资料，其具体内容都会随着社会生产的发展而不断丰富和扩大，各自的结构也会发生变化。三类消费资料之间的区分是相对的。在生产力落后情况下被视为享受资料的某些消费资料，在生产力有较大发展后，会被纳入满足基本生活需要的范围，即被作为生存资料。因此，加强社会保障的目的就在于此，社会保障本质上就是对社会弱势群体给予生活帮助的措施和制度。人们只有在获得这一层次的消费之后，其消费需求才会向较高的层次延伸和发展。深化收入分配制度改革，完善按市场评价要素贡献进行分配的机制，完善再分配调解机制，逐步形成橄榄型分配格局。橄榄型中间的那部分中产阶级人群是享受资料消费的主力军，如果能够以教育、医疗、就业、社会保障等公共产品服务来消除中产阶级的焦虑，庞大的中国市场势必能够释放巨大的消费能量，不仅只是社会消费需求水平的提升，更多的是家庭消费结构的升级，更高端、更优质的产品的市场需求逐渐增大。与此同时也激励着企业加大投入，消耗更多的发展资料，同时也由于市场竞争和消费升级，不得不加强自身技术创新、转型升级以便更好地获得市场竞争力，获取更多的经济利润。从需求侧的视角来看，消费是驱动经济增长的"三驾马车"之一，重要性不言而喻。但由于民生改善而增强的社会消费能力不仅仅只是扩大需求的经济刺激老方式，更重要的是这是一次社会层面的消费升级，产品质量的提升，因此归根结底这仍然是由供给侧结构性改革为主导的改变经济发展方式，生成驱动经济发展的新动力。

二、供给侧结构性改革驱动经济发展新动力的实现条件

1. 结构新动力实现条件：完善要素定价体系

凭借中国自身的资源禀赋与比较优势，在改革开放过程中已经成功转化为经济成果，以牺牲环境、低成本劳工等为代价完成了资本的原始积累。如果按照结构主义的经济思想，中国现今已经是从以仅能维持生存的传统农业为主的国内经济结构转变为现代化、城市化、多样化的制造业和服务业经济。如今工业化后期的中国第一产业所占据的经济份额已经所剩无几，但是其第二产业、第三产业的发展水平仍然不具备国际竞争力，更多的是低廉的中国代加工制造业，核心技术仍然只掌握在西方发达国家手中。显然中国看似良好的经济结构是徒有其表的，其内在是脆弱的和不稳定的。从全球价值链视角来看，中国的产品大多数还是处于低端，从消费结构而言，多数中国人都在房价的重压之下，消费升级更是无从谈起。而这一切是由于要素市场不当的生产要素流动造成的不良后果之一。

只有建立市场配置起决定性作用的要素定价体系才能够转变市场结构、发挥市场竞争机制、优化资源配置、促进经济可持续发展。供给侧结构性改革旨在调整经济结构，使要素实现最优配置，提升经济增长的质量和数量。要素市场有着不言而喻的特殊性、战略性、基础性，要素市场体制发生变化势必会对整体经济影响深远，足以促使整个经济结构发生根本性转变。经济结构转型的驱动之一源自生产要素的流动，从生产率比较低的部门流动至生产率高的部门，加速经济的增长。一方面，生产要素的流动可以依靠政府的

产业政策进行必要的引导，投入至前期需要支持保护但后期会大幅度提升劳动生产率的部门；另一方面，通过价格之间的相对变动对资源进行重新配置，推动要素自发向劳动生产率高的部门流动。可以说我国在前一方面的实践尝试不胜枚举，总体而言是中国实现经济奇迹的重要手段。但是时至今日我国仍然没有在要素市场弥补市场缺失和结构刚性的缺陷，推进要素价格市场化，完善要素定价体系。现实就是企业在融资过程中，经常因为自身的企业性质而遭受到银行的不平等对待，国有企业与民营企业的融资成本是截然不同的，更不可置信的是，为了当地的政绩、税收、就业等各方面考虑，当地政府想方设法会为当地的企业背书，通过税收减免、降低土地使用成本等手段"留"住企业，帮助其"躺着赚钱"。在这种机制下，尽管各个部门仍然都会谋求利润的最大化和效用的最大化，但是本身这个过程就是扭曲的。要素定价体系的建立与完善的终极目标是为了能够让要素价格正确地反映出其自身的稀缺性，更有效率地实现资源配置。另外，完善要素定价体系同时也是给民营企业一致的竞争机会，唯有加强市场竞争，才有可能不断鞭策现存企业为了生存不得不降低生产成本，提高产品竞争力。最关键的是将企业的注意力放在自身经营上而不是为了获取要素成本优势采取非企业手段，这对于企业的长远发展是极为有利的。总而言之，完善要素定价体系才能够实现要素市场的优化配置，要素市场的优化配置才能降低历史的扭曲成本，激发经济发展活力，促进经济结构转型，最终驱动中国经济实现高质量发展。

2. 创新新动力实现条件：促进科技与经济深度融合

经过大量国内外学者的研究，创新是促进经济发展的重要因素之一已经是经济学的共识，但是在实践过程中如何能够有效促进整体创新能力是艰难的。然而不管是通过模仿还是自主创新实现技术进步，都只有促进科技与经济的深入融合才能有效激发社会创新活力，促进创新新动力生成，提升经济发展质量。促进经济与经济的深度融合更多的是制度上的改变，从制度改革影响个体行为，激发创新活力。创新是一项与市场密切相关的经济活动，只有促进科技与经济的深度融合可以极大程度上调动创新主体的积极性。创新的主体是人（主要是科研工作者）和企业，二者总体上都是趋利的，完善的科技体制能保障他们追求效用最大化或者利润最大化的过程能够获得丰厚的经济回报。科技与经济的深度融合给予了科技工作者一条新的激励途径。一方面会解放当下的科研人员不得不以不合理的科研评价体系为中心开展科学研究的情况，转变成潜心于自身的兴趣研究，这样会更容易出有质量的创新成果。另一方面会激发青少年的科研兴趣，积极投身于科技创新研究，以及吸引社会上更多的人力资本投资于科学研究行业。人力资本的积累势必会促进国家创新能力的提升。

科技和经济的深度融合有助于推动科研产业化发展、推进科技成果创新及其应用。在国内大多数创新人员都在高校里工作，旧有的科技体制禁锢了科研人员的创新行为，现有科研评价体制迫使他们疲于奔波于申请课题和评职称、抢头衔。如果不能够沉下心在学术上耕耘，那么科技成果质量可想而知，而且他们的科研主题有可能和市场需求脱节，表面看似活跃的科研活动其实大多做的是无用功。只有企业才会在市场机制的激励和约束下去从事技术创新的应用，完善科技体制，促进科技和经济深度融合，打通科研与生产的渠道，通过企业生产应用科学技术，将之商业化。不仅能使科研人员兼顾学术和经济的回报，提升科研人员的创新积极性，同时能够促进企业生产率提高，提升市场竞争力。科研与经济的沟通无障碍并且有丰厚的经济利润，也会催生一批专门为科研服务的产业机构，提高科研效率，推进科技成果转化商业应用，有效促进整体创新能力提升。科技与经济的深度融合才能够在真正意义上转变成社会生产力，实现经济效益。仅仅提升科研水平对于国家经济发展的帮助是有限的，还需要将科学技术转化成经济应用，造福于社会。

总而言之，经济高质量发展离不开创新，而创新新动力的生成还需从科技体制改革着手，重点是促进科技与经济的深度融合，改变科研激励机制，调动社会整体的创新积极性，激发创新活力；拓宽企业与高校的对接渠道，尽可能通过科研成果转化满足企业的技术需求，推进科学技术在生产实践过程的应用，在供给侧推动产品升级、产业转型、经济可持续增长。

3. 公平新动力实现条件：改善民生制度供给结构

社会合作的每个人承担着他应承担的责任，得到他应得的利益。如果一个人承担着少于应承担的责任，或取得了多于应得的利益，这就会让人感到不公平。经济学中的公平指收入分配的相对平等，即要求社会成员之间的收人差距不能过分悬殊，要求保证社会成员的基本生活需要。那么社会公平从何而来呢？在市场经济条件下，由于市场主体利益的分化，不可能使每一个社会群体和社会成员的利益需求都能完全得以满足，这就要求我们从实际出发，从公平与效率的辩证统一的关系出发，抓准大多数人的共同利益与不同阶层的具体利益的结合点，尽可能地把"代表最广大人民的根本利益"具体化。民生是惠及全体人民的公共产品，对于收入分配、就业、教育、医疗等民生方面供给水平与每一位社会公民的生存权和发展权息息相关。不仅涉及的群体最广泛，而且是事关人民的根本利益，因此，改善民生是保障社会公平的重要途径。改善民生制度供给结构，提高人民生活水平，加强群体的公平感、幸福感、安全感，促进人的全面自由发展，驱动个体发挥创造力，提升生产劳动积极性，最终促进中国经济稳定可持久，文化繁荣有活力。

民生制度供给水平的优化促进社会公平的实现，尤其是收入分配制度的完善将有效提升个体的生产积极性。心理学家亚当斯认为人的工作积极性不仅与个人实际报酬多少有关，而且与人们对报酬的分配是否感到公平更为密切①。人们总会自觉或不自觉地将自己付出的劳动代价及其所得到的报酬与他人进行比较，并对公平与否作出判断。当劳动者对自己的报酬作社会比较或历史比较的结果表明收支比率相等时，便会感到受到了公平待遇，因而心理平衡，心情舒畅，工作努力。如果认为收支比率不相等时，便会感到自己受到了不公平的待遇，产生怨恨情绪，影响工作积极性。当认为自己的收支比率过低时，会产生报酬不足的不公平感，比率差距越大，这种感觉越强烈。公平感会直接影响劳动者的工作动机和行为。这是在工作过程中的公平所能给社会大众带来的激励，与此同时机会平等也是社会公平的重要组成部分，同样能够促进每一位个体在实现个人的工作目标的过程中竭尽所能："在面对有利的时间情景中，每个人都有能力利用这种有利条件；并且在抓住这种条件的时候，不存在先后和不受其他任何人为因素影响"。通过改善民生及社会保障促进社会公平正义，使生活在我们伟大祖国和伟大时代的中国人民，共同享有人生出彩的机会，共同享有梦想成真的机会。机会面前人人平等，社会上每一个个体都能够为了自己的理想去奋斗，并且有机会能够实现它，

---

① 斯蒂芬·P. 罗宾斯，玛丽·库尔特. 管理学［M］. 北京：中国人民大学出版社，2012：436.

社会才会充满活力，使得人人各司其职、各尽其能、各得其所，共同推动社会持续发展。

第三节　供给侧结构性改革驱动经济发展新动力的制度基础

一、制度对供给侧结构性改革驱动经济发展新动力的基础性作用

制度对经济发展的影响机制是深远而复杂的。制度经济学者普遍的共识是，国家间经济制度的不同能够很大程度上解释发展水平的差异，即制度决定经济增长。演化经济学将制度变迁与技术进步的协同演化看作经济增长的根本机制。从中国经济的发展历程来看，改革开放这一根本性制度变革，推动了中国经济水平的跨越式进步。其中，农村土地承包、产品价格改革、国有企业改制等一系列市场化改革的实施最终确立了社会主义市场经济体制。

1. 制度驱动供给侧结构性改革的机理分析

（1）制度变迁对中国经济发展的基础作用。

近年来改革进入"深水区"，制度变迁受到的阻力更大，主要体现在以下几点。首先，改革深入会触碰到更多利益集团的既得利益，必然承受更高内部阻力；其次，当前宏观环境中的经济周期下行、贸易保护和摩擦加剧，提高了制度改革的外部阻力；最后，随着我国制度逐步完善，制度改革涉及的制度体系极为庞大，复杂程度快速提高，因此制度变革的边际成本也逐步上升。

为此，中国政府坚持深化改革，将中国特色社会主义带来的制度优势转化为经济发展新动力。党的十九届四中全会提出坚持和完善中国特色社会主义制度、推进国家治理体系和治理能力现代化的要求，而构建系统完备、科学规范、运行有效的制度体系就是将制度优势转化为国家治理效能，以进一步推进供给侧结构性改革的基础制度保障。

（2）供给侧结构性改革制度基础的历史逻辑。

深入理解供给侧结构性改革的制度基础，需要以马克思主义为指导，历史与逻辑、理论与现实相统一地理解中国特色社会主义经济体系的制度逻辑。马克思主义深刻地阐明了经济社会的发展与运动规律，为建设科学社会主义提供了重要的理论基础与实践指导。

根据马克思主义经济结构理论，作为生产关系的具体体现，经济结构反映着生产力与生成关系矛盾的动态运动，也反映了经济基础与上层建筑之间的结构联系。由此，供给侧结构性改革就是要针对当前生产力水平的发展变革生产方式，完善、夯实制度基础，来解决要素市场错配、创新驱动不足以及制度供给缺失等问题，生成新常态下的经济发展新动力。

结合改革开放以来制度建设的经验事实来看，中国政府和学术界基于建立、完善社会主义市场制度的根本目标，进行了多方面探索实践。首先，20世纪80年代，在计划经济为主的体制背景下，中共二大提出确立"有计划的商品经济"的改革目标，然而改革效果不彰，国内宏观经济运行出现波动。这说明市场化改革的表面是建立市场价格机制，但其实质是依赖于建立与此相适应的经济制度基础。因而在90年代初，市场化改革的目标被正式确定为建立现代市场经济，但要以接受国家"有意识、有目的、有计划地控制和引导"为前提，因此并不等同于纯粹的资本主义市场经济。自此，中共十四大确立了以"解放和发展生产力"为核心的中国特色社会主义市场经济制度基础。

其次，随着社会主义市场经济体制建设的不断推进，21世纪开始主要探索了2个重要方向。一方面，所有制结构中非公有制经济的作用和定位逐步得到承认和增强，与公有制同时作为社会主义市场经济体制的重要基础；另一方面，在几次重要的宏观波动中（1997年、2008年、2020年），政府与市场关系问题得到大量讨论，而其共识是政府的宏观调控和包括宏观政策在内的制度供给，在社会主义市场经济的制度结构中具有不可或缺的重要地位。

最后，自经济进入新常态以来，人口红利的逐渐消失和全要素生产率增速障碍的显现，都指向经济结构性矛盾加剧这一重要问题。解决经济结构性失衡需要动能转换，而转变发展动力的制度基础在于完善市场对资源配置的基础地位。通过要素市场优化配置、科技创新体制和公共政策供给三方面的合力，以深化供给侧结构性改革为依托，构建现代化经济体系。

2. 制度驱动供给侧结构性改革的路径

（1）优化资源配置与技术创新驱动。据此，制度驱动供给侧结构性改革的路径可以分为两条。一方面，经济制度通过促进经济的持续增长，通过结构优化、技术创新等途径，推动经济发展模式从要素投入驱动型转向创新驱动型发展。

①制度基本作用是优化要素结构、提高资源配置效率。老制度主义学派认为制度是集体行动的基础，用有规律性集体行为约束、代替无序的个体行为，能增进社会整体利益，而将这种集体行为惯例化、法制化的制度无疑能够减少交易的资源消耗。这种思想在交易成本理论中的科斯定理得到了准确的定义：存在不为零的交易成本时，以所有权界定为核心的制度安排将影响配置效率。由此可以推论，制度结构变迁的方向即节约交易费用，提高资源配置效率。现代企业组织的形成，就是在一定范围内通过企业内部剩余所有权的控制，代替市场价格机制的功能，通过规模化提高生产效率。契约理论进一步将政府视作市场中具有更高组织程度的企业，其投入是税收，产出是公共产品和服务。因此，政府制度供给能够降低社会交易费用，并提高国家层面的资源配置效率。此外，从全球层面来看，较高的制度质量对国际贸易和外资流入具有重要的吸引作用，原因是跨国企业偏好在制度成熟、政局稳定且具有支持性政策的地区进行布局，对于发挥比较优势、优化要素结构从而促进经济增长具有显著意义。

②制度能激励科学研究、推动技术创新。近现代经济史上著名的"李约瑟之谜"提出，为何是欧洲地区萌生了现代科学体系，而非传统工艺技术发达、市场一体化程度更高的古代中国？经济学研究认为，相比于地理和禀赋因素而言，私有产权和专利制度是近代欧洲科技发展的核心因素，也是工业革命顺利进行的原因。由于产权的清晰界定，创新者可以获得一定时期的垄断利润，这就为技术创新和投资等风险性行为提供了制度保障。

具体而言，首先，技术创新过程存在信息不对称。一方面，个体难以识别新技术产出的实际价值，因而无法通过价值判断提供正确激励；另一方面，研发行为本身需要监督，而企业家本身很难观察研发成功或者失败的原因是概率性的，或投入不足，还是委托代理问题。技术创新信息不对称地解决需要对研发和创新设计完善的市场制度和竞争机制。其次，科技发明具有公共产品属性，存在一定的非排他性和强外部性。创新成果很容易被模仿，从而无法获取足够的利润维持创新活动，降低创新激励；技术创新中的知识具有通用性，而知识传播带来的社会价值无法体现在技术创新产品本身的价格当中。因此，技术创新活动需要复杂的制度安排作为支撑，才能在市场价值和社会价值统一的条件下达到帕累托最优。中国经历了长期的后发赶超发展，在技术活动中主要以模仿型创新和技术引进为主，而当今必须逐步转向以自主创新，尤其是原创性技术进步为主导的创新发展阶段，这就需要及时调整制度安排，以制度供给提供创新激励，为创新动力代替传统动力创造适宜的制度环境。

（2）制度供给结构与激励机制设计。另一方面，一国（尤其是处于初始阶段的后发追赶型国家）能将结构优化、科技创新和公共民生制度供给纳入经济增长的动力系统，从而避免转向分配恶化、结构次优、环境软约束等具有极高负外部性代价的增长方式的一个重要前提条件，就是拥有良好的制度体系和激励机制。较高的制度质量会显著提高制度供给与政府公共政策的实施效果，其要素配置效率更高，创新能力更强，从而驱动发展动力，推动经济增长。

作为一个综合概念，广义性制度的衡量既有制度供给的数量层面，也有衡量其内部统一性和方向性的结构层面。而制度质量则从整体上评价了"制度的好坏及其程度"（罗小芳、户现祥，2011），斯密德[①]提出了制度质量的4个衡量标准：①经济效率；②自由程度；③个体与集体的利益一致性；④社会交易费用。国家经济的长期增长，尤其是能否跨越"中等收入陷阱"，不仅依靠新古典主义经济学所强调的持续要素投入，更取决于国家的制度基础能否及时根据生产条件调整更新。道格拉斯·诺思通过梳理经济发展的历史过程，找到了大量低效率制度导致经济发展停滞的证据。诺思认为制度质量难以提高的主要原因是：①缺乏必要信息；②制度的成本过高；③政府与

---

① 阿兰·斯密德. 制度与行为经济学 [M]. 北京：中国人民大学出版社，2004：113 – 116.

国民存在委托代理问题。

那么如何提高制度供给的质量？制度经济学在不同阶段、不同层面进行了探讨和回答。首先，从促进经济增长的层面来看，制度供给的主要作用确保明晰的财产权利，从而使得社会各阶层都能够在充分竞争市场环境中，通过个体利益最大化行为促进财富增长，也就是著名的科斯定理。其次，20世纪中叶亚洲"四小龙"以及中东海湾地区经济腾飞的事实引发了对于"威权型"政府促进经济发展的思考。例如，韩国等在政府主导下走外向型经济发展路线，这说明国家可以通过合理设计的制度安排、发展战略促进经济实现跨越式发展。最后，当代政治经济学整合了第一代"强市场"和第二代"强政府"观点，提出好的制度应当具有包容性，即认为制度基础应当能够整合绝大多数社会成员的利益目标以及行为约束，而非一般自由主义制度框架下所隐性推崇的弱肉强食和"丛林法则"，即所谓的"掠夺性制度"。

包容性的制度结构更深层次的意义在于"塑造了经济中参与者的激励机制"。阿西莫格鲁在其关于经济、政治制度关系的开创性研究中，强调了经济制度与政治制度之间，通过禀赋和利益分配相互影响的关系，认为经济制度一定程度上取决于国家在其社会文化中形成的政治制度。因此，"把激励搞对"就在于完善制度结构，从所有权、市场制度、政府角色以及法律体系等制度作为一个整体进行机制设计来提高制度质量。

对中国而言，这意味着政治体制改革也是供给侧结构性改革的重要环节，是强化市场地位、完善资源配置机制和科技创新体制的重要前提。制度结构变迁和质量提高是转变发展方式、驱动经济发展新动力的关键基础。因此，供给侧结构性改革的根本目的是解决中国经济发展的深层问题，提高制度质量，为高质量发展与可持续发展打下制度基础，那么供给侧结构性改革除了以"三去一降一补"为主要手段调整供给结构，更重要的是深化经济体制改革，建立、完善能支持要素配置优化、科技创新驱动以及公共民生包容性制度等经济发展新动力的制度结构。

二、社会主义基本经济制度是供给侧结构性改革驱动经济发展新动力的制度基础

制度对国家治理和经济社会发展具有根本性、全局性、稳定性和长期性

的影响。如前所述，社会主义基本经济制度，包括所有制、分配制与社会主义市场经济体制等，既是中国特色社会主义道路优越性的体现，又同中国社会主义初级阶段的生产力水平相适应，同时也是中国推进、深化供给侧结构性改革，实践高质量发展模式的重要制度基础。

1. 公有制为主体、多种所有制共同发展

供给侧结构性改革的最终目标是提升全要素生产率，实现经济高质量发展。经济发展不仅包含增长，而且还应该包括在增长基础上社会经济结构的变化和人民生活质量的改善。因此，高质量发展目标在完成增长的数量目标的同时，必须重视增长的质量目标，即消除贫困、增加就业和改善收入分配状况。因此，应始终毫不动摇巩固和发展公有制经济，毫不动摇鼓励、支持、引导非公有制经济发展。以公有制为主体、非公有制并行发展的社会主义所有制的制度基础，能够最大限度地发挥中国特色社会主义以人民为中心的制度优势，将发展战略集中于能创造出生产性就业岗位的高增长，确保机遇平等的社会包容性以及减少系统性、投机性风险，并提供能给最弱势群体带来缓冲的社会安全网，让普通民众最大限度地受益于经济发展成果。

供给侧结构性改革制度基础的核心目标，是保证增长过程与结果的包容性与可持续性。具体而言，在增长过程中保障不同社会阶层享有平等的政治经济权利以参与并做出贡献，在分享增长结果方面消除制度障碍、社会歧视以及实现可持续性。相应地，在增长模式的制度基础上，一方面，需坚持建立包容性制度，提供广泛的机会，而不是将增长政策和公平政策割裂开来；另一方面，供给侧结构性改革的制度基础需坚持可持续性原则，即坚持以创新驱动替代要素投入驱动，将经济增长看作高质量发展的手段。为此，经济增长的核心要义是将要素资源优化配置、科技体制创新与制度供给结构转变为经济发展的动力性因素。为此，中国特色社会主义所有制是推动、深化供给侧结构性改革所必需的制度基础，公有制经济为主导可以使社会成员获得平等的机会，减弱增长与分配导致的不平等，同时缓解经济增长过程中产生的各类矛盾，减少贫困和缩小收入差距；广泛的非公有制经济可以确保增长速度，促进效率提升，以结构优化、技术创新和制度完善为基础动力，在做大蛋糕的基础上促进全要素生成率提升以提高增长质量。

2. 按劳分配为主体、多种分配方式并存

中国经济高质量发展的本质，是要让全体社会成员都能公平合理地共享发展权利、机会和成果的一种增长与发展方式。因此，其导向与要求是从经济增长到社会发展领域的延伸，是更加强调社会公平导向的发展思路与发展路径，更加关注缩小贫富差距，也是实现百姓共享的发展过程。社会主义分配制度是深化供给侧结构性改革、驱动经济发展新动能的重要制度基础，相对于社会主义基本经济制度注重实现经济增长，尤其是具有包容性的增长，分配制度更加注重社会发展包容性与可持续的核心要义，即机会平等、福利普惠以及权利获得，以实现过程和结果有机统一的经济社会协调发展模式。

首先，自党的十八大以来，我国分配制度在坚持初次分配注重效率，二次分配注重公平的基本原则的同时，越来越关注通过完善分配机制改善劳动者的分配状况，党的十八大提出"居民收入增长和经济发展同步、劳动报酬增长和劳动生产率提高同步"，《中共中央关于全面深化改革若干重大问题的决定》指出"增加劳动者特别是一线劳动者劳动报酬，提高劳动报酬在初次分配中的比重"，真正关注最广大人民的根本利益，直接提高了劳动者的获得感，创造和扩大经济机会，使全民都能参与增长过程、分享增长成果。

其次，在转换经济增长动力和供给侧结构性改革的过程中，为使分配制度更加合理有序，以适应生产力发展要求和社会主要矛盾转变，促进经济、社会和自然系统之间的协调发展，实现广义上的平衡增长路径，必须进一步完善按要素分配的制度建设，"健全劳动、资本、土地、知识、技术、管理、数据等生产要素由市场评价贡献、按贡献决定报酬的机制"。

最后，供给侧结构性改革驱动经济发展新动力的生成，依赖于将消除贫困、结构优化与可持续等发展目标内化于扩大与促进社会机会窗口增加；对中国这个发展中的大国而言，还意味着兼顾、协调经济持续增长与深化改革，持续化解社会经济利益矛盾。因此，对于当前凸显的收入差距持续扩大问题而言，应"增加低收入者收入，扩大中等收入群体，调节过高收入"，尤其是我国当前的精准扶贫战略目标，要求社会整体脱贫，更应当依靠完善收入分配托底性、保障性制度，"重视发挥第三次分配作用，发展慈善等社会公益事业"。此外，从推动经济高质量发展的角度来说，根据马克思主义社会

协调原则，社会结构的平衡发展是纠正经济、社会与自然三大系统广义失衡的中枢，因此"合理调节城乡、区域、不同群体间分配关系"是中国当前深化体制改革中，构建和谐社会和推动高质量发展的基本任务和关键抓手。为此，需要坚持并完善按劳分配为主、多种分配制度并存的社会主义初级阶段分配制度。

3. 完善社会主义市场经济体制

高质量发展首先是一种效率和效益并重的增长模式。创新驱动型增长和提高全要素生产率提升离不开高效率的市场经济体系的支撑。40 多年来，中国特色社会主义市场经济体制成功实践的根本原因是实现了经济主体的激励相容，以充分发挥各个市场主体的创造性和生产力。另外，要素市场优化配置、制度供给结构完善也要求建立高水平的市场经济体制。中国特色社会主义市场经济制度基础的完善，意味着所有经济主体在经济参与中拥有平等的法律和市场地位，包括公平获取和使用生产要素，自主选择经营策略和进行进入退出决策，同时按照其产出的市场公允价值获取收益等经济行为。可以说，社会主义市场经济体制的核心特点，即"营造各种所有制主体依法平等使用资源要素、公开公平公正参与竞争、同等受到法律保护的市场环境"对完善生产关系、驱动生产力发展发挥了载体作用。

改革开放以来，中国的经济增长奇迹很大程度依靠建立具有中国特色的市场经济体制，其特点是：一方面引入价格机制，改善资源配置效率；另一方面，中国特色的中央—地方分权体系对地方政府产生了强大的经济增长激励，因而地方政府有强烈的动机干预资源配置。然而，在当前经济增长目标转向追求高质量发展，增长动能转向创新驱动，发展战略转向五大发展理念并重的新阶段，传统政府市场关系所形成的激励机制可能存在发展路径依赖和发展战略锁定。尤其是，随着地方政府的竞争和干预程度不断加深，产生了一系列影响经济包容性可持续发展的问题，例如土地财政、地方债务、环保竞次等。

因此，自党的十八大以来，建立新型政府市场关系就成为全面深化体制改革，以及政府发展方式转型的制度基础与激励机制的核心。党的十八届三中全会明确指出"经济体制改革是全面深化改革的重点，核心问题是处理好政府和市场的关系，使市场在资源配置中起决定性作用和更好地发挥政府作用"。该论断对转变政府市场关系提出了两点要求。一方面，①市场对资源配置起决定性作用，意味着传统的政府干预手段，例如直接的命令控制型干预政策工具要逐渐退出；②同时意味着建立维系市场机制有效运行的制度是未来改革的重点，《决定》强调要"完善公平竞争制度"和"强化竞争政策基础地位"。另一方面，在中国特色的央地分权体制下，如何更好地发挥政府作用需要注意两点，①中央政府在进行顶层设计，尤其是绩效考核机制时，既要重视非经济增长指标，例如将发展包容性和生态环境可持续性纳入考核体系，也要防止由于考核体系复杂，地方政府自由裁量权扭曲所导致的激励扭曲和失效问题；②地方政府职能转变和职权界定是引导管理型政府向服务型政府转变的首要环节，要降低地方政府直接参与经济活动，导致要素配置扭曲的动机，"推进要素市场制度建设，实现要素价格市场决定"也要清晰界定各级政府的职权范围，推动"放管服"改革加速落地，提高政府治理水平。

4. 科技创新与对外开放体制机制

党的十八大以来中国高速增长阶段向高质量增长阶段的转变的主要背景，从需求侧来说，是内需不振、出口不足和基建投资拉动难以为继；从供给侧来说，主要是要素投入回报持续下降，要素密集型发展驱力不足。供给侧结构性改革和高质量发展提出以创新驱动和对外开放作为发展新动能，同样强调释放创新动能和开放经济新动能。一方面，培育我国原创性技术创新能力，建设创新型国家，可以通过产业结构升级、提高技术效率和偏向性技术进步推动经济结构转型；另一方面，开放型经济体制可以促进产业转移和完善市场开放体制，推动人民币国际化、自贸区先行先试和完善涉外法规体系对增强我国的国际竞争力具有重要意义。因此，完善科技创新体制和开放型经济也是构建供给侧结构性改革驱动经济发展新动力制度基础的应有之义。

第五章

供给侧结构性改革驱动经济发展
新动力绩效评价的理论探索

经济下行的新常态阶段性特征、社会主义市场经济导向、是否能跨越"中等收入陷阱"三因素决定了供给侧结构性改革是经济实现长期健康可持续发展的关键。首先，中国面临经济下行压力，有效需求管理不足以应对当前宏观经济难题；其次，市场机制在资源配置中的决定作用，客观上需要减少财政政策与货币政策对市场的干预；最后，跨越"中等收入陷阱"依靠的要素已从投入量的多寡转变为制度与创新。一方面，供给侧结构性改革驱动着我国经济发展；另一方面，需求侧向供给侧的重心转移势必面临着诸多挑战。因此供给侧结构性改革的成败与否关乎着中国经济转型是否成功，而如何判定改革的成效，则需要对改革进行绩效评价。因此，对供给侧结构性改革绩效评价具有重要的理论与现实意义。

供给侧结构性改革所涉范围十分广泛，从改革的各个方面对其作出评价显然是不可行的，因此，首当其冲的难题当属该从哪个方面进行评价？目前对供给侧结构性改革影响较为广泛的研究大致分为三类：第一类研究从微观角度出发，对企业进行绩效评价。第二类研究从中观角度出发，对某些行业进行绩效评价；第三类研究从宏观角度出发，对宏观经济运行情况进行绩效评价。本章的研究属于第三类，从宏观角度审视供给侧结构改革的运行情况，但是，已有的第三类研究大多以供给侧结构性改革的任务或目的选取评价指标作为绩效评价对象，这种做法有个很大的缺点，即供给侧结构性改革所涉范围之广，很难通过仅有的几个指标来全面科学地进行绩效评价。为此，本章首先通过分析供给侧结构性改革的目的导向，提炼出三大动力系统，再以三大动力源为基础，以全要素生产率的提高为视角，进行理论模型推演，明晰供给侧结构性改革如何通过三大动力源提高全要素生产率进而增加产出；其次以三大动力源为对象，凭借层次分析的方法思路构建供给侧结构性改革评价指标体系；最后再通过层次分析法与熵值法相结合的方式进行绩效评价并进行相应分析，通过评价动力源是否得到改善，进而得到供给侧结构性改革是否如预期提升了全要素生产率。

本章为第四章三大动力系统的理论延伸，基于全要素生产率视角对三大动力系统如何提升各要素生产率进而提升全要素生产率进行理论推演，从侧面反映了要素市场在供给侧结构性改革中的重要地位，为下一章完善要素市场体制结构驱动经济发展结构优化新动力研究提供一些理论基础。

第一节 供给侧结构性改革驱动经济发展新动力绩效评价的理论模型

党的十九大报告肯定了中国长久以来取得的经济成就，做出了"主要矛盾已变为人民日益增长的美好生活需要和不平衡不充分发展之间的矛盾"的重要判断，并且明确指出："我国经济已由高速增长阶段转向高质量发展阶段"。随着社会主要矛盾由"物质文化需要"转变为"美好生活的需要"以及"落后的社会生产"转变为"不平衡不充分发展"，新时代背景下高质量的发展方式将成为未来很长一段时间我国经济发展方式的主旋律。如何实现经济的高质量发展？供给侧结构性改革如何驱动经济高质量发展？从何角度对供给侧结构性改革进行绩效评价？解决如上问题不仅从理论上对高质量发展的实现路径有着更深入的理解，在现实层面也能指导供给侧结构性改革。

一、供给侧结构性改革的目的导向

由于供给侧结构性改革辐射面之广，从改革的各个方面对其作出评价显然是不可行的，因此，首当其冲的难题当属该从哪个方面进行评价。为此，我们必须弄清供给侧结构性改革的目的所在。邓磊（2015）认为供给侧结构性改革的最终目标是完成产业结构的升级调整。胡鞍钢（2016）提出供给侧结构性改革核心目标是转变不合理的经济增长方式，促进形成新的合理的发展方式。韩国高（2016）认为解决产能过剩的根本途径在于体制改革。樊纲（1993）提出了转型成本的概念，认为转型过程中要注意收入分配带来的影响。任晓莉（2016）认为让更多公平的制度惠及大众是供给侧结构性改革的重要目的。我们认为：供给侧结构性改革的目的，究其根本在于如何通过制度变革以调整经济结构、提升要素供给效率，从而为提升经济发展质量驱动新动力。

关于经济增长动力的分析，一直伴随着经济思想史的发展。古典经济学认为分工决定专业化，使得生产制度与交易制度不断完善创新，经济得到长期增长。新古典增长模型强调了技术进步作为经济增长的动力源泉，罗默等继续完善新古典增长理论，分析了劳动、资本、技术创新对经济增长的影响。新制度主义发展经济学（Davis et al.，1971）在分析经济增长中引入制度作为增长动力源的讨论，并阐述了收入分配制度对经济增长的贡献。总之，西方经济学对经济动力源的讨论，既从劳动、土地、资本等投入生产要素进行了研究，也从制约生产要素使用效率的制度、规模、技术等进行了研究。这为研究分析如何驱动经济增长新动力，提供了一个基本范式。然而，不能完全求解经济转型条件下经济增长动力的转换研究，更不能判定新时代下我国所需要倚重的经济增长新动力。

针对新时期新动力或动力转换问题，目前学术界也有着一定数量的研究，青木（Aoki）等认为中国经济增长具有明显的阶段性特征。周小亮（2015）整理了经济增长动力发展脉络的各个理论，认为新常态下培育新经济增长点要依靠资本、技术、制度协同创新。张军（2007）认为改革开放以来制度变迁是推动中国经济增长的主要动因。靳涛（2016）指出收入的分配不均逐渐成为中国经济包容性增长的巨大障碍，尹恒、李子联的研究支持了该观点。科斯（2013）认为技术进步对中国经济长期增长有持续的正向影响，中国未来的经济长期增长必须依靠技术进步。郭庆旺（2014）认为中国经济增长停滞的本质是结构的动态失衡。李静（2015）对中国1978~2013年的经济增长数据进行实证分析，得出经济稳定增长的动力之源是人力资本。范庆泉（2015）发现生态环境对经济增长的影响。

结合供给结构性改革的目的以及经济思想史有关经济增长动力的研究，

特别是不同学者有关新时代中国经济增长新动力的讨论，我们认为，评价供给侧结构性改革，其目的应有利于我国从要素投入强度这一动力源转化为要素生产效率的提升，并有利于经济结构失衡与社会主要矛盾的化解。从此角度看，要提高要素生产效率，尤其是要提升全要素生产率，则必须驱动提升技术创新能力，并且需要优化经济结构；同时，制度质量是效率性与公平性的有机统一，因此任何有效的体制改革都应有一个价值取向，都应具有主体性和公平性特征。据此，从技术创新、结构优化、制度公平去建立供给侧结构性改革评价指标体系，是较为科学合理的。尤其是驱动经济发展新动力的视角来看，可以说，技术创新、结构优化、制度公平是今后我国经济新常态下经济发展的具有关键性的三大新动力，也是深化供给侧结构性改革的基本目标。

首先，从技术创新驱动经济发展新动力来看。创新能力不足是我国当前经济存在的最主要问题。依靠投资驱动经济高速增长阶段过后，各类经济增长要素呈现报酬递减规律，因此，技术创新决定着我国是否能够顺利改变驱动经济增长模式，跨越"中等收入陷阱"，保持经济健康可持续增长。世界经济论坛发布的《2017～2018年全球竞争力报告》显示，中国尽管是全球最具有竞争力的经济体之一，但是在各个相关指标上表现得并不抢眼，中国创新总体情况排名27位，比上一年上升1位，高等教育与培训排名47位，技术装备完备度排名73位，而这三项指标恰恰是影响全要素生产率的关键指标。OECD统计数据也表示，虽然中国的GERD占GDP比重逐年上升，至2016年，该比重已接近OECD三十五个成员国中的平均值水平，但是离世界主要发达国家还有一定差距。而技术创新是全要素生产率（TFP）的本质体现，TFP的提高与否直接影响着经济增长。从新古典增长模型出发，考虑技术创新的生产函数形式为：

$$Y = AF(L, K) \tag{5-1}$$

其中，F为生产函数，A为技术创新，L为劳动力投入，K为资本投入。

因此，供给侧结构性改革的目的之一就是对当今中国技术创新不足之处进行有针对性改革，促进全要素生产率的提高，实现创新驱动经济发展模式。

其次，从结构优化驱动经济发展新动力来看。"三驾马车"的高速增长、"4万亿"刺激政策过后，中国经济面临三期叠加的困境。经济下行压力的本质原因是经济结构出现了问题,抑制了经济增长,供给侧结构性改革的本质要求就是优化经济结构,从根本上解决结构性问题,实现经济高质量发展。当今我国的结构性问题主要表现在要素结构、产业结构与生态结构失衡上。

对于要素结构,第一,人口大国为过去的增长起到毋庸置疑的促进作用,但是随着要素边际报酬递减规律与资源环境的限制,劳动力结构成为不小的负担,与此同时,老龄化与计划生育带来的不利因素又将会不断加深失衡问题;第二,资本结构上看,高杠杆率加速房地产开发泡沫化,并且以全行业视角观测,必将挤出其他行业的投资,进而导致资本错配,不利于经济结构的合理发展。因此,如何调整人口结构与资本结构,引导相应要素投入生产至关重要。

对于产业结构,长期以来,我国用第一产业、第二产业、第三产业之间的比例关系来衡量产业结构是否达到科学合理的标准,实际上盲目地推动第三产业的发展而不重视统筹全局会引起局部投资过剩,过剩产能与房地产高库存就是很好的例子,与此同时,产业结构中新兴产业的占比依旧疲软,在全球价值链分工的背景前提下,"中国制造"被锁定在中低端的环节,未来的发展一定是占有先进科技的国家占有着市场的主导地位,供给侧结构性改革必须强调创新驱动的必要性,加大扶持新兴产业的力度,制造业向高端转变,真正掌握一批能让国人自豪、让国外敬畏的高科技附加值产业,从本质上提高国际竞争力水平。

对于生态结构,庞大的人口基数、长时间以要素投入量为前提经济的高速增长、工业化进程的加快都压迫着自然生态结构,资源与环境的约束变得越来越明显,人与自然之间的关系日趋紧张,资本的逐利过程要求将剩余价值继续资本化,进一步扩大再生产,作为低效污染的企业,通过不断地扩大再生产以实现资本增值的目的,结果这类低效企业以牺牲环境为代价获得自己的收益,最终污染环境,损人不利己。因此,供给侧结构性改革必须将绿色产业理念融入其中,须知良好的生态结构是人类一切进步的基础,杜绝无节制的生产,以防造成不可逆转的生态结构问题。

综上所述,将世界银行的包容性绿色发展理念(World Bank,2012)与供给侧结构性改革的本质融入公式(5-1),进一步得到:

$$Y = AF[(L+l, K+k), E+e] - Af[(l, k), e] \qquad (5-2)$$

其中，E代表生态要素，f代表过剩产能，l、k、e代表消除过剩产能过程中释放出的相应要素。

因此，供给侧结构性改革的本质任务就是优化经济结构，解决要素错配问题，减少无效过剩产能，不断地将要素引导至合理的有效生产中。

最后，从制度公平驱动经济发展新动力来看。除了投入要素与投入要素效率对经济增长的驱动作用外，制度经济学将制度变量引入生产函数，认为有效的制度供给与要素投入效率一样能够促进经济增长。高质量的制度供给对经济有着两方面的作用因素：一方面，效率的制度供给约束着市场的垄断行为，提高市场竞争力，进而有序的市场经济制度能够提升产能利用率，促进经济有效率地增长；另一方面，公平的制度供给影响收入的分配，缩小个人、城乡、地区之间的收入差异有助于提高全社会的福利水平，促进消费转型升级，使劳动力要素得以更好的释放，进而实现高质量发展。

党的十九大报告指出当前社会的主要矛盾已经转变为"人民日益增长的美好生活需要和不平衡不充分的发展之间的矛盾。"从"落后的社会生产"到"不平衡不充分的发展"的新时代认识的转变充分表明了未来我国的发展方向与目标是要解决不平衡不充分的发展问题。供给侧结构性改革是我国应对当前各方面不足所提出的重大改革，提供有效制度公平供给比制度效率供给在当前社会情势下更有必要：其一，制度供给是经济增长的动力源之一，有效的制度供给能够促进经济健康可持续增长；其二，在有效的制度供给中，提供更多更好的制度公平供给是解决新时代主要矛盾的前提条件，能够协调利益关系，促进全要素生产率的提高；其三，转型成本是改革中无法忽视的主要成本之一，只有在改革的过程中注重公平，才能尽量避免扩大转型成本。因此本文将有效的制度供给集中于制度公平供给的研究。

将制度公平变量与供给侧结构性改革的目的相结合，进一步得到：

$$Y = AF\{[L(I) + l(I), K + k], E + e\} - Af\{[l(I), k], e\} \qquad (5-3)$$

其中，I为制度公平供给。

综上所述，我们可以凭借供给侧结构性改革驱动经济发展新动力为目的导向，构建供给侧结构性改革三大新动力对应的总量生产函数。

二、全要素生产率视角下供给侧结构性改革驱动经济增长新动力理论模型推演

由供给侧结构性改革的目的可知，我国从要素投入强度这一动力源转化为要素生产效率的提升，并有利于经济结构失衡与社会主要矛盾的化解。从此角度看，提高要素生产效率，尤其是要提升全要素生产率，是评价供给侧结构性改革的关键所在。基于此，本章借鉴刘金全等（2018）的分析思路，在全要素生产率视角下对供给侧结构性改革驱动经济增长新动力进行理论模型推演。

索洛模型主要用来说明储蓄、资本存量和经济增长之间的相关关系，模型的基本假设前提为：①生产函数满足规模报酬不变，要素边际报酬递减，劳动和资本是经济中仅有的相互替代的两种生产要素，技术虽然在模型中有所体现，但它不作为投入要素进入生产函数对产量产生影响，劳动增长率为 n，技术增长率为 g；②$f(0) = 0$，$f'(k) > 0$，$f''(k) < 0$；③生产函数满足稻田条件。在具有技术进步的索洛模型中，生产函数具体公式为：

$$Y(t) = F[K(t), A(t)L(t)] \tag{5-4}$$

公式（5-4）中，$Y(t)$ 表示总产出，$K(t)$ 表示资本投入，$A(t)$ 表示技术投入，$L(t)$ 表示劳动投入，$A(t)L(t)$ 表示有效劳动投入。结合供给侧结构性改革并参照内托（Neto）关于索洛模型扩展的研究，本节构建如下包含资本、劳动要素的改进索洛模型：

$$Y = F(RK, BL) \tag{5-5}$$

公式（5-5）中，R 代表资本的有效性，K 代表资本投入，RK 表示有效资本投入，B 代表劳动有效性，L 代表劳动投入，BL 表示有效劳动投入，其中，公式（5-4）的 $A(t)$ 表现为 R 与 K。根据公式（5-5），并结合供给侧结构性改革引入结构优化理念的公式（5-2），将公式（5-5）改写为：

$$Y = F[R(s)K, B(s)L, E(s)] \tag{5-6}$$

公式（5-6）中，E 为生态要素，s 为供给侧结构性改革结构优化维度所带来的要素增量，由于供给侧结构性改革去产能的目标，使得过剩产能的 K、L、E 从过剩产业转入合理化的产业，使得相应投入要素增加，R(s)、

B(s)、E(s) 分别体现资本、劳动、生态三要素各自由于结构优化后所得的有效投入量。结合公式（5-3），将制度公平变量引入公式，由于制度公平作为动力源之一的目标是激发劳动者的劳动意愿，抚平转型成本，因此可将制度公平变量转化为对劳动有效性的提升，将公式（5-6）扩展为：

$$Y = F[R(s)K, B(s, l)L, E(s)] \tag{5-7}$$

公式（5-7）中，l 代表制度公平变量，从一定程度上激发劳动的投入量，理解为劳动有效性的提高。为了检验供给侧结构性改革的经济增长效应，对公式（5-7）进行求导并最终整理得到：

$$g = a_R g_R + a_K g_K + a_B g_B + a_L g_L + a_E g_E \tag{5-8}$$

其中，$a_R = R\partial Y/Y\partial R$ 表示产出资本有效性弹性，$a_K = K\partial Y/Y\partial K$ 表示产出资本弹性，同理 a_B 表示产出劳动有效性弹性，a_L 表示产出劳动弹性，a_E 表示产出生态要素弹性，由于 $a_R + a_K + a_B + a_L + a_E = 1$，且 $0 \leq a_j \leq 1$，$j = R$，K，B，L，E，由公式（5-7）可知当经济系统达到稳态时，产出增长率与资本增长率、技术增长率、劳动增长率、生态要素增长率等形成正向关系，即全要素的增长率上升带来总产出增长率的上升，从理论上验证了供给侧结构性改革具有一定经济增长效应，技术创新、资本积累、劳动生产率提高、生态要素的增加等举措能促进我国经济增长。

而技术创新、资本积累、劳动生产率提高、生态要素的增加来自供给侧结构性改革的三大动力源的推进，不妨将公式（5-7）中基本要素投入量 K、L、E 视为 Basic 要素，则公式（5-7）可转化为：

$$Y = F(Basci, A, s, l) \tag{5-9}$$

从公式（5-9）可以更为直观地看出，导致全要素生产率提高进而提高产出生产率的动力源为技术创新、结构优化与制度公平。

第二节　供给侧结构性改革驱动经济发展新动力绩效评价指标体系构建

供给侧结构性改革运行至今，要构建一套科学严谨的评价指标体系，除了对供给侧结构性改革的目的导向的理解与理论模型推演外，还应当从如下几点进行考虑：（1）供给侧改革相关的中央会议文件，如 2015 年 11 月 10 日召开的中央财经领导小组第十一次会议、党的十九大报告等，以期从全局出发构建评价指标体系。（2）供给侧结构性改革至今的政府工作报告，按范围可分为全国、省、市、地方，按时间可分为月、季度、年。以期从结果数据上判定供给侧结构性改革评分，同时应使指标数据方便查找。（3）国内外学者对供给侧结构性改革的解读，以期从学术层次上理清供给侧结构性改革的思路、任务、目的，并根据其选择相应的指标。（4）前人对指标构建的借鉴，如创新指标国内外学者研究相对成熟，根据供给侧结构性改革的任务目的，从前人研究中借鉴合适的评价指标，具有科学性与对科学的继承。

供给侧结构性改革的特点决定了建立评价指标体系要遵循相关性、可靠性、可操作性、灵活性、可比性等原则。并且该评价指标体系既要有单项评价指标，又要有综合性评价指标。各个评价指标之间相互独立、相互联系、相互制约，形成完整的评价指标体系。依据供给侧结构性改革的任务和目的，以及本书的分析，我们将供给侧结构性改革评价指标体系分为三个维度，即技术创新、结构优化、制度公平（见图 5 - 1）。

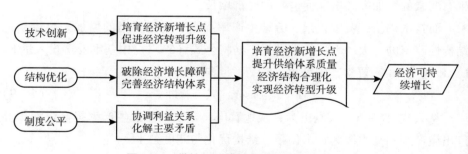

图 5 - 1   供给侧结构性改革评价指标体系

一、技术创新评价指标

供给侧结构性改革的本质是转换增长动力，促进经济以至于社会各个方面发展，技术创新则是重中之重。在西方经济理论发展历史中，不断地重复着创新的重要性与其作为生产力发展的重要源头，恰与供给侧结构性改革的任务与目的如出一辙，因此，将技术创新作为供给侧结构性改革评价指标一大维度。

本书拟探讨的供给侧结构性改革评价指标体系着重于从宏观层面上评价各个维度的运行情况，因此技术创新维度不必过于细分，我们综合第二、第三章的分析，选取二个二级指标即可很好地反映出全国、省、市、地与年、季、月的发展情况，并且各个三级指标均可切实得到相对应的数据。《国际科技竞争力研究报告》（潘教峰，2010）从科技活动的价值链出发，将技术创新的绩效评价分为两个阶段，即投入与产出。具体地，由于产出可分科研产出与经济产出，可用于评价科研的经济转换得分。因此我们选取科研投入、科研产出、经济产出作为技术创新的三个二级指标（见图5-2）。

准则层——技术创新

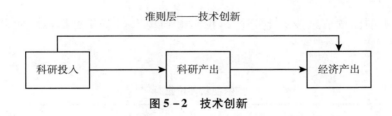

图5-2　技术创新

1. 科研投入指标

科研投入能够反映企业内部或政府导向对创新的重视程度。R&D经费投入强度（GERD/GDP）是一个经常被用来评价一个国家或地区科技投入水平的指标；R&D人员全时当量衡量一定时间内对科研人力的投入量，可以从一个方面体现出对科研的重视程度，二者可以反映出一定区域内规模以上企业的科研投入强度，均为正向指标。

2. 科研产出指标

科研产出作为科研投入与经济产出的中间产物，有着相对独立性与重要性，正如内生增长模型所假设的——将科研产出视为边际报酬递增，源源不断地为经济产出提供基础支撑。国内三专利授权数为三专利申请受理数的有效结果，能够反映当年的专利授权情况，同时从一个层面体现了当年国家的创新水平；有效发明专利数更进一步反映不同范围内专利有效发明总量，目前各个网购平台的很多商家，都因商品特有的有效发明专利而拥有很大的市场份额，均为正向指标。

3. 经济产出指标

经济产出可以作为科技转换为经济的评分标准，是供给侧结构性改革转换动力增长的核心思想与目的，因此把经济产出从产出中分离出来可以更直观地作为改革成效的判断标准。新产品销售收入是可以直观地观测科研投入转化为经济产出的重要指标之一，正如共享单车不但是科研创新的结果还是共享经济发展的结果；技术市场成交额能体现从科研产出到经济产出的转化，选为经济产出指标之一可以用来评测科研产出转化为经济效益的能力，均为正向指标。

根据前面章节以及以上分析，我们得到技术创新评价指标，如表 5 – 1 所示。

表 5 – 1　　　　　　　　　　　技术创新评价指标

一级指标	二级指标	三级指标	正负指标
技术创新评价指标（A）	科研投入（A_1）	R&D 经费投入（A_{11}）	+
		R&D 人员全时当量（A_{12}）	+
	科研产出（A_2）	国内三专利授权数（A_{21}）	+
		有效发明专利数（A_{22}）	+
	经济产出（A_3）	新产品销售收入（A_{31}）	+
		技术市场成交额（A_{32}）	+

二、结构优化评价指标

结构优化是供给侧结构性改革绩效评价的重点，本章将驱动经济增长的动力源、我国具体国情以及传导机制的研究整理得到表 5 – 2。

表 5 - 2 结构优化相关理论梳理

动力源/ 改革任务	基本问题描述	作用	代表文献
劳动力 结构优化	当前中国人口红利逐步消失、劳动力成本快速上升、老龄化趋势显著，人力资本水平较低	应对基本问题，释放劳动者大军，促进人力资本积累，增加就业，进而促进经济增长	李静等，2017； S. Ding et al.，2009
资本结构 优化	资本对经济增长拉动作用较强主要以股票融资对实体经济的支持为主，当前中国存在金融市场发展失衡、间接融资成本过高等低效率现象，迫切需要"补短板"的推进	调整资本结构，社会融资简化，促进实体经济发展，实现"双轮驱动"促进经济增长	张梁梁等，2017 陈守东等，2017
生态结构 优化	过去 30 多年，随着城镇化和工业化的加速推进，资源消耗和环境污染问题已十分严重，这种生态结构的失衡必然影响经济增长的可持续性	加大生态治理力度，良好的生态环境不仅是经济可持续增长的基本保证更是人类生存发展的必然需要	张卫东等，2007； 刘长庚等，2017
新兴产业	战略性新兴产业是适应市场需求、全局性、支柱型产业，积极培育战略性新兴产业，这是加快发展方式转变、推动产业结构优化升级，实现经济社会又好又快发展的迫切需要	重视战略性新兴产业，培育支柱型产业，推动产业结构优化升级，从中国制造转变为中国创造	贺正楚等，2011； 赵珏，2015
产业 合理化	产业合理化主要针对五大任务重点去产能，当前中国产能过剩不仅出现在传统产业还出现在新兴产业，同时，市场被大量低端产品占据，需求日益萎缩	化解产能过剩，转移冗余生产力，调节新兴产业产出水平，推进经济结构转型升级	陈玉荣等，2017； 刘志彪，2011

综上所述，本书在结构优化中选取 5 个二级指标作为结构优化新动力的评价指标，并按照 7 个指标的性质作用，将二级指标归为 3 类：要素结构、产业结构、生态结构，如图 5 -3 所示。

1. 人口结构指标

人口结构的调整是为了应对两个主要问题，第一是人口老龄化的结构问题，第二是劳动力来源问题。应对老龄化目前国家已经全面开放二胎，因此可以用出生率来观测未来劳动力能否满足人口结构需求；劳动者大军的来源

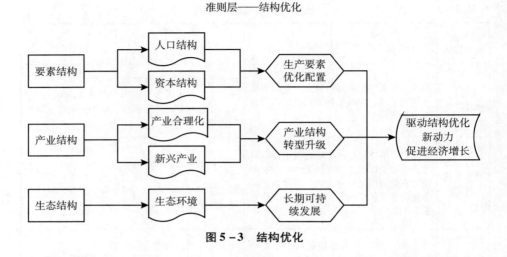

图 5 - 3 　结构优化

可以是城镇化带来的城市参工人口增多，可以用人口城镇化率来体现；分地区私营企业和个体户就业人数可以直接体现当前的劳动力水平，均为正向指标。

2. 资本结构指标

资本结构优化主要体现在金融改革、社会投资的难易程度，我们使用社会融资规模量来体现社会融资能力是否更为便捷，社会投资的难易程度使用全社会固定资产投资来体现，均为正向指标。

3. 产业合理化指标

产业合理化指标主要针对"去产能、去库存、去杠杆、降成本、补短板"中当前阶段最重要的去产能，去产能不仅要重视传统行业的冗余产能，也要注重新兴产业的产能过剩，因此我们选用粗钢产量、水泥产量、平板玻璃产量来观测去产能的运行情况，均为负指标。

4. 新兴产业指标

新兴产业作为技术创新在经济效益上的体现，是产业结构优化中的一把

"利剑"，我们根据贺正楚等（2011）的研究结果和供给侧结构性改革的目的任务来整合选取新兴产业指标，值得注意的是，从宏观层面上看，新兴产业指标可以从全国重视的行业加总得到并且在统计年鉴上得到具体数值，但是该产业指标无法普适，因为不同省份的战略性新兴产业并不相同。新兴产业出口量体现了我国出口从低端产品向高端产品的趋势，从中国制造向中国创造的转变，用高新技术产业出口交货值表示；新兴产业市场潜力指标选用产业主营业务收入表示，只有主营业务收入的不断上升，该产业才能有着开阔的前景，不断保持着活力；新兴产业就业吸纳能力，可以衡量在一定时间内从事新兴产业劳动力的数量，其明显的增减趋势可以作为新兴产业未来发展的评判标准，并且在同时解决一部分的就业压力，由于从事新兴产业的劳动力没有直接指标，且各个新兴行业劳动力难以计算，我们采用高技术行业企业个数来代替，高技术行业企业个数可以从一个侧面反映新兴产业就业吸纳能力，均为正向指标。

5. 生态结构指标

"绿水青山就是金山银山"，通过生态结构优化促使整体经济转型升级，打造生态、低碳、绿色的中国新经济。生态结构指标可以选用国内学者陈洪海等（2014）、石宝峰等（2014）、顾在浜等（2013）、周颖等（2016）研究的绿色产业指标来表示。我们筛选出绿色生产、绿色消费、绿色环境来构成生态结构调整升级。绿色生产要体现节能减排、循环低碳的绿色发展理念，又要考虑到指标的可取性与绩效评价的普适性，我们选用一般工业固体废物综合利用率来表示，一般工业固体废物综合利用率 ＝ 一般工业固体废物综合利用量／一般工业固体产生量；绿色消费我们采用能源消耗来进行衡量，由于能源种类较多，而现代化生活又离不开电力，且电力主要为人工转换能源，意味着其余能量的消耗从某种程度上可由电力的消费总量表示，且电力消耗较其余能源统计更为精确且容易获得；绿色环境我们选用当务之急的废气排放总量来进行评价，废气中主要污染物二氧化硫、氮氧化物、烟尘粉尘直接影响到空气质量，是雾霾的主要组成元素，且一定程度上反映了传统重工业的污染情况，因此我们选用三大污染物的总量增加率表示。三指标正负向分别为正、负、负。

综上所述，我们可以得到结构优化评价指标，如表 5-3 所示。

表 5-3 结构优化评价指标

一级指标	分类	二级指标	三级指标	正负指标
结构优化评价指标（B）	要素结构	人口结构（B_1）	出生率（B_{11}）	+
			城镇人口占比（B_{12}）	+
			就业人数（B_{13}）	+
		资本结构（B_2）	社会融资规模量（B_{21}）	+
			全社会固定资产投资（B_{22}）	+
	产业结构	产业合理化（B_3）	粗钢产量（B_{31}）	−
			水泥产量（B_{32}）	−
			平板玻璃产量（B_{33}）	−
		新兴产业（B_4）	新兴产业出口量（B_{41}）	+
			新兴产业市场潜力（B_{42}）	+
			新兴产业就业吸纳能力（B_{43}）	+
	生态结构	绿色产业（B_5）	绿色生产（B_{51}）	+
			绿色消费（B_{52}）	+
			绿色环境（B_{53}）	−

三、制度公平评价指标

制度公平在供给侧结构性改革全过程都有不可或缺的地位，在经济转型升级的过程中，人们往往忽视了短暂的转型所带来的经济结构与社会资本的变动，从而带来的动荡后果，而在转型过程中重视公平，则可以有效地缓解上述情况的发生，并且公平的制度贯穿整个中国经济发展，特别是当今的包容性发展与共享经济中。

结合前面章节的分析，事物发展必须经历三个阶段，本书分别选取起点公平、过程公平、结果公平作为制度公平的三个二级指标（见图5–4）。

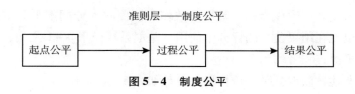

图5–4　制度公平

1. 起点公平指标

结合已有文献与当今的社会矛盾，我们选取5个三级指标作为起点公平的评价，且作为衡量政府供给侧结构性改革的成效，应从政府对各个方面所做贡献入手，即财政拨款在各个方面的人均情况。依次分别为教育公平、住房公平、交通公平、医疗公平、资源公平，前四者的衡量标准为政府在该项目支出/年末地区人口数，资源公平衡量人均使用资源的公平程度，对于政府所做的努力，可以理解为政府治理污染所投入的财政支出，资源公平=节能环保支出，由于公共资源的共用性，无须计算人均指标，5个指标均为正向指标。

2. 过程公平指标

社会保障和就业支出属于再分配的范畴，体现了政府为过程公平所做的努力，人均社保支出表示单位人口所得到的福利，人均社保支出=社会保障和就业支出/年末地区人口数；养老保险覆盖率、医疗保险覆盖率、失业保险覆盖率体现单位时间内一定地区内人口参与三险的普及情况，视为基本的过程公平指标，计算为对应保险覆盖率=对应保险城镇年末参保人数/年末地区总人口，均为正向指标。

3. 结果公平指标

城乡居民收入差可以反映城乡居民的收入差距，可以作为观察城乡收入差距的评价指标，东部与中西部、东北部城镇居民收入差，可以用来观测区域不平等情况，根据国家统计年鉴，2013 年以来的中部西部与东北部这三个地区的城镇居民收入十分接近，因此我们选用收入差距最大的东部与西部城镇居民收入差来体现该指标，基尼系数作为测度收入分配不平等常用指标之一，我们也能在结果公平的评分中使用，基尼系数介于 0 ~ 1 之间，越大代表收入越不平等，三者均为负向指标。

综上所述，制度公平评价指标的设计如表 5 - 4 所示。

表 5 - 4   制度公平评价指标

一级指标	二级指标	三级指标	正负指标
制度公平评价指标（C）	起点公平（C_1）	教育公平（C_{11}）	+
		住房公平（C_{12}）	+
		交通公平（C_{13}）	+
		医疗公平（C_{14}）	+
		资源公平（C_{15}）	+
	过程公平（C_2）	人均社保支出（C_{21}）	+
		养老保险覆盖率（C_{22}）	+
		医疗保险覆盖率（C_{23}）	+
		失业保险覆盖率（C_{24}）	+
	结果公平（C_3）	城乡居民收入差（C_{31}）	−
		东部与中西部城镇居民收入差（C_{32}）	−
		基尼系数（C_{33}）	−

四、评价指标体系整合

将上述各个维度指标体系整理得到图 5 - 5。

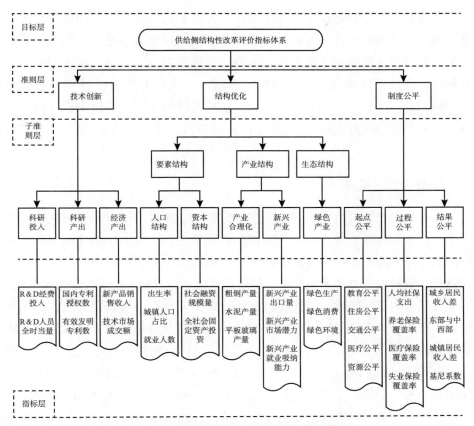

图 5 - 5　供给侧结构性改革评价指标体系

第三节　供给侧结构性改革绩效评价

　　依据前面所构建的评价指标体系，本节进行供给侧结构性改革绩效评价的具体操作。首先进行评价方法的论述与选择，其次进行权重体系的计算与分析，最后进行全国与省域层面的综合得分计算与分析。

一、评价方法

　　当今学界对多属性综合评价有着诸多研究，总体分为两种：主观评价法与客观评价法。主观评价方法和客观评价方法各有优势。主观评价法对于方案选择有很强的针对性，可以充分利用专家的知识对方案进行判断，但是个体的偏好必然会影响权重的获得；客观评价法则避开了主观的因素干扰，从数据层面能够更好地进行客观分析，但脱离了人的判断有时并不会被认可（刘伟玲等，2008）。本节对目前适用性比较广泛的主客观评价法进行归类整理，再依据供给侧结构性改革绩效评价的特点，从中选取适合本书的评价方法。

1. 评价方法概述

多属性综合评价的主观评价法中，目前使用比较广泛有 Delphi 法、AHP 层次分析法、因素成对比较法、模糊综合评价法，学者们应用这四种主观评价法做了许多研究。四种方法中，由于指标过于庞杂，选用因素成对比较法显然是不明智的；本书研究的供给侧结构性改革针对的是宏观经济运行情况，因此无须考虑定性指标，故模糊综合评价也不适合本书所研究的内容；比较适合本书的有 Delphi 法与 AHP 法，Delphi 法需要比较稳定的专家团队与持续时间较长的综合分析，只有 AHP 法最契合本书所作的研究。层次分析法（analytic hierarchy process，AHP）是美国著名的运筹学家汤姆森（Thomas L. Saayt）教授在 20 世纪 20 年代初首次提出的一种多属性综合决策的定性定量分析方法，它通过对项目系统构建层次结构，通过专家问卷的方式，逐层进行两两要素的相互比较，通过一系列数学方法将专家的经验判断进行量化并得到权重值。由于此评价方法与现实许多情况的层次结构相一致，并且操作较好实现，因此被广泛应用于各个学科。但是，该方法过多依赖专家对某事物的认知偏好，权重体系受控于专家的打分，在层次结构繁杂、指标众多的情况下计算烦琐，且需要一定数量的专家团队才能比较好地通过一致性检验。

客观评价法中，目前应用广泛的有主成分分析法、熵值法、DEA 数据包络法、人工神经网络法、灰色关联分析法、TOPSIS 理想点逼近法，学者们同样使用这六种客观评价法做了许多研究。主成分分析法适用于需要用少数维度表达多个维度的系统，不适用于复杂的评价指标体系；DEA 数据包络法为多投入多产出模型，而供给侧结构性改革绩效评价需要得到评价得分，不太满足于多产出这一标准；人工神经网络法为近几年比较高级的客观评价方法，然而该方法对数据要求比较高，需要通过大量精确数据学习某种规则再由该规则推导出所需要的单元，并不适合于本书的研究；灰色关联分析法试图联系变量之间的关系，并在此基础上对整个系统进行赋权评价，而本文所构建的指标体系尽量避免关联性的产生，故该方法并不适用；适用于本书的客观评价法有熵值法与 TOPSIS 理想点逼近法，这两种方法都是应用客观数据得到信息，再由特定信息通过数学方法对客观数据进行分析赋权，也有学者将这两种方法进行组合赋权（方崇等，2011），由于本书的目标是对宏观经济进行绩效评价打分，因此本书选用更适合本书的熵值法对评价指标体系进行赋权，熵原先用来度量能量在空间中的离散程度，由于其逻辑明确清晰，各个领域都广泛应用。熵值法是根据指标的变异程度来确定其信息熵值，变化大的指标数据代表着较大的信息量，意味着权重也越大，其原理非常适用于某一时间点前后状态改变的度量。但是运用该方法需要一定数量的数据支撑，并且数据之间的不能一成不变，变异程度越大越能体现指标的重要性。

2. 组合赋权法

本节旨在研究供给侧结构性改革绩效评价，十分契合主观评价法中的 AHP 层次分析法与客观评价法中的熵值法，故本文选择组合赋权法对评价指标体系进行赋权。

使用主观评价法 AHP 层次分析法有如下优点：（1）层次分析法将其对象视作一个完整的系统，系统中各个因素系统化的特点使得结论清晰明确；（2）层次分析法避免了复杂的数学过程，操作更为简便；（3）层次分析法是通过两两比较形成判定矩阵后得出的权重，专家需依据自身专业水平对比指标的重要性即可完成问卷，相比于其他主观评价法较为客观。然而一般的 AHP 层次分析法采取 1～9 的标度来建立判定矩阵，在实际中应用时往往令研究者束手无策，特别是在指标繁多的情况下，判定矩阵的一致性检验较差而使得研究者不得不重新审视指标重构判断矩阵，甚至，研究者在调整矩阵时具有一定盲目性。本书借鉴陈沉江等（2005）的做法，采用 IAHP——改进的层次分析法，用更为直观简明的三标度法来建立一致性较好的判定矩阵，同时通过优化该判定矩阵来克服一致性检验带来的烦琐性。

熵值法是一种客观赋权法，主要思路是根据数据的变异程度来确定权值，如果某个指标的信息熵越小，表明其变异程度也就越大，提供的信息量越多，在综合评价中所占的分量越重，权值也就越大，反之则越小。由此可见，熵值法作为一种客观评价法，非常适合应用于某项改革之后，衡量指标变异程度的大小，由此来决定某项指标的权重。

供给侧结构性改革的特殊性使得专家对改革的认知能对指标体系的赋权起到很好的促进作用，又由于主观评价法的不足，使用客观数据体现不同指标的变异程度来弥补可能由于个体偏好的差异所引起的不足，因此，使用IAHP层次分析法与熵值法的组合赋权，将使得权重体系更加具有说服力。

二、指标体系权重

1. 组合赋权步骤

（1）IAHP法赋权。

①建立层次模型。

由于指标体系是根据层次结构建立的，因此契合IAHP的层次模型，整理得图5-6。

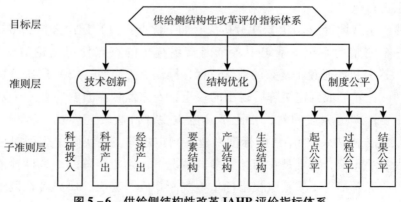

图5-6 供给侧结构性改革IAHP评价指标体系

②对比方阵的建立。

采用专家评分的问卷调查形式，回收专家对指标体系各个层次两两重要性对比的结果，得到对比方阵A：

$$A = \begin{bmatrix} a_{11} & a_{12} & \cdots & a_{1n} \\ a_{21} & a_{22} & \cdots & a_{2n} \\ \vdots & \vdots & & \vdots \\ a_{n1} & a_{n2} & \cdots & a_{nn} \end{bmatrix} \quad\quad (5-10)$$

其中，a_{ij} 为第 i 与第 j 因素相比的重要性，用三标度法表示"重要""不重要""一样重要"，当 i 比 j 重要时用 2 表示；当 i 不及 j 时用 0 表示；当 i 与 j 同样重要时用 1 表示。且有 $a_{ii}=1$。

③判定方阵的建立。

根据 A 与其元素，构造对应判定方阵 B：

$$r_i = \sum_{k=1}^{n} a_{ik} \quad\quad (5-11)$$

$$b_{ij} = \begin{cases} r_i - r_j, & r_i > r_j \\ 1, & r_i = r_j \\ (r_j - r_i)^{-1}, & r_i < r_j \end{cases} \quad\quad (5-12)$$

$$B = (b_{ij})_{n*n} \quad\quad (5-13)$$

其中，r_i 为重要程度排序指数；b_{ij} 为判定方阵 B 中的相应元素；i，j = 1，$\cdots$，n 为矩阵阶数。

④判定方阵的优化。

优化矩阵 $C = (c_{ij})_{n \times n}$ 中元素计算如下：

$$c_{ij} = \sqrt[n]{\prod_{k=1}^{n} b_{ik}} \Big/ \sqrt[n]{\prod_{k=1}^{n} b_{kj}} \quad\quad (5-14)$$

⑤评价指标权重的计算。

根据优化后的判定方阵，计算各评价指标的单一权重：

$$p_i = \sqrt[n]{\prod_{j=1}^{n} c_{ij}} \quad\quad (5-15)$$

对 p_i 进行归一化处理，即可得到各个指标权重 $q1_i$：

$$q1_i = p_i \Big/ \sum_{j=1}^{n} p_j \quad\quad (5-16)$$

（2）熵值法赋权。

①数据标准化。

假设多属性决策信息如下：

$$A = \begin{bmatrix} a_{11} & a_{12} & \cdots & a_{1n} \\ a_{21} & a_{22} & \cdots & a_{2n} \\ \vdots & \vdots & & \vdots \\ a_{m1} & a_{m2} & \cdots & a_{mn} \end{bmatrix} \qquad (5-17)$$

则对决策矩阵进行数据标准化处理

$$b_{ij} = a_{ij} \Big/ \sum_{i=1}^{m} a_{ij} \qquad (5-18)$$

得到对应标准化后的矩阵 $B = (b_{ij})_{m \times n}$。

②计算信息熵。

求出所有方案对某属性 j 的贡献总值，再计算信息熵 Ej：

$$E_j = -K \sum_{i=1}^{m} b_{ij} \ln b_{ij} \qquad (5-19)$$

其中，$K = 1/\ln(m)$。

③熵值法权重的确定。

再利用熵值法的权重计算公式，得到各个属性的权重：

$$q2_i = \frac{1 - E_i}{m - \sum E_i}, \ i = 1,2 \cdots m \qquad (5-20)$$

所求 q2i 即为所求熵值法权重。

（3）组合赋权。

设 IAHP 得到的权重为 q1i，熵值法得到的权重为 q2i，对两种方法进行平均加权得：

$$q_i = \alpha \times q1_i + \beta \times q2_i \qquad (5-21)$$

其中，α 和 β 分别是表示 IAHP 和熵值法的相对重要程度，本书取 $\alpha = \beta = 0.5$，可以得到指标的组合权重。

2. 权重体系评价

（1）组合权重的确定。

IAHP 部分，邀请 5 位专家进行问卷调查，并以相对应的计算步骤得到 5 位专家对评价体系认知的对应权重，再取平均值，需要注意的是，由于指标体系过于庞杂，问卷调查只取到准则层的判断，指标层本书采取均权法的思路进行赋权，原因有二：一是准则层部分即有 12 个二级指标，对应指标层采用均权法所得权重很小，对结果影响不大；二是本文采用组合赋权来弥补主观评价法的缺陷，因此经过组合计算后均权部分也能体现相应的改革绩效结果。

熵值法部分，选取 2013～2016 年《中国统计年鉴》上的数据进行熵值法计算，之所以选择该年份主要原因在于 2015 年作为供给侧结构性改革的提出元年，前后数据对比的变异程度可以从数据上反映出改革前后对某些指标的影响程度，可以从数据上直观地体现供给侧结构性改革重视的某些指标，对主观评价法进行较好弥补。鉴于统计口径一致性与指标获取可行性，本章指标计算不涉及港澳台与西藏地区。

分别计算出主观评价法与客观评价法得到的权重，再进行组合权重的计算，组合权重整理得到表 5－5。

表 5－5　　　　　　　供给侧结构性改革指标体系综合权重

	准则层	IAHP 权	熵权	组合权	子准则	IAHP 权	熵权	组合权
供给侧结构性改革指标体系综合权重	技术创新 A	0.257	0.3978	0.3274	A1	0.0445	0.0275	0.036
					A2	0.0819	0.2774	0.1797
					A3	0.1306	0.0929	0.1118
	结构优化 B	0.3044	0.2524	0.2784	B1	0.0645	0.0445	0.0545
					B2	0.0644	0.079	0.0717
					B3	0.0474	0.0023	0.0249
					B4	0.0474	0.0355	0.0415
					B5	0.0807	0.0911	0.0859
	制度公平 C	0.4383	0.3495	0.3939	C1	0.1415	0.2289	0.1852
					C2	0.196	0.0837	0.1399
					C3	0.1008	0.0369	0.0689

（2）权重体系评述。

从权重体系中可以看出，由 5 位专家通过 IAHP 问卷打分得到的权重中，准则层制度公平的权重占很大分量，说明专家们十分看重制度公平这一促进经济增长的动力源,认同发展的不平衡不充分阻碍经济增长。与此同时,由熵权所衡量的制度公平指标变异程度较大,权重也较大,说明专家对当前供给侧结构性改革的认知与改革的客观情况是相符的,经过组合后制度公平的权重接近40%。另外,在专家评价中,技术创新和结构优化与客观指标变异程度相反,这一情况可能是由于结构优化中展示的新兴产业从某种程度上反映了技术创新(指标体系不可避免地存在相关性,但是不影响各维度的绩效得分,例如,技术创新得分与新兴产业维度得分并不相互影响;绩效评价的最终得分为加总,不影响横向与纵向对比),而我们选取组合赋权法很好地平滑处理了这个矛盾,技术创新与结构优化的最终权重分别为33%与28%,而非客观评价所得到的40%与25%。

三、绩 效 评 价 与 分 析

1. 绩效得分计算步骤

(1)数据标准化处理。

为方便计算,记每一项指标为 X_i^j,i 为指标个数,$j = 1$,2,3 分别代表年份:

$$Y_i^j = X_i^j \Big/ \sum_{j=1}^{3} X_i^j \qquad\qquad (5-22)$$

(2)计算综合指数得分。

应用组合赋权所得到各项指标权重 q_i,与标准化后的全国数据,我们可以计算出综合指数得分与分模块指数得分。

$$j \text{ 年的全国供给侧结构性改革综合指数得分} = 100 \times \sum_{i=1}^{28} p_i \times Y_i^j$$

$$(5-23)$$

值得注意的是,由于数据的标准化算法,综合指数得分应注重于相比较的得分排序,不在于得分本身,应注意供排序,同时比较各个准则层的综合得分次序。

2. 全国供给侧结构性改革运行绩效

应用如上步骤我们得到 2014~2016 年全国供给侧结构性改革绩效综合得

分（见表5-6）。

表5-6　　　　　　　　**全国供给侧结构性改革绩效综合得分**

年份得分	2014 年综合得分	2015 年综合得分	2016 年综合得分
子准则层			
科研投入	3.517	3.703	3.963
科研产出	15.21	19.603	24.673
经济产出	10.468	11.584	13.423
人口结构	5.262	5.627	6.065
资本结构	6.802	7.567	8.371
产业合理化	-2.565	-2.453	-2.493
新兴产业	4.002	4.275	4.569
生态结构	-6.58	-6.05	-4.206
起点公平	17.525	19.924	20.649
过程公平	13.176	14.522	15.814
结果公平	-6.698	-7.055	-7.488
准则层			
技术创新	29.194	34.89	42.057
结构优化	6.922	8.966	12.307
制度公平	24.003	27.392	28.975
目标层			
供给侧结构性改革绩效评价	60.119	71.248	83.34

　　根据表5-6我们可以看出，从全国的视角，供给侧结构性改革的整体绩效评价综合指数得分稳步上升，2015~2017年综合得分分别为74.04、89.09与99.39。但是自2015年正式推出供给侧结构性改革以来其总体增幅并不十分显著，2015年与2016年的得分增长率均为20%左右，2017年的得分增速率则下降至11%，这与一些学者认为供给侧结构性改革并没有十分显著的成效是相一致的。

　　准则层维度，技术创新维度在2015~2017年的得分稳步上升，增速有所放缓，原因在于创新是一个循序渐进的过程；结构优化维度出现较大波动，得分从 2015 年的 16. 15 快速上升至 2016 年的 23. 10，这与政府在供给侧改革之初调整产业结构的力度大是相一致的，但是 2017 年的得分大致与上一年持平；2015～2017 年制度公平维度的增速分别为 17. 50、6. 59、13. 27，表明政府在经济转型过程中逐渐重视对公平制度的供给，但是公平方面的财政投入仍是不充足的，未来应加大对公平性政策的实施力度，确保各项政策落实到位，以化解新时代我国社会的主要矛盾。

子准则层维度，比较值得注意的有五点：其一，人口结构的得分增速有下滑态势，原因是出生率与就业人数下降。其二，产业合理化得分显示，2015 年过剩产能得到大幅度减少，2016 年与 2017 年有所回升，这一点与事实相符。的确我国经过重新审视产能过剩问题，恢复了部分工业企业的生产，纠正了去产能的目的，即为了结构合理和促进经济增长而去产能，而不是为了去产能而去产能。其三，生态结构得分显著提升，表明国家对生态环境更为重视，加大了污染的治理力度，正在努力创建绿色中国，这方面与生态文明写入党章是相对应。其四，起点公平得分增速显著下降，从 18% 下降至5%，说明国家应更加重视对公平性制度的完善，提高与之相对应的支出水平，切实解决不平衡不充分发展的问题。其五，政府对过程公平的投入有了明显的反馈，且个人基本保险制度的普及对社会总体公平起到了关键的作用。

3. 普适性检验

（1）计算各省份供给侧结构性改革综合指数得分。由于全国供给侧结构性改革评价所选指标并非全部适合省份使用，如新兴产业，不同省份所突出的新兴产业并不相同，在产业结构得分上需要作出调整，将新兴产业的权重以 0 代替，原因有二：其一新兴产业的得分或多或少会在各个地区的技术创新维度上体现；其二子准则层新兴产业组合权重后的权重很低，仅为 4%，故将其舍去并不影响整体得分。此外，结果公平中需要对原指标进行调整，结果公平中的收入差距与基尼系数为全国宏观情况分析，在地区中需要将其指标作出调整与替换，权重使用原先该维度的组合权重，再将其平均分配到调整后的指标中。城乡居民收入差应改为各个地区的城乡居民收入差，城乡居民收入差＝分地区城镇居民收入－分地区农村居民收入；因为在衡量全国不平等收入情况的时，东西部收入差距是全国宏观收入的差异，而在省份衡量中，应把不同省份的收入单独做比较，故本书使用 30 个省份分地区城镇居民收入的平均值作为基数，各个地区收入差＝各地区的城镇居民收入－各地区城镇居民收入均值。综上，得到各个地区修正后的供给侧结构性改革评价指标体系（见图 5－7）。

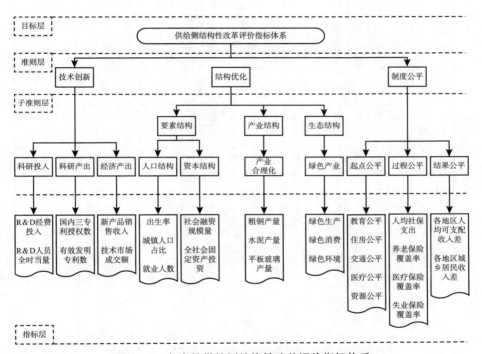

图 5－7　各省份供给侧结构性改革评价指标体系

（2）分析对比各个城市数据。

经过计算，我们可以得到 2015～2017 年各省份绩效综合得分（见表 5－7）。

根据表 5－7，本书选取的 30 个省份 2015～2017 年的供给侧结构性改革绩效得分均有所上升，以 100 分为一个梯度划分按照得分的高低 2017 年的综合得分可以分为四个梯度，第一梯度为广东省 416.42，符合预期因为广东包含着深圳和广州两个超级大都市，经济体量大，绩效得分高；第二梯度为江

表 5－7　2015～2017年各省份绩效得分及其增速

省份	项目	2015年	2016年	2017年
北京	绩效得分	165.41	222.44	265.17
	增速（%）		34.48	19.21
天津	绩效得分	72.84	114.36	139.46
	增速（%）		56.99	21.95
河北	绩效得分	1.63	47.80	90.39
	增速（%）		2830.64	89.10
山西	绩效得分	13.36	55.34	91.95
	增速（%）		314.22	66.17
内蒙古	绩效得分	27.26	69.98	105.05
	增速（%）		156.73	50.10
辽宁	绩效得分	40.18	77.17	111.46
	增速（%）		92.05	44.43
吉林	绩效得分	41.77	80.17	112.84
	增速（%）		91.95	40.74
黑龙江	绩效得分	39.91	73.86	112.13
	增速（%）		85.07	51.82
上海	绩效得分	107.33	164.27	206.96
	增速（%）		53.05	25.99
江苏	绩效得分	164.73	226.67	284.04
	增速（%）		37.60	25.31

省份	项目	2015年	2016年	2017年
浙江	绩效得分	120.66	165.12	207.19
	增速（%）		36.85	25.47
安徽	绩效得分	70.31	114.69	156.88
	增速（%）		63.10	36.79
福建	绩效得分	61.81	101.82	142.69
	增速（%）		64.72	40.14
江西	绩效得分	47.32	84.37	125.58
	增速（%）		78.27	48.85
山东	绩效得分	83.98	133.70	181.68
	增速（%）		59.20	35.88
河南	绩效得分	48.18	98.26	145.02
	增速（%）		103.95	47.59
湖北	绩效得分	79.56	123.20	164.15
	增速（%）		54.85	33.24
湖南	绩效得分	72.34	106.95	150.04
	增速（%）		47.85	40.29
广东	绩效得分	244.21	328.00	416.42
	增速（%）		34.31	26.96
广西	绩效得分	46.67	84.07	120.88
	增速（%）		80.11	43.79

省份	项目	2015年	2016年	2017年
海南	绩效得分	61.94	93.81	123.71
	增速（%）		51.47	31.86
重庆	绩效得分	78.08	117.41	150.30
	增速（%）		50.36	28.02
四川	绩效得分	76.57	116.84	155.18
	增速（%）		52.60	32.81
贵州	绩效得分	52.13	85.11	118.75
	增速（%）		63.25	39.53
云南	绩效得分	52.37	86.92	127.32
	增速（%）		65.96	46.48
陕西	绩效得分	75.84	117.85	151.32
	增速（%）		55.39	28.40
甘肃	绩效得分	55.99	90.47	125.95
	增速（%）		61.59	39.22
青海	绩效得分	81.61	112.43	144.19
	增速（%）		37.76	28.25
宁夏	绩效得分	70.35	101.75	133.67
	增速（%）		44.63	31.37
新疆	绩效得分	54.25	91.61	128.69
	增速（%）		68.87	40.47

苏 284.04、北京 265.17、浙江 207.19、上海 206.96，这三个地区经济体量同样很大，绩效得分高，相比于北京、江苏和浙江，上海于 2016 年增速略优，达到 53.05%；第三梯度分别为山东 181.68、湖北 164.15、安徽156.88、四川 155.18、陕西 151.32、重庆 150.3、湖南 150.04、河南145.02、青海 144.19、福建 142.69、天津 139.46、宁夏 133.67、新疆128.69、云南 127.32、甘肃 125.95、江西 125.58、海南 123.71、广西120.88、贵州 118.75、吉林 112.84、黑龙江 112.13、辽宁 111.46、内蒙古105.05；第四梯度为山西 91.95 与河北 90.39。由于综合得分的计算是以经济总量为依托，因此得分高低符合预期要求，但并不能体现供给侧结构性改革驱动经济发展所带来的绩效得分增加，应从得分增速出发，来比较各个地区对改革的落实情况。

在 30 个省份 2016 年与 2017 年的得分增速中，河北省在供给侧结构性改革中表现出最显著得分增加，从 2015 年的 1.63 上升为 2017 年的 90.39，第一年改革运行后得分有一倍以上增长的省份为山西、内蒙古与河南，东北三省与江西、广西得分增长将近一倍，其余省份得分均有上升，说明改革运行的第一年成效显著，然而所有省份 2017 年增速与 2016 年增速相比均有所下降，河北、山西、内蒙古、黑龙江、江西、河南、云南增速维持在 50% 左右，其中引起得分升降具体的因素应从研究准则层的得分增速出发。

技术创新维度中，发达省份的技术创新得分明显高于非发达地区，且本文在数据无量纲化的处理中以省份平均值作为基数，因此各个省份的横向可比性不高，又由于技术创新从宏观层面观测是个缓慢过程，比较供给侧结构性改革中各省份注重技术创新与人才引进的最终成果应以未来数年技术创新相关指标的运行数据为依托。因此，本书在此仅对不同省份在 2015～2017 年的得分增速进行纵向简要评价。

根据表 5-8，2016 年各个省份对技术创新的投入程度体现在其增速上，河北 30.35%、吉林 55.06%、安徽 29.52%、江西 36.64%、广西 40.04% 表现尤为显著，其余省份保持平稳增长。对比 2017 年增速，天津、河北、吉林、上海、江苏、安徽、福建、江西、湖北、广西、海南、重庆、陕西呈明显下降趋势，与这些省份相反，山西、湖南、四川、贵州、宁夏呈明显上升趋势，其余省份基本持平。

表5-8 2015～2017年各省份技术创新维度得分及其增速

省份	项目	2015年	2016年	2017年
北京	绩效得分	91.73	104.55	119.03
	增速(%)		13.97	13.85
天津	绩效得分	31.52	35.20	33.16
	增速(%)		11.66	-5.78
河北	绩效得分	14.07	18.34	21.09
	增速(%)		30.35	14.96
山西	绩效得分	6.30	6.87	9.19
	增速(%)		9.10	33.75
内蒙古	绩效得分	3.85	4.55	5.24
	增速(%)		18.03	15.10
辽宁	绩效得分	18.57	21.91	26.56
	增速(%)		17.95	21.23
吉林	绩效得分	5.35	8.29	10.36
	增速(%)		55.06	24.97
黑龙江	绩效得分	7.50	8.21	9.23
	增速(%)		9.41	12.52
上海	绩效得分	47.00	54.99	60.91
	增速(%)		17.00	10.77
江苏	绩效得分	121.21	144.26	161.55
	增速(%)		19.01	11.99
浙江	绩效得分	68.06	75.74	84.22
	增速(%)		11.28	11.19
安徽	绩效得分	34.37	44.52	51.46
	增速(%)		29.52	15.60
福建	绩效得分	20.60	25.32	30.24
	增速(%)		22.92	19.41
江西	绩效得分	9.40	12.85	16.62
	增速(%)		36.64	29.38
山东	绩效得分	59.40	70.50	81.45
	增速(%)		18.67	15.53
河南	绩效得分	21.15	24.81	29.00
	增速(%)		17.34	16.86
湖北	绩效得分	37.03	44.87	49.45
	增速(%)		21.19	10.20
湖南	绩效得分	26.27	29.17	34.91
	增速(%)		11.00	19.71
广东	绩效得分	174.48	219.87	267.91
	增速(%)		26.02	21.85
广西	绩效得分	5.77	8.08	8.80
	增速(%)		40.04	9.00
海南	绩效得分	1.28	1.42	1.44
	增速(%)		11.08	1.35
重庆	绩效得分	14.21	18.26	18.77
	增速(%)		28.49	2.82
四川	绩效得分	26.25	30.58	38.77
	增速(%)		16.51	26.78
贵州	绩效得分	5.02	5.61	7.87
	增速(%)		11.74	40.29
云南	绩效得分	5.82	6.92	8.29
	增速(%)		18.96	19.82
陕西	绩效得分	23.45	28.92	32.32
	增速(%)		23.33	11.73
甘肃	绩效得分	5.13	5.72	6.29
	增速(%)		11.35	9.99
青海	绩效得分	1.22	1.52	1.80
	增速(%)		24.54	18.74
宁夏	绩效得分	1.23	1.47	2.05
	增速(%)		19.79	39.18
新疆	绩效得分	2.53	2.70	3.05
	增速(%)		6.37	13.05

由表 5 - 9 可得，各省份综合得分的增长主要得益于结构优化维度得分的快速增长。在 2016 年的结构优化得分增速中，河北、山西、内蒙古、辽宁、山东的得分扭亏为盈，黑龙江从 2.8 分上升到 35.49，增速将近 12 倍，河南也同比上升接近 8 倍，天津、吉林增速达到 5 倍左右，北京、上海、浙江、安徽、福建、江西、广西、贵州、云南、陕西、新疆的得分增速在 2 倍左右，其余城市也有 1 倍左右的增长。而观察对比 2017 年的结构优化得分增速可以发现，除河北在次年同样保持了高速增长外，其余城市相比去年均有所下降，山西、内蒙古、辽宁、黑龙江、山东依旧保持着 1 倍左右的增长，剩余城市增长率在 50% ~ 100% 之间。

对结构优化维度进一步分析，我们发现结构优化得分在 2015 ~ 2017 年间的高速增长反映了供给侧结构性改革的第一步去产能有着实质性进展，许多存在过剩产能的城市得分由负转正或是有着不同倍率的高速增长，而次年的相对下滑，说明去产能在大部分城市已经告一段落，并且第一阶段去产能的"一刀切"可能损害了有效产能的供给，政府应该再对当下的产能供给作出适当评定后再决定供给侧结构性改革的有效进行；与此同时，生态结构优化也同样成为结构优化得分增加的主要贡献因素，一方面，随着产业结构合理化进程的推进，过剩产能的化解同时也促进了解决过剩的污染，另一方面，有效遏制过剩污染的同时，政府加大对整治环境污染的力度，又促进了生态结构的优化。此外，对于大部分省份来说，资本结构的得分基本持平，而人口结构得分呈现下滑趋势，主要原因是出生率与就业人数的下降，对此值得跟进关注。

根据表 5 - 10，各省份制度公平的得分增长率明显低于结构优化。2016 年得分增速中，上海的成效比较突出，增长率接近 40%，北京、天津、河北的增长率在 20% 左右，四川超过 10%，吉林、福建、山东、河南、湖北、湖南、广西、海南、云南增长率都在 5% 以上，安徽、陕西、青海、宁夏均为负增长，其余城市基本持平。2017 年与 2016 相比，各个省份的增长率波动不一，北京、天津下滑较大，变为负增长，上海增长率下滑也较为明显，与此相对，山西、辽宁、黑龙江、江苏、安徽、福建、河南、湖北、湖南、广东、广西、云南、甘肃、青海、宁夏增长率上升较为明显，其余城市增长率变化平缓。

表 5—9　2015～2017 年各省省份结构化维度得分及其增速

省份	项目	2015 年	2016 年	2017 年
北京	绩效得分	13.53	44.16	72.99
	增速（%）		226.47	65.27
天津	绩效得分	6.38	38.27	67.11
	增速（%）		499.43	75.35
河北	绩效得分	-35.77	1.73	37.59
	增速（%）		104.85	2067.38
山西	绩效得分	-16.89	23.43	53.03
	增速（%）		238.72	126.38
内蒙古	绩效得分	-13.57	26.73	58.13
	增速（%）		297.01	117.44
辽宁	绩效得分	-8.34	24.76	52.30
	增速（%）		396.78	111.25
吉林	绩效得分	7.46	41.43	70.57
	增速（%）		455.21	70.34
黑龙江	绩效得分	2.80	35.49	66.60
	增速（%）		1165.61	87.66
上海	绩效得分	16.85	48.84	78.90
	增速（%）		189.78	61.54
江苏	绩效得分	10.76	49.22	83.89
	增速（%）		357.40	70.45
浙江	绩效得分	18.44	54.51	85.94
	增速（%）		195.58	57.65
安徽	绩效得分	13.03	47.73	79.71
	增速（%）		266.46	66.98
福建	绩效得分	17.20	50.84	82.33
	增速（%）		195.51	61.94
江西	绩效得分	14.07	46.87	78.56
	增速（%）		233.22	67.62
山东	绩效得分	-3.48	33.68	69.41
	增速（%）		1067.06	106.09
河南	绩效得分	5.82	50.54	86.08
	增速（%）		768.02	70.31
湖北	绩效得分	16.34	50.33	81.94
	增速（%）		207.98	62.79
湖南	绩效得分	22.56	52.37	85.19
	增速（%）		132.16	62.67
广东	绩效得分	27.97	65.64	100.67
	增速（%）		134.65	53.36
广西	绩效得分	20.49	54.20	84.27
	增速（%）		164.50	55.49
海南	绩效得分	28.41	57.90	86.37
	增速（%）		103.82	49.18
重庆	绩效得分	29.02	62.78	93.22
	增速（%）		116.34	48.49
四川	绩效得分	24.44	56.86	82.76
	增速（%）		132.66	45.54
贵州	绩效得分	18.59	50.34	80.05
	增速（%）		170.74	59.00
云南	绩效得分	21.04	52.94	85.74
	增速（%）		151.59	61.97
陕西	绩效得分	21.34	59.65	89.06
	增速（%）		179.49	49.29
甘肃	绩效得分	24.43	57.95	86.30
	增速（%）		137.25	48.91
青海	绩效得分	30.01	60.54	90.59
	增速（%）		101.73	49.64
宁夏	绩效得分	28.25	59.70	88.46
	增速（%）		111.34	48.18
新疆	绩效得分	17.71	54.02	88.40
	增速（%）		205.06	63.66

表 5-10 2015～2017 年各省份制度公平维度得分及其增速

省份	项目	2015 年	2016 年	2017 年
北京	绩效得分	60.15	73.73	73.15
	增速（%）		22.58	-0.79
天津	绩效得分	34.93	40.88	39.18
	增速（%）		17.04	-4.17
河北	绩效得分	23.33	27.72	31.71
	增速（%）		18.82	14.40
山西	绩效得分	23.95	25.04	29.72
	增速（%）		4.54	18.72
内蒙古	绩效得分	36.98	38.70	41.69
	增速（%）		4.67	7.70
辽宁	绩效得分	29.95	30.50	32.60
	增速（%）		1.85	6.87
吉林	绩效得分	28.96	30.45	31.91
	增速（%）		5.17	4.76
黑龙江	绩效得分	29.60	30.17	36.30
	增速（%）		1.90	20.34
上海	绩效得分	43.48	60.44	67.14
	增速（%）		39.02	11.09
江苏	绩效得分	32.75	33.19	38.60
	增速（%）		1.34	16.30

省份	项目	2015 年	2016 年	2017 年
浙江	绩效得分	34.15	34.87	37.03
	增速（%）		2.10	6.20
安徽	绩效得分	22.92	22.43	25.71
	增速（%）		-2.10	14.60
福建	绩效得分	24.01	25.65	30.12
	增速（%）		6.85	17.40
江西	绩效得分	23.86	24.65	30.39
	增速（%）		3.33	23.30
山东	绩效得分	28.06	29.53	30.83
	增速（%）		5.21	4.40
河南	绩效得分	21.20	22.90	29.94
	增速（%）		7.99	30.77
湖北	绩效得分	26.19	27.99	32.76
	增速（%）		6.89	17.03
湖南	绩效得分	23.51	25.42	29.94
	增速（%）		8.13	17.79
广东	绩效得分	41.76	42.48	47.85
	增速（%）		1.73	12.62
广西	绩效得分	20.42	21.80	27.81
	增速（%）		6.75	27.59

省份	项目	2015 年	2016 年	2017 年
海南	绩效得分	32.25	34.49	35.90
	增速（%）		6.96	4.06
重庆	绩效得分	34.86	36.37	38.30
	增速（%）		4.34	5.32
四川	绩效得分	25.88	29.40	33.65
	增速（%）		13.61	14.45
贵州	绩效得分	28.52	29.15	30.83
	增速（%）		2.23	5.74
云南	绩效得分	25.51	27.06	33.28
	增速（%）		6.06	23.00
陕西	绩效得分	31.04	29.27	29.94
	增速（%）		-5.71	2.30
甘肃	绩效得分	26.43	26.80	33.37
	增速（%）		1.41	24.51
青海	绩效得分	50.38	50.37	51.79
	增速（%）		-0.02	2.83
宁夏	绩效得分	40.88	40.58	43.16
	增速（%）		-0.72	6.35
新疆	绩效得分	34.01	34.90	37.24
	增速（%）		2.62	6.70

　　从短期来看，制度公平能够协调改革中各方利益，有效地降低转型成本，从长期来看，制度公平的有效供给能够从根本上解决当今中国的主要矛盾，因此，只有加大对制度公平有效供给的重视，才能较好地体现在供给侧综合得分上。由表 5 - 10 可以看出，大部分城市在公平方面的有效制度供给依旧不足，政府应当更加重视有效的制度公平供给并保证政策实施到位。

第六章

完善要素市场体制结构驱动经济发展结构优化新动力研究

供给侧结构性改革的目标之一就是要调整产业结构,使供给端结构更加合理,以促进经济高质量发展。而产业结构失衡问题除了宏观顶层设计的不合理不协调外,一部分因素源于微观的资源的不合理配置,资源在企业、行业和产业间的配置决定了中观产业结构的形态。生产要素的流向又决定于要素价格,在行政干预、垄断势力、信息不对称等因素的影响下,生产要素的价格通常偏离新古典假设下的最优状态,即为要素价格扭曲。

从理论上看,要素价格扭曲分为要素绝对价格扭曲与要素相对价格扭曲。要素绝对价格扭曲广泛存在于经济发展的各个时期,例如在改革开放初期,过低资本价格形成的要素负向扭曲对当时的经济增长具有促进作用。而新时代所提出的供给侧结构性改革旨在矫正要素市场、完善要素定价体系,因此,本章的主要目标是研究当下要素市场市场化过程中的症结,即资本与劳动的相对价格扭曲,改善资源错配问题,最终服务于生产。产业结构调整分为产业结构合理化与产业结构高级化两个方面,供给侧结构性改革的五大任务"三去一降一补"中,当前首要任务为化解产能过剩,使产业结构更加合理化,最终目标是转变原有的经济发展模式(胡鞍钢等,2016)。

综上所述,本章研究的主要内容为微观的要素市场结构如何影响中观产业结构,进而实现宏观的经济高质量发展,同时也为第七章资本市场供给侧调整提供总体性依据。本章的安排如下:第一节阐述要素市场结构在要素配置与经济发展中的本质属性与功能定位,第二节分析我国要素市场结构的历史演变、基本特征与制度缺陷,第三节实证分析要素相对价格扭曲对产业结构合理化的影响,第四节总结本章内容,阐述完善要素市场体制结构驱动经济发展结构优化新动力的目标要求、基本原则与重点任务。

第一节　要素市场在要素配置与经济发展中的本质属性与功能定位

　　市场既通过价格机制、供求机制和竞争机制优化资源配置，实现经济主体各自利益的最大化。但是，必须看到：市场不可能仅是新古典经济学意义上的价格信号机制及其由此而产生的完全竞争机制，因此，西方经济理论对解释市场机制所形成的外部不经济与要素市场失灵较为乏力。马克思主义政治经济学认为，市场既是商品交换关系的总和，同时又是商品经济运动的总体商品所有者全部相互关系的总和。市场交换关系的本质不是生产物本身的交换关系，而是被物的形态所掩盖，又同物相结合的商品生产者之间相依相斥的社会生产关系。因此，市场的特征是由市场的特殊社会本质决定的。市场价格机制背后的产权制度、政治制度和意识形态决定了市场交换背后承载着复杂的经济利益关系，并引发出各种非中性竞争特征。在此方面，要素市场相比产品市场而言，其非中性特征更为明显。其突出表现在于相对于产品市场来说，要素市场具有基础性、战略性、垄断性及外部性等本质属性与相关功能定义。因此本部分综合对比西方理论与马克思理论中要素市场所蕴含的本质属性及其功能定义，为下文进行必要的铺垫。

一、要素市场的基础性

　　一方面，西方经济学对产品市场的讨论通常被看成是所谓的"价值"理论。由于讨论的范围局限于产品市场本身，所以它对价格决定的论述并不完全。首先，它在推导产品需求曲线时，假定消费者的收入水平为既定，但并未说明收入水平是如何决定的；其次，它在推导产品供给曲线时，假定生产要素的价格为既定，但并未说明要素价格是如何决定的。由于消费者的收入水平在很大程度上取决于其拥有的要素价格和使用量，故价格理论的上述两点不完全性可以概括为它缺乏解释如何决定要素价格和使用量。为了弥补这个不足，需要研究生产要素市场。因为要素市场的价格和使用量是决定消费者收入水平的重要因素，是生产交换最为基础的原料之一，所以要素价格理论在西方经济学中又被看成是所谓的"分配"理论。同时，要素市场所决定的要素价格是影响厂商使用要素的关键变量之一，不均衡的要素价格必然导致厂商对要素的使用不足或过量，进而导致产品市场的不均衡，影响产业结构，进而阻碍经济增长。

另一方面，要素市场的基础性在于全要素生产率的提高，习近平在说明供给侧结构性改革目标时指出："优化现有生产要素配置和组合，提高生产要素利用水平，促进全要素生产率提高，不断增强经济内生增长动力。"① 各种要素都有生产率，包括劳动生产率、资本生产率和土地生产率等。各种要素集合所产生的生产率之和大于各单个要素投入的生产率之和，其中的差额就是全要素生产率。在这里，各种生产要素的集合所产生的全要素生产率涉及多方面作用，如技术进步、规模经济、人力资本投资等。在市场经济中所有这些推动全要素生产率提高的因素都要靠市场机制作用，因此全要素生产率体现了要素市场的基础性。不仅涉及市场决定资源流到哪里（部门、企业）去，还涉及市场决定各种要素（资源）的组合。前提是要素的市场配置。各种要素在企业中、在行业中集合，是以各种要素市场上由供求关系决定的价格为导向的。其机制是各种生产要素的价格由各自市场的供求决定，生产要素价格的比例又反过来调节对各种生产要素的供给和需求，因此形成最有效率的要素组合。长期以来我国的全要素生产率偏低的主要原因，一是要素没有全部进入市场，还有部分要素的流动不受市场调节。在过去的计划经济中，各种要素都集中在政府手中。现在转向市场经济，各种要素正在从政府转向市场。但现行的各种行政审批制度却在事实上阻碍市场配置资源。二是要素报酬没有完全取决于要素市场的供求，导致要素错配和低效率组合。因此，要提高全要素生产率，就需要不受市场调节的要素进入市场，使要素都由市场配置。

---

① 习近平关于社会主义经济建设论述摘编［M］. 北京：中央文献出版社，2017：108.

二、要素市场的战略性

要素市场作为参与产品市场生产的补充，其战略性体现在如下几点。其一，合理规范要素市场价格，能够有效降低产品市场微观企业的成本，使生产可能性曲线外移，更多地满足人民的福利；其二，当今社会要素更为细分，并不仅限于传统含义上参与生产的劳动与资本，科学技术作为外生变量被引入生产函数，作为生产要素之一，科技有着不言而喻的战略地位，在全球化时代只有掌握科技制高点，才能占据产业链制高点，让中国制造走向中国创造；其三，作为生产要素之一的劳动力供给，对我国七十多年来的发展起到至关重要的作用，然而近年来随着人口老龄化与劳动力价格的提升，人口红利逐渐消失，只有提前从战略高度上重视劳动力供给，特别是劳动力质量的供给，才能从人口红利变为人才红利，继续推动着经济发展；其四，要抑制资本要素的逐利本质，在作为社会生产要素这一向度上，资本一度造就了资本主义社会的物质繁荣，其历史功绩曾受到马克思的肯定，当代社会的生产方式又将资本推向组织各种生产要素的中心，在资本存在的有限历史时期，我们在对其增殖逻辑保持警醒的同时，更要注重其积极效应的自由释放，作为促进经济增长动力源泉之一。

三、要素市场的竞争性

传统西方经济学经典理论中，厂商使用生产要素的目的是利润的最大化。为了达到利润的最大化，厂商必须让自己使用要素的"边际收益"和"边际成本"正好相等。对完全竞争厂商来说，它使用要素的"边际收益"等于边际产品价值（要素的边际产品和产品价格的乘积），而"边际成本"等于要素价格。于是，完全竞争厂商使用要素的原则是：边际产品价值等于要素价格。由完全竞争厂商的要素使用原则可以推导出它对要素的需求曲线。该需求曲线向右下方倾斜，即要素需求量随要素价格的下降而增加。劳动供给问题可以看成是消费者如何决定其拥有的既定时间资源在闲暇和劳动供给两种用途上的分配。单个消费者的劳动供给曲线一般向右上方倾斜，即他的劳动供给将随工资的增加而增加；但在很高的工资水平上，也可能随工资的增加而减少。此时，即出现劳动供给曲线"向后弯曲"。土地的"自然供给"是固定不变的。土地的"市场供给"在假定不考虑自用土地的效用时也是固定不变的。在这种情况下，土地的供给曲线就是一条垂直线。但是，在考虑土地的自用效用或者土地具有多种用途的情况下，土地的供给曲线也会向右上方倾斜。资本是由经济制度本身生产出来并被用作投入要素以便进一步生产更多商品和劳务的物品。资本供给问题首先是确定最优资本拥有量的问题。最优资本拥有量实际上可看成是最优储蓄量的问题，确定最优储蓄量又可以看成是在当前消费和将来消费之间进行选择的问题。按照西方经济学的要素理论，生产要素的价格决定于其需求曲线和供给曲线的交点，要素需求曲线上每一点都表示要素的边际产品价值等于要素价格，要素供给曲线上每一点都表示要素供给所带来的收入的效用等于要素自用的效用。因此，要素市场价格取决于要素供求曲线的交点，应当同时等于要素的边际产品价值和要素自用的效用。

要素市场的竞争性在马克思的《资本论》第三卷讲到利润平均化的时候，就描绘了这种景象：第一，资本有更大的活动性，也就是更容易从一个部门和一个地点转移到另一个部门和另一个地点。第二，劳动力能够更迅速地从一个部门和一个地点转移到另一个部门和另一个地点。从这里看，要素市场的竞争性体现在要素的自由流动，马克思还讲到实现资本和劳动力自由流动的重要前提：一是社会内部已经有完全的贸易自由，消除了自然垄断以外的一切垄断。二是信用制度的发展已经把大量分散的可供支配的社会资本集中起来。因此，要素的市场流动有两个要求：一个是要素流动没有任何人为的障碍，没有市场垄断，也没有行政限制；二是要为要素自由流动提供通畅的通道，马克思当时指的是信用制度，也就是现在讲的金融通道（洪银兴，2020）。

四、要素市场的垄断性

相对于要素市场的竞争性，要素市场自然也存在着垄断，然而相比于产品市场而言，要素市场的垄断情况更为复杂。其一，某厂商的产品市场是垄断的，而要素市场是完全竞争的，在此情况下，厂商的要素供给曲线是水平线，要素需求曲线则由 MRP 曲线表示。该厂商的产品需求曲线是市场对该产品的需求曲线，市场的要素需求曲线是使用该要素的产品市场垄断厂商的度要素需求曲线的总和，要素市场价格由市场的供求曲线决定，厂商对要素的购买量则决定于市场价格和垄断厂商的要素需求曲线。其二，某厂商的产品市场是完全竞争的，但要素市场是买方垄断，在这种情况下，厂商使用生产要素的边际收益是 VMP，边际成本是 MFC，要素的供给曲线 W（L）是向右上方倾斜的市场供给曲线，要素价格由要素供给曲线 W（L）决定，厂商对要素的购买量决定于 VMP 和 MFC 的均衡点，在此种情况下，厂商使用生产要素的原则是 VMP = MFC。其三，产品市场的卖方垄断和要素市场的买方垄断共存，此时，厂商使用生产要素的边际收益是 MRP，边际成本是 MF，厂商对要素的购买量决定于 MRP 曲线和 MFC 曲线的均衡点，并与 AFC 曲线一起决定均衡价格，即厂商使用生产要素的原则是 MRP = MFC。

要素市场的垄断性集中体现在要素价格的控制问题上，由市场定价抑或是由政府定价，市场决定的要素价格能促进要素供求平衡并实现要素有效配置。现在竞争性领域价格基本已经放开，由市场定价。但是，涉及水、电、气、电信这样一些垄断性领域中的物质性的生产要素的价格还没有完全放开，由政府规制。政府规制是针对在一定时期允许存在垄断的领域所要进行的规制，包括自然垄断行业和少数非自然垄断行业。而在科技进步和企业组织创新成果的推动下，某些受规制产业不再具有自然垄断的性质，专业化分工的发展也改变了自然垄断的范围。随着产业的发展和产业需求的扩大，企业内部的垂直一体化分工转化为社会专业化分工，有相当部分环节不再具有自然垄断性质。针对某些产业环节适合于竞争而其他环节适合于垄断经营的混合产业结构，规制改革的主要走向是：放松管制、引入竞争，转向激励性规制。所谓放松规制，是指市场调节更有效率的部门退出政府规制。所谓引入竞争机制，是指让有效率的竞争者进入，把竞争机制引入自然垄断产业，可以提高规制部门的效率。显然，规制改革就是要把一部分被政府规制的要素放给市场去配置。例如电力行业规制改革，只是保留网络部分的垄断和国家定价，而把发电、电力设备生产、供电服务等环节作为竞争性环节交给市场定价，以打破生产要素市场的垄断。

五、要素市场的外部性

现实市场中并不可能是完全竞争的，因此市场均存在外部性，要素市场也不例外，近年来学界对要素市场的外部性的研究主要集中在要素价格扭曲上。改革开放以来，我国采取了多种措施推进市场化改革，但改革主要侧重于商品市场改革，相对忽视了生产要素市场改革。加入 WTO 之后，在对外贸易、外资利用、汇率制度建设、企业所有制等方面的市场化程度都在稳步提高，中国市场化改革进入了一个新阶段。然而，生产要素市场的发展相对滞后，其中，较为突出的问题就是生产要素价格不完全由市场供求决定，价格扭曲现象依然存在。生产要素价格扭曲阻碍了价格机制的正常运转，进而导致市场无法对生产要素进行有效配置，对经济活动产生了拖累。国家"十三五"规划已提出要加大重点领域关键环节的市场化改革力度，调整各类扭曲的政策和制度安排，完善公平竞争、优胜劣汰的市场环境和机制。党的十九大报告也明确指出，经济体制改革必须以完善产权制度和要素市场化配置为重点。生产要素价格扭曲主要是由于生产要素市场不完善导致生产要素市场价格和边际产出价值的偏差或背离，中国生产要素价格扭曲的长期存在有其历史原因。在转轨时期，国家的发展战略是优先发展以制造业为主的资本密集型产业，与中国的生产要素禀赋相背离。因此，政府通过干预生产要素市场，降低发展制造业的成本，以获取发展优势，而这些措施导致中国生产要素市场改革相对滞后。就劳动力市场而言，严格的户籍管理制度所产生的城乡二元经济结构等特征也导致劳动力市场的分割和扭曲，在这一情形下，一些人才无法按照市场机制进行有效配置。就资本市场而言，中国利率市场化进程起步较晚，政府对于金融部门信贷决策的干预力度较大，资本市场的"寻租"问题大量存在，阻碍了资本的有效配置。

因此，社会主义基本经济制度的优越性有助于对要素市场的运行进行适当的调节，以减少要素交换的不平等和对要素分配关系的扭曲，从而促进要素市场的有效分配。

第二节　我国要素市场结构的历史演变、
基本特征与制度缺陷

在理解要素市场本质属性及其功能定义的基础上，对要素市场结构的历史演变、基本特征与制度缺陷进行分析有助于从演化的角度理解我国要素市场的运行轨迹与方向趋势，对改善要素市场配置提供思路。

一、我国要素市场结构的历史演变

1. 我国市场化进程与要素市场化进程分析

为了分析要素市场化进程发展情况，本章利用王小鲁等（2018）所构建的市场化指数与其子指标层产品市场与要素市场发育程度进行宏观层面分析要素市场发育情况。

本章收集了 2008～2016 年全国各省份市场化指数、产品市场发育程度与要素发育程度情况，试图从发展趋势中探索供给侧结构性改革应着重解决的要素市场问题。具体安排如下：首先，分析全国 2008～2016 年市场化指数、产品市场发育程度与要素市场化发育程度，从总体上分析近年来我国市场化情况，并对比产品市场与要素市场发育程度；其次，将全国 30 个省份分为东部、中部、西部，计算其平均要素发育程度，并做出相应分析；最后，分析各个省份要素市场发育程度，观察各个省份在要素市场发育过程中所作的努力。

（1）全国市场化进程、产品市场与要素市场发育程度。市场化总指数显示（见图 6-1），我国的市场化进展在 2008 年以后的一段时间内出现了一定程度的放缓、停滞甚至下降。2010 年相对于 2008 年有一定程度下降，总得分从 5.45 下降至 5.41；2012～2014 年进展相对较快，总得分从 5.94 上升至 6.5；2014 年以后进展再次放慢，从 2014 年的 6.5 分上升至 2016 年的 6.72 分，总得分仅上升 0.22。

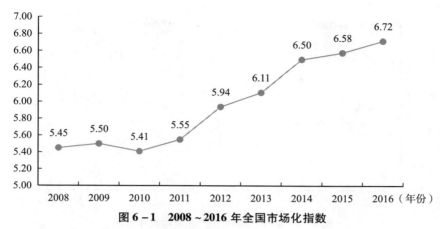

图 6-1 2008~2016 年全国市场化指数

资料来源：根据《中国分省份市场化指数报告（2018）》自行整理。

可以看出，全国市场化进程需要提高的空间依旧很大，供给侧结构性改革应当推进市场化进程，以促进经济发展。

分指标项 2008~2016 年产品市场发育程度（见图 6-2）可以看出，从 2008 年开始产品市场的市场化进程受阻，3 年的产品市场发育得分均停留在 7.59；直到 2014 年，上升至 7.77，指数上升了 0.22，上升力度不大；从 2014~2016 年，产品市场发育得分仅增加了 0.01，说明这几年间产品市场的市场化发展并未有太大的改变，这可能是由于 2008 年全国各省份市场定价比重平均已达到 93%，说明相比于要素市场发育程度，产品市场发育可能已经比较完善，因此分指标的得分变化不会太大。

再看分指标项要素市场发育程度，除最初的 2008~2010 年，得分从 3.83 下滑至 3.68，而后得分一路上涨。其中 2010~2012 年增速最快，从 3.68 分上升至 4.79 分，增速达到 30% 左右；2014~2016 年得分从 5.6 分上升至 5.94，得分上涨放缓，仅仅只增加了 0.34。可以看出，要素市场发育空间巨大，全国总指数得分的上涨一定程度归功于要素市场发育程度的上升。而相比于发育相对成熟的产品市场，2016 年要素市场发育程度仅为 5.94 分，而产品市场得分为 7.78。

（2）东部、中部、西部要素市场发育程度。分析完全国的情况，有必要分析东中西部要素市场发育程度情况，以便更为细致地探讨要素市场化进程。

图 6 - 2　2008 ~ 2016 年产品市场发育程度

资料来源：根据《中国分省份市场化指数报告（2018）》自行整理。

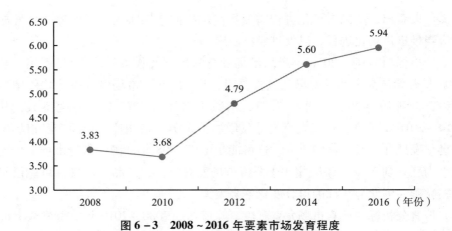

图 6 - 3　2008 ~ 2016 年要素市场发育程度

资料来源：根据《中国分省份市场化指数报告（2018）》自行整理。

从东部要素市场发育程度可以看出（见图 6 - 4），北京、上海在 2008 ~ 2016 年间要素市场化程度位于前列，相比于 2008 年，2016 年的得分均显著上升，而在最后两年的时间里北京得分有所回落；天津、河北、辽宁、江苏、浙江、福建、山东、广东在 2008 年基期的初始水平要素市场发育得分相似，而在 8 年的发展时间里，表现最佳的当属天津与福建，天津在 2016 年的要素市场发育得分与上海持平，而福建更是从 3.76 分上升至 10.29 分，在要素市

场化水平上逼近一线城市。而河北、辽宁、江苏、浙江、山东、广东得分均
稳定上升，其中河北的上升幅度最小，从 4.14 上升至 4.35；东部地区中，
海南的要素市场化水平在基期最低，相比其他东部城市上升幅度较小，考察
期内仅从 2.82 升至 3.44。东部地区要素市场发育程度说明东部地区的要素
市场化水平差距逐渐增大，供给侧结构性改革应重点关注要素市场发育，以
促进市场化水平总得分的增减，同时，并非越是一线城市要素市场发育水平
程度就越高，如福建与天津经过 8 年的努力要素市场发育程度就逼近北京，
天津的得分已与上海持平。

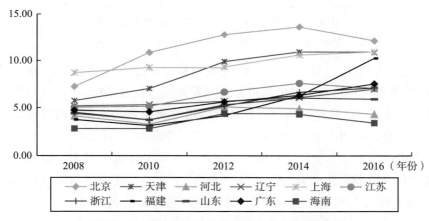

图 6 - 4　2008 ~ 2016 年东部要素市场发育程度

资料来源：根据《中国分省份市场化指数报告（2018）》自行整理。

2008 ~ 2016 年，中部地区的要素市场化水平总体得分不如东部地区，并
且呈现除个别省份外差距逐渐缩小的趋势（见图 6 - 5）。中部城市中，湖北
省在要素市场化水平中表现最为突出，从 2008 年的 3.57 分一跃达到 2008 年
的 9.31 分，逼近上海得分，该变化主要是因为分项指数"人力资源供应条
件"排名出现了大幅提升，同时"技术成果市场化"进步明显；山西、吉
林、黑龙江、安徽、江西、湖南在 8 年间表现并不理想，在基期 2008 年时有
一定的得分差距，而在 2016 年平均得分在 5.21 左右，差距反而逐渐缩小，
并且得分较 2008 年的平均得分 3.36 上升较少；河南表现最差，要素市场发
育得分从 4.64 下降至 4.49，河南应更加着重推进要素市场化进程。

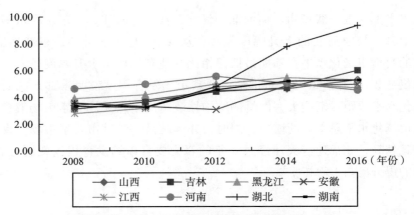

图 6 − 5　2008 ~ 2016 年中部要素市场发育程度

资料来源：根据《中国分省份市场化指数报告（2018）》自行整理。

　　西部地区大部分城市要素市场化发育程度得分有着趋同的趋势（见图 6 −6），大部分城市较东部地区得分有一定差距，而在 2016 年得分与中部地区差距逐步缩小。8 年间陕西、重庆、四川的要素市场发育有所改善，均呈现上升趋势，陕西的表现当属最为突出的西部城市，从 2008 年的 3.77 分上升至 2016 年的 7.53 分；而其余 8 所城市在 8 年的要素市场发育过程中，从一开始较大的差距逐渐趋同至平均得分 3.85 水平，其中贵州表现最差，从 3.63 分下降至 2.99 分，其余 7 个省份均有所上升，上升幅度不大。

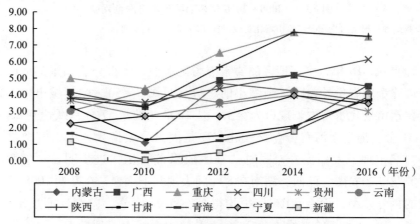

图 6 − 6　2008 ~ 2016 年西部要素市场发育程度

资料来源：根据《中国分省份市场化指数报告（2018）》自行整理。

（3）分省份要素市场发育程度。

通过分省份要素市场发育程度分析，对 8 年间要素市场的发育有更为深入的认识（见表 6－1）。

表 6－1　　　　　　　　各省份要素市场的发育程度

各省份要素市场的发育程度	2008 年	2010 年	2012 年	2014 年	2016 年	末期较基期得分增速（%）
北京	7.26	10.85	12.78	13.67	12.16	67.49
天津	5.75	7.04	9.91	10.96	10.90	89.57
河北	4.14	3.28	5.08	4.93	4.35	5.07
辽宁	5.18	5.32	5.70	6.12	7.03	35.71
上海	8.73	9.28	9.36	10.63	10.98	25.77
江苏	5.05	5.15	6.69	7.65	7.11	40.79
浙江	4.50	3.73	5.19	6.69	7.16	59.11
福建	3.76	3.14	4.18	6.31	10.29	173.67
山东	4.40	3.73	5.32	6.07	5.95	35.23
广东	4.73	4.56	5.64	6.35	7.60	60.68
海南	2.82	2.82	4.39	4.34	3.44	21.99
山西	3.41	3.77	4.48	4.60	5.27	54.55
吉林	3.13	3.64	4.41	4.67	5.97	90.73
黑龙江	3.91	4.18	4.97	5.43	5.25	34.27
安徽	3.58	3.31	3.07	4.85	4.92	37.43
江西	2.80	3.17	4.76	5.01	4.65	66.07
河南	4.64	4.97	5.55	5.02	4.49	－3.23
湖北	3.57	3.26	4.78	7.76	9.31	160.78
湖南	3.34	3.25	4.55	5.17	5.24	56.89
内蒙古	2.22	1.10	4.68	4.23	3.60	62.16
广西	4.14	3.27	4.86	5.17	4.51	8.94
重庆	4.98	4.35	6.52	7.76	7.49	50.40
四川	3.83	3.53	4.36	5.17	6.13	60.05

续表

各省份要素市场的发育程度	2008 年	2010 年	2012 年	2014 年	2016 年	末期较基期得分增速（%）
贵州	3.63	2.69	3.42	3.98	2.99	-17.63
云南	3.00	4.18	3.52	4.20	4.07	35.67
陕西	3.77	3.24	5.66	7.77	7.53	99.73
甘肃	3.25	1.28	1.52	2.13	3.72	14.46
青海	1.66	0.53	1.23	2.00	4.59	176.51
宁夏	2.27	2.69	2.68	3.95	3.46	52.42
新疆	1.15	0.07	0.50	1.79	3.88	237.39

资料来源：根据《中国分省份市场化指数报告（2018）》自行整理。

从 2008~2016 年分省份要素市场发育程度上能更为清晰地看到各个省份的变化情况。

以 2016 年的要素市场发育得分来看，各个城市可分为 4 个档次，分别为 9~12 分、6~9 分、4~6 分、2~4 分。要素市场发育得分最高的 9~12 分分别依次为北京、上海、天津、福建、湖北；6~9 分的城市从高到低依次为广东、陕西、重庆、浙江、江苏、辽宁、四川；4~6 分的城市从高到低依次为吉林、山东、山西、黑龙江、湖南、安徽、江西、青海、广西、河南、河北、云南；最后 2~4 分档的城市从高到低依次为新疆、甘肃、内蒙古、宁夏、海南、贵州。

考虑到基期各省份得分禀赋不同，会影响到末期的得分水平，因此有必要以 8 年间的增长幅度重新进行排序，以观察在要素市场化中更为努力的省份。上升幅度超过 100% 的城市有四个，分别为新疆、青海、福建、湖北，新疆的增速超过 200%；上升幅度为 50%~100% 的城市有 13 个，从高到低依次分别为陕西、吉林、天津、北京、江西、内蒙古、广东、四川、浙江、湖南、山西、宁夏、重庆；上升幅度为 50% 以内的城市有 11 个，从高到低依次分别为江苏、安徽、辽宁、云南、山东、黑龙江、上海、海南、甘肃、广西、河北；负增长的城市有两个，分别为河南和贵州。

综上所述，通过要素市场发育程度指数分析，我们可以得到相应结论。

其一，2008～2016 年间全国市场化水平稳步上升，相对于较为成熟的产品市场而言，要素市场化发育程度有着较大的提升空间，供给侧结构性改革应努力提高要素市场化水平，以促进市场化水平总得分的上升；其二，中部与西部在 2016 年要素市场发育程度上差距不大，说明中部地区过去并未特别重视要素市场化水平的提升，中西部与东部地区差距明显，说明中西部提升空间极大，供给侧结构性改革中应重视要素市场化水平的提升以促进要素的流动性释放，更好为经济服务；其三，要素市场化发育程度指数得分与各省份经济实力如何并非有绝对的正相关关系，如天津、福建、湖北在 2016 年的要素发育程度得分已接近上海、北京等一线城市，因此表现不佳的各个省份应重视要素市场化进程，促进要素流动；其四，应给予得分增速较高的省份进行适当补助，以鼓励这些省份在未来的时间里更加推进要素市场化改革，为供给侧结构性改革提供更多的要素供给。

2. 要素市场化改革历程

按照不同的要素市场划分，我国的要素市场化改革主要可以分为土地市场化改革、劳动力市场化改革、资本市场化改革、技术市场化改革等。本章借鉴陈彦斌等（2020）的研究思路，主要分析劳动力市场化改革历程，资本市场化改革历程具体由第七章"完善资本市场驱动经济发展结构优化新动力研究"进行详细论述。

劳动力市场化改革历程：

以市场为导向的经济体制改革在改革开放之后对劳动力市场有着本质的改变。总体来看，劳动力市场化改革可以分为五个阶段。

第一阶段：1979～1983 年，农村实行家庭联产承包责任制，极大地提高了农民生产经营的积极性，释放了农业生产的活力。但国家对城镇劳动力依然实行"统包统配"制度，劳动力市场并未完全摆脱计划经济的痕迹。在这一时期，城镇与农村之间的屏障尚未打开，富余劳动力仍大量存留于农村。

第二阶段：1984～1991 年，劳动力市场出现了两个重要的变化。一个变化是国家开始允许农民进城务工，农村富余劳动力逐步开始涌入城市。另一个变化是城镇劳动力开始试点劳动合同制。在两大变化的影响下，劳动力市场的城乡二元分割格局出现了一定的松动，但城市内部的二元分割格局依然存在。

第三阶段：1992～1996年，劳动力市场加速变革，更多的农村富余劳动力流向城市。在这一过程中，由于户籍制度等制约因素仍然存在，农民工被迫在城乡之间做钟摆式移动。与此同时，城镇劳动力市场改革也在继续向前推进，社保覆盖范围有所扩大，国企实行全员劳动合同制。

第四阶段：1997～2002年，东南亚金融危机的爆发对我国经济产生了显著的负向冲击，受此影响，农村富余劳动力进城务工也遇到了一定阻碍。为了保障城镇劳动力就业，一些地方政府采取了将部分进城务工人员遣散回农村等限制性措施，城乡二元分割特征出现了一定的反弹。与此同时，为了缓解国有企业压力实行国企改革，让冗员分流下岗。在这一时期，劳动力市场的城乡二元分割格局出现反弹，而城市内部的二元分割格局有所缓解。

第五阶段：2003年后，我国加入世界贸易组织的成效逐步显现，制造业的蓬勃发展带动了农村富余劳动力大规模向城市转移。与此同时，随着城镇化的加速推进，长期以来制约农村劳动力转移的户籍制度开始出现松动。尽管农村富余劳动力进城务工还不能完全享受到与城镇居民相同的社会公共服务，但与过去相比，城乡的隔阂已经出现了很大的松动。在这一时期，体制内部门再次受到人们的青睐，而体制外部门则由于工作稳定性较差和福利待遇不高等原因，成为次优选择。

从以上历程可以看到，劳动力市场改革走的是一条渐进式改革道路。在劳动力市场改革过程中，城乡二元分割格局明显削弱，而城市内部的二元分割格局又有所加强。

3. 劳动力要素结构的历史演变

劳动力要素结构一般是指具备劳动能力的就业人员根据不同的划分准则而存在的分布结构，它是一个复合型结构系统，根据不同的角度，可以将劳动力结构作不同的分解。结合目前主流的分解视角，本节将劳动力结构划分为劳动力产业结构、劳动力年龄结构、劳动力质量结构和劳动力城乡结构四种。

（1）劳动力要素产业结构。根据配第－克拉克定理，随着经济的发展与人均收入水平的提高，劳动力在三次产业中的分布存在着此消彼长的演进规律，大量劳动力将沿着第一产业向第二产业转移，再向第三产业转移的倾向。

为了较清楚地分析我国劳动力产业结构的动态变化趋势，按照三次产业，测算各大产业的劳动力占比。本节采用 2003～2018 年数据，结果如表 6-2 所示。2003 年以来我国劳动力产业结构发生了显著变化。从占比来看，我国不同产业分配人数满足配第克拉克定律，劳动力人口逐年向第三产业转移，截止到 2018 年，第一、第二产业劳动力占比相当，分别为 26.1% 和 27.6%，第三产业劳动力占比最高，达到 46.3%。

表 6-2 2003～2018 年我国劳动力产业结构情况表

年份	第一产业就业人员（万人）	第二产业就业人员（万人）	第三产业就业人员（万人）	第一产业占比（%）	第二产业占比（%）	第三产业占比（%）
2003	36204	15927	21605	49.1	21.6	29.3
2004	34830	16709	22725	46.9	22.5	30.6
2005	33442	17766	23439	44.8	23.8	31.4
2006	31941	18895	24143	42.6	25.2	32.2
2007	30731	20186	24404	40.8	26.8	32.4
2008	29923	20553	25087	39.6	27.2	33.2
2009	28891	21080	25857	38.1	27.8	34.1
2010	27931	21842	26332	36.7	28.7	34.6
2011	26594	22544	27282	34.8	29.5	35.7
2012	25773	23241	27690	33.6	30.3	36.1
2013	24171	23170	29636	31.4	30.1	38.5
2014	22790	23099	31364	29.5	29.9	40.6
2015	21919	22693	32839	28.3	29.3	42.4
2016	21496	22350	33757	27.7	28.8	43.5
2017	20944	21824	34872	27.0	28.1	44.9
2018	20258	21390	35938	26.1	27.6	46.3

资料来源：根据《中国统计年鉴》自行整理。

（2）劳动力要素年龄结构。劳动力按照年龄划分，可以分为新生代劳动力和中老年劳动力。但是统计局并未详细统计各年龄段的劳动力数量，为此本节采用周勇（2020）的做法，通过人口抽样调查统计的各年龄段人口，对劳动力年龄结构进行间接测算。其中，20～39岁定义为新生代人口，40～64岁定义为中老年人口，两类人口通过加权，再乘以全部劳动力人口，即作为新生代劳动力和中老年劳动力的数据。自2003年以来，我国劳动力年龄结构正不断向中老年偏移，即中老年劳动力占比不断提高，但新生代劳动力占比不断降低。2017年，我国中老年劳动力占比达到54.7%，较2003年提高了7.9个百分点，而新生代劳动力占比为45.3%，已低于中老年劳动力占比。如果将该指标与消费结构挂钩，那么可以初步地认为新生代劳动力占比越高，则消费结构越倾向于高端消费，因为年轻更加追求通信、娱乐等消费，反之亦然。可以从劳动力要素的年龄结构中探究促进内需推动的着力点。

（3）劳动力要素质量结构。通过定义科技研发型劳动力为质量高低的标志，即采用研究与试验研发人员占比对劳动力质量结构进行衡量。研究与试验研发人员一般都为高端劳动力，对生活品质的追求也可能越高，因而对消费结构升级与经济增长也有重要助推作用。根据图6-7所示，2003年以来我国研究与试验研发人员数量快速增长，占全部劳动力的比重也显著提升。2017年，全国研究与试验研发人员达到403.36万人，较2003年增长了268%，占全部劳动力的比重为0.52%，较2003年也有明显提高。

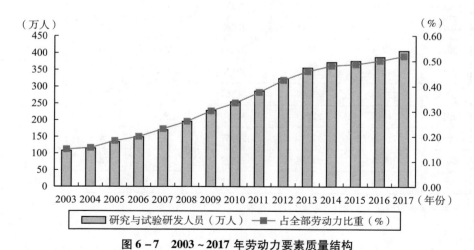

图6-7　2003～2017年劳动力要素质量结构

资料来源：周勇，解美娟.我国劳动力结构演变对居民消费结构变迁的影响[J].商业经济研究，2020（2）：47-50.

（4）劳动力要素城乡结构。劳动力按照城乡空间布局来分，可分为城镇劳动力和农村劳动力。随着城镇化不断推进，我国城镇劳动力显著增加，但农村劳动力不断减少。2017 年我国城镇劳动力 4.25 亿人，农村劳动力 3.52 亿人，占全部劳动力的比重分别为 54.7% 和 45.3%（见图 6-8），已逐步从农村劳动力为主导转向城镇劳动力占主导。

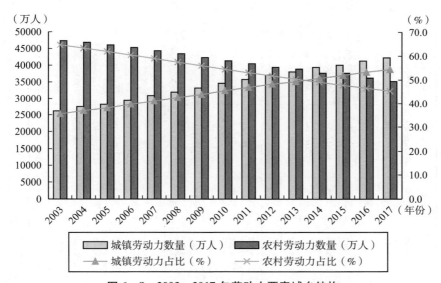

图 6-8　2003~2017 年劳动力要素城乡结构

资料来源：周勇，解美娟. 我国劳动力结构演变对居民消费结构变迁的影响［J］. 商业经济研究，2020（2）：47-50.

4. 劳动力要素与资本要素的协同演变

通过对劳动力要素投入与资本要素投入一起比较观察，我们能发现其二者此消彼长的变化规律。分析二者关系所需数据包括我国实际的经济产出、资本存量和劳动力等 3 个指标，取 GDP 作为产出的衡量指标，并用 GDP 指数折算为 1978 年不变价；对劳动力，直接采用我国的就业人员数量代表劳动力投入；对资本存量的核算，1978~2015 年的数据（1952 年的不变价格）来源于单豪杰关于省际资本存量数据的整理，并换算为 1978 年不变价格。整理数据如表 6-3 所示。资本劳动比的变化趋势如图 6-9 所示。

表6-3　1978~2015年资本要素与劳动力要素相关变化趋势

年份	Y（亿元）	K（亿元）	L（万人）	K/L（元/人）	年份	Y（亿元）	K（亿元）	L（万人）	K/L（元/人）
1978	3678.70	5564.47	40152.00	1385.85	1999	25746.49	38519.83	71394	5395.387568
1979	3958.28	6028.34	41024.00	1469.47	2000	27934.94	42460.51	72085	5890.339183
1980	4266.92	6560.57	42361.00	1548.73	2001	30253.62	47036.73	72797	6461.35555
1981	4484.70	6940.22	43725.00	1587.24	2002	33006.77	52480.36	73280	7161.621179
1982	4888.26	7459.54	45295.00	1646.88	2003	36307.3	59506.78	73736	8070.247911
1983	5416.15	8071.71	46436.00	1738.24	2004	39974.23	67710.22	74264	9117.502424
1984	6239.44	8895.57	48197.00	1845.67	2005	44531.4	77020.5	74647	10317.96321
1985	7075.61	9900.80	49873.00	1985.20	2006	50187.03	87544.99	74978	11676.09032
1986	7705.41	10997.83	51282.00	2144.58	2007	57313.41	99935.27	75321	13267.91599
1987	8607.05	12297.59	52783.00	2329.84	2008	62872.66	113581.17	75564	15031.12196
1988	9570.87	13677.85	54334.00	2517.36	2009	68782.86	131993.84	75828	17407.00533
1989	9972.96	14538.54	55329.00	2627.65	2010	76073.68	152845.43	76105	20083.49386
1990	10361.79	15186.97	64749.00	2345.51	2011	83300.85	175259.04	76420	22933.66135
1991	11325.61	16081.53	65491.00	2455.53	2012	89881.68	199186.4	76704	25968.1894
1992	12933.94	17559.61	66152.00	2654.43	2013	96892.54	224990.59	76977	29228.28767
1993	14731.72	19741.83	66808.00	2955.01	2014	103965.58	251076.26	77253	32500.51907
1994	16646.85	22288.23	67455.00	3304.16	2015	111139.05	277354.51	77451	35810.32007
1995	18478.11	25113.31	68065.00	3689.61	2016	118421.0317	306383.1053	77603	39480.83262
1996	20307.53	28163.24	68950.00	4084.59	2017	126834.2186	338449.9038	77640	43592.20812
1997	22175.94	31281.84	69820.00	4480.36	2018	134761.8171	373872.8912	77586	48188.19004
1998	23905.66	34901.68	70637.00	4940.99					

资料来源：根据《中国统计年鉴》自行整理。

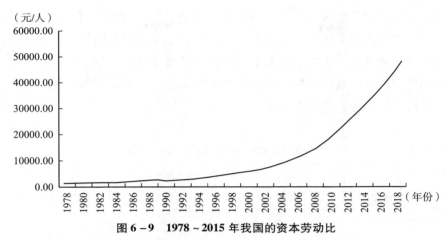

图6–9 1978～2015年我国的资本劳动比

资料来源：根据《中国统计年鉴》自行整理。

1978～2015年我国劳动力和物质资本投入的结构变动特征表现为：首先，从资本投入和劳动投入的变化特征来看，1978～2015年我国资本积累的增长速度远远高于劳动力投入的增长速度。具体来看，1978年的资本存量为5564.47亿元（1978年不变价），2015年增长到28163.24亿元，是1978年的49.84倍；而劳动力投入1978年为40152万人，2015年增加到77451万人，是1978年的1.93倍。图6–9给出了1978～2015年我国的资本劳动比（1978年不变价，元/人）。可以看出，我国的人均资本存量的变化经历了三个阶段：第一阶段（1978～1991年），这一时期我国的人均资本存量基本维持在2500元/人上下波动；第二阶段（1992～2000年），这一时期我国人均资本存量增长速度开始上升；第三阶段（2000～2015年），这一时期我国人均资本存量增长速度急剧上升（赵鑫铖等，2017）。

从资本和劳动投入的增长率来看（见表6–4），1978～2015年我国资本投入年平均增长率与经济增长率基本持平，分别为11.14%和9.65%，而劳动投入年均增长率则远低于资本投入，为1.79%。我国要素投入的变化也体现出阶段性的特征：第一个阶段（1978～1991年），资本增长率相对较低，而劳动增长率较高，经济增长主要依靠的是要素投入效率的提高；第二阶段（1992～2000年），资本投入增长率急剧上升到11.67%，而劳动投入增长率由于计划生育政策效果显现而降低为1.08%，经济增长的投资驱动特征开始显现；第三阶段（2000 至今），资本投入依然维持高增长的 13.33%，劳动力投入增长率降低为 0.48%。进入第三阶段后，经济增长的资本驱动特性进一步凸显，资本投入的效率也由于投资的持续增加有所下降，如何提高资本和劳动的利用效率进而实现经济增长方式由要素投入驱动向创新驱动转变是我国经济面临的最为严峻的问题。

表 6 - 4 　　　　　　　我国不同时期要素投入量的平均增长率　　　　　　单位：%

时间	经济增长率	资本增长率	劳动增长率
1978 ~ 2018 年	9.65	11.14	1.79
1978 ~ 1990 年	9.04	8.51	3.84
1991 ~ 2000 年	10.1	11.67	1.08
2000 年至今	9.64	13.33	0.48

资料来源：根据《中国统计年鉴》自行整理。

从劳动力供给的角度看，未来 10 年我国人口自然增长率会有所下降，但由于"单独二孩""全面二孩"等政策的实施，我国就业人口将维持年均 1.2% 水平增长。从资本投入，未来 10 年我国资本存量的增长速度将会由于经济增长方式转变的实现和结构调整等因素有所回落，考虑到我国的投资驱动特征，资本投入的增长率能维持在 10% 以上的增长速度。

二、我国要素市场结构的基本特征

1. 生产要素市场的二元性

生产要素市场二元性是我国特有的现象，是指作为要素市场两大主体的城市和农村，两者之间相互独立，缺乏联系的深度和广度；城市的工业化水平高，分工发达，专业化组织规范，经济主体之间的交易频繁，对各类生产要素需求大，这就使得城市的金融市场、技术市场、信息市场、劳动力市场、房地产市场、产权市场比较发达；相反，农村的商品化和市场化水平比较低，生产要素的交易需求小，这就导致农村的金融市场、劳动力市场、土地市场和信息市场欠发达。所以，我国生产要素市场的二元性主要体现为两大市场主体之间的"独立性"和"差异性"。

改革开放以前，在赶超战略下，政府制定了"重工轻农"的战略方针。在政府行为的干预下，一方面，大量的资本和技术人才流向现代工业部门，同时占有农业的资本积累和利用工农产品价格的"剪刀差"来满足现代工业部门快速发展的需求。另一方面，城市发展工业，农村只发展农业，在严格的城乡户籍制度的限制下，农村剩余劳动力既无法向城市转移，又无法在农村内部向工业部门转移。农业在无法获得充足的资本积累、技术人才投入并存在大量剩余劳动力的情况下，农业发展缓慢，但同时现代工业部门在资本和技术人才的支持下得到了快速的发展，使得原本存在的二元经济结构得到强化。改革开放以后，国家取消了"重工轻农"的战略，推行经济体制的转变，部分不合理的制度得到放松，农村的农业、工业有了一定的发展，农村市场开始盘活，但是我国生产要素市场二元性仍然存在。生产要素市场二元性决定了资本、技术、信息等生产要素在城乡之间的非均衡分配，在原有工农业发展差距背景下，工业更容易得到各种生产要素，而农业却难以得到促进自身生产力水平和劳动生产率提高的各种生产要素的支持，两者在经济效益方面的差距进一步加剧了生产要素在两部门之间的不均衡分配，二元经济结构转变的进程缓慢。在我国经济体制转变过程中，正是由于生产要素市场二元性的存在引起各种生产要素在两部门之间非均衡分配，从而导致两部门生产力水平和劳动生产率之间的差距逐渐形成且难以消除（陶君道，2011）。

2. 要素市场结构基本特征

一直以来，我国的经济发展主要来源于要素投入量的多寡，劳动、土地、资本在经济迅猛发展过后后劲不足，且由于长期依赖要素投入，使得经济中高端产业匮乏，能源资源消耗严重，由于高端产品稀缺无法满足人民群众日益增长的需求导致供给需求出现错位，企业无法盈利，一方面中低端企业出现产能过剩，另一方面人们对高端产品的需求依赖进口或出现"境外抢购潮"，进一步遏制了企业的发展，限制了整体发展水平。

首先是劳动力结构问题，我国是个人口大国，大量人口组成的劳动者大军对新中国成立后的经济发展起着不可磨灭的贡献，然而发展到如今，劳动力结构有着两方面的问题。一方面，由于受到资源环境的限制，1982 年 9 月党的十二大将计划生育定为基本国策并写入宪法，中国人口增长速度得到限制，在当时确实对资源环境的压力起到不小的缓解作用，当今中国人口老龄化问题严重，劳动力结构随着老龄化社会的到来逐渐失衡，2015 年达到 1.4 亿人（见图 6 – 10）。新生的劳动力群体无法填补职位空缺，直至 2015 年出生率均徘徊在 12% 左右（见图 6 – 11），远不能满足未来中国劳动力空缺的问题，虽然近期部分城市全面放开"二孩政策"，但是迫于工作压力、生活成本、

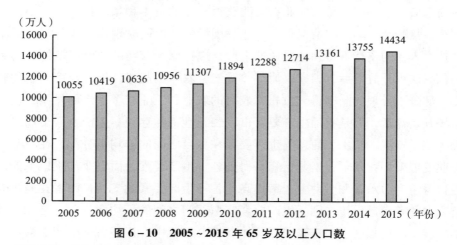

图 6 – 10　2005 ~ 2015 年 65 岁及以上人口数

资料来源：根据《中国统计年鉴》绘制。

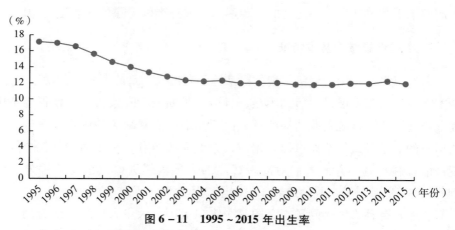

图 6 – 11　1995 ~ 2015 年出生率

资料来源：根据《中国统计年鉴》绘制。

生育条件使得许多人放弃生二胎。另一方面，由于经济的飞速发展，我国人口红利逐渐消失，劳动力成本的上涨同时抑制了市场供给与出口水平，假如劳动力成本的上涨超过了其生产率的增长速度，单位劳动力成本就会继续增长，全要素生产率就会下降，不利于经济的发展。

其次是土地结构问题，主要是房地产库存积压的现象。一方面，房屋作为一种特殊的商品在于它既有消费属性又有投资属性，由于其具有投资属性，人口基数庞大的中国市场对房地产市场进行高杠杆无限投资，其结果必然导致房屋价格不断上升，根据历年《国家统计年鉴》中的有关数据表示（见图 6 – 12），2016 年房地产开发企业实际到位资金为 174212 亿元，相比 2015 年的 155020.4 亿元增长了 12.4%，而全行业的实际到位资金增长率仅为 5.8%，高杠杆率加速房地产开发泡沫化，并且以全行业视角观测，必将挤出其他行业的投资，不利于经济结构的合理发展；而另一方面，房屋自用属性越来越趋于过剩，结果自然是泡沫与过剩并存，目前主流的对房地产现状观点表示，一、二线城市不断加杠杆提高炒房力度，使得房地产市场的价格不断上涨，三、四线城市出现许多"鬼城"，大量的房地产库存积压，使得开发商资金链断裂，企业亏损倒闭破产，严重损害地方经济。

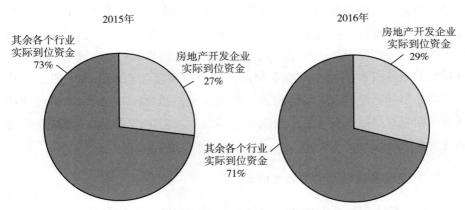

图 6 – 12 2015 ~ 2016 年房地产开发企业实际到位资金比重

资料来源：根据《中国统计年鉴》绘制。

最后是资本结构问题，由于资本的本质是逐利，因此在市场机制的自然运作之下，自然存在着外部性失灵的现象。一方面，社会逐利的资本蜂拥涌入短时期内看似高回报行业或部门，导致诸如房地产市场、钢铁建材市场、光伏产业、平板玻璃市场等得到大规模融资资金，甚至高杠杆水平，导致产品市场出现供需错配等问题，超额的供给使得企业出现大规模产能过剩，企业盈利水平出现问题，最终面临破产倒闭的风险；另一方面，由于小微型企业与科研院所等短期内资本回报率偏低，金融机构不愿将资本投入低回报行业，然而历史经验表明，一些附有高科技附加值或是具有良好创意的小微公司在长期发展中具有很好前景，诸如亚马逊、苹果、迪士尼、谷歌、惠普、Youtube 等公司起初都是在车库里运营的。因此，小微型企业融资难，大企业高杠杆导致资本的结构性问题，值得引起人们的重视。

三、我国要素市场结构的制度缺陷

1. 要素市场化改革滞后导致的价格扭曲

制度是影响经济活动主体的一套社会行为规范和准则，规定着当事人的思维方式，制约着当事人的行为，构成了经济博弈基础的博弈规则以及当事人最终达到均衡的交易范围。经济转型过程中，改革开放激发了市场的活力，市场性力量的成长与壮大推动了要素市场的孕育与发展，但是由于要素市场化改革滞后于产品市场化改革，依旧存在制度性因素通过影响要素资源配置过程中的交易成本，成为导致要素市场扭曲的制度性根源。改革开放以来，中国商品市场已经形成了较为完善的市场化价格机制，而要素市场的价格机制改革则相对滞后。要素价格扭曲通过阻碍市场对生产要素的配置效率，进而对宏观经济运行产生影响。

2. 户籍制度阻碍劳动力要素流动

中国劳动力市场分割由传统的城乡二元结构向现实的多元结构的转变是多种因素影响作用的结果，在影响劳动力市场演进与分割的制度因素中，户籍制度限制所产生的不利影响受到学者们的格外关注。户籍制度是阻碍劳动力流动的因素中最为基本的制度约束，成为妨碍城乡劳动力市场发育的制度根源（蔡昉等，2001）。因为户籍制度造成了保障制度的分割，城乡之间具有不同的保障制度，按属地筹资和管理的城镇社会保障体制框架体现为地区之间的保障制度的差异。户籍制度是限制农村劳动力进入城市主要劳动力市场的重要原因，拥有城镇户口的劳动力不仅垄断了城市主要劳动力市场的就业，并且在城市次级劳动力市场上也处于有利地位（沈琴琴等，2010）。中国劳动力市场分割的历史变迁进程中，社会转型时期的制度设计是造成劳动力市场分割的重要原因，户籍和劳动就业准入等制度的过度供给导致了中国劳动力市场多重分割的局面。

3. 市场供求制度影响劳动力要素均衡发展

供求相互作用的价格机制是市场配置要素的基本方式，劳动力的相对供求状况是影响劳动力市场发育的重要动因，供求所决定的市场工资，不仅是引导劳动力流动、优化劳动力配置效率的基本信号，也是影响劳动力进行人力资本投资的重要因素。改革开放以来，无论从总体还是局部看，我国劳动力市场的发展一直受到劳动力供给相对过剩的影响和制约。在整体相对过剩的基础上，城乡间和地区间的劳动力供求失衡成为影响我国劳动力市场发展的重要因素。计划经济时期形成的二元经济社会体制使我国城市化相对落后于经济社会发展的需要，大量的人口和劳动力滞留在农村，城市地区集中了相对较多的资源，因此改革开放以来，城市劳动力生产率和工资水平明显高于农村地区，当家庭联产承包责任制从农村土地上解放出越来越多的剩余劳动力，且人口流动的行政管制放松的条件下，农村劳动力不断向城市转移。地区间开放次序的不同和政策优惠程度动的差异以及区位优势的影响，沿海地区较快的发展产生了相对更大的劳动力需求，在本地劳力供给相对不足的条件下，中西部地区的剩余劳动力出现了向东部地区的大规模流动和转移（郭界秀等，2018）。

4. 资本要素带来的无序扩张

由于我国目前依旧处于社会主义初级阶段，多种所有制并存，资本的无序扩张导致贫富两极分化更为严重。一定的所有制形式决定了相应的分配关系，最终影响着人们的财产关系。在资本主义社会，由于生产资料的私有制性质，掌握生产资料的资本家盲目追求资本无限繁殖，内在地导致资本主义社会的贫富分化。正是资本回报大大超出了劳动的规定范畴，使得马克思将之视为"全部现代社会体系所围绕旋转的轴心"。改革开放以来，由于解放和发展社会生产力的观念得以全面落实，我国的社会经济实现快速发展，并创造了世界瞩目的伟大成就。而与之相伴随的是，我国社会经济发展中也出现不少问题，如内需乏力、环境破坏、分配不均等。究其原因，乃是由于我们在对所有制结构进行调整的过程中，适当地为其他经济形式留出地盘，进而为资本的进入及其增殖逻辑的运行提供了生存空间。在社会生产力中，资本较之劳动等其他要素的回报差距拉大，这一初次分配的客观矛盾要求我们对社会资源进行再分配来加以解决。毋庸置疑，社会主义的制度特征之一，在于它能坚定确保公有制经济的主体地位，有效防范和抵御资本在社会生活的一切领域无序扩张。改革调整后的国有经济与集体经济同快速发展的私人经济相得益彰，也从经济形式上抑制了资本逻辑。因此，必须坚持社会主义公有制这一基本前提，保证国家解决分配公平与两极分化问题的可能性（卢德友等，2017）。

第三节　我国要素市场对产业结构调整的作用机制及其抑制效应

鉴于要素市场的特殊性与现实中存在的要素价格扭曲，本节依据微观—中观—宏观的影响框架，实证检验要素市场对产业结构调整的作用机制及其抑制效应，以期论证要素市场的扭曲配置如何通过抑制产业结构，进而阻碍生产力发展。

一、要素相对价格扭曲对产业结构合理化的影响机制分析

1. 要素相对价格扭曲影响产出结构

要素相对价格扭曲会改变不同要素密集产业的成本优势。当资本要素变得相对廉价时，企业使用资本对劳动进行替代时时相当于获得了一定的补贴，

能够在原有的生产水平下获得超额利润，很显然，不同要素密集程度的企业从中获得的利润各不相同。资本密集型产业与劳动密集型或技术密集型产业相比，在生产过程中需要投入的资本数量更多，获利能力较强，能够倚靠其拥有成本优势得以快速扩张，从而对产出结构产生影响。

如图 6 – 13 所示，假设经济体中包含了两个部门，部门 I 是劳动密集型产业，生产的产品为 X，部门 II 是资本密集型产业，生产的产品为 Y。曲线 S 为生产可能性曲线。如果经济体中要素市场是完美的，那么意味着不存在要素相对价格扭曲，最适宜的生产点为生产可能性边界与商品相对价格线的切点 S_0，此时生产 X_0 单位的劳动密集型产品 X 和 Y_0 单位的资本密集型产品 Y。

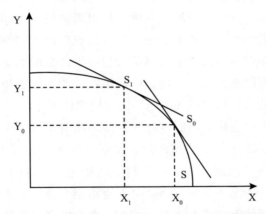

图 6 – 13 要素不存在剩余时要素相对产品组合的影响

当发生要素相对价格扭曲后，资本相对于劳动力变得更为廉价。此时资本密集型产业发生扩张，生产要素将从劳动密集型产业向资本密集型产业流动，劳动密集型产品产量减少，资本密集型产品产量扩大。最终的产品组合不再为 S_0 点，而是移动到了 S_1 点。此时生产的资本密集型产品数量 $Y_1 > Y_0$，而劳动密集型产品数量 $X_1 < X_0$。在最终的生产点上，更多的生产要素将投入于资本密集型产品与劳动密集型产品产量之比增加。

由上述分析可知，要素相对价格扭曲导致资本密集型产业能够比劳动密集型产业获得更高的利润，使资本密集型产业的产出扩张，而劳动密集型产业的产出缩减，造成各产业的产出结构发生改变，影响产业结构合理化进程。

2. 过度投资效应

要素相对价格扭曲改变了企业最优的要素投入选择，使企业倾向于使用更为廉价的要素对另一种要素进行替代，从而取得超额利润并得以扩张生产替代。当资本要素比劳动力要素价格更为低廉时，企业会选择使用资本对劳动力进行替代，使企业在生产过程中不断追加投资。

要素相对价格扭曲改变了企业的投入决策。对于企业来说，投入生产的资本与劳动投入比例取决于要素的实际的边际生产率及相对价格（林毅夫等，2004）。当要素的相对价格发生变化时，出于逐利性，市场中的各企业会根据要素相对价格的变化来对所投入的各种要素数量进行相应的调整，以保障企业的要素配置能够实现成本最小化目标，获得最大利润。如果要素发生相对价格扭曲，企业在新的要素价格信号指导下，会增加价格相对低廉的要素投入，改变原有的要素投入结构，以满足新的要素配置条件实现利润最大化，使要素之间的边际技术替代率与新的价格之比相等。

如果市场中不存在价格扭曲，此时要素的相对价格是由要素的禀赋结构所决定的，出现要素相对价格扭曲时，要素投入组合将偏离原有配置状态，企业的盈利能力及产出水平也会发生相应的变化。一方面，对于企业来说，在保持产出不变的情况下，企业会倾向于使用相对廉价的要素对另一种要素进行替代，从而降低生产成本，另一方面，企业也可以选择保持生产成本不变，在这种情况下，企业的产出水平与要素配置比例同时发生改变。下面将通过图 6 - 14 对这种变化进行分析。

如图 6 - 14 所示，图中曲线 Q_0 为等产量线，该曲线上的点代表了要达到产量 Q_1 企业所要选择的劳动和资本要素投入量组合。假设在不存在价格扭曲的情况下的等成本线为 C_0，斜率为负的工资利润比，即 $- w/r$。企业的最优选择为在点 E_0 进行生产，此时投入的要素组合方式为 $(L_0，K_0)$，$MPL_0 = w$，$MPK_0 = r$。在不存在扭曲的情况下，点 E_0 的要素配置能够使企业在既定的产出水平 Q_0 下实现成本最小化。在点 E_0 处要素的配置是最有效率的。

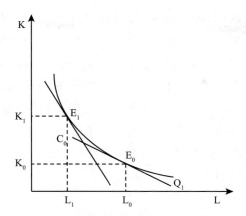

图 6 – 14　要素相对价格扭曲的替代效应

接下来我们考虑存在要素相对价格扭曲的情形。假设由于政策等因素，造成了资本要素价格被低估，出现负向扭曲，资本要素发生扭曲后的价格为 r'，$r' < r$，资本的扭曲程度为 dk，$dkr' = r$ 且 $dk > 1$。

如图 6 – 14 所示，由于资本存在负向扭曲，变得比劳动要素更为廉价，企业会倾向于选择更多的资本来对劳动进行替代，使新的生产点上要素之间的边际技术替代率与新的价格之比相等，减少生产成本获得更高收益。在发生相对价格扭曲后，等成本线由 C_0 旋转为 C_1，等成本曲线的斜率则由原先的 $-w/r$ 变为：

$$w'/r' = -\frac{(w/d_1)}{r/d_k} = -\frac{w/r}{d_1/d_k} < -w/r$$

从绝对值上看 $w'/r' > w/r$，扭曲后的等成本曲线变得比原来更陡峭，企业选择的生产点也相应地发生偏离。新的等成本曲线 C_1 与等产量曲线 Q_1 相切于点 E_1，企业将选择在新的均衡点 E_1 上进行生产，此时的要素投入组合为（L_1，K_1），并且资本要素的投入量由 K_0 增加为 K_1，增加数额等于 $K_0 -$ K_1；劳动要素的使用则由 L_0 减少为 L_1，减少量为 $L_0 - L_1$。扭曲后企业选择的产量并未发生变化，但资本与劳动的要素投入比增加。在新的生产点上，企业能够在相同的产出水平下投入更小的成本，同时要素的配置发生了偏离，资本与劳动的投入比例提高。

由上述分析可知，要素相对价格扭曲导致资本要素的成本更为低廉，企业增加资本要素使用能够降低成本，在同样的产出水平下，企业倾向于选择资本使用比例较高的点上进行生产，造成了资本投入的增加以及劳动投入的减少，形成资本对劳动力的替代，进而引发过度投资问题。

图 6 – 15 显示了 1999 ~ 2015 年中国 GDP 和全社会固定资产投资的增长情况，可以看出，除 1999 年外，各年的固定资产投资增长率都要高于同期 GDP 增长率。在这 16 年间，GDP 的年均增长率为 9.56%，而固定资产投资增长率的年均值为 20.13%，两者相差 10.57%，这说明投资对我国的经济增长有十分明显的拉动作用。

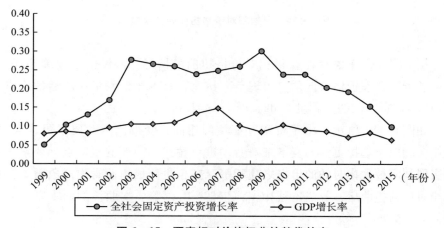

图 6 – 15　要素相对价格扭曲的替代效应

资料来源：根据《中国统计年鉴》自行整理。

当资本的价格出现负向扭曲时，资本相对于劳动力的成本被压低，企业以低价购入资本要素以对劳动力进行替代，对于企业来说，相当于获得了政府给予的价格补贴。此时，企业的收入将由两部分组成，一部分为正常的商品销售收入，而另一部分是由于要素相对价格扭曲而获得的投资补贴。

在没有发生相对价格扭曲时，企业的收入为 $R(q) = r_s(q)$，总生产成本为：$C(q) = fc + v(q)$，其中 fc 是固定成本，$v(q)$ 是可变成本。此时，企业利润的利润函数为：

$$\pi(q) = R(q) - C(q) = r_s(q) - fc - v(q) \qquad (6-1)$$

利润最大化的约束条件为：

$$\pi'(q^*) = R'(q^*) - C'(q^*) = r_s'(q^*) - v'(q^*) = 0 \qquad (6-2)$$

$$\pi''(q^*) = R''(q^*) - C''(q^*) = r_s''(q^*) - v''(q^*) < 0 \qquad (6-3)$$

发生相对价格扭曲以后，企业的收入为 $R(q) = r_s(q) + r_p(q)$，其中 $r_p(q)$ 是企业从要素相对价格扭曲中获得的生产补贴，此时企业的利润函数为：

$$\pi(q) = R(q) - C(q) = r_s(q) + r_p(q) - fc - v(q) \qquad (6-4)$$

利润最大化的约束条件变为：

$$\pi'(q_1) = R'(q_1) - C'(q_1) = r_s'(q_1) + r_p'(q_1) - v'(q_1) = 0 \quad (6-5)$$

$$\pi''(q_1) = R''(q_1) - C''(q_1) = r_s''(q_1) + r_p''(q_1) - v''(q_1) < 0 \quad (6-6)$$

进一步可得到：

$$r_s'(q_1) - v'(q_1) = -r_p'(q_1) \qquad (6-7)$$

对于企业来说，规模越大，投入的生产要素越多，从要素相对价格扭曲当中获得的补贴也越高，所以在正常情况下 $r_p'(q) > 0$，因此可以推出：

$$r_s'(q_1) - v'(q_1) < r_s'(q^*) - v'(q^*) \qquad (6-8)$$

进一步地，可以推出 $q_1 > q^*$，即当资本要素的价格出现负向扭曲后，企业实现利润最大化时的产出水平高于不存在相对价格扭曲时的产出水平，这促使企业进行规模扩张。但是不同产业受到相对价格扭曲的影响程度各不相同。对于资本要素投入比例较高、更容易进行规模扩张或者能够得到更多政府资金支持的企业来说，扭曲对产出的影响也更为显著。对于某些产品同质化程度较高并且已经呈现出饱和状态行业，扭曲的资本价格使这些行业持续扩张。具体而言，要素相对价格扭曲使企业退出机制失效，亏损企业继续留存；在位企业投资的风险降低，盲目扩张投资规模；行业进入门槛降低，大量企业进入相同行业，从而引发了产能过剩问题。

首先，要素相对价格扭曲使企业的退出机制失效。在完全竞争的市场下，如果一个行业当中出现了过多的产品，一些生产效率低下、出现亏损的企业无法继续维持经营，将会退出市场，使市场上各个行业当中的企业数量及要素配置达到最佳状态；对于不同产业而言，需求量缩减、技术水平落后、生产效率低下、收益率较低的产业在市场中所占据的份额也将萎缩，使各产业之间的产出结构趋向更为合理的方向发展。然而，相对价格扭曲相当于政府给予了企业一定补贴，弥补了企业的亏损，使一些本应失去经营能力的僵尸企业并没有遭到淘汰退出市场，而是依靠扭曲所得到的补贴继续生存（聂辉华等，2016），使资源仍然被生产效率低下的企业所占用，导致个别行业持续的产能过剩。

其次，相对价格的扭曲会引起在位企业盲目扩张、过度投资。对于在位企业而言，低价的资本要素使企业在扩张投资时需要付出的成本降低，所需要承担的成本及风险出现外部化效应，企业产生扩张投资的动机。相对价格扭曲越严重，企业能够获取的资本要素数量越多，所需要负担的风险和责任就越少，投资热情也相应高涨（耿强等，2011）。要素相对价格扭曲使企业选择的生产数量与市场需求并不匹配，同一行业内企业的过度投资引发行业重复建设、产能过剩等问题，进一步干扰了产业结构的合理化进程。

最后，相对价格扭曲干扰了企业的进入决策。当潜在的企业考虑进入某个行业时，对该行业的收益率预期必然影响其选择。但是当相对价格扭曲存在时，企业在进行进入决策时所看见的并不是该行业的真实盈利能力。相对而言，资本要素投入数量较多的行业表现出的盈利能力与其真实盈利能力之间的差距较大。对于新进入的企业来说，这些行业对企业极具吸引力，企业所做出的决策会带有一定的盲目性，集中投入于某些特定行业，以期得到更高额的利润。但实际上，企业选择进入的行业可能已经存在饱和现象，且不具备长期发展的能力，企业所做出的决策并不利于产业整体素质的提高及产业之间的协调发展。

3. 干扰竞争机制

虽然相对扭曲的要素价格使企业产生了追加资本投入的动机，但并不是所有的企业都能够实现资本对劳动的替代。在市场当中，拥有一定政治背景的企业能够获得更多的低价资本，与没有政治背景的企业相比，这些企业能够依靠追加资本投入实现超额利润，并获取更多的要素投入生产，扩大生产规模。此外，对于要素替代弹性较大的部门来说，在相对价格发生扭曲时，有能力使用更多的资本对劳动进行替代，获得更高的利润和产出（Alvarez - Cuadrado et al. , 2017）。

不存在要素相对价格扭曲的时候，要素在企业间、产业间的流动是由生产率差异造成的。生产效率较高的部门可以获取较高的利益，要素将从生产效率低下、缺乏盈利能力的企业退出，重新配置到高效率的企业当中，使整个经济体中留存的企业都具有较高的生产效率，进而推动产业整体要素使用效率的提升，推进产业结构的合理化进程。然而，要素价格扭曲改变企业的生产成本，企业的营利能力不再由生产效率决定，而是受到要素投入数量和结构的影响，使一些生产效率低下的部门同样能够获得较高的盈利能力，市场上正常的竞争机制被打乱。此外，一些企业为了能够获得更多的廉价生产要素，会选择通过寻租行为与政府官员建立联系，进一步造成生产效率的损失。在短期内，相对价格扭曲可以通过改变要素的投入拉动产出和收益，从而带动经济增长，但长期而言，这对生产要素的使用造成了极大的浪费，不利于产业整体生产效率的提高，阻碍了产业结构的合理化。

4. 抑制创新

要素相对价格扭曲会抑制企业创新能力的提升。首先，自主创新活动具有高风险、收益不确定等特性，而要素价格相对扭曲使企业能够直接从增加资本投入中获得更多的超额利润。相对而言，企业进行创新活动所获得的收益存在无法弥补投入的可能，预期收益小于追加资本要素投入能够得到的利润，要素相对价格扭曲使创新丧失了对企业的吸引力。其次，企业能够通过寻租行为建立与政府官员之间的联系以获取更多的廉价要素，企业会将更多的资源转移到寻租活动当中，进而减少对创新活动的投入，对其造成挤出效应（戴魁早等，2015）。很显然，价格扭曲越严重，企业从事寻租行为的动机就越大，因而对创新投入的挤出效应也强。最后，相对价格扭曲使劳动者在劳资关系中处于弱势地位，抑制了劳动者收入水平的提高。劳动者收入水平的下降会造成劳动者将更多的收入用于满足自身的基本生活需求，从而压缩对于教育方面的投入，阻碍了人力资本的发展与培养，进而抑制创新。相对价格扭曲使企业得以扩大资本投入，所形成的超额利润一部分由企业自身留存，还有一部分则由税收的形式流入政府，收入分配更多地向企业和政府倾斜。对于劳动者而言，廉价的资本要素使劳动者在劳资关系中处于弱势地位，工资往往被压低，收入水平下降。在这种模式下，资本收入份额在国民收入中的份额节节攀升，收入集中在少数人手中，社会收入差距扩大。较低的收入水平造成了消费者需求更多地集中在第一、第二产业，新产品缺乏有效的需求来拉动。

自主创新对产业结构合理化具有一定的正向促进作用。一方面，自主创新能够提高要素的使用效率，打破原有的资源配置状态。对于企业来说，技术水平的提高能够降低生产成本，不断淘汰高污染、高排放、低效率的落后产能，使更多的生产要素从低效率的企业流出，提高整个产业的生产效率。另一方面，自主创新能突破产业原有的边界，改变产业之间的联结关系，促进新产业的诞生及产业间的融合，实现产业之间的相互帮助及相互促进（李文秀等，2012）。例如，信息技术的发展使制造企业在销售产品的同时能够提供配套的安装、维修及技术支持等服务。要素相对价格扭曲造成的创新抑制效应，对产业结构合理化造成了不利的影响。

5. 小结

本节对要素相对价格扭曲对产业结构合理化的影响路径进行了分析。将产业结构合理化的具体内容分解为要素配置合理化及产出比例合理化两个方面，分别阐述要素相对价格扭曲对二者的影响。综上所述，要素相对价格扭曲对产业结构的影响机制如图 6 - 16 所示。

从实证角度来研究要素相对价格扭曲对产业结构合理化的影响，首先要解决的问题是对要素相对价格扭曲程度进行量化。一般来说，生产要素包括了土地、资本与劳动力，但由于土地要素的价格无法找到合适的方法进行衡量，所以本书主要对资本与劳动力价格的相对价格扭曲进行研究。本书对现有要素市场扭曲的测度方法进行归纳后，选择使用生产函数法对我国要素相对价格扭曲程度进行测度。通过从要素相对价格扭曲的定义出发，计算出劳动力与资本的边际产出与其真实价格的偏向情况，得出各要素的绝对扭曲程度，在此基础上进一步计算出要素相对价格扭曲程度。

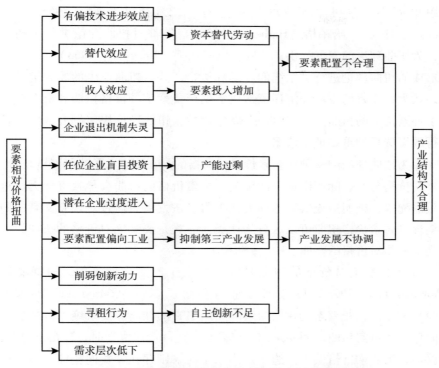

图 6-16   要素相对价格扭曲对产业结构合理化的影响机制

二、要素相对价格扭曲的测度与分析

1. 要素相对价格扭曲的概念界定

根据古典经济学家亚当·斯密提出的"看不见的手"理论，在完全竞争条件下，劳动、资本、土地等生产要素都能够通过市场的调节而达到最优配置，并不存在扭曲一说。但在现实中完全竞争显然是难以实现的，不完全信息、市场分割、政府干预、垄断等因素的存在，都会使要素真实的价格会与理想之间发生偏离。在"二战"之后，国际贸易的发展使众多学者注意到在国际市场中完全竞争假设并不适用，由此，扭曲总量逐渐引起了经济学家的关注。各个国家会通过相关政策对本国市场进行干预以保障本国在竞争中处于优势地位，促进国内经济的发展，价格的扭曲是一种常态，扭曲理论也由此引申而出。在扭曲理论的发展过程中，米德（Meade，1955）、哈根（Hagen，1958）、哈柏格（Harberger，1959）等都对扭曲理论进行了初步研究，为扭曲理论的发展提供了基础。巴格瓦蒂（Bhagwati，1963）对"二战"后形成的扭曲理论进行了系统的整理和概括，并对扭曲产生的原因进行了分析，认为不完善的市场经济环境造成了生产要素市场价格扭曲和机会成本造成了要素价格的扭曲。自20世纪80年代后，扭曲理论快速发展，成为各国进行政策选择的重要理论依据。

作为扭曲理论的一种，要素价格扭曲指的是在不完善的市场经济环境中，要素的价格与其边际产出水平的偏离。要素价格的扭曲会导致资源无法进行有效的配置，进而造成效率的损失而阻碍经济发展。通过对现有文献的归纳和整理，要素价格扭曲可以区分为两类：一类是要素绝对价格的扭曲，另一类是要素相对价格的扭曲。

（1）要素绝对价格的扭曲是针对单个生产要素而言的，根据潘和劳（Pan and Lau，1973）以及阿特金森和哈沃森（Atkinson and Halvorsen，1980）的定义，是要素的价格与边际产出水平的偏离。要素绝对价格包括了正向扭曲与负向扭曲，当要素的价格高于其边际产出水平时，存在正向扭曲，相反地，当要素价格低于其边际产出水平时，则存在着负向扭曲。用公式可以表示为：

$$\frac{\partial Y}{\partial X_i} = d_i P_i \qquad (6-9)$$

其中，Y表示产出水平，X_i表示要素i的投入量，$\partial Y/\partial X_i$即要素i的边际产出水平，P_i为要素i的实际价格，系数d_i显示了要素i的绝对扭曲程度。当$d_i=1$时，不存在扭曲，而当$d_i>1$时，说明要素i的价格存在负向扭曲，当$d_i<1$时，说明要素i的价格存在正向扭曲，k_i的数据与1的差距越大，说明要素价格的绝对扭曲程度越高。

（2）要素相对价格扭曲是针对两种及两种以上的要素而言的，根据约翰逊（Johnson，1966）、马吉（Maggee，1970）以及曼德雷（Mundlak，1973）的研究，要素相对价格扭曲可以分为两种要素之间价格的相对扭曲以及部门之间要素价格的相对扭曲。前者是将两种生产要素的绝对扭曲程度进行比较，能够反映出这两种要素之间的相对配置效率，后者是将两个部门的要素相对扭曲程度进行比较，如在部门之间的工资—租金率，能够比较出两个部门之间要素配置效率的不同。

假设经济中存在一个部门 m，并投入多种要素，其中要素 i 和要素 j 的相对扭曲程度可以用公式可以如下表述：

$$\gamma_m = \frac{d_i}{d_j} = \left(\frac{\partial Y / \partial X_i}{\partial Y / \partial X_j} \right) \left(\frac{P_j}{P_i} \right) \qquad (6-10)$$

其中，γ_m 表示部门 m 内要素 i 和要素 j 之间的相对价格扭曲程度，当 $\gamma_m = 1$ 时，要素 i 和要素 j 之间不存在相对扭曲；当 $\gamma_m > 1$ 时，说明要素 i 的扭曲程度高于要素 j，数值越大，要素 i 的相对扭曲程度越高；相反地，当 $\gamma_m < 1$ 时，则说明要素 i 的扭曲程度低于要素 j，数值越小，说明要素 i 的相对扭曲程度越低。γ_m 与 1 偏离得越多，两种要素之间的相对价格扭曲程度就越大，具体来说，对于要素 i，γ_m 的数值越大，要素 i 的相对扭曲程度越高，而对于要素 j，γ_m 的数值越小，要素 j 的相对扭曲程度越高。

假设在经济中存在两个部门 m 和 n，且都投入多种要素，对于这两个部门来说，进一步假定有：

$$\gamma_m = \delta \gamma_n \qquad (6-11)$$

其中，δ 表示了部门 m 与部门 n 之间的要素相对价格扭曲程度，是两种要素在不同部门的相对当 $\delta = 1$ 时，两个部门之间不存在要素价格的相对扭曲，δ 的数值与 1 偏离得越多，说明要素在部门之间的流动性越差，导致要素在部门之间的价格构成比例的扭曲越严重。

由计算公式可以看出，要素绝对价格扭曲与相对价格扭曲之间既有区别又有联系。当一种生产要素的价格存在绝对扭曲时，说明生产要素丰裕程度没有得到真实的反映，企业无法根据价格信息来调整要素的投入数量，很可能造成要素的浪费或者短缺。进一步地，要素价格的相对扭曲在是绝对扭曲的基础上产生，要素价格存在相对扭曲时必然也存在着绝对扭曲。当多种要素都发生绝对扭曲时，如果扭曲呈现出同比同方向的变化，各要素在产业之间的配置比例并不会发生变化，此时不存在相对扭曲。在考察要素价格扭曲对产业结构的影响时，主要关注的是要素价格的相对扭曲，因为要素价格的绝对扭曲不一定会造成要素配置的改变，相对扭曲才是要素配置效率低下的根源。总体上来说我国的要素价格存在着较为严重的扭曲，不同的要素、行业、地区以及所有制之间都存在扭曲方向和程度的差异（袁鹏等，2014）。本书主要针对不同要素之间的相对价格扭曲对产业结构合理化产生的影响进行研究。

2. 要素相对价格扭曲的测度方法选择

通过对已有研究进行整理归纳，可知现有方法中，能够对要素相对价格扭曲进行测算的方法应当选择参数化的方法，主要包括生产函数法和影子价格测算法。如果产出水平是内生时，生产函数方法更为合适（Christensen et al.，1976）。虽然我国国有企业仍存在着预算软约束问题，但总体来看，目前我国企业的生产决策主要是基于市场导向对要素相对价格扭曲程度进行测算。

在利用生产函数方法进行计算时，所计算得出的结果会受到生产函数选择的影响。其中，C – D 生产函数和超越对数生产函数都较为常用，前者为最经典的生产函数形式，简单实用，经过学者们的反复使用和验证，但由于其存在单位替代弹性强假设，计算结果可能会产生偏误，后者则使用了对数二次形式，更为灵活多变，同样被学者们广泛地使用。本书在计算相对价格扭曲时，参照史晋川和赵自芳（2007）以及王必锋（2013）的方法，选择将两种函数形式进行对比，以选用适宜的生产函数。

考虑如下函数形式：

$$\ln(Y_{it}/L_{it}) = \alpha + \alpha_1 \ln(K_{it}/L_{it}) + \alpha_2 [\ln(K_{it}/L_{it})]^2 + \alpha_3 \ln L_{it} + \mu_{it}$$

$$(6-12)$$

在式（6 – 12）当中，如果 $[\ln(K_{it}/L_{it})]^2$ 的系数 α_2 显著为 0，那么函数可以转化为 C – D 生产函数的形式，在进行计算时可以选用该形式；相反地，当 α_2 显著不为 0 时，则说明选择 C – D 生产函数进行估算时将产生偏误，使用时变弹性生产函数更为合适。

超越对数生产函数形式为：

$$\ln Y_{it} = \beta_0 + \beta_k \ln K_{it} + \beta_1 \ln L_{it} + \frac{1}{2}\beta_{kk}\ln^2 K_{it} + \frac{1}{2}\beta_{ll}\ln^2 L_{it} + \beta_{kl}\ln K_{it}L_{it} + \varepsilon_{it}$$

$$(6-13)$$

以此可以计算出劳动要素的边际产出为：

$$MP_{L,it} = (\beta_0 + \beta_{ll}\ln L_{it} + \beta_{kl}\ln K_{it})Y_{it}/L_{it} \qquad (6-14)$$

资本要素的边际产出为：

$$MP_{K,it} = (\beta_0 + \beta_{kk}\ln K_{it} + \beta_{kl}\ln L_{it})Y_{it}/K_{it} \qquad (6-15)$$

C–D 生产函数形式为：

$$Y_{it} = A_{it} K_{it}^{\alpha} L_{it}^{\beta} \qquad (6-16)$$

可计算出劳动和资本的边际产出为：

$$MP_{K,it} = A_{it} \alpha K_{it}^{\alpha-1} L_{it}^{\beta} = \alpha Y_t / K_t \qquad (6-17)$$

$$MP_{L,it} = A_{it} \beta K_{it}^{\alpha} L_{it}^{\beta-1} = \beta Y_t / L_t \qquad (6-18)$$

其中，Y 为实际国内生产总值，K 为资本存量，L 为劳动投入。（1）实际国内生产总值 Y 数据根据各省（或直辖市）地区生产总值以及生产总值指数计算得到，数据来源于各省统计年鉴。（2）资本存量 K 使用永续盘存法进行计算。目前国内有不少学者对中国的省际资本存量进行了估计，本文参照单豪杰的方法对资本存量进行估算，数据来源于国家统计局数据库。（3）劳动投入 L 以各省份各年年初和年底就业人数的平均值计算得出，数据来源于各省统计年鉴。

可以发现，二次项 $[\ln(K/L)]^2$ 的系数在 5% 的水平上显著，这说明如果直接以 C–D 函数形式进行设定，对各省边际产出的估计结果会产生偏误。回归方程的拟合优度超过了 90%，说明该方程能够较好地解释投入与产出之间的关系，所以本文选择超越对数生产函数形式来对要素相对价格扭曲进行估计。

假设劳动和资本的实际价格分别为 ω 和 r，那么要素价格的绝对扭曲程度可由其边际产出与实际价格的比值计算，可如下表示：

$$Dis_L = MPL / \omega \qquad (6-19)$$

$$Dis_K = MPK / r \qquad (6-20)$$

Dis_L 和 Dis_K 分别表示劳动和资本的价格扭曲程度，如果其数值等于 1，则说明不存在要素价格的绝对扭曲；如果其数值大于 1，则存在价格的负向扭曲，即该要素价格被低估；如果其数值小于 1，则存在要素价格的正向扭曲，要素价格被高估。扭曲值与 1 偏离得越多，要素的绝对扭曲越严重。

根据超越对数生产函数计算出资本和劳动的边际产出以后，要计算要素相对价格的扭曲程度，还需要得到资本和劳动的实际价格。二者都不能从统计年鉴中直接得出，需要根据相关数据计算获得。

（1）工资的计算。现有文献在计算劳动力的价格大多只计算了城镇居民的平均工资，但农村居民人口长期以来占总人口比重较大，直至 2015 年，仍然占据总人口的 43.9%，因此本书在计算时考虑了农村居民的工资性收入。使用城镇单位工资总额加上农村居民工资性收入总额，并根据历年的 CPI 指数折算成实际值（以 1999 年为基期），然后除以劳动力数量得出平均工资额。其中农村居民工资性收入是根据农村人均工资性收入额乘以农村人口数获得。数据来源于国家统计局数据库以及各省统计年鉴。

（2）资本实际报酬的计算。现有文献主要使用利息支出与负债之比或者银行贷款利率来表示资本价格，但使用利息支出与负债比来表示时，会出现明显的低估，史晋川和赵自芳在使用该数据进行估计时，所得出的资本实际报酬甚至低于同期存款利率，这显然与现实不符。此外，由于我国金融市场不够完善，使用银行贷款利率无法真实地反映出资本的实际回报。因此，本书参照白重恩和张琼的做法，以收入法核算的 GDP 扣除生产税净额及劳动者报酬以后的数值得出资本收入，将其除以资本存量计算得出资本实际价格。

3. 中国要素相对价格扭曲的测度结果

根据模型与相应数据，可得出我国各省份 1999～2015 年劳动和资本要素价格扭曲，图 6－17 则体现了全国劳动和资本要素价格扭曲在 1999～2015 年的变动趋势，表 6－5 是各地区估计结果的统计性描述，分别从横向和纵向对我国资本价格及劳动价格扭曲程度进行了比较。

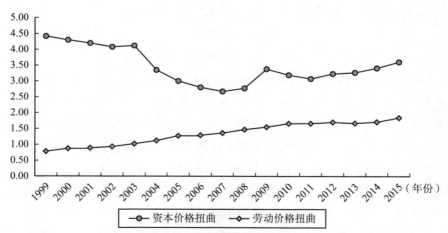

图 6－17　1999～2015 年全国资本及劳动要素价格扭曲指数的变动趋势

资料来源：根据《中国统计年鉴》自行整理。

表 6 – 5　　　　　　　　资本与劳动要素价格扭曲的描述性统计

地区	资本要素价格扭曲（Dis_K）				劳动要素价格扭曲（Dis_L）			
	均值	方差	最大值	最小值	均值	方差	最大值	最小值
北京	2.66	0.22	3.41	1.91	1.01	0.05	1.37	0.73
天津	2.66	0.19	3.69	1.94	2.15	0.13	2.65	1.47
河北	3.51	0.22	4.20	2.76	1.27	0.08	1.55	0.76
辽宁	3.69	0.12	4.18	3.19	3.62	4.97	8.11	0.82
上海	2.88	0.17	3.67	2.32	1.84	0.23	2.86	1.28
江苏	3.33	0.12	3.93	2.83	1.47	0.18	2.14	0.72
浙江	3.18	0.09	3.81	2.83	1.17	0.01	1.29	0.86
福建	3.41	0.11	3.97	2.81	1.60	0.03	1.89	1.25
山东	3.39	0.38	5.01	2.61	1.31	0.13	1.88	0.72
广东	3.18	0.14	3.70	2.62	1.19	0.03	1.43	0.92
海南	3.38	0.18	3.92	2.46	1.87	0.01	2.03	1.65
东部	3.21	0.27	5.01	1.91	1.68	1.00	8.11	0.72
黑龙江	3.28	0.32	4.41	2.54	1.61	0.16	2.18	1.01
吉林	3.18	0.84	5.31	2.39	1.87	0.44	2.65	0.90
山西	2.82	0.21	3.74	2.17	0.97	0.04	1.22	0.57
安徽	3.75	0.37	5.01	3.18	0.74	0.07	1.17	0.33
江西	3.52	1.09	5.70	2.62	0.84	0.08	1.14	0.32
河南	3.97	1.40	5.92	2.68	0.82	0.11	1.24	0.37
湖北	5.34	14.40	14.43	2.70	1.12	0.07	1.53	0.73
湖南	4.41	1.46	6.32	3.13	1.53	1.11	3.76	0.37
中部	3.78	2.94	14.43	2.17	1.19	0.41	3.76	0.32
内蒙古	3.02	0.45	4.13	2.02	2.27	1.02	3.42	0.61
广西	4.33	1.14	6.56	2.95	0.97	0.23	1.67	0.37
重庆	3.13	0.10	3.56	2.67	1.22	0.12	1.60	0.55
四川	3.95	0.63	5.68	3.08	0.76	0.11	1.20	0.26
贵州	3.73	1.34	7.05	2.60	0.54	0.04	0.85	0.30
云南	4.06	0.17	4.71	3.29	0.91	0.05	1.27	0.55

续表

地区	资本要素价格扭曲（Dis_K）				劳动要素价格扭曲（Dis_L）			
	均值	方差	最大值	最小值	均值	方差	最大值	最小值
西藏	3.85	0.49	5.49	2.51	0.93	0.07	1.32	0.56
陕西	3.15	0.48	4.35	2.33	0.83	0.09	1.17	0.37
甘肃	3.45	0.37	4.66	2.60	1.51	0.17	2.26	0.83
青海	3.06	0.97	4.85	1.66	1.21	0.07	1.61	0.78
宁夏	2.79	0.40	3.76	1.97	1.32	0.01	1.48	1.14
新疆	3.22	0.24	4.16	2.42	2.27	1.02	3.42	0.61
西部	3.48	0.75	7.05	1.66	1.13	0.37	3.42	0.26

资料来源：自行计算得到。

图 6-17 体现了全国 1999~2015 年资本及劳动力要素价格扭曲的变动趋势。整体来看，各年的资本要素价格负向扭曲比劳动要素更为严重。资本要素的价格扭曲程度呈现出先下降后上升的趋势。从 1999~2007 年，资本要素的负向扭曲程度持续下降，并在 2007 年达到最低值，自 2008 年开始，扭曲指数又开始上升。与资本要素不同，劳动要素的负向扭曲程度在样本期间内持续上升，在 2002 年以前，劳动要素存在正向扭曲，在 2003 年扭曲程度最小，其后负向扭曲程度不断提高。尽管我国的工资收入水平在近年来逐年增长，但其增长程度低于劳动要素的边际产出增加，工资被低估的现象有加重的趋势。

表 6-5 为全国各省份资本及劳动力要素价格扭曲的描述性统计。整体来看，各地区资本要素的负向扭曲程度比劳动要素更为严重。从资本要素的估计结果来看，样本期间内各个省份的资本价格指数都大于 1，这说明我国资本要素的负向扭曲程度较为普遍。分地区来看，中部地区的平均资本价格负向扭曲程度最高，西部次之，东部地区最低，这说明东部地区的资本要素市场相对较为完善。分省份来看，湖北、湖南、广西的资本价格扭曲程度位居前三，分别为 5.34、4.41、4.33，这三个省份都处于中部地区；宁夏、天津及北京的扭曲程度居于后三位，分别为 2.79、2.66、2.66。

与资本市场相比，劳动力市场呈现出更多的差异，大多数省份既存在着正向扭曲也存在负向扭曲。其中天津、上海、福建、海南、黑龙江和宁夏六个省份在样本期间内各年都为负向扭曲、而贵州则各年均为正向扭曲，其余省份同时存在正向扭曲和负向扭曲。从分地区平均值来看，西部地区劳动力价格扭曲程度最低，其次为中部，东部地区的劳动价格扭曲最为严重。从各省份来看，劳动要素价格负向扭曲最严重的三个省份为青海、吉林、湖南，扭曲指数分别为3.26、2.27及2.15；正向扭曲最为严重的三个省份分别为广东、宁夏及四川，扭曲指数分别为0.76、0.74及0.54。

以 1999~2015 年各省份的劳动和资本价格扭曲的测度结果为基础，我们可以继续对要素价格的相对扭曲进行计算：

$$\text{Dis}_{KL} = \frac{\text{Dis}_K}{\text{Dis}_L} = \frac{MP_K}{MP_L} \cdot \frac{\omega}{r} \qquad (6-21)$$

Dis_{KL}表示了资本和劳动价格之间的相对扭曲，若 Dis_{KL} 等于 1，则说明劳动和资本之间不存在相对价格扭曲；若 Dis_{KL} 大于 1，说明资本相对于劳动存在负向扭曲；若 Dis_{KL} 小于 1，说明资本相对于劳动存在正向扭曲。

4. 各地区要素相对价格扭曲的变动分析

（1）要素相对价格扭曲总体变动分析。根据模型和数据，可得出我国要素相对价格扭曲变动情况，如图 6-18 所示。

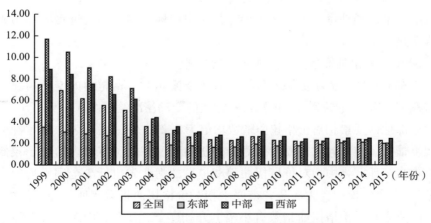

图 6-18　我国要素相对价格扭曲变化情况

资料来源：自行计算整理。

从图 6 – 18 中可以看出，就全国范围而言，各年的要素相对价格扭曲指数数值都在大于 1，说明长期以来我国的资本要素比劳动要素存在着更为严重的价格低估，这刺激了资本密集型企业的发展。此外，我国要素相对价格扭曲指数总体呈现出下降的态势，从 1999 年的 7.7163 下降至 2015 年的 2.2362，减少了 5.4801，可见 16 年间，我国要素相对扭曲的状况得到了较大的改善。要素相对价格扭曲指数在下降的同时也有所波动，具体表现为：1999～2007 年为要素相对价格扭曲的持续下降期，该阶段要素相对价格扭曲指数大幅减少，这说明我国要素市场化改革在这一时期内取得了明显的成效；2008～2009 年为要素相对价格扭曲的波动期，这一期间内要素相对价格扭曲呈现出先升后降的态势，这种波动形成的可能原因在于：2008 年的经济危机对我国经济造成了极大冲击，政府为更有效地刺激投资而加大了对资本市场的干预，造成资本相对于劳动的价格扭曲上升；2010～2015 年要素相对价格扭曲指数处于较低水平，有小幅下降，市场化进程明显减缓。

同时，各地区要素相对价格扭曲指数都在稳步下降，但要素相对价格扭曲在不同地区存在一定差异。东部地区要素相对价格扭曲程度在 1999～2015 年一直低于中西部地区。在 1999～2003 年，中部地区的要素相对价格扭曲程度最高，而 2004～2015 年，西部成为要素相对价格扭曲指数最高的地区。这说明经济发展水平较高的东部地区价格机制更为完善，中西部地区的自由竞争行为受到更多的干预，市场机制在要素配置中所起的作用有限；16 年间各地区的要素市场都得到了一定改善，其中中部地区的市场化进程取得的成效最为明显。

（2）要素相对价格扭曲分地区变动分析。

①东部地区。为了更深入分析各省市要素相对价格扭曲的变动情况，本书将东部地区各省要素相对价格扭曲指数的变动情况绘于图 6 – 19。

东部地区要素相对价格扭曲指数均值为 2.29，在三大地区中相对价格扭曲程度最低。东部各省市要素相对价格扭曲程度在全国范围内均处于较低水平，在东部地区当中相对价格扭曲程度最高的河北省也低于全国平均值。东部地区 11 个省份中，大部分省市要素相对价格扭曲指数有所下降，但海南、北京的要素相对价格扭曲指数有小幅上升。辽宁、江苏、山东 3 省下降趋势最为明显，其余省市的相对价格扭曲下降趋势稍弱。

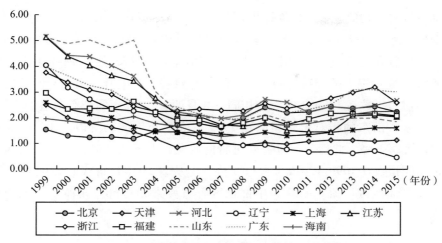

图6-19 中国东部地区要素相对价格扭曲变化情况

资料来源：自行计算整理。

天津、辽宁、上海、海南、北京要素相对价格扭曲程度的均值都小于2，在东部地区中处于较低水平，同时也是全国要素相对价格扭曲指数最低的5个省份。其中，天津、辽宁、上海、天津、上海呈现出先下降后上升的趋势。天津的相对价格扭曲指数在1999～2005年持续下降，2006年后开始出现小幅上升。上海的相对价格扭曲指数在2010年达到最低值1.3077后，呈现出上升的态势。福建的相对价格扭曲指数在2005年前有所下降，之后处于波动状态。辽宁的要素相对价格扭曲指数在16年间持续下降，且降幅远大于天津、上海。北京、海南两个地区的相对价格扭曲指数总体呈现出上升趋势。北京的相对价格扭曲指数在2005～2009年出现了小幅提高，从2005年的1.7178提升至2009年的2.4215，自2009年之后，则处于波动状态。海南的相对价格扭曲指数在2009年前处于波动变化状态，从2010年开始呈现出上升的趋势，由2010年的1.7240提高为2015年的2.2543。

福建的相对价格扭曲指数为2.1524，低于东部地区平均值，在东部地区中处于中等水平。16年间，福建的相对价格扭曲指数呈现出波动的状态，仅在2004～2007年有较为明显的下降，与1999年相比，福建在2015年的相对价格扭曲指数都有轻微的降低。

江苏、浙江、广东、山东、河北5个省份的要素相对价格扭曲指数大于东部地区的平均值，在东部地区当处于较高水平，但在全国仍处于中等水平。其中，江苏、浙江、广东3省的相对价格扭曲指数变动趋势较为相似，都呈现出先降后升的特点，河北和广东的最低值出现在2007年，浙江则出现在2008年，之后三省的相对价格扭曲指数都开始有小幅上升。山东、河北的相对价格扭曲指数在1999年时大致相同，并且两者在16年间都有明显的下降。不同的是，山东的相对价格扭曲在1999~2003年为波动阶段，2004~2008年出现大幅下降，此后其相对价格扭曲指数在2上下波动变化；河北的相对价格扭曲指数在1999~2012年持续下降，但从2013年开始有小幅上升。

②中部地区。图6-20为中部地区各省要素相对价格扭曲指数的变动情况。

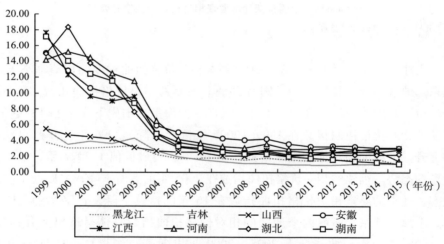

图6-20　中国中部地区要素相对价格扭曲变化情况

资料来源：自行计算整理。

中部地区要素相对价格扭曲指数均值为4.57，在三大地区中相对价格扭曲程度最高。中部地区8个省份中，多数省份相对价格扭曲程度较为严重，除黑龙江、吉林、山西外的省份相对价格扭曲指数均在5以上。从变动情况上来看，各省份均呈现出下降趋势，其中安徽、江西、河南、湖北、湖南5省的降幅较大，1999与2015年的指数相差11以上，黑龙江、吉林、山西3省的降幅较小。

黑龙江、吉林的要素相对价格扭曲程度的均值分别为 2.1283 和 2.1480，在中部地区处于较低水平。2 个省份的相对价格扭曲指数变动都可以分为三个阶段。黑龙江的相对价格扭曲指数 2002 年前在 3.5 上下波动，2003～2005 年为下降期，从 3.3872 下降为 1.7332，2006～2015 年则在 1.5 上下波动。吉林的相对价格扭曲指数在 1999～2003 年间呈波动状态，2004～2011 年有所下降，2012～2015 年有微幅上升。

山西的相对价格扭曲指数均值为 3.0913，在西部地区处于中等水平，低于全国平均值。1999～2015 年，山西的相对价格扭曲呈现出先降后升的趋势，在 1999～2008 年有大幅下降，从 5.4902 下降为 2.0028，2009 年略有提高，但在 2010 年又出现回落，自 2011 年起，则开始出现持续的小幅提升。

湖南、江西、湖北、安徽、河南 5 个省份的要素相对价格扭曲指数大于中部地区的平均值。湖北、河南的相对价格扭曲指数在 2000 年达到最高值，2001～2008 年出现大幅下降，2009～2018 年呈波动状态，变化幅度较小。江西的相对价格扭曲指数在 1999～2002 年显著减小，2003 年出现小幅回升，2004 年开始继续下降，从当年的 4.9474 下降为 2008 年的 2.5548，此后 7 年则在 2.8 上下波动。湖南的相对价格扭曲指数逐年减小，在 1999～2005 年快速下降，此后降幅减缓。安徽相对价格扭曲指数同样呈现出逐年减少的趋势，自 2005 年起降幅减缓。这 5 个省份的要素相对价格扭曲指数于 2004 年以前都处于 7 以上，造成 16 年内相对价格扭曲程度的均值低于中部平均水平。

③西部地区。图 6-21 为西部地区各省要素相对价格扭曲指数的变动情况。

西部地区要素相对价格扭曲指数均值为 4.25，在三大地区中位居第二，西部地区各省份之间要素相对价格扭曲程度差距较大，其中相对价格扭曲最小的省份是内蒙古，扭曲指数为 2.0188，最大的省份是贵州，扭曲指数为 8.2524，两者之间相差 6.2336。在 11 个省份中，除新疆呈现波动状态外，其余省份相对价格扭曲指数均呈现出下降趋势，其中，广西、四川、贵州、甘肃 4 省的降幅较大，16 年间相对价格扭曲指数的减小值都在 9 以上。

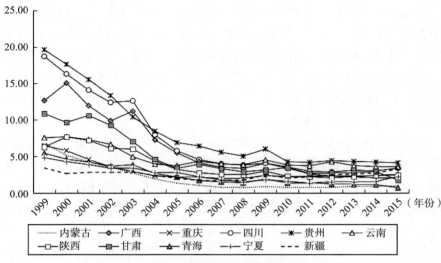

图 6 - 21　中国西部地区要素相对价格扭曲变化情况

资料来源：自行计算整理。

内蒙古、青海、新疆、宁夏、重庆 5 个省份的要素相对价格扭曲程度的均值都在 3 以下，在西部地区处于较低水平。内蒙古的相对价格扭曲指数在 1999 ~ 2007 年出现了显著下降，此后则呈现出波动状态。青海、宁夏 2 省的相对价格扭曲指数变动趋势相似，从 1999 ~ 2014 年，除 2003 年与 2009 年有小幅回升外，呈现出逐年下降的趋势，但是在 2015 年，青海的相对价格扭曲指数仍然保持下降趋势，而宁夏则有所提升。新疆的相对价格扭曲指数在 16 年间一直处于上升与下降的交替变换中，1999 ~ 2000 年、2003 ~ 2006 年、2008 ~ 2009 年三个阶段呈现出上升趋势，其余时间呈现出下降趋势。重庆的相对价格扭曲指数变动可以分为两个阶段，1999 ~ 2007 年为下降阶段，2008 ~ 2015 年为波动变化阶段。

陕西、云南、甘肃的相对价格扭曲指数在 3 ~ 5 之间，在西部地区中处于中等水平，但高于全国平均值。陕西的相对价格扭曲指数在 2000 年达到峰值，2001 ~ 2008 年有显著下降，从 7.6484 下降为 2.4503，2009 年出现轻微回升，2011 ~ 2015 年则在 2.2 上下浮动。云南的相对价格扭曲指数在 1999 ~ 2005 年逐年减少，从 2005 年开始在 4 周围波动。与陕西和云南相比，甘肃的相对价格扭曲程度的下降幅度较大，从 1999 年的 10.8645 下降至 2015 年的 1.7707，成为 3 个省份中相对价格扭曲最小的省份。

广西、四川、贵州的要素相对价格扭曲指数在西部地区处于较高水平，其中四川和贵州为全国要素相对价格扭曲程度最高的 2 个省份。3 个省份的相对价格扭曲程度在 16 年间都经历了较大程度的下降，数值的减少都在 10 以上，并且变动趋势也较为接近。广西的相对价格扭曲程度在 1999～2008 年保持下降趋势，2009 年出现了回升后，从 2010～2012 年有一定下降，但在 2013～2015 年又出现了小幅提高。四川的相对价格扭曲指数在 1999～2012 年整体呈现出下降的趋势，仅在 2003 年和 2009 年有微幅上升，自 2013 年起，则呈现出轻微的上升趋势。贵州的相对价格扭曲指数除了在 2009 年与 2012 年有轻微回升外，其余年份都呈现下降趋势。但是，除了 2003 年以外，贵州各年的相对价格扭曲指数仍然高于西部地区所有省份，相对价格扭曲程度仍然较严重。

三、要素相对价格扭曲对产业结构合理化的实证检验

1. 计量模型设定与变量选取

（1）被解释变量。

产业结构合理化的核心是协调（陶长琪等，2017），主要强调各个产业之间互惠互利，相互补充的和谐关系，并尽可能地减少瓶颈和过剩，这需要合理选择资源在各产业之间的配置比例、明确不同产业在增长中的地位以及处理好产业结构与供需关系，使产业结构更好地与社会生产力相适应，为产业结构高级化以及经济的增长奠定基础。产业结构偏离度被较多地运用于对产业结构合理化的度量，其公式为：

$$E = \sum_{i=1}^{n} \left| \frac{Y_i/L_i}{Y/L} - 1 \right| = \sum_{i=1}^{n} \left| \frac{Y_i/Y}{L_i/L} - 1 \right| \tag{6-22}$$

其中，n 表示产业总数，i 表示第 i 产业，Y 表示产值，L 表示就业人数。E 表示产业结构偏离度，从公式中可看出，Y_i/Y 与 L_i/L 之间相差得越多，则说明产出结构和就业结构之间的偏离越大，E 的数个就越大，产业结构越不合理。

但是，产业结构偏离度指标存在着严重的缺陷，将对每个产业赋予了相同的权重，无法反映出各产业对经济的贡献程度。干春晖等（2011）通过对用于收入差距问题研究的泰尔指数进行改造，将其用于衡量产业结构合理化，公式如下：

$$TL = \sum_{i=1}^{n} \left(\frac{Y_i}{Y} \right) \ln \left(\frac{Y_i / Y}{L_i / L} \right) \qquad (6-23)$$

泰尔指数中使用了各产业产值占总产值的比作为权重，考虑到了不同产业在经济中的地位，收入份额越高的产业所获得的权重算大。在泰尔指数中，如果各个产业的收入份额与就业份额相同，即 $\frac{Y_i / Y}{L_i / L} = 1$，则说明要素在各个产业之间进行了合理的分配，泰尔指数等于 0。但是在泰尔指数中，当产出份额小于劳动力份额时，即 $\frac{Y_i / Y}{L_i / L} < 1$ 时，取对数后的数值小于 0，会造成正负相抵的情况，在极端情况下甚至可能出现负值。与产业结构偏离度相比，泰尔指数计算得出的数值偏低。因此，本文综合考虑综合泰尔指数和产业结构偏离度各自的优点，参考韩永辉等（2017）的方法，在产业结构偏离度原有的基础上利用产值进行加权，构建一个新的指标：

$$SR = \sum_{i=1}^{n} \left(\frac{Y_i}{Y} \right) \left| \frac{Y_i / L_i}{Y / L} - 1 \right| \qquad (6-24)$$

这样既保留了产业结构偏离度原有的经济含义，以考虑到了不同产业在经济中的重要性，能够对产业结构合理化水平进行更好的度量。SR 的数值越大，则说明产业结构越不合理。相关数据来源于历年各省统计年鉴。

（2）解释变量。本书的主要解释变量为资本与劳动力要素价格的相对扭曲指数 Dis_{KL}。控制变量则包括产业结构偏离度的一阶滞后项（L. SR）、财政政策（gov）、城市化率（ur）、城乡收入差距（inc）、FDI 占 GDP 比重（fdi）以及人力资本（hr），各个控制变量的选取理由和含义解释如下：

财政政策（gov）：财政政策是地方政府促进产业结构调整的重要手段。一方面，政府能够通过使用合理的财政手段推进生产要素在各个产业之间的流动，改善各种要素的配置结构，产生"结构诱导效应"，促使产业结构向更为合理的方向发展（石奇等，2012）。但另一方面，地方政府同样会存在决策上的失误或者出于追求自身利益最大化目标做出不当决策造成结构失衡，进而阻碍产业结构的合理化进程（潘宇瑶，2016）。故我们引入各省份预算内财政支出占 GDP 的比重作为控制变量。相关数据来源于历年各省统计年鉴。

城市化率（ur）：城市化进程必然伴随着对公共基础设施需求的增长，能够将相对过剩的产能吸收利用于公共基础设施的建设上，促进产业合理化进程（刘志彪，2010）。此外，服务业主要集中在城市当中，因而城市化进程能够带动一个地区服务业需求的增长（Akhter et al.，1987）。服务业是吸纳劳动力的"蓄水池"，长期来看，资本密集型产业的过度发展不利于促进就业和保障经济的长期稳定发展，而以城市化为基础发展的服务业则更有利于促进产业结构与要素结构相匹配。相关数据来源于历年各省统计年鉴。

城乡收入差距（inc）：城乡收入差距能够通过改变需求的数量和结构，进而对产业结构合理化进程产生影响。在收入水平较低时，人们的需求仅限于解决温饱问题，但随着收入水平提高，人们的则会将收入用于更高层次的享受需要和发展需要。当低收入人群比例较高，城乡收入差距较大时，整个社会的平均消费倾向较低，且人们对基本消费产品的需求占比更高，企业缺乏创新动力，不利于第三产业和高新技术产业的发展（Brauw et al.，2008），形成第一、第二产业比重较高的产业结构，不利于实现三次产业之间的协调发展。故本书以城镇人均可支配收入和农村人均纯收入的比例对城乡收入差距进行衡量。相关数据来源于历年各省统计年鉴。

FDI 占 GDP 比重（fdi）：外资的进入如果以获取东道国的生产资源为目的，主要投资于低端低效率高污染的产业，那么必然会对产业结构的合理化进程产生负面影响；相反地，为寻求扩展市场而进入东道国的外资能够创造竞争，并产生技术外溢效应，有助一国的产业结构向更合理、更有利于长远发展的方向演进。因此我们选用各省份实际利用外资额占 GDP 的比重作为控制变量，其中各省实际利用外商投资额使用当年人民币平均汇率折算为人民币。相关数据来源于历年各省统计年鉴。

人力资本（hr）：人力资本是产业结构演进的重要推动力量。人力资本具有较强的技术吸收及创新能力，能够促进要素使用效率及生产效率的提升，降低劳动力、资本等要素的消耗水平及企业的生产成本（Caroli et al.，2011），推进传统产业的转型升级及新兴产业的诞生。此外，产业结构的演化进程必然会带来供求关系的调整，而较高的人力资本水平能够更快地适应新的供求关系，协调各个产业之间的发展（靳卫东，2010）。本书采用目前实证中使用较为广泛的指标——平均受教育年限作为人力资本水平的代理变量。由于统计年鉴公布的是 6 岁以上人口的受教育水平数据，我们先对各教育水平所对应的受教育年限进行设定：大专及以上为 16 年、高中为 12 年、初中为 9 年、小学为 6 年、不识字或识字很少为 0 年。然后以各教育水平所占人口比重为权重，对受教育年限进行加权平均以计算出各地平均受教育年限。相关数据来源于历年《中国人口和就业统计年鉴》。

2. 变量的描述性统计

表 6 - 6 中给出了主要变量的描述性统计，由此可对各变量进行初步的了解。为了方便比较，表格中列出了东部、中部、西部及全国的观测值。

表 6 - 6　　　　　　　　　主要变量的描述性统计

变量	东部 （观测值：187）		中部 （观测值：136）		西部 （观测值：187）		全国 （观测值：510）	
	均值	标准差	均值	标准差	均值	标准差	均值	标准差
SR	0.1369	0.0730	0.2795	0.1536	0.4237	0.1608	0.2707	0.1698
gov	0.1349	0.0597	0.1654	0.0440	0.2631	0.1178	0.1795	0.0933
ur	0.5663	0.1862	0.4368	0.0927	0.3760	0.0948	0.4721	0.1571
inc	2.5068	0.2933	2.7351	0.3375	3.5918	0.5328	2.9345	0.5988
fdi	0.6590	0.4774	3.1168	2.1052	1.0116	0.8476	2.7140	2.3904
hr	8.6549	1.0948	8.3918	0.7034	7.5504	0.9017	8.3635	1.0378

资料来源：自行计算整理。

从表 6 - 6 中可以看出，产业结构偏离度水平从东部到西部呈现出递增的趋势，由此可知与中西部地区相比，我国东部地区的产业结构较为合理。财政支出占 GDP 的比重同样是西部地区最高，中部次之，东部地区最低，可见在经济较为落后地区，政府提供了较多的财政支持。相反地，城镇化水平则出现了从东部到西部递减的趋势，这与我国各地区的经济发展水平相对应，经济较为发达的地区城镇化水平较高。城乡收入差距同样是东部最高而西部地区最低，经济发达地区在经济得以发展的同时也面临着更大的收入差距问题。FDI 占 GDP 的比重在中部地区最高，西部次之，东部地区最低，可见中西部地区在 FDI 投入上的相对规模要高于东部地区。从人力资本水平来看，从高到低依次为东、中、西部地区，这与我国东部相较于中西部地区能够获得更好的教育资源有关。

3. 全国要素相对价格扭曲对产业结构合理化的实证分析

（1）要素相对价格扭曲与产业结构合理化的相关性分析。

为了直观地体现要素相对价格扭曲与产业结构合理化之间的关系，本书通过软件 Stata 12.0 将上面计算得出的各省要素相对价格扭曲指数及产业结构偏离度数值画出散点图，并通过散点图拟合可以得到一条直线，如图 6 - 22 所示。

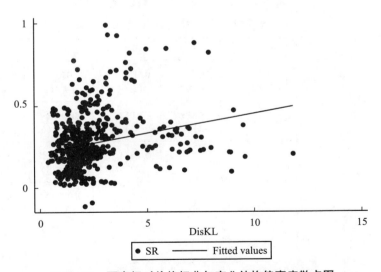

图 6 - 22　要素相对价格扭曲与产业结构偏离度散点图

资料来源：通过 Stata 计算整理。

从图 6 - 22 中可以看出，在全国层面上，要素相对价格扭曲与产业结构偏离度在数值上显示出正相关关系。要素相对价格扭曲程度越高，产业结构偏离度越大，即产业结构越不合理。当然，散点拟合图仅局限于两个变量之间的无条件相关关系，要加入控制变量进行回归后才能够得到更为准确的结果。下面将通过两步法系统 GMM 估计进行更为精确的分析。

（2）回归结果。

该模型将从国家层面对要素相对价格扭曲对产业结构合理化的影响进行分析。为了提高估计结果的可靠性，我们将五个控制变量依次加入模型当中，对二者之间的关系进行多次回归分析。

表 6-7 中报告了国家层面要素相对价格扭曲影响产业结构合理化的回归结果。各个模型的 SYS-GMM 的 AR（2）自相关检验 p 值均大于 10%，接受"扰动项无自相关"的原假设，残差项不存在二阶序列自相关。此外，Hansen 检验的 p 值均大于 10%，故接受了"工具变量有效"的原假设，工具变量不存在过度识别问题。

表 6-7　　　　　　　　要素相对价格扭曲对产业结构合理化
影响的系统 GMM 估计：全国

变量	(1)	(2)	(3)	(4)	(5)	(6)
gov		0. 092 *** (2. 82)	0. 0074 *** (8. 01)	0. 0205 *** (3. 01)	0. 0509 *** (4. 76)	0. 0598 *** (5. 44)
ur			−0. 0833 *** (−11. 17)	−0. 0627 *** (−14. 46)	−0. 0901 *** (−14. 66)	−0. 0872 *** (−14. 53)
inc				0. 0284 *** (23. 51)	0. 0381 *** (22. 78)	0. 0368 *** (21. 65)
fdi					0. 0039 *** (3. 82)	0. 0042 *** (4. 20)
hr						−0. 0016 ** (−2. 28)
AR（2）	0. 186	0. 187	0. 249	0. 277	0. 344	0. 343
Hansen	0. 334	0. 366	0. 415	0. 518	0. 462	0. 593
观测值	450	450	450	450	450	450

资料来源：自行计算整理。

模型（1）为没有加入控制变量的基准模型，回归结果表明，在 1999 ~ 2015 年之间要素相对价格扭曲与产业结构偏离度之间存在着显著的正相关关系。模型（2）~ 模型（6）中依次引入了政府财政投入占比（gov）、城市化率（ur）、城乡收入差距（inc）、FDI 占比（fdi）和人力资本水平（hr）作为控制变量。从估计系数上来看，在加入了控制变量以后，各个模型中的要素价格扭曲指数的系数都为正，并且都通过了 1% 的显著性检验，要素相对价格扭曲对产业结构偏离度的影响并没有产生质的变化。

从模型（6）的回归结果中可知，从全国层面来看，产业结构偏离度（SR）与前一期产业结构偏离度（L.SR）、要素相对价格扭曲（Dis_{KL}）、政府财政投入占比（gov）、城市化率（ur）、城乡收入差距（inc）及 FDI 占比（fdi）之间具有较为显著的关系，各估计结果均通过了 1% 的显著性检验，但与人力资本（hr）之间的关系并不显著。具体而言：

要素相对价格扭曲（Dis_{KL}）的系数显著为正。这说明要素相对价格扭曲（Dis_{KL}）的提高，会造成产业结构偏离度（SR）的上升，从而不利于产业结构的合理化，这与我们理论模型的分析一致。从系数大小来看，要素相对价格扭曲上升 1 个单位，产业结构偏离度将提升 0.29%。

前一期的产业结构偏离度（L.SR）的系数显著为正。这说明产业结构偏离度对前一期有明显的依赖，可见对当期的产业结构进行改善有利于下一期产业结构偏离度的下降，促进产业结构的合理化。

从其他控制变量上看：

财政政策（gov）的系数显著为正。财政投入的增加加剧了产业结构的偏离度，对产业结构的合理化调整有显著的负面影响。从贡献度的角度来看，财政支出比每提高 1%，就会造成产业结构偏离度增加 5.98%。这说明财政政策没有起到良好的引导作用，改变企业缺乏全局性及整体性的投资决策与生产行为，发挥出对产业结构调整的导向作用，因而对产业结构合理化产生了负面影响。

城市化率（ur）的系数显著为负。这说明城市化水平的提高能够显著降低产业结构偏离度，促进产业结构合理化发展。城市化率上升 1% 可能降低产业结构偏离度降低 8.72%。这与我们的预期是一致的，城市化进程能够推动第三产业的发展、创造就业及改善需求水平，提高产业与要素之间的耦合程度。

城乡收入差距（inc）的系数显著为正。城乡收入差距的扩大使产业结构偏离度增加，不利于产业结构合理化。城乡收入差距扩大1%会使产业结构偏离度增加3.68%。这同样与我们的预期相符合，较大的收入差距不利于整体需求水平在数量和质量上的提升，从而不利于产业结构的合理化转变。

FDI占GDP比重（fdi）的系数显著为正。FDI占比提高1%会在4.2%的程度上影响产业结构合理化。由于外资进入对产业结构合理化既有正面效应也有负面效应，回归结果说明外资的进入更多的是寻求较低的要素价格，而其能够带来正面的竞争效应及技术外溢效应并没有得到体现，因而外资的进入对我国产业结构合理化带来更多负面影响。我国在引进外资时，需要更注重外资质量的提升。

人力资本（hr）的系数显著为负。人力资本水平提高1个单位能够使产业结构偏离度下降0.16%。人力资本水平的提高能够促进技术水平的提升，提高要素的使用效率，进而对我国产业结构合理化进程产生促进作用。

4. 分地区要素相对价格扭曲对产业结构合理化的实证分析

考虑到我国地域辽阔，地区间的经济和产业发展差异较大，要素价格相对扭曲对产业结构合理化进程的影响在不同地区可能并不相同。为了更详细地分析要素相对价格扭曲对产业结构合理化的影响，我们从地区层面（东、中、西部）进行实证检验。

（1）东部地区要素相对价格扭曲对产业结构合理化影响的实证分析。

表6-8中报告了东部地区的估计结果。从表中可以看出，各个模型的SYS-GMM的AR（2）自相关检验p值均大于10%，残差项不存在二阶序列自相关。此外，Hansen检验的p值均大于10%，工具变量不存在过度识别问题。表明东部地区的估计结果是稳健可信的。

表6-8　　　　　要素相对价格扭曲对产业结构合理化
影响的系统GMM估计：东部地区

变量	(1)	(2)	(3)	(4)	(5)	(6)
gov		-0.1175*** (-2.87)	-0.0070 (-0.07)	-0.1462* (-1.65)	-0.15418* (-1.77)	-0.1499** (-2.27)

续表

变量	(1)	(2)	(3)	(4)	(5)	(6)
ur			-0.0976^{**} (-2.07)	-0.1212^{***} (-3.77)	-0.1339^{***} (-5.77)	-0.1337^{***} (-6.33)
inc				0.0224 (1.59)	0.0218^{**} (2.22)	0.0677^{**} (2.43)
fdi					0.0025 (1.15)	0.0025 (0.7)
hr						-0.0078 (-1.43)
AR (2)	0.541	0.414	0.667	0.443	0.287	0.269
Hansen	0.996	0.998	0.999	0.999	0.999	0.999
观测值	165	165	165	165	165	165

从系数的正负性及显著性水平上看，要素相对价格扭曲以及前一期产业结构偏离度对产业结构合理化的影响与国家层面的估计相似。在东部地区，要素相对价格扭曲程度的提高会导致产业结构偏离度的增加，产业结构偏离度也存在对前一期的依赖性。具体而言：

要素相对价格扭曲（Dis_{KL}）的系数显著为正。这说明在东部地区要素相对价格扭曲（Dis_{KL}）的提高将造成产业结构偏离度（SR）的上升，阻碍了产业结构的合理化。从系数大小来看，要素相对价格扭曲上升1%，产业结构偏离度将提升0.96%。

前一期的产业结构偏离度（L.SR）的系数显著为正。在东部地区，产业结构偏离度同样对前一期有明显的依赖。

从其他控制变量上看：

财政政策（gov）的系数显著为负。财政支出占 GDP 比重每提高1%，产业结构偏离度下降14.99%。这与全国层面的估计结果相反，全国层面上政府财政则表现出显著的正效应。这说明在我国东部地区，地方政府的财政支出在调节要素合理配置，促进产业结构调整方面起到了积极的促进作用。

城市化率（ur）的系数显著为负。系数方向与全国层面一致，东部地区城市化水平的提高能够显著降低产业结构偏离度，促进产业结构合理化发展。

城市化率上升 1% 可能降低产业结构偏离度降低 13.37%。

城乡收入差距（inc）的系数显著为正。系数方向与全国层面一致。在东部地区，城乡收入差距扩大 1% 会使产业结构偏离度增加 6.77%。

FDI 占 GDP 比重（fdi）的系数为正，但不显著。

人力资本（hr）的系数为负，但不显著。

（2）中部地区要素相对价格扭曲对产业结构合理化影响的实证检验。表 6-9 中报告了中部地区的估计结果。回归结果通过了 AR（2）检验和 Hansen 检验，可知模型设定及工具变量的选择是合理有效的。

表 6-9　　　　　　要素相对价格扭曲对产业结构合理化
影响的 GMM 回归结果：中部地区

变量	(1)	(2)	(3)	(4)	(5)	(6)
gov		3.3779 * (1.65)	0.1750 * (1.68)	0.3648 ** (2.17)	0.6869 ** (2.03)	0.7725 ** (2.11)
ur			0.8896 (0.94)	0.2822 *** (3.52)	-0.2652 *** (-2.11)	-0.6595 *** (-2.68)
inc				0.7401 *** (2.92)	0.0637 *** (3.91)	0.1317 * (1.86)
fdi					-0.0302 (-0.86)	-0.0015 (-1.08)
hr						-0.1159 ** (-2.08)
AR（2）	0.141	0.410	0.299	0.327	0.442	0.388
Hansen	0.999	0.999	0.999	0.999	0.999	0.999
观测值	120	120	120	120	120	120

从估计系数上看，中部地区要素相对价格扭曲以及上一期产业结构偏离度回归系数的正负性及显著性仍然与全国及东部地区的估计结果大致相同。这与我们的预期保持一致。略有不同的是，从系数的数值上看，中部地区要素相对价格扭曲数值比东部更大。这说明在中部地区的要素相对价格扭曲对产业结构合理化进程有更大的影响。

从表 6-9 中可以看出，中部地区各解释变量系数的正负性及显著性水平与全国层面上有较大的差别。具体而言：

要素相对价格扭曲（Dis_{KL}）的系数显著为正。这说明在中部地区要素相对价格扭曲（Dis_{KL}）的提高同样将造成产业结构偏离度（SR）的上升，不利于产业结构的合理化。从系数大小来看，要素相对价格扭曲上升 1%，产业结构偏离度将提升 4.17%。

前一期的产业结构偏离度（L. SR）的系数为正，不显著。

从其他控制变量上看：

财政政策（gov）的系数显著为负。财政支出占 GDP 比重每提高 1%，产业结构偏离度上升 77.25%。这与全国层面的估计结果相同，说明在我国中部地区，地方政府的财政支出对要素合理配置产生了负面影响，不利于促进产业结构合理化调整。

城市化率（ur）的系数显著为负。系数方向与全国层面一致，东部地区城市化水平的提高能够显著降低产业结构偏离度，促进产业结构合理化发展。城市化率上升 1% 可能降低产业结构偏离度降低 65.95%。

城乡收入差距（inc）的系数显著为正。系数方向与全国层面一致。在中部地区，城乡收入差距扩大 1% 会使产业结构偏离度增加 13.17%。

FDI 占 GDP 比重（fdi）的系数为负，但不显著。

人力资本（hr）的系数显著为负。说明人力资本对我国中部地区产业结构合理化进程有明显的促进作用，人力资本水平上升 1 个单位，产业结构偏离度下降 11.59%。

（3）西部地区要素相对价格扭曲对产业结构合理化影响的实证检验。表 6-10 中报告了西部地区的估计结果。AR（2）检验和 Hansen 检验的结果同样表明西部地区回归模型设定及工具变量的选择合理有效。

表 6-10　　　　要素相对价格扭曲对产业结构合理化

影响的 GMM 回归结果：西部地区

变量	(1)	(2)	(3)	(4)	(5)	(6)
gov		0.0153 (0.48)	0.2302 (0.78)	0.2301 (0.78)	0.6763 (0.12)	0.0699 (0.98)

变量	(1)	(2)	(3)	(4)	(5)	(6)
ur			0.0415*** (2.95)	0.0184 (0.19)	-0.2398** (-1.75)	-0.1602* (1.79)
inc				0.0520*** (3.60)	0.0574* (1.84)	0.2182 (0.84)
fdi					-0.0029* (-1.91)	-0.0179* (-1.69)
hr						-0.5881* (1.66)
AR (2)	0.378	0.225	0.257	0.356	0.388	0.601
Hansen	0.994	0.999	0.834	0.999	0.999	0.986
观测值	165	165	165	165	165	165

中部地区要素相对价格扭曲以及上一期产业结构偏离度回归系数的正负性及显著性仍然与全国的估计结果大致相同。具体而言：

要素相对价格扭曲（Dis_{KL}）的系数显著为正。从估计系数来看，要素相对价格扭曲的系数均为正值，且都通过了至少10%的显著性检验。可见在西部地区，要素相对价格扭曲对产业结构合理化进程同样存在着负面影响，不利于产业结构的合理化。从系数大小来看，要素相对价格扭曲上升1%，产业结构偏离度将提升2.18%。

前一期的产业结构偏离度（L. SR）的系数显著为正。这表明西部地区前一期的产业结构合理化水平会对后期产生正向效应。

从其他控制变量上看：

财政政策（gov）的系数为正，但并不显著。在东部地区，财政政策促进对产业结构合理化起到了正向作用，但对中部地区则这说明在我国西部地区，地方政府的财政支出对要素合理配置产生的正面引导效应和负面阻碍效应力量相当，使财政政策对产业结构合理化调整的影响并不明显。

城市化率（ur）的系数显著为负。系数方向与全国层面一致，东部地区城市化水平的提高能够显著降低产业结构偏离度，促进产业结构合理化发展。城市化率上升1%可能降低产业结构偏离度降低16.02%。

城乡收入差距（inc）的系数不显著。

FDI 占 GDP 比重（fdi）的系数显著为负。FDI 占 GDP 比重提高 1%，产业结构偏离度将下降 1.79%。

人力资本（hr）的系数显著为负。说明人力资本对我国西部地区产业结构合理化进程有明显的促进作用，人力资本水平上升 1 个单位，产业结构偏离度下降 58.81%。

（4）各地区要素相对价格扭曲对产业结构合理化影响的比较分析。从表 6-8～表 6-10，对比东、中、西部区域系统 GMM 的估计结果可得到以下结论：

①各个地区要素相对价格扭曲（Dis_{KL}）的提高都会提高产业结构偏离度，其中中部地区要素相对价格扭曲对产业结构合理化的负面作用最为严重。综合对比各地区系数，东部地区要素相对价格扭曲指数（Dis_{KL}）的估计系数最小，中部地区最大，表明要素相对价格扭曲对东部地区产业结构合理化进程的抑制效应最轻，而对中部地区合理化进程的抑制最为严重。

②前一期的产业结构偏离度（L.SR）对东部和西部地区的产业结构偏离度有显著影响，但在中部地区并不显著。对于中部地区来说，当期的要素相对价格扭曲会比前一期的产业结构对产业结构合理化产生更大的影响。

第四节　完善要素市场体制结构驱动经济发展结构优化新动力的目标要求、基本原则与重点任务

基于本章前三节的分析，第四节对完善要素市场体制结构驱动经济发展结构优化新动力提出相应的目标要求、基本原则与重点任务。

一、完善要素市场体制结构驱动经济发展结构优化新动力的目标要求

1. 要素配置市场化过程中正确处理好政府与市场关系

推进要素市场化改革，实现要素资源配置的帕累托最优。在市场经济条

件下，资源配置主要是由市场机制来完成的，实现最优化配置的根本条件是完全竞争，但这只是理想中存在的模式，在现实中，市场机制存在诸多缺陷和外部干扰因素，难以靠自身达到优化配置，这就需要政府采取调控手段来弥补缺陷，通过运用政策手段实施调整，对不同经济主体的经济行为进行限制、奖励，进而影响不同经济主体的经济决策，使经济资源在不同经济主体间或流进或流出，达到资源重新配置的目的。因此，供给侧结构性改革在完善要素市场体制结构过程中必须要求正确处理好政府与市场关系，实现要素控制权的公平分配。在科技进步破除垄断壁垒的要素市场中逐步放权推进要素市场化改革，在新时代背景下新形成垄断势力的要素市场中适当加强监督，促进要素市场活性化，推进要素市场资源配置更有效率，更好地推动经济增长。

2. 促进劳动力释放

加强劳动力市场一体化建设，努力营造公平、开放、透明的市场环境，强化市场的深度融合，提高劳动力资源的配置效率。要保障劳动力市场化演进的基本方向，增强市场在劳动要素配置上的效率，必须大力提高制度质量，努力消除劳动力自由流动、公平配置的体制性障碍和政策壁垒，降低劳动力配置的交易成本。必须深化并加快户籍制度改革，消除城乡户籍差异对劳动力福利差异及劳动力城乡间转移的不利影响，逐步消除制度性限制对劳动力市场分割的影响。努力消除身份歧视和性别歧视，为低技能劳动力的自由流动和实现就业创造条件，充分保障低技能劳动力在城市就业的社会福利，积极营造公平公正的良好社会就业环境，减少劳动力市场摩擦，降低其在城乡、地区、行业及所有制部门间的流动成本。逐步完善由市场决定劳动力报酬的健全工资机制，更好地发挥政府监管与服务职能，完善人力资源市场建设，制定科学的劳动标准体系，健全劳动者与用人单位劳动关系协调机制，充分保障劳动者权益，稳步提升劳动者工资待遇水平。

3. 科技水平提升

伴随科技水平的日益提高，整个劳动由传统的体力型向智力型转化。这或许已是不争的事实。需要补充说明的是，这个转化过程正是科技作为独立的生产要素，以至上升为第一位的生产要素的过程。诚然，在早期的劳动中，科技完全是附着在一般劳动者身上的，又是通过劳动过程才得以表现的，因而它并不具有作为独立要素的地位，科技创新尚且是一种偶然现象。而在近代以来，却发生了根本性变化：一是在人类科学研究积累的基础上，科技自身的发展步伐大大加快，新的创造接连不断，技术更新周期明显缩短，并越来越短；二是科技劳动成为专门行业，具有一大批专门的职业从业者和独立的社会组织实体；三是科技成果评价市场化，科技产品能够作为独立的商品进行交易；四是科技对价值增殖的贡献能力空前提高，大大超过了传统要素中的任何一种的能力和水平。因此提升科技水平是供给侧结构性改革目标要求之一。

4. 产权制度创新

在资本市场的形成和发展中，正是传统产权制度的直接移植和惯性延续导致了中国资本市场的制度缺陷。因此，进行产权制度的创新，实现上市公司治理机制市场化，是中国资本市场进一步深化发展的首要环节。产权制度创新可分为两部分内容，一是国有经济职能与公有制实现形式的制度创新，二是公司治理结构的制度创新。前者的实现，首先必须根据市场经济发展的要求对国有经济的职能进行重新定位，对非公有制经济的地位给予必要的肯定。通过劳动者股份所有制的产权制度创新，可以实现公有制关系内部产权的分散化、合理化，使劳动者的资本作为社会资本被社会占有。这就既保证了公有制的性质，又实现了公有制关系内部资本产权的明晰化和可交易化，使传统单一的国有制形式变成市场化的公有制形式。在此意义上，国有股减持不失为一种有效的制度创新。实现公司治理结构的制度创新，也就是要实现公司治理结构的规范化与治理机制的市场化。在这一过程中，调整股权结构是基础，规范公司法人治理结构是核心，完善市场治理手段是保证。

5. 资本市场运行机制创新

脱胎于计划经济的中国资本市场在其运行中带有明显的非市场化特征，市场机制的扭曲淡化了资本市场的功能，影响了资源配置的效率，阻碍着资本市场的健康发展。面对传统体制的惯性和市场化内在要求的矛盾与冲突，必须按照市场经济的内在要求和资本市场的规律进行运行机制上的创新。诚信理念的树立，更应包含在内。首先，实现证券发行的制度创新。未来的方向应当是实行发行、上市的注册制。其次，实现发行定价机制的市场化。通过完善现行的证券发行方式，创新证券发行定价技术，强化中介机构的责任，使价格真正通过市场竞争行为得以确定，使投资行为趋向合理化。再次，实现证券发行中信息披露的规范化。一是要完善信息披露的规则，建立起动态化信息披露监管机制。二是完善会计制度，规范证券发行企业盈利预测，提高信息披露质量。三是公开股票发行程序，建立股票发行审核公示制度。最后，实现上市公司退出机制的创新。

6. 资本市场结构功能创新

新经济模式的出现，使得大批拥有巨大市场潜力但缺乏启动资金的中小企业和高技术产业涌现出来。在目前中国资本市场苛刻的入市规则下，这些企业难以获得必要的融资支持。为此，资本市场结构功能创新迫在眉睫，与此同时，要放宽民间资本市场，在市场准入、运行机制和监督管理上给予充分的空间，只有大力发展民间资本市场，中国的资本市场才能完整和健康。

二、完善要素市场体制结构驱动经济发展结构优化新动力的基本原则

1. 坚持公有制为主体原则，遏制私有制带来的负外部性

应当理性地反思与选择发展方式，避免步入盲目追逐资本和单纯强调获利的歧途。以私有制基础的资本要素无节制扩张自身的效应强烈地吸引一切可以使之增殖的东西，从而推动社会生产这部机器快速运转，保持商品在"消费—生产"之间无限循环，竭尽所能地诱导生产和鼓励消费。人们在生产中受到追逐利益的驱使，往往忽视诸如生态恶化、资源浪费、环境破坏等现实，更为糟糕的是，人们还对这些事关自身生存的重大问题抱有无所畏惧的坦然心理。既然我们接受资本存在于社会经济发展中的现实，那么对于资本的消极影响也不应掉以轻心。生产力的发展旨在为社会的全面进步奠定物

质基础，而人的自由全面发展乃是社会进步的最终目的。从这一最高意义上来说，资本只是人类实现自我发展的工具与手段。既是如此，人应该成为资本的主人，而非相反。同时，资本只是特定阶段的历史性存在，它将随着社会的发展而否定自身。只有从观念上消除"资本至上"的意识，我们才能在发展方式上有所反思。对此，那种置社会效益、生态效益于不顾，片面强调经济利益与单纯追求资本扩大的做法皆非明智之举。我们应以"科学发展观"为指导，合理地利用资本来筹划和组织社会生产，真正实现人的自由全面发展这一社会进步的真谛。唯有在资本的滚滚洪流中保持清醒，才不至于迷失在由资本编织的幻象之中。在作为社会生产要素这一向度上，资本一度造就了资本主义社会的物质繁荣，其历史功绩曾受到马克思的肯定。当代社会的生产方式又将资本推向组织各种生产要素的中心。在资本存在的有限历史时期，我们在对其增殖逻辑保持警醒的同时，更要注重其积极效应的自由释放。

2. 坚持市场在资源配置中起决定性作用原则，减少政府对要素市场的干预

地方政府为实现当地经济增长，具有强烈干预资本要素市场的动机，最终导致资本价格被严重压低，引发要素相对价格扭曲，因此，要改善要素市场的现状，就必须对地方政府行为加以规范约束。从供给端来说，首先，应完善现有的官员政绩考评体系，建立更为科学的政绩考核指标，将民生改善、环保等纳入考核指标中，不再单纯以单纯经济增长为主要指标。其次，应当增强政策信息公开度，以便于地方公众与新闻媒体对地方政府相关行为进行更为严格的约束和监管，防止政府官员从企业手中获取非法收入。再次，政府应因地制宜，制定与当地要素资源禀赋情况相适宜的产业政策，合理规划产业结构，在劳动力较为丰富的地区应根据具体要求发展劳动密集型产业，以促进当地就业，不应盲目跟风引入大量生产效率低下，市场需求饱和的产业以造成产能过剩的困局，此外，在政策上要适当扶持中小企业的发展，减少对大中型国有企业的不当干预，创造良好的市场环境，提高经济整体运行效率。最后，政府应明确自身职能范围，统筹好与市场之间的关系，一方面，政府能够通过适度干预弥补市场机制的缺陷，推进要素在各个产业间的流动，改善要素配置结构，产生"结构诱导效应"促使产业结构向更为合理的方向

发展，另一方面，过度干预则会造成结构失衡，进而阻碍正常的竞争机制，造成要素配置效率低下。

3. 坚持以人为本原则，提升劳动力要素参与生产积极性

要素相对价格扭曲抑制了劳动者收入水平的提高，使收入更多地流向资本所有者，因此，要从供给端保障劳动者权益，提高其收入报酬，提升居民消费水平，拉动产业结构合理化发展。首先，要完善社会保障制度，随着户籍制度改革的进行，劳动力在各个地区间的流动性也逐渐加强，大量农村劳动力受雇佣于城市部门，然而对于没有城市户口的人员来说，教育医疗与养老依然受到不公的对待，社会福利水平较低，因此要进一步完善社会保障制度，从而提升劳动者参与劳动的积极性。其次，提升劳动报酬，较低的工资水平一方面抑制了居民的消费能力，另一方面也挤占了居民对教育后代的投入，不利于高水平人才的长远培养，研究分析得知尽管近年来我国劳动者的工资水平有着显著的提升，但仍然远低于他们付出的劳动所创造的价值，应当提升劳动收入报酬，使收入分配更加合理，发展成果更多地共享。

三、完善要素市场体制结构驱动经济发展结构优化新动力的重点任务

1. 优化科研资源配置，提升自主创新能力

自主创新能力的提升能够提高产业生产效率，扩大生产规模，促进产业结构转型，提高整个经济整体的生产效率。从供给端来看，首先，应提高科研经费的使用效率，重点支持发展前景广阔的领域，严格监管科研经费的使用，避免经费使用过程中腐败现象的产生，企业应将科研经费真正用于关键技术的解决和突破，合理调配科研资金，及时退出过剩产业，更多地将经费用于研发与培育人才。其次，要重视科研成果的转化，通过产学研合作，使新技术真正用于生产过程之中，高校作为我国创新活动的主体，尽管科研投入产出效率较高，但其成果转化率不足，因此，政府应引导企业与高校之间加强合作，合力培育高层次人才，定点为企业输送专项人才，为企业科研能

力的发展提供人才保障。最后，要调动企业自主创新的积极性，推进金融体系改革，为企业技术创新投入充分的信贷支持，拓宽企业融资渠道，为发展前景较好的自主创新企业提供融资担保，以激发企业的自主创新动力，提高其市场竞争能力。

2. 合理配置要素，促进产业结构升级

合理配置要素，促进三次产业的公平协调发展，使三次产业优势互补、共同进步，提升产业总体生产效率，充分开发我国经济增长潜力。首先，从供给端加强对农业的资本与技术支持，促进农业生产现代化发展，重视提高农业劳动者知识技能水平，提高其生产收入，推行新技术在农业生产中的运用，使农业增长不再单纯依靠自然资源的开发，而是通过技术水平的提高，增加资源使用效率，并加强农业基础设施资本输入，推广农业机械设备的使用，促使农业生产实现规模化与专业化。其次，优化工业整体内部结构，合理规范产业规模，提升工业企业整体质量效益，应从供给端理顺资本与劳动要素间的良性替代关系与互补机制，防止资本要素在工业产业中过度投入，造成企业无序扩张，进而产生产能过剩，同时及时清理市场中的"僵尸企业"，减少要素资源的浪费，合理利用生产要素降低生产成本，改造传统工业开发新的生产工艺技术，促进工业产业向知识技术密集型转变，创造公平竞争环境，使规模不同或者所有制不同的企业能够获得相同的发展机会，激励企业自主创新，实现优胜劣汰。再次，应加快服务业发展，规范服务业市场竞争秩序，打破行业垄断，合理引导生产要素流入现代服务部门，增强服务业核心竞争力，支持企业进行自主研发，使用现代化技术对传统服务业进行改变，消除政策性歧视，为服务业与工业提供公平政策扶持力度，科学合理地规划要素在工业与服务业直接的分配。最后，促进工会组织职能的发挥，在劳资关系中，劳动者往往处于弱势地位，缺乏谈判能力与条件，必须通过工会集体力量来保障劳动者权益，然而现实中我国工会大多形同虚设，应宣扬工会制度的重要性，使劳动者通过工会的力量切实保障自身的合法权益。

3. 重视人力资本培养，转型人才红利

虽然目前我国经济运行中存在着部分行业产能过剩等突出问题，但是，

从中长期发展的角度看，中国经济供给侧的主要结构性矛盾并不在于短期的产品供给方面，而在于要素供给侧，在于要素的供给能力和供给质量。因为产品的供给状况说到底是受生产能力，是由生产要素的供给状况决定的。没有高素质劳动力和技术进步等要素支持，生产系统就没有能力向市场提供更多品种、更高品质的产品和服务，商品和服务供给结构的改善就成为无源之水和无本之木。现代增长理论认为，内生性技术进步主要来源于在劳动投入的过程中因教育、培训等投入增长形成的人力资本积累。因此，深化供给侧结构性改革，在注重解决"去产能""去库存""去杠杆""降成本"等短期经济矛盾的同时，更要注重向人力资本积累聚焦，培育起人力资本相对于资本更快积累的机制。首先，应当推广多元化职业技术培训，提高劳动者专业技术水平，政府应当引导企业重视职业教育与技术培训方面的经费支出，为劳动者建立专门的、权威的培训信息平台，督促劳动者积极参与相关的职业技能培训，使劳动者个人能力的发展能够与企业长期发展目标相统一，减少摩擦性失业，使人力资本为创新发展提供强大驱动力。其次，应重视学校教育，提升学生的创新实践能力，公平分配教学资源，重点关注落后地区的教育投入，为学生创造良好的学习环境，在教育方式上，不应当局限于课堂上传授知识技能，还须同时开展多样化的社会实践，在提高学生知识水平的同时增强学生的实践能力和应用能力，真正做到所学所用结合。最后，应当同步发展职业技术教育与高等教育，新时代中国大学生的数量不断增加，而高级职业技工的数量却不断短缺，造成诸多生活上的不便，影响居民生活水平的提高，与普通劳动者相比，高级技工具有更强的不可替代性，频繁出现的"用工荒"很好地说明了这一点，只有各个领域和各个层次的人才都得到足够的培养，才能充分发挥人力资本对经济发展的推动作用，从人口红利转化为人才红利。

4. 加快城乡经济要素流动

加快城乡劳动力、资金等要素的流动是供给侧结构性改革的重要内容。生产要素的逐利性质导致大量的廉价劳动力由农村涌进城市，至今农村人员进城务工依然是主流趋势，城市建设发展占用了农村大量的资源，这种城乡要素不均衡的供给模式存在很大弊端。应大力探索农村户籍制度改革、产权制度改革和金融制度改革，不断推进城乡土地、资本的"自由流动"，继续加大对涉及农村民生的基础设施等方面建设，改善农村投资环境，对到农村投资企业采取更优惠的让利措施，吸引更多资金到农村投资，引导城市过剩劳动力回流农村，通过市场经济运行选择实现城乡要素平衡，激发经济发展活力。

第七章

完善资本市场驱动经济发展
结构优化新动力研究

古典政治经济学家认为经济发展的动力是来自多种因素的综合作用，是劳动、资本、自然（或土地）等内生要素和技术进步、社会经济制度等外生因素的综合因素促进经济增长。基于前述章节关于微观的要素市场结构如何影响中观产业结构，本章从特殊层面，分析我国资本市场结构历史变革与特征，并着重从市场规模、市场结构、金融产品和服务创新机制、金融风险监管、股票发行机制、交易制度等方面，分析我国资本市场结构体系存在的制度缺陷，及其对调整产业结构的抑制效应。最后，依据产业、技术和金融协同创新要求，从构建尊重市场规律的交易制度、推进资本市场全链条市场化改革、提高资本市场监管效率，促使证券经营机构回归中介功能并服务实体经济等方面，探索完善资本市场，提高资本配置效率，驱动经济发展结构优化新动力的改革方向、基本原则、重点任务及路径选择。本章的研究结论为下一章的深入分析奠定了基础。

第一节　我国资本市场结构历史变革、
特征及存在的缺陷

一、资本市场的历史变革

2017 年全国金融工作会议强调金融是实体经济的血脉，为实体经济服务是金融的宗旨。在我国正处于经济增速换挡、结构调整阵痛、动能转换困难相互交织的新常态，发挥金融服务实体经济的功能，推进产业结构优化升级，增强发展新动能及提升经济运行效率势在必行，同时也是建设现代化经济体系的关键途径。产业结构优化升级要求资源配置到发展潜力更好，生产率和技术水平更高的产业中。作为现代金融的核心，资本市场是资源配置的重要场所（吴晓求，2012），其配置效率的高低对产业结构升级产生重要的影响。一般来说，短期金融资产的市场称为货币市场，长期金融资产的市场称为资本市场，传统上短期和长期的界限为 1 年，因此，资本市场是指期限在 1 年以上的资金融通活动的综合，包括银行中长期信贷市场、股票市场及债券市场三个部分。我国资本市场发展经历了以下几个发展阶段：

第一阶段：萌芽时期（1978～1992 年）。资本市场是经济社会发展到一定阶段的产物。实质上，资本市场的产生和发展与股份制密切相关。1978 年12 月，党的十一届三中全会明确了中国以经济建设为重点任务，并提出改革开放的基本国策。随着经济体制改革的不断推进，经济发展对资金的需求提出了更高的要求，政府面临巨大的财政资金短缺压力，企业发展也面临较大的融资约束。中国的资本市场逐渐萌芽。自 1981 年起，我国开始重新发行国债、企业债和金融债等，这标志着我国资本市场的开端。同时，股份制企业和股票也开始自发出现。1990 年 12 月，上海证券交易所、深圳证券交易所正式开业，证券经营机构也开始出现。中国第一家专业证券公司——深圳特区证券公司在 1987 年 9 月成立。1990 年 10 月，郑州粮食批发市场作为期货交易的开端正式运行并引入期货交易机制。1992 年 10 月，深圳有色金属交易所推出了中国第一个标准化期货合约，逐步完成远期交易过渡到期货交易。此外，还成立了国务院证券管理委员会和中国证券监督管理委员会。

在资本市场的萌芽阶段，我国资本市场的规模较小，资源主要集中在少数发达地区，企业的融资手段较少，企业发展的资金需求主要依托公司内部积累。

第二阶段：初步发展阶段（1993～1998 年）。自 20 世纪 90 年代以来，我国资本市场在市场规模、结构、管理体制和市场体系等方面都有了较大的发展。1993 年，上海、深圳的股票发行试点推向全国，由此打开了资本市场发展的空间。同年 8 月，国务院证券委颁布《1993 年股票发售与认购办法》。

1997 年 11 月，我国确立了银行业、证券业、保险业分业经营、分业管理的基本框架。1998 年 4 月，国务院证券委被撤销，中国证监会成为全国证券期货市场的监管部门。

截止到 1998 年底，深沪上市的公司共有 851 家，总股本为 2345.36 亿元，总流通股本为 740.94 亿股，总市值为 19506 亿元，投资者已达到 3700 多万户，证券交易营业部达到 2400 多个。① 在这一阶段，上市公司的数量、总市值、股票发行筹资额、股票交易量等均有较大增长。上海证券交易所和深圳证券交易所交易的品种也有较快增加，国债、企业债、可转债及封闭式基金等业务逐步开展。同时，对外开放的步伐不断加快，我国推出了人民币特种股票（B 股），境内企业开始在海外资本市场（如纽约、伦敦）上市。

总体来说，在资本市场初步发展阶段，企业的融资工具种类家多元化，企业投资活动受外部融资约束的限制不断减少。但是，资本市场发展还不够规范，监管体系还需要不断完善。

第三阶段：进一步发展阶段（1999 年至今）。1998 年 12 月，我国颁布了《证券法》，并于 1999 年 7 月实施。相关法律的颁布和实施确立了资本市场的法律地位。2005 年，我国进一步修订并颁布了新的《证券法》。新证券法的修订预示着中国资本市场逐步走向更规范的发展阶段，也对构建科学的资本市场法律法规体系产生了重要的影响。

随着经济体制改革的深入推进，国有企业和非国有企业进入资本市场融资。在我国加入 WTO 后，中国的资本市场也开始走向世界，并产生一定的影响力。我国的资本市场的执法监督体系也不断完善，证监会在各个分局设立了稽查分支机构，并在 2007 年建立了集中统一指挥的稽查机制。2014 ~ 2017 年，沪深港通、债券通相继启动，MSCI（明晟，美国指数编制公司）将 A 股纳入全球指数；等等。2018 年至今，国务院金融委发布了金融业对外开放的多项举措，旨在形成金融业更全方位、更高水平的对外开放局面。

2000 年 5 月，将二板市场定名为创业板市场。2004 年 5 月，我国证监会正式批准深交所设立中小企业板块，发布《关于同意在深圳证券交易所设立中小企业板块的批复》，正式设立中小板市场。2009 年，我国正式启动了创

---

① 边小东. 我国资本市场制度变迁的回顾与思考 [J]. 会计之友（下旬刊），2009（01）：19－20.

业板市场，定位为中小型新兴企业。2013 年底，同意新三板方案突破试点国家高新区限制，扩容至所有符合新三板条件的企业。因此，我国多层次资本市场格局基本形成。

总体来看，在这一发展阶段，我国资本市场的法律法规体系不断完善。资本市场在一定的法律框架和监督体系中运行。经济发展的资金需求基本在资本市场中得到满足。

资本市场是虚拟经济的一种活动形态，包含了资本交易场所和资本交易关系，一方面它体现了市场上所有交易的关系，另一方面它既是资本实现价值增值的流通渠道，也是资本配置和融资的运行机制。金融市场可以分为货币市场与资本市场。货币市场是短期资金的交易场所，目的是获取货币，并以此作为支付和购买手段。不同于货币市场，资本市场是长期资金的交易场所，目的是使得资本在生产经营活动实现价值增值。资本市场具有以下特征：

第一，融资期限较长。资本市场是长期资金交易的场所，其资金用于社会再生产的长期投资，因此，资本市场的融资期限一般较长。具体来说，融资期限为一年以上，甚至可以多达数十年。

第二，资本流动性较差。资本市场的资金为长期资金，主要用于满足经济发展的长期融资需求，充实固定资产，这使得资本市场的流动性较弱，变现性也随着较弱。

第三，收益高且风险大。由于资本市场的融资期限较长，因此，在较长时间周期中，发生重大风险的概率也增大，市场价格容易波动，而资本市场交易的商品流动性和变现性都较弱，价格波动幅度较大，资本市场投资者需要承担较大的风险。风险大的同时，资本市场的收益也相对较高。

二、资本市场的概念界定

资本市场理论在经济学研究体系中占据着至关重要的地位，但是也是存在争议的领域。资本市场及其产品的复杂性和多变性导致了资本市场现实体系的纷繁复杂。尽管资本市场的概念被用在很多领域中，但对于资本市场的概念，在不同的场合、不同的角度被赋予了不同的内涵。

斯蒂格利茨（Stiglitz）将资本市场定义为获取或流转资金的市场，包括银行等存在借贷行为的机构。在 1996 年国际货币基金组织编写的《国际资本市场：发展、前景及关键性政策问题》一书中提出资本市场涵盖了债券市场、外汇市场、股票市场、银行系统、衍生工具市场和贷款市场等。在库珀撰写的《金融市场》一书中指出资本市场包括了股票市场、债券市场和抵押市场。国内学者对资本市场概念的理解也存在分歧。王松奇等（1990）认为资本市场是指一年以上，属于中长期的金融工具有股票、债券、公债等。曹凤岐（2002）提出资本市场的范畴主要是一年以上的投资和融资。资本市场的投融资不仅包括股权融资，还包括了长期信贷和债券融资等。

对现有关于资本市场的定义进行归纳总结发现，资本市场的概念界定主要有两种不同的方法，其一是从基本定义的角度出发来界定资本市场，其二是从具体特性的角度出发界定资本市场。也就是说，第一种观点认为资本市场一般指的是取得和转让资金的市场，是买卖从企业所有权派生出来的股权或产权的价值形态进行交易的场所。第二种观点则指出资本市场是指期限在一年以上的资金融通活动的总和，包括期限在一年以上的证券市场和一年以上的银行信贷市场。虽然对资本市场的概念有不同的界定方法，但从最一般意义来说，资本市场至少涵盖了长期信贷市场（长期项目融资、长期抵押贷款）、证券市场（股票市场、长期债券市场）、衍生工具市场（金融期货市场、金融期权市场等）。

综上所述，资本市场是指全部中长期资本（一年以上）交易活动的总和，具体包括了股票市场、债券市场、基金市场和中长期信贷市场等，其融通的资金主要作为扩大再生产的资本使用。

三、资本市场的构成

资本市场是一个复杂且庞大的社会经济系统，是由多种要素组合构成的。对资本市场构成要素的分析有助于充分理解资本市场的内涵和外延。资本市场的构成主要包括以下几个要素：

1. 资本市场的主体

资本市场的主体是以资本为核心的市场参与者，在资本市场中能够直接从事资本的交易活动。资本市场的主体包括了资本的出让者和受让者，包括筹资者、投资者和中介机构。以获取利润、资本增值为目的，以资本的一种形态去换取资本的另一种形态而进行交易的参与者，都是资本市场的主体。

2. 资本市场的载体

资本市场的载体是资本市场主要的交易内容，包括期货期权、股票、债券等等。资本市场的载体一般从属于和服务于资本市场的主体。在进行资本市场交易活动中，资本市场的主体可以同时选择多个载体，也可按照相关政策法规更换载体。

3. 资本市场的对象

一般来说，进入市场的资本商品为资本市场的对象。不同的资本形态通常进去不同的市场。资本市场的对象具有如下特点：首先是具有直接比价特征的资本，即资本流转的双方都能够直接接受的资本；其次是具有一定价值且存在投资增值特征的资本；最后是以货币作为一般等价物进行衡量后再进行流通的资本。可以说，资本市场的对象即包括能够进行市场交易的资本。

4. 资本市场的组织结构

资本市场的组织结构涉及各类主体，包括资本市场的主要参与者、服务机构、监管机构等，这些主体之间分工明确，既是相互合作的关系，也存在相互制衡。首先，投资人和发行人是资本市场的供求主体；其中，投资人涉及机构投资者和个人投资者；发行人包括了债券发行人、股票发行人及其他金融产品的发行人。其次，服务机构主体包括投资银行、证券公司、律师事务所、会计师事务所、评级机构、咨询公司、新闻媒体、投资顾问、网络服务与信息技术提供商等。再次，市场组织机构和自律性机构为主体，如证券交易所和证券业协会。交易所既是市场活动的服务者，为市场参与者提供交易服务，促使市场有效运行和健康发展，又是自律性组织，承担了维持市场秩序、促进市场规范的监管职能。最后，监管主体，即政府或政府派出的监管机构。证监会是其中一个重要的角色。同时证监会并不是资本市场的唯一监管者，不少监管职能分布在其他部门，例如，司法、执法机关，刑事侦查部门，以及财政部、人民银行等相关政府部门，证监会要有效履行其监管职能，需要其他许多机构在监管方面的合作和支持。

5. 资本市场的形态分类

就形态来说，资本市场可以分为证券市场和中长期信贷市场。其中，证券市场是有价证券发行与流通以及与此相适应的组织和管理方式的总称。证券市场主要包括股票市场和债券市场。股票市场是已经发行的股票按时价进行转让、买卖和流通的市场。债券市场是指发行和买卖债券的场所，一般由企业债券市场和国债市场组成。证券市场又可以分为发行市场（一级市场）和交易市场（二级市场）。发行人在发行市场开展募集基金活动。证券持有人在交易市场买卖有价证券，实现有价证券所有权的转移。发行市场和交易市场互相促进，互为条件，共同发挥资本配置和融资的功能。

通常情况下，在证券市场筹集资金属于直接融资方式，在中长期信贷市场筹集资本属于间接融资方式。资本市场的发达程度直接影响融资方式的选择。一般在资本市场发达的国家，直接融资手段是主要的融资渠道，在一些发展中国家，中长期信贷市场是主要的融资渠道。

四、资本市场的基本功能

资本市场是金融市场的重要组成部分。资本市场形成之初，其往往被认为是由于资金流通所形成的市场。当然，随着时代背景的改变，资本市场所扮演的角色也悄然发生变化，其具有的功能也更为多样化。从目前来看，资本市场的功能主要包括以下几个部分：

（1）提供融资渠道。融资是指资金的需求者支付一定的成本从资金供给者处获取资金的行为，具体表现为储蓄向投资的转化。在资本市场上，一方面，众多的企业以交换金融产品（包括股票、债券等）的方式直接或间接地获取资金；另一方面，地方政府能够通过发行地方债或城投债的方式从资本市场上获得资金，从而保障地方进行基础设施建设以及其他公共服务。因此，提供融资渠道是资本市场最为基础的功能。

（2）优化资源配置。资本市场具有通过引导资金合理流动从而优化资源配置的功能。一般来说，投资者在物质利益驱使下，会遵循经济人假设选择具有利润最大化特征的投资对象进行投资。这一过程使得资本流向高效益部门，从而提高资源配置效率。

（3）提供产权交易。资本市场能够以充当产权交易中介的方式提供产权交易，这是资本市场在不断发展过程中衍生的一项功能。它主要通过干预企业重组、提供产权交易信息以及产权交易中介服务等方式在企业产权交易过程中发挥重要作用。

上述三个方面共同构成资本市场完整的功能体系。如果缺少任一环节，资本市场就是不完整的，甚至是扭曲的。资本市场的功能不是人为赋予的，而是资本市场本身的属性之一。从理论上认清资本市场的功能，对于我们正确对待资本市场发展中的问题、有效利用资本市场具有重要的理论与实践意义。

五、资本市场的规则

资本市场的规则是针对资本市场的主体行为而产生的进而约束市场主体行为的法律条文和规范制度。资本市场上受利益驱使的主体行为千差万别，各行其是，这些行为存在着不同的形态，也就需要不同形态的分析方法，而这些不同形态的分析方法所涉及的行为对象不同，其游戏规则基本上也是不同的。因此，就需要对各种资本市场主体的行为进行规范，以使资本市场的交易活动能够有序地进行。最常见的规则就是各种形式的法律、各种形式的规章制度以及各种形式的契约等等，进而形成不同约束范围和不同约束程度的资本市场规则。

六、资本市场存在的问题

我国资本市场仅用 20 多年时间，就在市场规模、市场结构、投资主体构成、法律法规建设、管理监督体制等方面，都取得了令人瞩目的成果，为经济发展服务的功能也日益显现出来。但是，我国资本市场中间接融资比例偏高，直接融资比例偏低；直接融资中国债比例偏高，股票尤其企业债券比例偏低。此外，资本市场还不够成熟，其表现是市场结构单一、市场层次较少、投资品种不多、产权制度不明确、监管体制不完善。

1. 资本市场的直接融资规模比例较低

银行体系满足了我国企业近85%的融资需求，也就是说，我国资本市场的直接融资比例接近15%，远远低于间接融资的占比。而在资本市场发达的经济体中，直接融资的比例远远大于间接融资的比重。如美国的直接融资占比接近90%，欧元区直接融资的比例为76%左右。直接融资占比过低不仅阻碍了实体经济的发展，而且对金融稳定产生负面影响。尤其是在市场准入门槛过高和不发达的信用机制使得中小企业面临更严峻的融资约束，进而阻碍了中小企业的发展。

2. 中小微企业融资难

我国经济增速换挡回落，从高速增长转换为中高速增长。当前，我国经济面临较大的下行压力，还处于深度结构调整期，制造业、工业等产业增长持续放缓，实体经济有效需求不足。租赁和商务服务业、批发零售业、房地产业等重点服务业支撑力度不足。在这种经济大环境下，中小微企业的融资愈加困难。从直接融资来看，企业发行债务工具融资比经济形势好的时候难，企业谋求上市也更加困难。

3. 金融产品和服务不能满足资本市场多样化需求

金融产品和服务的广度和深度不够，金融机构的创新能力、专业服务水平明显不足，难以满足不同规模、不同类型、不同发展阶段的企业所需的金融服务。我国资本市场上金融产品结构单一、创新能力不足，产品同质化严重。金融衍生工具发展滞后，规避金融风险手段不足，容易在宏观经济运行和金融调控方向发生变化时导致风险积聚。证券化资产所占的比重少，产品不够丰富、多样。

4. 金融风险处置难度大，监管机制不健全

在"新三板""四板"等多层次资本市场不断发展的背景下，创新融资方式也涌现了新的金融风险，突出表现在非法集资案件数量迅猛增加，其中私募股权投资基金类、P2P 网贷问题平台等案件多发。新型金融风险通过运用互联网等高技术、智能化手段，导致案件的隐蔽性和突发性较强。此类金融风险严重危害社会稳定，且逐步向传统金融机构蔓延。第三方理财、众筹等新兴金融业态缺乏有效金融监管，执法手段不足，金融消费者保护机制不健全等。

首先，存在监管越位现象。我国 IPO 为核准制，监管部门的工作职责不仅包括了 IPO 企业的申报材料的审查，还涉及对发行人的市场前景、行业竞争能力等评价，也就是说，监管部门对申报企业的质地好坏做出判断，这是一种典型的监管越位。其次，存在监管缺位现象。随着大数据、云计算、区块链、人工智能等新一代信息技术在金融领域的运用，新金融产品、新业务模式不断涌现，监管专业性不高等导致监管缺位，从而引发相关金融产品野蛮生长、信用风险、非法集资、市场操纵等一系列问题，给投资者的利益带来较大负面影响。最后，存在监管错位。监管错位意味着监管措施的不满足现有资本市场发展的需要。资本市场有其自身运行规律，监管的目的是确保资本市场的正常运行秩序。但是，由于受到各种因素的干扰，在监管举措或机制设计过程中，存在不合理、不完善之处，进而导致了监管错位现象。

5. 资本市场的制度缺陷

一是在发行审核制度方面。我国新股发行审核制度经历了审批制和核准制两个阶段。在核准制下，由于监管机构的审核机制存在弊端和缺陷，引发上市申请拥堵，权力寻租问题严重。二是新股定价制度。IPO 定价乱象造成对新股投资的供需失衡。三是分红制度。"半强制分红政策"导致利益冲突。对上市公司来说，分红可能降低公司的实际价值。对于成长期的公司来说，将收益进行滚动投资是增加公司价值的较优策略，而现金分红降低了公司发展速度。四是再融资制度。当前，我国上市公司对股权融资的目的多处于潜在的动机，包括大股东利用增发进行利益输送，大股东高位减持套现等。五是退市制度。我国资本市场的退市率较低，许多业绩较差的上市公司通过调整财务报表而反复"戴帽""摘帽"，或是通过资本运作净化公司资产进而将其上市资格予以出售。

第二节 我国资本市场对产业结构
调整的抑制效应分析

一、研究设计

1. 模型构建

本书构建了资本市场发展影响产业结构调整的计量分析模型，具体如下：

$$TL_{it} = \beta_0 + \beta_1 CMD_{it} + \beta_2 X_{it} + \theta_t + \gamma_i + \varepsilon_{it} \qquad (7-1)$$

其中，t 代表的是时间，i 代表的是各个省份；TL 代表的是产业结构升级；CMD 代表的是资本市场发展指数；X 表示控制变量，ε_{it} 为随机误差项。

2. 核心变量说明

（1）资本市场发展指数（CMD）。本书采用三个指标（股票市场发展、债券市场发展和银行中长期信贷发展）来度量资本市场发展指数，具体为：①采用股票市值与 GDP 比值衡量股票市场发展（stock）；②采用债券融资额与 GDP 比值衡量债券市场发展（bond）；③采用银行中长期信贷与 GDP 比值度量银行中长期信贷发展（bank）。资本市场各个子市场的规模和活跃度直接关系到资本市场的整体发展。由于主成分分析法能有效地解决主观偏差的问题，因此，本书采用主成分分析法构建资本市场发展指数。

本书参考毛其淋（2012）的处理方法，具体计算公式如下：

$$CMD = \eta_1 stock + \eta_2 bond + \eta_3 bank \qquad (7-2)$$

其中，$\eta_1 \sim \eta_3$ 代表股票市场发展、债券市场发展和银行中长期信贷发展的权重，由第一主成分系数除以相应的特征值开根后得到，stock、bond、bank 分别表示采用指数化方法处理后的股票市场发展、债券市场发展和银行中长期信贷发展的数据，CMD 代表资本市场发展指数。依据上述计算公式，本书获得了资本市场发展指数、股票市场发展指标、债券市场发展指标和银行中长期信贷发展指标，如图7-1所示。

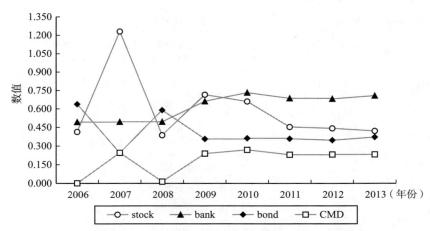

图7-1　2006～2013年资本市场发展指数及各指标变化情况

（2）产业结构升级指数（TL）。产业结构升级的过程体现了低水平产业结构向高水平产业结构不断演进的动态过程。在现有文献中，度量产业结构高级化的指标主要有：非农业产值比、第三产业产值与第二产业产值的比值。本书参考干春晖等的度量方法，利用第三产业产值与第二产业产值的比值来衡量产业结构高级化。

（3）控制变量。为有效地解决分析中存在的内生性问题，本书加入了一系列控制变量，包括了经济发展情况、基础设施建设、人力资本水平、外商直接投资等。本书涉及相关变量的信息如表7-1所示。

表7-1　　　　　　　　　　　　变量名称与定义

变量名称	变量符号	含义
产业结构升级指数	TL	第三产业产值与第二产业产值之比
资本市场发展指数	CMD	由主成分分析法得出
股票市场发展	stock	股票市值与GDP比值
债券市场发展	bond	债券融资额与GDP比值

续表

变量名称	变量符号	含义
银行中长期信贷发展	bank	银行中长期信贷与 GDP 比值
金融生态环境	finance	根据《中国地区金融生态环境评价》（李扬，王国刚等，2006～2014 年）得出的各地区金融生态环境综合指数
市场化程度	market	各地区非国有企业固定资产投资占总固定资产投资的比重
政府效率	gov	运用 DEA 方法对政府财政支出及人力投入指标测算
人力资本	hum	小学、初中、高中和大专及以上人口的受教育年数分布设定为 6 年、9 年、12 年和 16 年，进行加权平均的对数值
经济发展水平	pgdp	地区人均国内生产总值的对数值
外商直接投资	fdi	外商直接投资总额的对数值
基础设施建设	infra	公路里程与年末总人口数的比值
出口水平	exp	各地区出口额与 GDP 比值

3. 数据来源

本书的数据来源《中国统计年鉴》、《中国金融年鉴》、《中国人口和就业统计年鉴》、《中国证券期货统计年鉴》、各地区《国民经济与社会发展统计公报》和各地区统计年鉴。

二、理 论 假 说

资本市场发展在产业升级转型中扮演重要的作用。但是，我国的资本市场发展仍然处于转轨期，资本市场改革进展缓慢，存在结构性问题。我国资本市场存在市场化运作体制机制障碍，无法实现资源的有效配置。如具有较大发展潜力的行业（新兴产业、高技术产业）未得到更多的资本扶持，资本市场服务实体经济的功能未得到充分发挥。众多研究也表明了我国存在资本市场扭曲现象。综上所述，本书提出下列理论假说：

理论假说 1：由于我国资本市场存在结构性问题，资本市场发展对产业结构升级产生抑制效应。

由于存在信贷所有制歧视及金融机构必须承担的服务功能等原因，我国以银行体系为主的金融部门存着资源错配等问题（张璟，2010）。Guariglia 和 Poncet（2008）提出私营企业难以得到充分的信贷资源，国有企业更容易获得信贷支持，这是以银行为主的金融体系存在的歧视。产生这一现象的重要原因是银行通过为国有企业提供信贷支持，从而间接获得其他利益，如政治利益（Brandt et al.，2003）。以银行为主导的金融体系厌恶风险和不确定性，因而高技术创新企业由于创新活动的高风险性而较难获得信贷支持（Stiglitz，1985）；中小型企业也因存在较大的不确定不稳定性较少得到信贷资源（中国经济增长与宏观稳定课题组等，2007）。龚强等（2014）提出直接融资渠道有利于促进技术前沿产业的发展。左志刚（2012）认为权益性金融渠道对国家创新能力产生积极作用。有学者提出信贷市场发展不利于技术创新，股票市场增加了中小型企业的研发长期投入（Brown et al.，2013）。综上所述，本书提出下列理论假说：

理论假说 2：由于股票市场、债券市场及银行中长期信贷市场具有不同的异质性，因而对产业结构升级的影响也存在显著差异。

三、实证结果与讨论

1. 资本市场发展对产业结构优化升级的影响

根据表 7 - 2 中 F 检验的结果显示，本书应选取固定效应模型来分析资本市场发展对产业结构升级的影响。第（1）列的结果表示，在考虑控制变量的基础上，资本市场发展的回归系数为负，且在 5% 统计水平下显著。从经济含义来分析可知，资本市场发展抑制了产业结构高级化。

表 7 - 2　　资本市场发展对产业结构升级的固定效应回归估计结果

变量	被解释变量：TL				
	（1）	（2）	（3）	（4）	（5）
CMD	- 0.083 ** （- 2.01）				

续表

变量	被解释变量：TL				
	(1)	(2)	(3)	(4)	(5)
stock		0.034 *** (4.64)			0.016 * (1.92)
bank			− 0.103 ** (− 2.05)		− 0.813 * (− 1.90)
bond				0.68 *** (5.63)	0.576 *** (3.94)
pgdp	0.248 *** (3.92)	0.233 *** (3.68)	0.404 *** (3.98)	0.200 *** (3.36)	0.154 ** (2.33)
hum	0.045 ** (2.10)	0.036 * (1.89)	0.029 * (1.84)	0.030 * (1.85)	0.031 * (1.85)
fdi	0.027 (0.39)	0.032 (0.79)	0.033 (0.15)	0.052 (0.11)	− 0.011 (− 1.29)
infra	0.037 *** (6.79)	0.025 *** (6.70)	0.023 *** (6.74)	0.031 *** (5.62)	0.019 *** (5.74)
exp	0.160 (0.65)	0.205 (1.02)	0.371 (1.33)	0.252 (0.08)	0.309 (0.17)
省份固定效应	Yes	Yes	Yes	Yes	Yes
年份固定效应	Yes	Yes	Yes	Yes	Yes
F 值	(0.000)	(0.000)	(0.000)	(0.000)	(0.000)
R 值	0.584	0.397	0.402	0.460	0.630

注：*、** 和 *** 分别表示参数估计在10%、5%和1%的水平下显著。下同。

　　本书进一步讨论了股票市场发展、债券市场发展和银行中长期信贷发展对产业结构升级的影响。第（2）列的结果表明，在考虑控制变量的基础上，股票市场发展（stock）的回归系数为正，且在1%统计水平下显著，也就是说股票市场发展有利于产业结构高级化。第（3）列的结果表明，在考虑控制变量的基础上，银行中长期信贷市场发展（bank）的回归系数为负，且在5%统计水平下显著，也就是说，银行中长期信贷发展不利于产业结构高级化。第（4）列的结果显示，在考虑一系列控制变量的情况下，债券市场发展（bond）的回归系数为正，且在1%统计水平下显著，也就是说，债券市场发展有利于产业结构高级化。

综述可知，资本市场发展指数不利于产业结构升级。从三个具体指标来看，银行中长期信贷市场发展不利于产业结构升级，债券市场发展和股票市场发展有效地促进了产业结构升级。

银行中长期信贷市场存在"所有制歧视"，将更多的信贷分配给传统产业、低风险产业、国有企业及垄断企业等，高新技术产业因高风险的原因无法得到融资扶持，中小企业则面临资金困难等。因此，银行中长期信贷市场的发展未能有效地提高资源利用效率和配置效率，进而不利于产业结构升级。股票市场和债券市场的发展具有较大的促进创新作用（张一林等，2016）。有学者（Brown et al.，2013；Hsuan et al.，2014）认为股票市场的发展有利于增加技术创新研发投资。因此，股票市场和债券市场的发展能更好地优化资源配置，进而有利于促进产业结构升级。

2. 稳健性检验

本书通过改变回归方法和回归样本的方法进行稳健性检验，以此增强回归结果的可靠性。

（1）更换回归方法。改变回归方法的稳健性检验结果如表7-3所示。本书运用三种不同的回归方法进行检验。采用传统最小二乘（OLS）的回归结果如第（1）列所示，结果表明，资本市场发展的回归系数显著为负。第（2）列报告了利用广义最小二乘法（GLS）进行回归估计的结果，我们发现资本市场发展的回归系数仍显著为负。第（2）列报告了利用系统GMM的方法进行检验的结果，结果显示资本市场发展不利于产业结构升级的结论仍然成立。综上所述，本书得到的资本市场发展与产业结构升级关系的基准回归结果具有一定的稳健性。报告不同估计方法下资本市场发展指数对产业结构升级影响的回归结果。

表 7 - 3   资本市场发展对产业结构升级影响的稳健性检验结果（一）

变量	被解释变量：TL			
	(1)	(2)	(3)	(4)
	OLS	GLS	GMM	固定效应
CMD	- 0. 097 *** (- 2. 93)	- 0. 61 ** (- 2. 36)	- 0. 079 * (- 1. 90)	- 0. 083 ** (- 2. 01)
pgdp	0. 690 *** (8. 10)	0. 383 ** (3. 01)	0. 243 *** (3. 88)	0. 248 *** (3. 92)
hum	0. 061 *** (4. 12)	0. 023 * (1. 91)	0. 042 * (1. 96)	0. 045 ** (2. 10)
fdi	0. 343 ** (2. 35)	0. 134 (1. 1)	0. 012 (0. 33)	0. 027 (0. 39)
infra	0. 028 *** (7. 08)	0. 057 ** (2. 63)	0. 017 *** (6. 79)	0. 037 *** (6. 79)
exp	0. 021 (0. 87)	0. 041 (0. 68)	0. 043 (0. 79)	0. 160 (0. 65)
调整的 R^2	0. 801			0. 630
AR (2)			0. 469	
Hansen			0. 569	

（2）不同样本的回归检验。基准回归的结果表明资本市场发展对产业结构升级产生负面影响。具体从分指标的回归结果来看，股票市场及债券市场发展对产业结构升级产生积极影响，银行中长期信贷市场发展不利于产业结构升级。为了增强基准回归结果的稳健性，本书采用分样本的方式进行回归检验。其一是按照国有企业职工数与全体职工之比的指标，将所有样本分为两类：国有企业比重较低和国有企业比重较高地区；其二是按照国有经济固定资产投资与全社会固定资产投资总额的比值，将所有样本分为两类：行政垄断程度较低和行政垄断程度较高的地区。本书对这四类样本进行了分别回归检验，结果如表 7 - 4 所示。第（1）列结果表明在国有企业比重较高的地区中，资本市场发展与产业结构升级呈现负相关关系；第（2）列结果显示在国有企业比重较低的地区中，资本市场发展与产业结构升级仍然呈现负相

关关系。第（3）列结果表明在行政垄断程度较高的地区，资本市场发展的回归系数显著为负；第（4）列结果显示在行政垄断程度较低的地区，资本市场发展的回归系数仍然显著为负。因此，上述分样本结果说明基准结果具有稳健性。

表 7 - 4　　　　　　　不同国有企业比重地区及行政垄断程度
地区的稳健性检验结果（二）

变量	被解释变量：TL			
	（1）	（2）	（3）	（4）
	国有企业比重较高的地区	国有企业比重较低的地区	行政垄断程度较高的地区	行政垄断程度较低的地区
CDM	- 0.104 ** (- 2.07)	- 0.080 ** (- 2.01)	- 0.139 ** (- 2.13)	- 0.074 ** (- 2.73)
pgdp	0.143 *** (5.61)	0.082 ** (2.34)	0.181 ** (2.27)	0.096 ** (2.34)
hum	0.047 ** (2.37)	0.031 ** (2.48)	0.103 ** (2.67)	0.071 ** (2.53)
fdi	0.023 (0.79)	0.040 (1.07)	0.076 (0.82)	0.090 (1.11)
infra	0.037 *** (4.51)	0.051 *** (3.90)	0.060 *** (4.78)	0.105 *** (4.19)
exp	0.056 (0.83)	0.010 (0.65)	0.091 (0.92)	0.243 (0.78)
F 值	(0.000)	(0.000)	(0.000)	(0.000)
R 值	0.821	0.566	0.887	0.612

3. 进一步检验

上述的实证结果表明，以银行中长期信贷市场为主导的中国资本市场存在企业歧视，偏向于传统制造业、资源型行业、国有企业以及垄断性企业，降低了资本配置效率，从而抑制了产业结构升级。本部分构建调节效应模型，进一步实证检验拓展性理论假设，重点考察金融生态环境、市场化程度及政府效率在资本市场发展对产业结构升级影响中的作用。

（1）金融生态环境的调节作用。本书进一步检验金融生态环境在资本市场发展与产业结构升级两者关系中的作用。具体来说，在公式（7-1）中添加金融生态环境与资本市场发展的交互项，如公式（7-3）所示。

$$TL_{it} = \varphi_0 + \varphi_1 CMD_{it} + \varphi_2 finance_{it} + \varphi_3 CMD_{it} \times finance_{it} + \varphi_4 X_{it} + \theta_t + \gamma_i + \varepsilon_{it}$$

$$(7-3)$$

本书重点关注金融生态环境与资本市场发展交互项的回归系数，以此来分析金融生态环境的调节作用。

金融生态环境调节作用的回归结果如表7-5所示。本书对交互项进行中心化处理以解决多重共线性。根据表7-5所示，资本市场发展的回归系数均显著为负，也就是说，资本市场发展对产业结构升级产生负面影响。金融生态环境的回归系数显著为正，也就是说，金融生态环境的优化促进了产业结构升级。资本市场发展与金融生态环境交互项的回归系数显著为正，即金融生态环境的优化缓解资本市场发展对产业结构升级的负面效应。

表7-5　金融生态环境在资本市场发展对产业结构升级影响中的调节效应

变量	被解释变量：TL			
	（1）	（2）	（3）	（4）
	OLS	固定效应	OLS	固定效应
CMD	-0.085* (-1.89)	-0.056* (-1.67)	-0.071* (-1.81)	-0.197* (-1.71)
pgdp			0.113*** (2.97)	0.355*** (6.07)
hum			0.041** (2.26)	0.093*** (3.63)
fdi			0.036 (0.42)	0.043 (0.19)
infra			0.029** (2.43)	0.012** (2.33)

续表

变量	被解释变量：TL			
	(1)	(2)	(3)	(4)
	OLS	固定效应	OLS	固定效应
exp			0.052 (0.73)	0.016 (0.79)
finance	0.056 *** (6.90)	0.029 *** (4.81)	0.032 *** (6.24)	0.011 *** (3.53)
CMD × finance	0.412 ** (2.90)	0.408 ** (2.53)	0.315 ** (2.47)	0.390 ** (2.92)
F 值		(0.000)		(0.000)
R 值		0.516		0.567

本书通过对公式（7-3）中资本市场发展求偏导数：$\hat{\varphi}_1 + \hat{\varphi}_3 \times$ finance，来进一步分析了金融生态环境作用下资本市场发展对产业结构升级的边际效应。其中，金融生态环境取均值，代入计算求得资本市场发展影响的边际效应为 0.023。因此，金融生态环境的优化改善了资本市场发展对产业结构升级的负面效应。

（2）市场化程度的调节作用。本书进一步检验市场化程度在资本市场发展与产业结构升级两者关系中的作用。具体来说，在公式（7-1）中添加市场化程度与资本市场发展的交互项，如公式（7-4）所示。

$$TL_{it} = \zeta_0 + \zeta_1 CMD_{it} + \zeta_2 market_{it} + \zeta_3 CMD_{it} \times market_{it} + \zeta_4 X_{it} + \theta_t + \gamma_i + \varepsilon_{it}$$

$$(7-4)$$

本书重点关注市场化程度与资本市场发展交互项的回归系数，以此来分析市场化程度的调节作用。

市场化程度调节作用的回归结果如表 7-6 所示。本书对交互项进行中心化处理以解决多重共线性。根据表 7-6 所示，资本市场发展的回归系数均显著为负，也就是说，资本市场发展对产业结构升级产生负面影响。市场化程度的回归系数显著为正，也就是说，市场化程度的提高对产业结构升级产生正向影响。资本市场发展与市场化程度交互项的回归系数显著为正，即市场化程度的提高缓解资本市场发展对产业结构升级的负面效应。

表 7-6　　　　市场化程度在资本市场发展对产业结构升级影响中的调节效应

变量	(1)	(2)	(3)	(4)
	TL	TL	TL	TL
	OLS	OLS	固定效应	固定效应
CMD	-0.094* (-1.97)	-0.103* (-1.84)	-0.081* (-1.84)	-0.117* (-1.82)
pgdp		0.140** (2.34)		0.107* (1.95)
hum		0.121*** (2.98)		0.083** (2.57)
fdi		0.037 (0.87)		0.042 (0.36)
infra		0.073* (1.86)		0.040* (1.82)
exp		0.089 (1.09)		0.037 (0.84)
market	0.182** (2.52)	0.167** (2.22)		0.131** (2.07)
CMD × market	0.197** (2.80)	0.180** (2.76)	0.175** (2.71)	0.101** (2.63)
F 值		(0.000)		(0.000)
R 值		0.548		0.560

本书通过对公式（7-4）中资本市场发展求偏导数：$\hat{\zeta}_1 + \hat{\zeta}_3 \times market$，来进一步分析了市场化程度作用下资本市场发展对产业结构升级的边际效应。其中，市场化程度取均值，代入计算求得资本市场发展影响的边际效应为0.027。因此，市场化程度的提高改善了资本市场发展对产业结构升级的负面效应。

（3）政府效率的调节作用。本书进一步检验政府效率在资本市场发展与产业结构升级两者关系中的作用。具体来说，在公式（7－1）中添加政府效率与资本市场发展的交互项，如公式（7－5）所示。

$$TL_{it} = \mu_0 + \mu_1 CMD_{it} + \mu_2 gov_{it} + \mu_3 CMD_{it} \times gov_{it} + \mu_4 X_{it} + \theta_t + \gamma_i + \varepsilon_{it}$$

$$(7-5)$$

本书重点关注政府效率与资本市场发展交互项的回归系数，以此来分析政府效率的调节作用。

政府效率调节作用的回归结果如表7－7所示。本书对交互项进行中心化处理以解决多重共线性。根据表7－7所示，资本市场发展的回归系数均显著为负，也就是说，资本市场发展对产业结构升级产生负面影响。政府效率的回归系数显著为正，也就是说，政府效率的提高对产业结构升级产生正向影响。资本市场发展与政府效率交互项的回归系数显著为正，即政府效率的提高缓解资本市场发展对产业结构升级的负面效应。

表7－7　　政府效率在资本市场发展对产业结构升级影响中的调节效应

变量	(1) TL OLS	(2) TL OLS	(3) TL 固定效应	(4) TL 固定效应
CMD	− 0. 81 * (− 1. 78)	− 0. 093 * (− 1. 67)	− 0. 086 * (− 1. 86)	− 0. 145 * (− 1. 73)
pgdp		0. 549 * (1. 89)		0. 325 * (1. 84)
hum		0. 069 ** (2. 51)		0. 042 ** (2. 46)
fdi		0. 002 (0. 10)		0. 001 (0. 25)
infra		0. 029 ** (2. 24)		0. 014 ** (2. 13)
exp		0. 037 (1. 05)		0. 022 (0. 63)
gov	0. 216 ** (2. 24)	0. 200 ** (2. 02)	0. 144 ** (2. 17)	0. 127 ** (2. 04)

续表

变量	(1)	(2)	(3)	(4)
	TL	TL	TL	TL
	OLS	OLS	固定效应	固定效应
CMD × gov	0.291 ** (2.80)	0.205 ** (2.78)	0.223 ** (2.42)	0.194 ** (2.30)
F 值	(0.000)	(0.000)	(0.000)	(0.000)
R 值	0.408	0.519	0.555	0.524

本书通过对公式（7-5）中资本市场发展求偏导数：$\hat{\mu}_1 + \hat{\mu}_3 \times gov$，来进一步分析了政府效率作用下资本市场发展对产业结构升级的边际效应。其中，政府效率取均值，代入计算求得资本市场发展影响的边际效应为0.018。因此，政府效率的提高改善了资本市场发展对产业结构升级的负面效应。

第三节 完善资本市场驱动经济发展结构优化新动力的基本原则、重点任务及路径选择

资本市场是资源配置的重要场所，对企业的行为产生重要的影响，从而与区域产业结构升级密不可分。从整体上看，资本市场发展对产业结构升级存在显著的抑制作用，主要源于我国以银行为主导的资本市场体系存在着对象歧视，银行中长期信贷市场偏向于国有企业、垄断性企业、传统行业以及资源型行业。同时，资本市场中的股票市场及债券市场发展却对产业结构升级具有显著促进作用。进一步研究发现，在金融生态环境较差的地区，资本市场发展对产业结构升级的抑制作用更为显著；市场化程度和政府能力及效率的提高能缓解资本市场发展对产业结构优化升级的抑制效应。

一、完善资本市场驱动经济发展结构优化新动力的基本原则

（1）加快资本市场改革，增强服务实体经济能力。加快市场体系建设，

提升场内市场价值投资功能，调整上市公司结构，提升上市公司质量。加快场外市场与场内市场有效对接，畅通转板和降板，确保投资者、融资者能快速在不同市场找到投融资渠道，有效发挥市场的整体功能。从顶层设计出发，通过一系列改革举措，建立健全主体功能更为完善、层次更为多样的资本市场体系，促进资本市场结构优化升级，降低中小微企业的融资成本，实现资本市场与实体经济有机结合、联动发展。

（2）加快市场化改革，有序推进以监管为核心、以信息披露为方式的注册制改革，有效提高投融资市场化水平，矫正市场功能，发挥市场配置资源的决定性作用。严厉打击市场违法违规行为，提高依法治理资本市场的水平，确保资本市场在公平正义的氛围中健康发展。推动资本市场发展的关键在于如何理解政府与市场的关系，进一步推动科创板、创业板市场体系建设，为中小微企业创造合理高效的融资环境，从而有效降低中小微企业的融资约束，保障中小微企业的持续稳定发展。

（3）尊重资本市场发展规律。任何推动资本市场发展的制度设计都必须立足于资本市场的自身功能，任何违背这一准则的设计，一方面付出扭曲市场功能的代价，另一方面并不能从根本上起到抑制市场风险、保护中小投资者的作用。因此，必须在基于资本市场发展阶段、发展背景并尊重资本市场规律的基础，进行制度设计和制度完善，进而保护投资者利益。在未来的资本市场制度改革中，必须围绕资本市场的本质功能开展，在维持市场正常流动性等基本要素的基础上，充分尊重市场规律，发挥市场的价值发现、风险定价等功能。

（4）鼓励建立创新机制。开发金融产品的宗旨是为投资者创造价值，为产品发行者融资。当前，我国资本市场的产品结构较为单一。为解决这一问题，需要鼓励建立创新机制，通过产品供给端创新设计不同的资产市场产品以满足不同主体的投融资需求。基于当前中国经济发展的外部环境及资本市场发展所处的阶段，需要完善货币市场、股票市场、债券市场、保险市场以及金融衍生品市场之间的关系，建立多个子市场之间协调发展的互动机制。

（5）监管改革重在协调安全性和有效性。在资本市场监管制度设计中，必须围绕资本市场的本质功能，厘清政府与市场的关系，通过公平、公开、公正的监管手段，减少市场机制失灵带来的效率损失，缓解资本市场价格扭曲，提高资本市场的安全性，增强资本市场监管的有效性。因此，一方面，在资本市场监管改革中要坚持发挥资本市场本质功能为导向，逐步从"政府导向型"向"市场导向型"方向转变；另一方面，必须以保护投资者利益为出发点，营造良好的外部市场环境，提高市场约束机制和市场运作的透明度。

（6）营造良好的地区金融生态环境，进行社会信用体系建设，改善社会信用环境，保护信用主体的合法权益，加强法制建设，完善相关金融法律体系，维护金融市场稳定。加快资本市场法治化建设，加快修订《证券法》，进一步明确政府和市场的边界，严格遵循市场本身的基本发展规律，促进政府职能转变，充分维护投资者的合法权益。以"零容忍、全覆盖"为原则，加大对资本市场违法活动的惩罚力度，尤其是内幕交易、欺诈上市、利益输送、操纵市场等违法行为的打击力度，不仅需防范产生"灰犀牛"风险，同时还需避免出现"黑天鹅"事件。完善信息披露体系建设。规范发行方、交易中介组织相应的披露职责，以投资者诉求为指导，对外公布所有法定公开的信息，有效保障投资者的知情权。加大对非法披露信息或公布虚假信息等上市企业的惩罚力度，提高企业失信的成本和代价，为资本市场发展创造良好的信用环境。

二、完善资本市场驱动经济发展结构优化新动力的重点任务及路径选择

1. 资本市场制度建设的政策选择

（1）进一步推进全链条市场化改革。在新股审核发行制度和新股定价制度上，进一步深化市场化改革，压缩权力寻租空间，解决上市申请拥堵问题，降低企业上市门槛，实现资本市场投资与融资需求匹配。在分红制度上，上市公司根据自身发展阶段和实际运作情况自愿制定分红方案，而投资者根据其披露信息进行投资选择，此时投资者将更为关注分红所得而投机者则更为关注资本溢价。在再融资制度上，要进一步完善信息披露制度，打击市场投机行为。在退市制度上，当上市资格不再具有稀缺性，若上市公司分红稳定则大股东可根据情况选择主动退市，而经营业绩无法得到持续改善的公司也

将因其丧失投资价值、缺乏市场流动性而被动退市。

（2）加强行政处罚和刑事处罚。强化对投资者的保护是政府避免市场混乱的重要举措。注册制的推行对市场主体提出了更高的要求。加强对非法造假公司的严厉处置，提高上市公司的违法违规成本是顺利推进注册制实施的必要条件。因此，确保顺利推进注册新必须要加强法律制度建设，这不仅需要监管机构加大事中事后监管力度，更需要司法、立法及执法部门的协同合作。对相关违法行为不限于行政处罚，要尽可能完善刑事处罚与行政处罚并行。

（3）加强对资本市场改革政策实施效用评估分析。资本市场作为金融市场体系中一个完整又相对独立的重要组成部分，对其改革实施产生的效应评价是至关重要的。在大数据、人工智能等新一代信息技术迅猛发展的背景下，对投资者行为、投资者情绪的动态观察有利于开展进一步的分析及决策制定。因此，借助计量经济学、实验经济学等方法，参考中央银行的宏观审慎评估体系，建立和完善资本市场的政策评估与预测系统，从而优化政策调整并避免政策执行的反复性。

2. 加强资本市场监管，提高监管效率

（1）从我国社会主义市场经济的发展特征来界定资本市场的定位，以系统观为指导，坚持局部优化与全局统筹相结合，统筹处理好市场波动，完善多部门执法机制，对重大监管政策执行进行动态调整。同时，优化对外开放和国内资本市场发展的关系，加大对国际资本各类风险的防范；处理好政府与市场的关系，界定市场与政府资源配置的边界，将去杠杆、防风险和维护金融安全有机结合起来，确保资本市场服务实体经济的功能有效实现。

（2）将大数据、云计算、人工智能等新一代信息技术融入市场监管中，提高资本市场监管科技含量，找到市场监管盲点，提升监管针对性，实现实时监管、精准监管。加强与国务院金融稳定发展委员会、中国人民银行、中国银行保险监督管理委员会、公安部等相关部门合作，共同打击监管套利行为，防范化解金融风险，提升监管执法威慑能力。此外，优化监管流程，缩减前置审批事项，强化事中监管与事后监管，健全问责机制，加强行政决策监督，加强预期管理，保持监管定力，尽量避免运动式监管。

（3）完善资本市场法律基础设施，对现行《证券法》当中的陈旧条款进行动态修改，尽快推进《证券交易法》和《投资者保护法》立法工作，适时引入辩方举证和集体诉讼制度，深化发行上市、并购重组、分红、退市等基础性制度改革，确保 IPO 和退市渠道通畅，不断提升存量上市公司经营质量。完善举报奖励制度建设，坚决打击内幕交易行为。

（4）优化投资环境，建设资本市场长效发展机制。加强投资者保护和投资者教育，打破刚性兑付预期，加强市场投资风险与收益匹配理念的宣传，鼓励价值投资导向，提高市场透明度，营造良好的资本市场健康投资文化。完善金融人才队伍建设，提升投资者的专业素养和技能，壮大机构投资者力量，优化金融市场人才的引进、选拔和培养等工作。

3. 推进资本开放，营造资本市场开放配套环境

（1）秉持开放合作共享的理念，加快推进资本市场高水平双向开放。在沪港通与深港通基础上，一方面，持续放松 QFII 投资比例和陆港通北上投资额度限制，对"管道制"管控进行必要调整；另一方面，增加"沪股通""深股通""港股通"等资金流入配额，必要时对配量限额管控进行调整。放宽"债券通"平台准入机构资质，鼓励更多境外金融机构进入银行间市场。加快建立与美国、欧洲资本市场互联互通。此外，逐步放宽对外资投资的相关限制，如持股比例及业务范围等。

（2）加快推进资本市场"走出去"。其一，完善境外上市相关制度建设，支持境内企业到国外上市融资，鼓励各级政府出台相关扶持激励政策，为企业赴境外上市提供便利。其二，完善相关法律法规，尤其是出台证券公司和证券投资基金管理公司境外设立、收购等相关规定，为证券公司和基金管理公司在境外设立和收购子公司提供法律支持。其三，压缩国内企业外债发行审批流程，积极协调处理债券承销机构和国际信用评级机构等关系，鼓励有实力的境内企业在海外发行债券。

（3）加强风险防控。在不断扩大资本对外开放的同时，要积极应对可能产生的各类风险。其一，通过建立跨境监管信息共享机制、执法协助机制等措施，加强资本市场跨境监管合作。其二，对标国际通行制度规范，不断修正和完善国内的相关审计、会计制度，提高信息披露的客观性。其三，规范监管措施，优化监管方式，提高监管能力，及时有效地处理跨境风险，化解资本市场突发事件风险等。

4. 提高证券经营机构服务实体经济的能力

（1）支持证券经营机构扩大规模。随着经济体制改革的不断推进，消费升级、供给端升级、产业转型升级等拓展了新市场，为区域经济发展带来了新的发展机会。面对新市场带来的新发展空间，需要有更优更强的现代投资银行以满足经济发展的新要求。资本缺口已逐渐成为制约证券公司业务规模进一步扩大的瓶颈，因此，可进一步支持证券经营机构扩大规模，鼓励通过上市、配股、增资扩股等多渠道增强资本供给，提高资本实力。此外，支持符合条件的证券公司通过并购、参股或引入战略性投资等方式实现外延式扩张，增强证券经营机构服务实体经济的能力。

（2）加快发展创新产品和服务。证券经营机构应评估当前经济发展的阶段、条件和环境，根据市场的投融资需求，对产品和业务创新进行定位和分析，紧紧围绕服务实体经济宗旨和资本市场中介服务的基本定位，促进微观企业快速发展尤其是创新企业，加快发展创新产品和服务。同时，按照资本市场监管的要求，对相关业务制度进行修订。

（3）加强客户利益保护。客户利益保护是证券经营机构业务服务的重要工作。证券经营机构要以客户的利益为宗旨，提高服务客户的综合实力，建立针对重点客户的协同服务机制，整合多条业务线的重点客户资源，为客户提供全方位的综合解决方案。始终把投资者利益放在核心位置，加强投资者适当性管理，完善投资者教育和回访制度建设，及时处理投诉，促进证券经营机构与客户协调发展。

（4）强化合规风控建设。证券经营机构要尊重依法经营的原则，把合规诚信作为经营发展过程中始终坚持的原则。根据监管形势的调整和转变，证券经营机构要快速适应并从严把握合规风控标准。证券经营机构要坚持合规风控责任和问责机制，通过建立和完善风控体系，提高经营的专业能力，坚决杜绝内幕交易、商业贿赂等行为。

第八章

创新科技体制驱动经济发展新动力研究

在我国创新驱动战略的推进下，科技体制创新已经成为优化科技资源配置、提升科技创新能力、促进产业结构升级、驱动经济发展的重要途径。当前，通过科技体制改革进行科技体制创新已经进入攻关期，其紧迫性、重要性和艰巨性更加突出。本书从科技体制创新的维度出发，首先，把握我国科技体制创新的发展，分析我国科技体制创新的基本特点和核心问题；其次，从理论与实证角度深入研究供给质量体系改善视角下我国科技体制创新对产业结构升级的作用机制与影响效应；再次，重点围绕科技体制创新如何促进科技与经济融合发展的角度出发，深入分析科技系统内科学与技术耦合驱动经济发展的作用机制与影响效应。最后，结合中国发展的现实情况和本书研究结论，提出科技体制创新驱动经济发展新动力的路径与政策选择。通过本书的研究，有助于我们观察和把握供给侧结构性改革过程中科技体制创新驱动经济发展的现实状态和主要特征，从而为政府提供可能的思路借鉴和决策参考。

第一节　我国科技体制创新的历史沿革、基本特征与核心问题

一、历史沿革与基本特征

科学技术是第一生产力，是国家强盛之根本，是获得国际竞争力之源。

2018 年 5 月 28 日，习近平总书记在出席中国科学院第十九次院士大会、中国工程院第十四次院士大会时发表重要讲话提出，"实现建成社会主义现代化强国的伟大目标，实现中华民族伟大复兴的中国梦，我们必须具有强大的科技实力和创新能力""坚持以深化改革激发创新活力，推出一系列科技体制改革重大举措，加强创新驱动系统能力整合，打通科技和经济社会发展通道，不断释放创新潜能，加速聚集创新要素，提升国家创新体系整体效能"。[①] 回顾 40 多年来我国科技体制创新的演变进程，大致可以分为以下五个阶段：

1. 第一阶段：1977~1984 年

1977 年，邓小平同志在科学和教育工作座谈会上发表了《关于科学和教育工作的几点意见》的讲话，提出"我们国家要赶上世界先进水平，要从科学和教育着手。要实现现代化，关键是科学技术要能上去"[②]，并在调动积极性问题、体制机构问题等提出重要意见。[③] 这标志着中国科技政策出现了历史性的转折。随后，各地区、各部门开始了规划的编制工作。1977 年 12 月在北京召开全国科学技术规划会议，动员了 1000 多名专家、学者参加规划的研究制定。[④] 以邓小平为代表的中国共产党人多次明确强调知识分子的工人阶级属性。1978 年 11 月，中组部印发的《关于落实党的知识分子政策的几点意见》指出："广大知识分子不愧是工人阶级自己的又红又专的知识分子队伍，是党的依靠力量"，颁布了"尊重知识，尊重人才"的政策，知识和知识分子重新受到重视，教育、科学、文艺等各个领域的知识分子受到很大鼓舞。在 1979 年 6 月的全国政协五届二次会议上，邓小平同志再次明确知识分子是工人阶级一部分的重要论断[⑤]。

① 习近平. 在中国科学院第十九次院士大会、中国工程院第十四次院士大会上的讲话，新华网，2018 – 05 – 28. http：//www. xinhuanet. com//2018 – 05/28/c_1122901492. htm.

② 邓小平. 关于科学和教育工作的几点意见 [J]. 安徽教育，1983（8）：2 – 6.

③ 关于科学和教育工作的几点意见 [EB/OL].（2018 – 10 – 25）[2020 – 01 – 31]. https：//wenku. baidu. com/view/864b1fcdbed126fff705cc1755270722182e59e2. html.

④ 1978 – 1985 年全国科学技术发展规划纲要（草案）[EB/OL].（2008 – 12 – 01）[2020 – 01 – 31]. https：//max. book118. com/html/2017/0629/119004285. shtm.

⑤ 丁俊萍. 历史转折时期党的知识分子政策形成过程 [EB/OL].（2019 – 02 – 11）[2020 – 01 – 31]. http：//www. zytzb. gov. cn/zjgd/304385. jhtml.

在全国科学大会和党的十一届三中全会以后，我国的科学技术事业有了很大的发展。1981 年，中共中央、国务院转发国家科委党组《关于我国科学技术发展方针的汇报提纲》，充分肯定了这份提纲符合中央、国务院所提出的科技工作为经济建设服务的方针。关于科学技术的发展方针：第一，科学技术与经济、社会应当协调发展，并把促进经济发展作为首要任务；第二，着重加强生产技术的研究，正确选择技术，形成合理的技术结构；第三，必须加强厂矿企业的技术开发和推广工作；第四，保证基础研究在稳定的基础上逐步有所发展；第五，把学习、消化、吸收国外科学技术成就作为发展我国科学技术的重要途径。在具体措施上，包括农业、轻工业、能源开发和节能技术、交通运输、机械制造、材料工业、新技术七个方面的十多个重点项目[1]。这份提纲强调了科学技术与经济建设之间的紧密关系，科技应与经济、社会协调发展的重要定位。1981 年 5 月，中国科学院召开第四次学部委员大会，会议期间有 89 位学部委员联名给中央领导写信，提出了设立科学基金的建议，建议得到了中央和国务院的支持，决定于 1982 年起拨专款设立这项基金。1982 年，自然科学基金在中国科学院设立，国家自然科学基金委员也在 1986 年成立，4 年间 4426 个科学研究项目得到了资助。其中有些项目成果达到了世界先进水平，还培养了一批中青年科技人才（姚孟璇，1992）。同年，第一个国家科技发展计划——科技攻关计划开始实施，中国科技体制随即进入了"竞争与市场"阶段（巢宏等，2013）。1984 年春，根据中共中央关于加速科技体制改革的指示精神，国务院科技领导小组组成 17 个科技体制改革调查小组，其中基础研究和应用研究调查小组，在对我国基础研究、应用研究的现状、存在的问题和体制改革的方向等问题进行调查研究的基础上，于 11 月 29 日向国务院科技领导小组提出了《基础研究和应用研究管理体制改革的建议》，建议尽快建立国家自然科学基金和相应成立"国家自然科学基金委员会"[2]。随着改革开放不断深入，中国农村改革、沿海开发区设立等，使中国经济开始发生变化。这个时期的乡镇企业对新技术有着强烈的

---

① 中共中央、国务院转发国家科委党组：关于我国科学技术发展方针的汇报提纲的通知［EB/OL］.（1981 – 2 – 23）［2020 – 01 – 31］. http：//app. 71. cn/print. php？contentid =632670.

② 国家自然科学基金委员会历史沿革［EB/OL］.［2020 – 01 – 31］. https：//www. nsfc. gov. cn/publish/portal0/jgsz/01/.

需求，如何激发科研人员的动力，如何使创新系统更好地满足经济发展的需求，使科研机构适应市场经济改革的新现实，这对制度政策提出了新的挑战[①]。

这是探索社会主义市场体制下的科技创新体系，也是从计划体系下的科技创新体系向市场体制改革不断深化的探索期。这个时期的中国科技创新体系基本上从以"计划性"的方式配置资源为主导，转向对市场体制的内在精神、科技发展规律认识的不断深化时期。

2. 第二阶段：1985～1998 年

面对科技体制逐渐存在严重的弊病，不利于科技成果迅速转化为生产力，束缚了科技人员智慧和创造才能发挥的问题，1985 年 3 月，中共中央发布《关于科学技术体制改革的决定》，强调应当按照经济建设必须依靠科学技术、科学技术工作必须面向经济建设的战略方针。该《决定》的颁布和实施，开始从运行机制、组织结构、人事制度等方面变革原来的科技体制，逐步引入市场与竞争机制，放活科研人员[②]。1986 年 2 月，国务院发出了《关于成立国家自然科学基金委员会的通知》，其任务是根据国家发展科学技术的方针、政策和规划，有效地运用科学基金，指导、协调和资助基础研究和部分应用研究工作，发现和培养人才，促进科学技术进步和经济、社会发展。这也标志着我国科技工作进入了新的阶段。1992 年 8 月，国家科委、国家体改委印发《关于分流人才、调整结构、进一步深化科技体制改革的若干意见》，在坚持"经济建设必须依靠科学技术，科学技术工作必须面向经济建设"的基本方针基础上，加快步伐，加大力度，推进科技系统的人才分流和结构调整，建立起开放、流动、竞争、协作的运行机制[③]。1993 年 7 月，全国人大通过了我国第一部科学技术基本法——《中华人民共和国科学技术进

---

① 薛澜. 中国科技创新政策 40 年——回顾与反思 [EB/OL]. (2018 – 12 – 20) [2020 – 01 – 31]. https：//topics. gmw. cn/2018 – 12/20/content_32204582. htm.

② 科技年历：1985 年·《中共中央关于科学技术体制改革的决定》发布 [EB/OL]. (2009 – 09 – 28) [2020 – 01 – 31]. https：//www. 66law. cn/tiaoli/148820. aspx.

③ 国家科委、国家体改委印发《关于分流人才、调整结构、进一步深化科技体制改革的若干意见》的通知 [EB/OL]. (1992 – 08 – 27) [2020 – 01 – 31]. http：//old. zskj. gov. cn/Application/FramePage/CommonArticle. jsp? ArticleID = 2714.

步法》。1994 年 2 月，国家科委、国家体改委联合发布《适应社会主义市场经济发展、深化科技体制改革实施要点》，要求各地方、各部门在实施的过程中，大胆探索、勇于实践，按照"稳住一头，放开一片"的方针，加速科技经济一体化。要坚持改革与发展相统一，通过改革的深化促进发展，根据发展的要求深化改革，从而实现科技资源的合理优化配置①。1995 年 5 月，中共中央、国务院颁布了《中共中央 国务院关于加速科学技术进步的决定》，"科教兴国战略"也在这一时期提出，并强调了科教兴国是指全面落实科学技术是第一生产力的思想，坚持教育为本，把科技和教育摆在经济、社会发展的重要位置，增强国家的科技实力及将科学技术向现实生产力转化的能力，提高全民族的科技文化素质，把经济建设转移到依靠科技进步和提高劳动者素质的轨道上来，加速实现国家的繁荣强盛②。1996 年 10 月，国务院颁布了《关于"九五"期间深化科学技术体制改革的决定》，提出要形成科研、开发、生产、市场紧密结合的机制，建立以企业为主体、产学研相结合的技术开发体系和以科研机构、高等学校为主的科学研究体系以及社会化的科技服务体系，提高科技在国民经济中的贡献率，主要任务是要推动科技机构面向经济建设的主战场，充分调动科技人员参与改革的积极性，合理分流人才，各发挥其所长等③。1998 年，党中央、国务院做出建设国家创新体系的重大决策，决定由中国科学院开展知识创新工程试点。这与 1993 年的"211 工程"和 1996 年的"技术创新工程"形成的三大工程，在战略高技术、重大公益性创新和重要基础前沿研究领域取得了一批重大创新成果，带动了国家创新体系建设，提高了科技支撑经济社会发展能力和我国科学技术的国际竞争力、影响力，标志着我国创新系统格局初步形成。

这一时期加强对人才的培养，并充分调动科技人员的积极性，加速科研人员流动性。这一阶段产生了一批在国际上具有较强影响力的科研成果，也带动了国家科技创新能力的发展，但中国高端领域制造主要还是采用技术引

① 适应社会主义市场经济发展、深化科技体制改革实施要点 [EB/OL]. (1994 – 02 – 17) [2020 – 01 – 31]. https：//www. cnki. com. cn/Article/CJFDTotal – HZKJ199405000. htm.

② 《关于加速科学技术进步的决定》提出科教兴国战略 [EB/OL]. (2019 – 09 – 20) [2020 – 01 – 31]. http：//www. cctv. com/special/777/3/52325. html.

③ 国务院关于（九五）期间深化科技体制改革的决定 [EB/OL]. (2019 – 04 – 30) [2020 – 01 – 31]. https：//wenku. baidu. com/view/50112d4c846a561252d380eb6294dd88d0d23d8a. html.

进的方式。

3. 第三阶段：1999～2003 年

这一阶段，国家以实施"科教兴国"战略为主。1999 年 3 月，经国务院同意，由多部门制定了《关于促进科技成果转化的若干规定》，鼓励高新技术研究开发和成果转化，保障高新技术企业经营自主权，为高新技术成果转化创造环境条件，极鼓励各种科技成果转化活动，鼓励科研结构、高等学校和科技人员兴办高新技术企业，鼓励科技开发应用型科研院所转制为科技型企业①。随后，针对成果转化能力低、高端产业供给不足等问题依然制约着我国经济的发展，《中共中央、国务院关于加强技术创新，发展高科技，实现产业化的决定》于 1999 年 8 月由中共中央国务院颁布，提出促进企业成为技术创新的主体，全面提高企业技术创新能力，要加强企业与高等学校、科研机构的联合协作。

为贯彻《中共中央 国务院关于加强技术创新，发展高科技，实现产业化的决定》中"要培育有利于高新技术产业发展的资本市场，逐步建立风险投资机制"的精神，指导、规范风险投资活动，推动风险投资事业的健康发展，1999 年 12 月，科技部会同财政部、人民银行等有关部门联合出台了《关于建立风险投资机制的若干意见》，提出：应当鼓励以民间资本为主，政府以引导、扶持和有限参与为基本原则，风险投资公司和风险投资基金，是风险投资主体中的主导性机构，风险投资基金是专门从事风险投资以促进科技型中小企业发展的一种投资基金，建立和拓宽撤出渠道，推动风险投资的发展，充分发挥中介服务机构在咨询、监督、评估等方面的重要作用等具体措施，这对于高新技术的开发及其成果的产业化，具有重要作用②。

进入 21 世纪，国际竞争格局正在发生深刻的变化。原始性创新能力已成为决定国家间科技乃至经济竞争成败的一个重要条件。1999 年，白春礼院士最早呼吁"原始创新——基础研究之魂"。科技创新能力已成为国际竞争的

---

① 关于促进科技成果转化的若干规定［EB/OL］.（1999－03－23）［2020－01－31］. http：//www. hnaee. com/hnaee/76/77/content_2251. html.

② 国务院办公厅转发科技部等部门关于建立风险投资机制若干意见的通知［EB/OL］.（1999－12－30）［2020－01－31］. http：//www. gov. cn/gongbao/content/2000/content_60620. htm.

主导因素，2001 年，《国民经济和社会发展第十个五年计划科技教育发展专项规划（科技发展规划）》指出了科技体制改革的方向，提出了强化自主创新，促进区域科技协调发展，大幅度提高我国科技的总体水平和自主创新能力；全面提高全民族的科技素质，并针对不同领域提出了重点任务，是规范政府科技工作和指导全社会科技活动的纲领性文件①。2002 年 2 月，科技部会同有关部门出台了《关于进一步加强原始性创新能力的意见》，原始性创新能力逐渐成为我国新时期科技发展战略的重要指导思想，在这一指导思想下，建立了大批国家重点科研基地，"人才资源是第一资源"的思想逐步确立，并把培养、引进和稳定杰出人才作为加强原始性创新能力建设的目标之一，列入考核指标②。为了进一步贯彻落实《中共中央、国务院关于加强技术创新，发展高科技，实现产业化的决定》精神，加快转制科研机构建立现代企业制度的步伐，促进技术创新和科研成果产业化，2003 年 2 月，国务院办公厅转发国务院体改办等部门《关于深化转制科研机构产权制度改革的若干意见》，提出鼓励社会法人资本、个人资本和外商资本等多种资本投资入股或受让股权，将转制科研机构改制成为多元股权的公司制企业，要积极探索实行新产品利润提成、新产品销售收入提成、科技成果入股和建立补充商业保险等多种激励方式，调动科技和经营管理人员的积极性，吸引优秀人才③。这一阶段，通过进一步深化科技体制改革，使得我国科技结构、科技力量和各项布局更加合理优化。

这一阶段主要以发展高科技为主，随着企业数量大幅增加，创新需求的提升，大量科技型企业逐步尽力研究机构，企业的技术创新主体地位不断加强，这时期不断鼓励高校、企业、研究机构产学研合作，鼓励通过产权制度改革，调动科研人员积极性，加速科技成果转化。

---

① 国家计委、科技部关于印发国民经济和社会发展第十个五年计划科技教育发展专项规划（科技发展规划）的通知 [EB/OL]. (2001 - 05 - 18) [2020 - 01 - 31]. http：//www. gov. cn/gongbao/content/2002/content_61374. htm.

② 关于印发《关于进一步增强原始性创新能力的意见》的通知 [EB/OL]. (2005 - 04 - 27) [2020 - 01 - 31]. http：//www. most. gov. cn/ztzl/jqzzcx/zzcxcxzzo/zzcxcxzz/zzcxgncxzz/200504/t20050427_21158. htm.

③ 国务院办公厅转发国务院体改办等部门关于深化转制科研机构产权制度改革若干意见的通知 [EB/OL]. (2003 - 02 - 24) [2020 - 01 - 31]. http：//www. gov. cn/gongbao/content/2003/content_61998. htm.

4. 第四阶段：2004～2014 年

中国加入 WTO 后，国际竞争压力巨大，环境资源的约束也越来越明显，因而迫切需要改变经济增长模式。这一阶段，国家开始新一轮的科技体制重大的改革，此轮改革最主要的标志是中长期科技规划的制定。2006 年，国务院印发实施《国家中长期科学和技术发展规划纲要（2006～2020）》提出，今后 15 年的科技工作的指导方针是：自主创新，重点跨越，支撑发展，引领未来。到 2020 年，我国科学技术发展的总体目标是：自主创新能力显著增强，科技促进经济社会发展和保障国家安全的能力显著增强，为全面建设小康社会提供强有力的支撑。把发展能源、水资源和环境保护技术放在优先位置，抓住未来若干年内信息技术更新换代和新材料技术迅猛发展的难得机遇，把生物技术作为未来高技术产业迎头赶上的重点，加强生物技术在农业、工业、人口与健康等领域的应用，加快发展空天和海洋技术，加强基础科学和前沿技术研究，特别是交叉学科的研究。直到今天，我们仍然按照这个纲要部署努力前进，引领未来经济社会的发展[①]。

为实施《国家中长期科学和技术发展规划纲要（2006～2020 年）》（以下简称《规划纲要》），营造激励自主创新的环境，推动企业成为技术创新的主体，努力建设创新型国家，2006 年 2 月，国务院印发实施《国家中长期科学和技术发展规划纲要（2006～2020 年）》的若干配套政策从增加科技投入、支持企业加强自主创新能力建设、加强政策性金融对自主创新的支持、加强统筹协调等方面提出创新政策框架[②]。为了增强自主创新能力，努力建设创新型国家，中共中央国务院《关于实施科技规划纲要、增强自主创新能力的决定》明确了今后 15 年科技工作的指导方针。2006 年 8 月，财政部、科技部联合出台了《关于改进和加强中央财政科技经费管理若干意见》，确保财政科技投入稳定增长的同时，进一步规范财政科技经费管理，优化中央财政

① 国家中长期科学和技术发展规划纲要（2006–2020 年）［EB/OL］.（2006–12–01）［2020–01–31］. http：//www. gov. cn/gongbao/content/2006/content_240244. htm.

② 国务院关于印发实施《国家中长期科学和技术发展规划纲要（2006—2020 年）》若干配套政策的通知［EB/OL］.（2006–02–07）［2020–01–31］. http：//www. gov. cn/gongbao/content/2006/content_240246. htm.

科技投入结构，创新财政经费支持方式，推动产学研结合①。

2007 年 12 月，《中华人民共和国科学技术进步法》经第十届全国人民代表大会常务委员会第三十一次会议修订通过，修订后的《科技进步法》强调了增强自主创新能力，建设创新型国家，国家要制定和实施知识产权战略，要把科技成果能够尽快地转化为现实生产力，加大对科技的投入，通过财政政策、金融政策、税收政策等，包括建立基金、动员社会力量来加大科技方面的投入，推动科技更快地发展，对国家已经形成的科学技术资源加以整合，对企业的技术进步进行了专章规定②。2008 年 12 月，发展改革委、科技部和相关部门联合出台了《关于促进自主创新成果产业化若干政策》，提出培育企业自主创新成果产业化能力，大力推动自主创新成果的转移，加大自主创新成果产业化投融资支持力度，营造有利于自主创新成果产业化的良好环境等具体措施，快推进自主创新成果产业化，提高产业核心竞争力，促进高新技术产业的发展③。

受国际金融危机冲击，我国中小企业生产经营困难。然而，中小企业是我国国民经济和社会发展的重要力量，为促进中小企业发展，2009 年 9 月，国务院印发了《关于进一步促进中小企业发展的若干意见》，主要解决中小企业融资难、担保难问题依然突出，部分扶持政策尚未落实到位，企业负担重，市场需求不足，经济效益大幅下降等问题，支持中小企业加快技术改造，加快中小企业技术进步和结构调整，帮助中小企业克服困难，转变发展方式，实现又好又快发展④。2010 年 10 月，对于战略新兴产业的发展，国务院印发了《关于加快培育和发展战略性新兴产业的决定》，根据战略性新兴产业的特征，立足我国国情和科技、产业基础，现阶段重点培育和发展节能环保、

---

① 国务院办公厅转发财政部科技部关于改进和加强中央财政科技经费管理若干意见的通知 [EB/OL]. （2006 – 08 – 21）［2020 – 01 – 31］. http：//www. most. gov. cn/mostinfo/xinxifenlei/czyjs/ 200811/t20081129_65788. htm.

② 《中华人民共和国科学技术进步法》解读 [EB/OL]. （2018 – 01 – 08）［2020 – 01 – 31］. http：//www. dhlh. gov. cn/kjj/Web/_F0_0_28D047OU5B389RP7Z0FSXY7LAW. htm.

③ 国务院办公厅转发发展改革委等部门关于促进自主创新成果产业化若干政策的通知 [EB/ OL]. （2008 – 12 – 18）［2020 – 01 – 31］. http：//www. gov. cn/zwgk/2008 – 12/18/content_1182058. htm.

④ 国务院关于进一步促进中小企业发展的若干意见 [EB/OL]. （2009 – 09 – 22）［2020 – 01 – 31］. http：//www. gov. cn/zwgk/2009 – 09/22/content_1423510. htm.

新一代信息技术、生物、高端装备制造、新能源、新材料、新能源汽车等产业①。

2012 年 9 月，为增强创新型国家发展活力，充分发挥科技对经济社会发展的促进作用，中共中央、国务院印发了《关于深化科技体制改革加快国家创新体系建设的意见》提出，大幅提升自主创新能力，激发全社会创造活力，真正实现创新驱动发展，迫切需要进一步深化科技体制改革，加快国家创新体系建设。建立企业主导产业技术研发创新的体制机制，提高科研院所和高等学校服务经济社会发展的能，完善科技支撑战略性新兴产业发展和传统产业升级的机制，强调创新体系协调发展，完善区域创新发展机制②。

在这一阶段国家突出企业主导产业创新的地位，提高高校科研院所的服务功能，不断从推动技术引进向加强本土创新主体能力的构建跨越，加快国家创新体系建设。

5. 第五阶段：2015 年至今

这一阶段相关政策逐步完善，主要致力于创新驱动发展战略的实施，完善我国科技创新体系，逐步推进科技创新的现代化。

为了解决科技计划专项基金存在诸多突出问题，2015 年 1 月，国务院印发《关于深化中央财政科技计划（专项、基金等）管理改革的方案》，目的是打破条块分割，统筹科技资源，构建具有中国特色的科技计划（专项、基金等）体系，更加高效配置科技资源聚焦国家重大战略任务，更加强化科技与经济紧密结合，使科技更加主动有效地服务于经济结构调整和提质增效升级，建设具有核心竞争力的创新型经济③。2015 年 3 月，《中共中央 国务院关于深化体制机制改革加快实施创新驱动发展战略的若干意见》印发，强调面对经济发展新常态下的趋势变化和特点，面对实现"两个一百年"奋斗目

---

① 国务院关于加快培育和发展战略性新兴产业的决定［EB/OL］.（2010 - 10 - 18）［2020 - 01 - 31］. http：//www. gov. cn/zwgk/2010 - 10/18/content_1724848. htm.

② 中共中央、国务院印发《关于深化科技体制改革加快国家创新体系建设的意见》［EB/OL］.（2012 - 09 - 24）［2020 - 01 - 31］. http：//www. most. gov. cn/yw/201209/t20120924_96972. htm.

③ 国务院印发关于深化中央财政科技计划（专项、基金等）管理改革方案的通知［EB/OL］.（2015 - 01 - 12）［2020 - 01 - 31］. http：//www. gov. cn/zhengce/content/2015 - 01/12/content_9383. htm.

标的历史任务和要求，必须深化体制机制改革，加快实施创新驱动发展战略①。2015 年 9 月，中共中央办公厅、国务院办公厅印发《深化科技体制改革实施方案》提出，坚持走中国特色自主创新道路，推动以科技创新为核心的全面创新，推进科技治理体系和治理能力现代化，激发大众创业、万众创新的热情与潜力，加快创新型国家建设步伐。主要内容包括：建立企业主导的产业技术创新机制，激发企业创新内生动力，加强科技创新服务体系建设，完善对中小微企业创新的支持方式，完善高等学校科研体系，建设一批世界一流大学和一流学科，完善技术转移机制，加速科技成果产业化②。2015 年8 月，根据 2015 年 8 月 29 日第十二届全国人民代表大会常务委员会第十六次会议《关于修改〈中华人民共和国促进科技成果转化法〉的决定》修正并颁布了《促进科技成果转化法（2015 年修订）》③。

　　2016 年 2 月，为了加快实施创新驱动发展战略，落实《中华人民共和国促进科技成果转化法》，国务院关于印发实施《中华人民共和国促进科技成果转化法》若干规定的通知，主要从打通科技与经济结合的通道，促进大众创业、万众创新，鼓励研究开发机构、高等院校、企业等创新主体及科技人员转移转化科技成果上，推进经济提质增效升级④。党的十八大提出实施创新驱动发展战略，强调科技创新是提高社会生产力和综合国力的战略支撑，必须摆在国家发展全局的核心位置。2016 年 5 月，中共中央、国务院印发《国家创新驱动发展战略纲要》，战略目标分为三步走：第一步，到 2020 年进入创新型国家行列，第二步，到 2030 年跻身创新型国家前列，第三步，到2050 年建成世界科技创新强国。《纲要》强化了包括发展智能绿色制造技术、发展安全清洁高效的现代能源技术、发展智慧城市和数字社会技术、构建专业化技术转移服务体系等重点领域和关键环节的任务部署，加大对海洋、网

---

① 中共中央 国务院关于深化体制机制改革加快实施创新驱动发展战略的若干意见［EB/OL］. (2015 – 03 – 23)［2020 – 01 – 31］. http：//www. gov. cn/xinwen/2015 – 03/23/content_2837629. htm.

② 中共中央办公厅 国务院办公厅印发《深化科技体制改革实施方案》［EB/OL］. (2015 – 09 – 24)［2020 – 01 – 31］. http：//www. gov. cn/guowuyuan/2015 – 09/24/content_2938314. htm.

③ 中华人民共和国促进科技成果转化法（2015 年修订）［EB/OL］. (2015 – 08 – 31)［2020 – 01 – 31］. http：//www. most. gov. cn/fggw/fl/201512/t20151203_122619. htm.

④ 国务院关于印发实施《中华人民共和国促进科技成果转化法》若干规定的通知［EB/OL］. (2016 – 03 – 02)［2020 – 01 – 31］. http：//www. gov. cn/zhengce/content/2016 – 03/02/content_5048192. htm.

络、核、材料、能源、信息、生命等领域强化原始创新，增强源头供给，在量子通信、深空深海探测、重点新材料和新能源、健康医疗等方面集中力量协同攻关，实现重点跨越①。

2016 年 11 月，中共中央办公厅、国务院办公厅印发了《关于实行以增加知识价值为导向分配政策的若干意见》，提出"三元"薪酬、"长期激励"、"一步税收"等分配政策，有利于科学设置考核周期，周期适当拉长，避免频繁对科研人员进行考核，有利于科技成果投资入股等实施递延纳税优惠政策，有利于积极解决部分青年科研人员和教师待遇低的问题，这样有利于加强学术梯队建设②。目的是充分发挥收入分配政策的激励导向作用，激发广大科研人员的积极性、主动性和创造性，鼓励多出成果、快出成果、出好成果，推动科技成果加快向现实生产力转化③。为了进一步鼓励自主创新、激发人才活力，2017 年 5 月，国务院办公厅印发《关于深化科技奖励制度改革的方案》，从实行提名制、建立定标定额的评审制度、调整奖励对象要求、增强奖励活动的公开透明度、健全科技奖励诚信制度等完善国家科技奖励制度，引导省部级科学技术奖高质量发展，鼓励社会力量设立的科学技术奖健康发展，鼓励民间资金支持科技奖励活动④。科研诚信是科技创新的基石，针对违背科研诚信要求的行为的问题，2018 年 5 月，中共中央办公厅、国务院办公厅印发《关于进一步加强科研诚信建设的若干意见》，要求从事科研活动和参与科技管理服务的各类人员要坚守底线、严格自律，完善科研诚信管理工作机制和责任体系，加强科研活动全流程诚信管理，严肃查处严重违背科研诚信要求的行为，进一步推进科研诚信制度化建设与科研诚信信息化建设⑤。2018 年 7 月，中共中央办公厅、国务院办公厅印发《关于深化项目

---

① 中共中央 国务院印发《国家创新驱动发展战略纲要》［EB/OL］．（2016 – 05 – 19）［2020 – 01 – 31］．http：//www. gov. cn/xinwen/2016 – 05/19/content_5074812. htm.

② 科技部解读《关于实行以增加知识价值为导向分配政策的若干意见》［EB/OL］．（2016 – 11 – 10）［2020 – 01 – 31］．http：//www. gov. cn/zhengce/2016 – 11/10/content_5131027. htm.

③ 中办国办印发《关于实行以增加知识价值为导向分配政策的若干意见》［EB/OL］．（2016 – 11 – 07）［2020 – 01 – 31］．http：//www. gov. cn/xinwen/2016 – 11/07/content_5129796. htm.

④ 国务院办公厅印发关于深化科技奖励制度改革方案的通知［EB/OL］．（2017 – 06 – 09）［2020 – 01 – 31］．http：//www. gov. cn/zhengce/content/2017 – 06/09/content_5201043. htm.

⑤ 中共中央办公厅 国务院办公厅印发《关于进一步加强科研诚信建设的若干意见》［EB/OL］．（2018 – 05 – 30）［2020 – 01 – 31］．http：//www. gov. cn/zhengce/2018 – 05/30/content_5294886. htm.

评审、人才评价、机构评估改革的意见》，"三评"改革是推进科技评价制度改革的重要举措，包括优化科研项目评审管理、改进科技人才评价方式、完善科研机构评估制度、加强监督评估和科研诚信体系建设①。这些制度改革直面科技创新工作中存在的突出问题及其体制机制症结，是从具体可操作层面出发，提出了具有开创性的改革制度设计，有利于构建科学、规范、高效、诚信的科技评价体系，营造潜心研究、追求卓越、风清气正的科研生态环境，促进科技事业健康可持续发展，为建设世界科技强国提供有力支撑②。以上相关政策在完善科研管理、提升科研绩效、推进成果转化、优化分配机制等方面取得了显著的效果，但在地方落实过程中，仍然出现按照老办法来操作；有的经费调剂使用、仪器设备采购等仍然由相关机构管理，没有落实到项目承担单位；科技成果转化、薪酬激励、人员流动还受到相关规定的约束等问题，这些问题严重制约了政策效果，影响了科研人员的积极性主动性。2019年1月，国务院办公厅印发《关于抓好赋予科研机构和人员更大自主权有关文件贯彻落实工作》的通知，进一步做好已出台法规文件中相关规定的衔接，明确科研人员兼职的操作办法，明确科研人员获得科技成果转化收益的具体办法等③。在给科研人员松绑，调动科研人员积极性方面，还有《关于扩大高校和科研院所科研相关自主权的若干意见》《关于促进新型研发机构发展的指导意见》等文件，对进一步深化科研领域放管服改革，激发高校和科研院所创新活力，提高创新能力具有重要指导意义④。在全面建成小康社会与决胜进入创新型国家行列之关键时刻，全球科技创新密集活跃，带动新技术新产业新模式快速发展。要加快推进创新驱动发展战略，充分发挥创新

---

① 中共中央办公厅 国务院办公厅印发《关于深化项目评审、人才评价、机构评估改革的意见》［EB/OL］.（2018－07－31）［2020－01－31］. http：//www. gov. cn/zhengce/2018－07/03/content_5303251. htm.

② 拒绝"帽子多"、避免"一刀切"——《关于深化项目评审、人才评价、机构评估改革的意见》三大焦点透视［EB/OL］.（2018－07－05）［2020－01－31］. http：//www. gov. cn/zhengce/2018－07/05/content_5303885. htm.

③ 国务院办公厅关于抓好赋予科研机构和人员更大自主权有关文件贯彻落实工作的通知［EB/OL］.（2018－12－26）［2020－01－31］. http：//www. most. gov. cn/mostinfo/xinxifenlei/fgzc/gfxwj/gfxwj2018/201901/t20190108_144608. htm.

④ 扩大科研自主权 全面增强创新活力——科技部部长王志刚解读《关于扩大高校和科研院所科研相关自主权的若干意见》［EB/OL］.（2019－08－26）［2020－01－31］. http：//www. most. gov. cn/kjzc/zdkjzcjd/201908/t20190826_148423. htm.

第一动力作用，以强大创新能力为国家应对风险挑战、把握战略机遇和实现高质量发展提供有力支撑。2019 年 1 月，《关于以习近平新时代中国特色社会主义思想为指导"凝心聚力"决胜进入创新型国家行列的意见》指出，加强宏观统筹，系统谋划世界科技强国建设，启动中长期科技发展规划研究编制，系统推进国家创新体系建设，加快关键核心技术攻关，加强绿色技术和民生科技创新，提升区域协同创新水平，从而大力提升创新能力，强化对经济社会发展的支撑引领，扩大科研主体自主权、加强国家技术转移体系建设，营造良好科研创新生态①。

这一阶段主要以创新驱动发展为主，将创新作为第一动力，聚焦国家重大战略任务，强化科技与经济紧密结合，鼓励自主创新、激发人才活力，这一阶段突出塑造了良好的科研环境，强调绿色创新与区域协同，实现有力支撑经济高质量发展。

二、我国科技体制改革取得的积极成效

总览我国科技体制改革的整个过程，其经历了由被动到主动，由单一到系统转变的过程，从最初的被动跟随按照市场经济要求进行体制机制改革，到强调改革要符合科技发展规律，逐步建立适应科技发展要求的体制机制，再到党的十八大以后，按照创新驱动发展战略实施要求，加强顶层设计，主动对科技体制进行改革部署，强调发挥科技创新在全面创新中的核心作用（陈宝明等，2018）。我国科技体制改革进程取得了显著的成效，主要体现为以下几个方面：

1. 科技体制改革创新的政策体系逐步完善，宏观与微观紧密衔接，宏观上有力支撑国家发展战略，微观上增加配套政策落实具体措施

从系列政策的演变可以看出，我国科技体制改革宏观上科技管理的协调性大大改善，微观上人才培养评价体系、科研体系建设等具体实在。如，

---

① 中共科学技术部党组关于以习近平新时代中国特色社会主义思想为指导 凝心聚力 决胜进入创新型国家行列的意见［EB/OL］. （2019 – 01 – 08）［2020 – 01 – 31］. http：//www. most. gov. cn/mostinfo/xinxifenlei/fgzc/gfxwj/gfxwj2019/201901/t20190121_144852. htm.

1985 年发布了《关于科学技术体制改革的决定》，在 30 年后的同一天，中央印发了《关于深化体制机制改革加快实施创新驱动发展战略的若干意见》，提出了新的部署。两份文件都包括 9 部分内容。1985 年的文件是指导科技体制改革、发展科技事业、加快科技进步、促进经济和社会发展的纲领性文件，新颁布的文件则强调从顶层设计上推进科技创新，加强宏观调控管理、重视市场配置作用，强化创新激励的风险分散、从系统体系上营造更好的市场环境和市场生态去推动创新发展。主要内容对比如表 8-1 所示。

表 8-1　《关于科学技术体制改革的决定》和《关于深化体制机制改革加快实施创新驱动发展战略的若干意见》主要内容对比

序号	1985 年《关于科学技术体制改革的决定》	2015 年《关于深化体制机制改革加快实施创新驱动发展战略的若干意见》
1	改革对研究机构的拨款制度，按照不同类型科学技术活动的特点，实行经费的分类管理	营造激励创新的公平竞争环境
2	促进技术成果的商品化，开拓技术市场，以适应社会主义商品经济的发展	建立技术创新市场导向机制
3	调整科学技术系统的组织结构，鼓励研究、教育、设计机构与生产单位的联合，强化企业的技术吸收和开发能力	强化金融创新的功能
4	改革农业科学技术体制，使之有利于农村经济结构的调整，推动农村经济向专业化、商品化、现代化转变	完善成果转化激励政策
5	合理部署科学研究的纵深配置，以确保经济和科学技术发展的后劲	构建更加高效的科研体系
6	扩大研究机构的自主权，改善政府机构对科学技术工作的宏观管理	创新培养、用好和吸引人才机制
7	对外开放，走向世界，是我国发展科学技术的一项长期的基本政策	推动形成深度融合的开放创新局面
8	改革科学技术人员管理制度，造成人才辈出、人尽其才的良好环境	加强创新政策统筹协调

在具体措施上，为实施《国家中长期科学和技术发展规划纲要（2006～2020年)》，国务院印发《国家中长期科学和技术发展规划纲要（2006～2020年)》的若干配套政策。为了加快实施创新驱动发展战略，落实《中华人民共和国促进科技成果转化法》，接连出台了包括《关于深化中央财政科技计划（专项、基金等）管理改革的方案》《关于进一步完善中央财政科研项目资金管理等政策的若干意见》《关于实行以增加知识价值为导向分配政策的若干意见》《关于分类推进人才评价机制改革的指导意见》《关于深化科技奖励制度改革的方案》等具体政策与措施，不断建立良性的科研生态环境，把人的创造性活动从经费管理、人才评价等体制中解放出来，大力提升整体创新能力。40多年来科技体制创新政策的不断完善为实施创新驱动发展战略，加快建设创新型国家提供了重要的制度保障。

2. 科技体制改革创新的主体地位逐步明晰，逐步"以人为中心"，极大激发调动全社会创新创业的积极性与主动性，最大限度激活市场活力

党的十八大以来，中国进入了新的发展阶段，这个阶段最核心的目标是深化改革，用创新驱动发展。在这个阶段有很多具体的措施，首先是简政放权，激励大众创业、万众创新。一是改革相关人事管理方式方面，支持用人单位自主聘用工作人员，自主设置岗位，切实下放职称评审权限，完善人员编制管理方式。二是赋予创新领军人才更大科研自主权，允许国家科研项目负责人根据有关规定自主调整研究方案和技术路线，自主组织科研团队。三是扩大科研机构、高校收入分配自主权，引导科研机构、高校实行体现自身特点的分配办法，完善适应高校教学岗位特点的内部激励机制。四是对人才评价指标突出品德、能力、业绩导向，克服唯论文、唯职称、唯学历、唯奖项倾向，推行代表作评价制度，注重标志性成果的质量、贡献、影响。五是实行以增加知识价值为导向的分配政策，充分发挥市场机制作用，通过稳定提高基本工资、加大绩效工资分配激励力度、落实科技成果转化等激励措施，使科研人员收入与岗位职责、工作业绩、实际贡献紧密联系，在全社会形成知识创造价值、价值创造者得到合理回报的良性循环，构建体现增加知识价值的收入分配机制。

3. 科技体制改革创新的管理体制架构逐步完善，从深化改革、管理制度、统筹协调保障方面，强化了一系列政策的贯彻与落实

通过深化改革，政府转变科技管理职能，建立依托专业机构管理科研项目的机制。在具体的项目上，政府部门不再直接管理，而是主要负责科技发展战略、规划、政策、布局、评估和监管。具体上，通过建立公开统一的国家科技管理平台，健全统筹协调的科技宏观决策机制，有利于加强部门功能性分工，统筹衔接基础研究、应用开发、成果转化、产业发展等各环节工作。通过建立责权统一的协同联动机制，加强政府部门、用人单位、学术共同体、第三方评估机构等各类评价主体间的相互配合和协同联动，提高政府管理的行政效能。在加强领导、分工协作、监督评价等方面统筹谋划，系统部署，精心组织，扎实推进。这有利于统筹科技资源"一盘棋"运作，科技资源合理优化配置，完善科技决策咨询制度。

4. 科技体制改革创新的创新主体越来越趋于协同合作，鼓励跨区域协同合作、开展军民协同创新、引导带动社会资本投入创新等多渠道增加创新投入

2017 年，我国市场主体保持旺盛增长势头，全国新设市场主体 1924.9 万户，同比增长 16.6%。信息技术、软件、节能环保、新能源、高端装备制造、新材料、生物医药、文化创意、金融服务、专业技术服务、研发服务等行业都呈现出良好发展势头。科技进步对经济增长的贡献率从 2012 年的 52.2% 提升到 2016 年的 56.2%（李平，2018）。加强科技、经济、社会等方面的政策、规划和改革举措的统筹协调和有效衔接，强化军民融合创新，重视发挥好科技界和智库对创新决策的支撑作用。对创新要素跨境流动采取鼓励政策，对科研人员因公出国进行分类管理，放宽因公临时出国批次限量管理政策。在引导带动社会资本投入方面，逐步通过稳步发展民营银行、建立知识产权质押融资市场化风险补偿机制等措施拓宽技术创新的间接融资渠道；发挥沪深交易所股权质押融资机制作用，支持符合条件的创新创业企业发行公司债券，强化资本市场对技术创新的支持；结合国有企业改革设立国有资本创业投资基金，完善国有创投机构激励约束机制，壮大创业投资规模。目的是充分发挥金融创新对技术创新的助推作用，形成各类金融工具协同支持创新发展的良好局面。

5. 科技体制改革创新的治理体系和治理能力不断取得进展，逐步形成多元参与、协同高效的创新治理格局，逐步提升科技创新的国际影响力

在科技管理方面，更好发挥政府推进创新的引导与驱动作用，积极改革科技管理体制，完善科技管理基础制度，加强科技、经济、社会等各个方面政策之间的统筹协调和有效衔接；改革中央财政科技计划管理，建立创新驱动导向的政绩考核机制，推进科技治理体系和治理能力现代化。加强创新政策评估督查与绩效评价，形成职责明晰、积极作为、协调有力、长效管用的创新治理体系。通过加快科研院所分类改革，建立健全现代科研院所制度，建设一批世界一流大学和一流学科，形成跨区域、跨行业的研发和服务网络等构建更加高效的科研体系。为解决科技与经济结合不紧问题，强调增强企业创新能力和协同创新的合力。技术创新的市场导向机制和政府引导机制，加强产学研协同创新，引导各类创新要素向企业集聚，促进企业成为技术创新决策、研发投入、科研组织和成果转化的主体，使创新转化为实实在在的产业活动，培育新的增长点，促进经济转型升级提质增效。形成深度融合的开放创新局面，提升我国科技创新的国际化水平。

三、国家推动科技体制创新的具体措施

近年来，尤其是 2012 年党的十八大以来，在以习近平同志为核心的党中央坚强领导下，我国采取了一系列具体系统的科技体制创新措施，其主要目的在于利用科技体制创新的力量推动我国供给质量体系与产业结构升级。这些政策措施也为我国今后很长一段时期构建了科技体制改革的总体方向与主要内容。

第一，建立国家科技创新体系。为了全面落实《国家中长期科学和技术发展规划纲要（2006~2020）年）》，加快促进创新型国家建设进程，充分发挥科技创新与进步对经济社会发展的支撑与引领作用，2012 年 9 月，党中央、国务院印发了《关于深化科技体制改革加快国家创新体系建设的意见》。

这是指导我国科技体制改革、科技创新发展和创新型国家建设的又一个纲领性文件，标志着我国建设创新型国家的进程进入一个新的历史节点。该纲领性文件的主要措施是采取"企业主体＋协同创新＋科技管理＋人才激励"的创新协同发展模式，其主要思路是通过寻找突破点来解决科技体制局部问题，其核心目标是建立一套具有中国特色的国家科技创新体系，为推进供给侧结构性改革、加速产业结构升级提供政策性的支持与引导。

第二，探索加快实施创新驱动发展战略的重点改革措施。为了加快实施创新驱动发展战略，制定有针对性的创新驱动发展战略改革措施，2015年3月，党中央、国务院颁布了《关于深化体制机制改革加快实施创新驱动发展战略的若干意见》。该文件重点提出了营造激励创新的公平竞争环境、科技创新统领全局、激励科研人员成果转化、探索建立技术移民制度、确立企业成为创新决策的主体地位、改进国内生产总值核算方法、鼓励科研人员可创办企业、坚持结构性减税等重要措施。该文件的主要思路是寻求从点到面、从局部到系统地解决科技体制创新进展缓慢问题，从而推进创新驱动发展战略进程。

第三，颁布系统的科技体制改革方案。在2012年《中共中央 国务院关于深化科技体制改革加快国家创新体系建设的意见》、2015年《中共中央 国务院关于深化体制机制改革加快实施创新驱动发展战略的若干意见》等文件的基础上，2015年9月党中央、国务院进一步颁布了《深化科技体制改革实施方案》，以解决全局的关键问题为导向，重点从十个方面提出32项改革措施，全面部署了推进科技体制改革和实施创新驱动发展的主要举措。该文件的主要目标在于，到2020年时在我国科技体制创新的关键节点和主要领域实现突破，取得一系列标志性成果，基本建成一套符合中国特色社会主义市场经济规律、适应创新驱动发展战略目标要求、遵循科技创新发展规律的国家科技创新体系，并成功跻身世界创新型国家行列；并且为了2030年我国顺利建成科学、完整、系统的国家科技创新体系，成功跻身世界创新型国家领先行列的长远目标奠定基础。

四、我国科技体制创新面临的核心问题

第一，科研转化率仍有极大的提升空间。中国的原创性水平和自主创新

能力与国际发达国家仍有差距，在重要核心领域仍存在严重技术依赖。从研发投入强度来看，中国 2017 年研发投入 1.75 万亿元，占 GDP2.13%，已超欧盟国家 2% 左右，研发经费投入总量目前仅次于美国，居世界第二位。根据 Elsevier 的 Scopus 数据库，按相关统计口径，2016 年开始，中国学者发表的论文在全世界名列第一，总量也在全世界保持前二。中国学者也发表了许多高水平的论文，发表论文趋势已超英国、德国、日本等，但与美国近年来发表的高水平论文数量相比，只占其 1/3，在原创性高水平研究方面，我国与美国差距还是很大。从现代技术的发展历程上看，依赖西方技术援助、依赖技术转移、外资引进对我国改革开放经济巨大发展起到了重要的作用，但也形成了惯性与依赖，使得整体创新能力较低，劳动生产率不高，在重要核心领域仍存在较大贸易逆差。从科技成果转化率上看，根据部分官方统计口径，我国科技成果转化率仅为 10%，而发达国家的这一比例在 40% 以上，与发达国家相比较，中国研发投入的效益还有待进一步提升。

第二，科技创新体系生态系统还需完善。从进一步激发科研人员的创新活力上看，政策突出人才评价指标应重点考量品德、能力，克服唯论文等，鼓励人才合理流动，引导人才良性竞争和有序流动，探索人才共享机制。但在具体的执行过程中，在没有更优、更细化的评价体系时，论文、职称、学历、奖项等仍是评价体系最重要的倾向标准。从科研管理模式上看，对科研创新主体的监督管理评估为主，创新带动指导不够，大部分按照程序化执行，"以人为本"观念较弱，精细化管理模型还需进一步探索改革。从科研评价体系建设上看，分类管理、分类考核还需进一步细化，发挥集科研院所、学部、教育机构于一体的优势，探索中国特色的国家现代科研院所制度。从产学研融合上看，企业、科研院所、高等学校等创新主体之间充满活力高效协同的机制还不完善，在市场导向机制与政府引导机制下，各类创新要素与市场主体之间还有磨合空间，相互之间的市场需求需要深入融合，有机链接，协同创新机制还需进一步完善。

第三，科技创新治理体系有待逐步构建。从国家创新体系改革上看，随着社会的发展对人才的需求越来越综合型、高端化，但目前我国的高等教育体系还不能跟上并适应经济社会这种快速发展的需求。作为知识密集型组织，大学、科研机构、企业科研部门在科技创新活动中的分工定位有相似之处，差异化的细分不明晰，不利于科技资源统筹安排与优化配置。从完善市场创新环境看，创新的核心是要创造价值，打通科技创新与经济社会发展通道是中国科技创新体系改革 40 年的核心问题，关键要靠市场。目前，市场的因素是我国创新发展的最大障碍。靠市场的力量推动企业形成内生创新动力，靠市场的力量完善金融体系支撑科技创新，靠市场的力量形成良性的投入产出模式，这些不完善的方面还需要时间进一步深化改革。从政策研究方向与政策具体执行上看，政策研究应该为政策实践提供新的思路，但在具体的执行过程中，政策的研究仍滞后迟缓，无法与实践互动，阻碍创新进程。从对接国际创新体系上看，未来中国科学深入参与国际合作需要树立国际精神，并在投入和环境建设方面进一步努力（樊春良，2018）。在融合全球创新体系过程中，生搬硬套国际标准是主要弊病，如何结合国情与发展阶段，利用国际创新资源主动布局，加强科技创新开放合作，深度参与全球科技治理还需要深度探索与实践的。

从近现代发展历史、世界发展趋势及中国发展实践来看，自主创新是一个国家成为世界经济强国的必经之路。中国正处于关键转型时期，转方式、调结构和次高速经济增长的局面将会持续较长一段时间。在"人口红利"逐渐减少、土地成本迅速上升、资源环境压力不断加大等诸多约束因素下，创新驱动发展将成为未来重要的发展方式。

十八届三中全会为深化科技体制改革、实施创新驱动发展指明了方向，即要积极转变政府职能，发挥市场配置科技资源的作用。同时，深化科技体制改革，需要与财政体制改革、垄断行业改革、金融体制改革等一系列改革协同推进。

一是推动政府在科技发展中的职能转变。明确政府与市场之间的关系，政府应减少对微观市场的干预，对于不存在市场失灵的环节政府应逐步退出，发挥市场在配置科技资源中的基础作用。在技术创新市场失灵环节，要充分发挥政府的引导作用。此外，应引入技术创新指标作为官员考核的标准，逐步扭转当前依赖投资驱动的粗放经济发展方式。二是加快建立企业主导产业技术创新的体制机制。全面加快和推进要素市场化改革，激发企业在技术研发投入中的积极性；加大知识产权保护力度，让企业通过技术创新得到合理的市场。

第二节 供给质量体系改善视角下科技体制创新对产业结构升级的作用机制与影响效应

科技体制创新是供给侧结构性改革的重要内容，是驱动供给质量体系与产业结构升级的关键动力。党的十八大报告提出"创新驱动发展战略"之后，我国展开了全面、系统和深入的科技体制创新，使得我国科技创新水平取得了显著提升，一系列主要创新指标的世界排名不断提高。供给侧结构性改革的龙头是制度供给创新，着力点是体制机制创新，主要包括大力推进科技创新、完善体制机制、产业结构升级等三个维度。本节在回溯党的十八大以来国家科技创新的初步成效的背景下，从科技体制创新通过驱动产业结构升级来改善供给质量体系的视角出发，研究科技体制创新对产业结构升级的作用机制与影响效应。

一、国家科技体制创新的初步成效

党的十八大以来，通过全面实施创新驱动发展战略，我国科技创新能力显著增强，在全球创新指数排名中从 2012 年的第 34 名上升到 2019 年的第 14 名。整个经济社会的创新活力不断增加，重大创新成果不断涌现，科技创新体制机制逐渐完善，这为培育我国经济发展的新动能、推动供给质量体系改善和供给侧结构性改革进程，进而实现经济社会持续健康发展提供了强有力的支撑。

第一，我国科技创新投入力度不断增强。自 2013 年以来，我国研发经费投入一直稳居世界第二。根据统计数据，2018 年全国研发经费投入总量为 1.97 万亿元，超过 2017 年欧盟 15 国的平均水平，比 2012 年增长 52.5%，年均增长 11.1%。长期以来，国家财政不断加大对科技创新的投入力度，并保持投入经费逐年稳步增长的趋势，这为我国科技创新计划的顺利实施提供了坚强的物质保障。2019 年，国家自然科学基金共资助了 17966 个青年科学基金项目、18995 个面上项目、743 项重点项目、296 项杰出青年项目，资助金额总数分别为 420795 万元、1112699 万元、221840 万元、116120 万元。①其中，众多科技项目聚焦科技创新前沿问题，定位攻克一系列前沿科技难题。

第二，我国正从全球的创新大国迈向创新强国。创新驱动关系国家和民族的前途命运，国家力量的核心支撑是科技创新能力。党的十八大强调，要坚持走中国特色自主创新道路、实施创新驱动发展战略。近年来，量子通信卫星、超级计算机、商用大飞机、载人航天火箭、港珠澳跨海大桥、嫦娥四号首次登陆月球背面、雪龙 2 号首航南极、北斗导航全球组网、5G 商用加速推出等大型工程的成功或推进，以华为、格力、航天、中铁、大疆、海尔等为代表的国际知名企业的创新能力与成果不断凸显，以及阿里巴巴、腾讯等公司开创发展的互联网平台经济和社交经济的成就引人注目。我国创新事业发展不断取得突破，创新驱动发展战略正显现出强大的活力，我国正从全球的创新大国迈向创新强国。

第三，国家科技创新支撑体系不断完善。国家创新城市、自主创新示范区、高新技术产业开发区全面发展，推进建设上海具有全球影响力的科技创新中心、北京全国科创中心，以及北京怀柔、上海张江、安徽合肥等综合性国家科学中心。深入推进全面创新改革试验，落实全面创新改革试验区域的具体项目改革举措，并且探索出一批可推广和可复制的成功经验。2017 年河北雄安新区的成立，不仅是国家大事、千年大计，也将成为科技创新驱动经济发展的新动力、新高地。

二、科技体制创新驱动产业结构升级的作用机制分析

科技体制创新主要通过促进科技创新能力来驱动产业结构升级，这是一个复杂、动态的系统过程，涉及众多不同类型的因素和多个发展阶段。这一复杂的系统过程是从科技体制创新措施实施驱动科技创新投入、到科技创新成果产出推动价值转化和产业结构升级的过程。

从长期的发展趋势来看，科技创新是推动经济发展和产业结构升级最直接有效的力量，三次产业革命都是在科技创新与进步的基础上建立的。对于

---

① 原始数据来源于《中国科技统计年鉴》《中国统计年鉴》和国家自然科学基金委统计数据，笔者整理。

产业结构升级进程来说，科技创新会改变原有的要素配置及供给需求的协调状态，促进新的产业诞生，产业之间需要重新建立起联结关系，各个产业又从新的状态下开始趋向于均衡。科技创新改变了产业原有合理化进程，使其已形成的均衡状态被改变，在更高水准的产业结构上重新开始协调资源的配置、供求关系及产业间联系。科技创新对产业结构升级的驱动作用如图 8 - 1 所示，主要可以概括为以下三个方面：一是通过科技进步来提高劳动生产率；二是通过生产技术进步来提高资源利用效率；三是通过环境治理技术进步来改善生态环境质量。

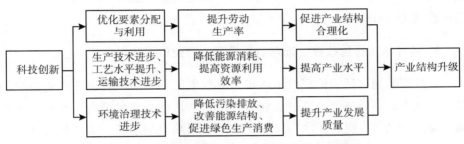

图 8 - 1 科技创新驱动产业结构升级的作用机制

1. 科技创新通过提高劳动生产率驱动产业结构升级

科技创新引起了部门间劳动生产率的变化。科技创新水平提高的时候，原本形成的资源配置状态将被打破，对于科技进步的产业，生产效率得到提高，意味着在同样产出水平下所需要的投入将减少，而科技进步停滞的产业要素投入的相对成本将上升，边际收益下降，要素将向生产效率更高的部门流动（Baumol，1985）。科技创新将改变原有的产业结构状态，建立起新的增长点，此时要素在产业之间开始重新分配，产业结构合理化进程就在此基础上重新趋近于协调。科技创新水平提高后，要素的使用效率和生产效率都比之前更高，能够创造出更多的财富和价值。在供给方面，新技术的产生能够提高资源的使用效率、开发新能源和新材料、催生新产业，这些都能够在一定程度上代替资源禀赋对产业结构合理化产生影响，使一个国家或地区形成新的比较优势，改变原有的产业结构，向更高层次的合理化进程推进。

2. 科技创新通过提高资源利用效率驱动产业结构升级

科技创新通过影响资源利用效率来促进产业结构升级。科技创新水平的提高有利于提升资源利用效率，科技创新通过技术进步对能源利用效率的提升作用贯穿在能源作为生产要素在"经济—资源—环境"系统从投入产出的全过程中：生产技术的进步、工艺水平的提升和先进设备的引进将直接提高生产过程中的能源利用效率，降低能源损耗，从而增加生产效益；运输技术的进步将显著降低运输过程中的能源消耗，节约运输成本和减少交通污染排放。生产全过程中资源利用效率的提升将明显有助于提高产业水平，最终驱动产业结构升级。

3. 科技创新通过改善生态环境质量驱动产业结构升级

科技创新通过环境治理技术进步来改善生态环境质量，促进产业高质量发展。一方面，科技创新通过加强对环境污染治理的研发投入，不断改进环境污染治理设备，提高环境污染源头防治和末端治理水平，从而有效降低环境污染排放，提升废物循环利用效率，最终促进生态环境质量的提高。另一方面，科技创新通过开发清洁能源来变革传统上以化石燃料为核心的能源结构，不仅大幅地降低了源头污染排放，还有效节约了不可再生能源的消耗。此外，科技创新将带动绿色产品的设计与产出，促进绿色生产消费方式的兴起与普及，降低由于传统高碳消费方式和高能耗生产方式造成的污染，从而显著改善生态环境质量。通过以上三个方面的作用提升产业发展质量，最终实现科技创新驱动产业结构升级。

三、科技体制创新对产业结构升级的影响效应分析

1. 计量模型构建

本节主要研究目的是揭示科技创新能力对产业结构升级的影响效应。在实证部分，首先构建科技创新水平与产业结构合理化的关系函数：Ind = f(Tech)，用来描述科技创新与产业结构合理化之间的关系。考虑到产业结构

合理化进程是连续的动态过程，当期的产业结构是在原有的产业结构基础上进行的相应调整，很大程度上会受到上一期产业结构合理化程度的影响，因此本节把产业结构合理化程度的滞后项 Ind_{it-1} 也纳入实证方程中，以反映产业结构合理化水平对上一期的依赖特征。同时，再引入控制变量，可以得到计量模型：

$$Ind_{it} = \alpha_0 + \alpha_1 Ind_{it-1} + \alpha_2 Tech_{it} + \beta_i X_{it} + \varepsilon_{it} \qquad (8-1)$$

其中，Ind_{it} 为被解释变量，即产业结构合理化程度；Ind_{it-1} 为被解释变量的滞后一期；$Tech_{it}$ 为主要解释变量，即科技创新水平；X_{it} 为控制变量；ε_{it} 为随机扰动项；i 和 t 分别代表省份和年份。

2. 指标选取说明

本节被解释变量为产业结构合理化程度（Ind），采用服务业增加值占GDP 的比重进行衡量，主要解释变量为科技创新水平（Tech），控制变量则包括产业结构合理化程度的一阶滞后项（Ind_{t-1}）、人力资本水平（Edu）、物质资本水平（Capital）、基础设施水平（Infra）、城镇化率（Urban）、对外开放程度（Trade），变量的描述性统计结果如表 8－2 所示。

表 8－2　　　　　　　　控制变量的描述性统计

变量名称	符号	观测值	均值	标准差	最小值	最大值
产业合理化程度	Ind	480	40.25	7.84	28.6	79.7
科技创新水平	Tech	480	0.80	1.45	0.005	12.08
人力资本水平	Edu	480	63.75	47.99	14.43	309.34
物质资本水平	Capital	480	4.87	3.84	0.56	24.15
基础设施水平	Infra	480	0.70	0.49	0.02	3.78
城镇化率	Urban	480	48.57	15.20	23.2	89.6
对外开放程度	Trade	480	39.03	54.79	1.53	392.27

各个变量选取说明如下：

科技创新水平。关于科技创新水平指标，现有研究选择的代理变量并不一致，主要包括两方面：一是从科技创新投入方面表示，二是从科技创新产出方面表示。考虑到科技创新具有多要素投入和多种类产出的特点，仅仅使用某个单一指标来反映科技创新水平缺乏全面性和准确性。因此，本节选择研发经费支出比重、研发人员全时当量作为科技创新的投入指标，选择专利申请授权数、技术市场合同成交额作为科技创新的产出指标，构建科技创新水平指标体系，并运用定基极差熵权法将上述四个指标进行加权计算得到科技创新水平。四个指标数据来源于 2001～2016 年的《中国科技统计年鉴》。其中，研发经费支出比重用"研发经费支出总额与 GDP 的比值"表示，单位为"%"；研发人员全时当量的单位为"人年"，专利申请授权数的单位为"项"，技术市场合同成交额的单位为"万元"。

人力资本水平。人力资本主要产生于教育、培训、人口迁移和工作变动，生育和抚养孩子也能提升未来的人力资本。通过梳理现有文献，发现人力资本的测算方法包括成本法（张帆，2000；钱雪亚等，2004）、收入法（朱平芳等，2007；彭国华，2005）和教育指标法（Benhabibi et al.，1994；刘智勇等，2008）。其中，收入法是指根据个人预期生命期的终生收入的现值来衡量其人力资本水平，该方法可以更加准确合理地体现出教育、健康等长期投资对人力资本积累的重要作用。中央财经大学课题利用收入法计算了中国及各省份的人力资本水平（中央财经大学课题组，2017），本节采用该课题组按照六个教育层级计算得到的中国各省份的名义人均人力资本数据，并根据2000 年为基期的消费者价格指数作为平减指数，将名义人均人力资本调整为实际人均人力资本作为本节研究的样本数据。其中，六个教育层级按照未上过学 0 年、小学 6 年、初中 9 年、高中 12 年、大专 15 年和本科及以上 16 年的方法进行划分。

物质资本水平。物质资本指厂房和机器设备，它是推动经济增长的基本要素投入之一，本节以人均物质资本水平作为代理指标。关于代理指标的计算，本节选择当前应用最普遍的永续盘存法来估算物质资本存量。在运用永续盘存法估算物质资本存量时，涉及的核心指标数据包括：各省份基期时的物质资本存量、固定资产投资价格指数、资本折旧率以及资本投资数据。根据张军等（2004）的测算结果，估算出以 2000 年为基期的各省份物质资本存量数据。其中，资本折旧率设定为学术界普遍使用的 10%，各省份历年的资本投资数据采用当年的固定资本形成总额，并且运用固定资产投资价格指数将其折算成以 2000 年为基期的实际值,最后除以各省年末人口数得到人均物质资本作为本节研究的样本数据。相关指标数据来自 2001 ~ 2016 年的《中国统计年鉴》。

基础设施水平。交通基础设施是基础设施建设中的核心内容,考虑到交通基础设施建设在我国经济社会发展中的重要作用,本节选择交通基础设施水平作为反映基础设施水平的代理变量。我国交通基础设施主要包括公路、铁路、水运和航空四大板块,但交通运输任务主要由公路和铁路完成,而水运和航空现阶段的贡献较小。2000 ~ 2015 年,我国公路和铁路的总客运量占全国总量的 98%,总货运量占全国总量的 87%,这说明公路和铁路能够较好地反映交通基础设施的存量水平。考虑到区域面积的不同,本节研究采用公路和铁路密度作为交通基础设施水平的指标,具体以“公路和铁路的总里程除以本地区的省域面积”计算,单位为“公里/平方公里”。相关指标数据来自 2001 ~ 2016 年的《中国统计年鉴》。

城市化率。城市化进程必然伴随着对公共基础设施需求的增长,能够将相对过剩的产能吸收利用于公共基础设施的建设上,促进产业合理化进程。此外,服务业主要集中在城市当中,因而城市化进程能够带动一个地区服务业需求的增长(Akhter,1987)。服务业是吸纳劳动力的“蓄水池”,长期来看,资本密集型产业的过度发展不利于促进就业和保障经济的长期稳定发展,而以城市化为基础发展的服务业则更有利于促进产业结构与要素结构相匹配,实现产业结构的合理化发展。

对外开放程度。外资的进入如果以获取东道国的生产资源为目的,主要投资于低端低效率高污染的产业,那么必然会对产业结构合理化发展产生负面影响。相反地,为寻求扩展市场而进入东道国的外资能够创造竞争,并产生技术外溢效应,有助一国的产业结构向更合理、更有利于长远发展的方向演进。因此本节选用各省份实际利用外资额占 GDP 的比重作为控制变量,其中各省实际利用外商投资额使用当年平均汇率折算为人民币。

以上变量数据来自历年的《中国统计年鉴》《中国环境统计年鉴》《中国教育统计年鉴》《中国人口和就业统计年鉴》以及各省份统计年鉴。个别指标数据在少数年份缺失时采用平均值法补齐。

3. 实证结果分析

本节利用回归分析法分别从全国和东部、中部、西部地区四个层面实证分析科技体制创新对产业结构升级的影响效应。表 8 - 3 中报告了四个层面科技体制创新水平对产业结构升级的回归结果。根据 Hausman 检验结果可知，全国和东部、西部地区的 P 值均小于 5%，表明拒绝"随机效应"的原假设，因此采用固定效应模型；中部地区的 P 值大于 10%，表明接受"随机效应"的原假设，因此采用随机效应模型。

表 8 - 3　　　　　科技体制创新对产业结构升级的影响效应回归结果

变量	全国范围	东部地区	中部地区	西部地区
$\ln Ind_{t-1}$	0.797 *** (22.60)	0.8188 *** (12.83)	0.945 *** (27.70)	0.7157 *** (11.48)
lnTech	0.0214 *** (2.86)	0.0166 * (2.10)	0.0179 * (2.21)	0.0177 (1.41)
lnEdu	0.004 (0.03)	− 0.0241 (− 1.17)	0.0684 *** (2.64)	− 0.0434 (− 1.23)
lnCapital	0.010 (0.82)	0.0166 (1.22)	0.0077 (0.30)	0.0132 (0.78)
lnInfra	− 0.0252 ** (− 2.46)	0.0121 (0.76)	− 0.0418 *** (− 4.08)	0.0192 (− 1.27)
lnUrban	0.0205 (1.02)	0.0075 (0.26)	− 0.0304 (− 0.52)	0.0790 *** (0.27)
lnTrade	− 0.0213 *** (− 4.65)	− 0.02 *** (− 3.48)	− 0.0296 *** (− 2.64)	− 0.0186 ** (− 2.46)
α_0	0.7374 *** (4.57)	0.8357 *** (3.16)	0.1211 (0.59)	0.9534 *** (4.11)
R^2	0.6855	0.8418	0.6689	0.2134
F 值	143.83 (0.00)	175.9 (0.00)	1535 (0.00)	59.14 (0.00)
Hausman	47.93 (Prob = 0.000)	18.55 (Prob = 0.0097)	6.16 (Prob = 0.5211)	16.08 (Prob = 0.0244)
模型选择	固定效应	固定效应	随机效应	固定效应

注：*、**、***分别表示在 10%、5% 和 1% 的显著性水平，括号内为 t 值。

从全国层面来看，lnTech 的估计系数为 0.0214，并且通过了 1% 的显著性水平检验，说明科技创新水平对产业结构合理化程度产生显著的提升作用。在不考虑其他因素影响时，科技创新水平每提高 1%，将导致产业结构合理化程度提升 0.0214%。一方面，科技创新是驱动经济发展的重要动力，其主要途径是通过提高全要素生产率来调整产业结构，促进经济持续增长；同时通过创造多元化的新工艺、新技术、新产品和新服务，促使产业结构升级。另一方面，科技创新通过推动科技进步来提高能源利用效率、开发清洁能源，促进能源结构调整和产业结构升级。从三大地区来看，lnTech 的估计系数除了在西部不显著，其余均显著为正，这也进一步说明科技创新对产业结构合理化程度具有正向作用。

对于全国和东部、中部、西部三大地区，$lnInd_{t-1}$ 的估计系数分别为 0.797、0.8188、0.945、0.7157，并且均通过了 1% 的显著性水平检验，这说明产业结构合理化程度对前一期有明显的依赖，前期的产业结构合理化发展会对后期会产生正效应。提高当期的产业结构合理化程度有利于下一期产业结构合理化程度的上升，促进产业结构的合理化发展。

从其他控制变量上看：人力资本（lnEdu）的估计系数在中部地区显著为正，说明人力资本水平的提高能够促进产业结构合理化程度的提升，进而推动中部地区的产业结构升级；但人力资本的估计系数在其余三个地区没有通过显著性检验，说明人力资本水平对相关地区的产业结构合理化程度的作用还不明显。物质资本（lnCapital）的估计系数在全国和三大地区均不显著，说明物质资本水平对相关地区的产业结构合理化程度的作用还不明显，如何采取政策措施引导物质资本助力产业结构升级是未来的重要任务之一。基础设施（lnInfra）的估计系数在全国和中部地区显著为负，但在东部和西部地区不显著，说明当前基础设施水平对全国和中部地区产业结构合理化程度存在一定的抑制作用。城镇化率（lnUrban）的估计系数只在西部地区显著为正，而在其余地区没有通过显著性检验，说明城镇化率对西部地区的产业结构合理化程度具有正向影响，城市化进程能够推动第三产业的发展、创造就业及改善需求水平，提高产业与要素之间的耦合程度。对外开放程度（lnTrade）的估计系数在全国和三大地区均显著为负，说明对外开放程度在一定程度上抑制了产业结构合理化程度，但影响程度较小；外资进入对产业结构合理化既有正面效应也有负面效应，回归结果说明外资的进入能够带来正面的竞争效应及技术外溢效应并没有得到体现，因而外资的进入对我国产业结构合理化带来的更多负面影响，因此我国在引进外资时，需要更注重外资质量的提升。

第三节 科学与技术耦合视角下科技体制创新 对经济发展的影响效应及路径

提升科学与技术的耦合效应是创新科技体制驱动经济发展新动力的主要途径和重点方向。通过探究科学技术耦合路径与经济增长的关系，来解决科学与技术耦合效果欠佳导致的经济增长缓慢问题，对于促进科技体制创新驱动经济发展以及提高政府的科技体制创新能力具有重要的参考价值。本节将围绕科学与技术的耦合效应驱动经济发展来间接分析创新科技体制对经济发展的作用。

一、研究背景及思路

近年来，我国越来越重视通过科学与技术融合，即通过科学、技术研究部门的有效互动来实现科技创新，从而提升经济增长水平。但技术研究部门在相关主体的利益驱动下，倾向于完善其与同类研究部门互动的机制。同时，科学研究部门不能与生产产生直接联系的特性导致其对完善自身与其他部门合作机制的动机较弱，由此相对减缓科学技术化和技术科学化进程的推进，导致科学与技术耦合效果欠佳，从而降低科学、技术对经济增长的促进作用。对此，"十三五"规划提出，"为深化科技管理体制改革，实行中长期目标导向的科研考核评价机制，使政府的研发管理职能向创新服务职能转变，实现科技与经济的深度融合"。

在上述背景下，为实现新常态下的"创新驱动"经济发展方式，在注重科学、技术研究部门各自分工的基础上，应充分挖掘科学与技术耦合对经济增长的促进作用，以及政府研发管理职能的转变对此起到的重要推动作用。

　　国内外关于技术进步与经济增长之间的关系研究由来已久。索洛（Solow，1956）认为技术对经济增长有外生影响，由此首次创立外生经济增长模型。随后，在阿罗（Arrow，1962）的干中学①思想启发下，罗默（Romer，1990）将外生增长模型中的技术内生化，即将整个经济划分为最终产品部门、中间产品部门和技术研究部门，由此探究发现技术具有外部性，且这种外部性可使最终产品的规模收益递增，从而促进经济增长。考虑到国与国之间的相对技术优势会通过提高最终产品产量来加快经济增长，格罗斯曼和赫尔普曼（Grossman & Helpman，1990）将相对技术优势引入 Romer 模型，由此构建横向增长模型。

　　考虑到上述研究中技术与知识等价，且其含义较为宽泛，阿吉翁和霍伊特（Aghion & Howitt，1996）将其细分为科学和技术两类，认为科学发展需要通过技术进步来促进经济增长，即科学对经济增长仅有外生影响。与此不同，曼斯菲尔德（Mansfield，1980）实证探究了科学对经济增长的贡献，指出学界低估科学对经济增长贡献问题的严重性。在曼斯菲尔德的实证结果基础上，罗春龙和贺建勋（1992）在一类反映投入产出关系的动态模型中探讨了科学技术发展对经济增长的促进作用。随后，杨立岩和潘慧峰（2003）在 Romer 模型中将科学内生化，即将整个经济划分为最终产品部门、中间产品部门、技术研究部门和科学研究部门，由此研究了科学发展对技术进步的影响及其在经济增长中的基础性地位，发现政府干预可以促进经济增长。普雷特纳和维尔纳（Prettner & Werner，2016）构建与杨立岩等类似的增长模型来探究科学、技术对经济增长和社会福利的影响，得出理论上存在一个能最大化长期社会福利的科学研究投入水平，在该投入水平下得到的科学产出能够最大化经济增长水平；其研究结论可以为政府部门在科学研究部门和技术研究部门间的资本分配提供政策指导，但他们并未探究科学与技术耦合对经济增长的影响。随着科技成果的不断涌现，科学与技术耦合对科技发展的影响越来越大，此时杨立岩和潘慧峰及普雷特纳和维尔纳所构建的模型已不能充分解释目前科学与技术耦合效果欠佳导致经济增长缓慢的现实问题。

　　本节致力于探究科学与技术耦合对经济增长影响的路径差异。首先，依

---

　　① 阿罗（Arrow）指出，"人们是通过学习获得知识，技术进步是知识的产物，是学习的结果，而学习又是经验的不断提炼与总结，经验来自行动，经验的累积体现在技术进步上"。

据加德纳（Gardner，1999）的科学—技术相对地位观将耦合路径划分为六种类型。其次，考虑到政府、金融等相关部门的创新服务对经济发展起到重要的推动作用，本节在普雷特纳和维尔纳构建的模型基础上进一步内生化创新服务，由此构建一个包含最终产品部门、中间产品部门、技术研究部门、科学研究部门和创新服务部门的五部门经济增长模型。通过对此模型进行均衡增长路径分析，得到与"耦合路径与经济增长关系"相关的三个命题。随后，以我国 29 个省份为研究对象，采用计量模型检验这三个命题，得到我国科技研究的"短板"所在，并对结论的现实意义进行解析。

二、科学与技术的耦合路径界定及计量模型构建

目前，耦合系统中科学与技术相对地位观可分三类：①科学优先于技术，即科学累积是技术进步的基础；②技术历史且本体地先于科学，即科学奠基于技术；③科学与技术地位对等，具体又可分为两种，其一将科学与技术看作是独立且相互作用的共同体（Krankis，1992），其二强调科学与技术间的异质性，且对科学的探究具有脱离技术的倾向（Vries，2003）。据此，本节将科学与技术耦合路径界定为科学与技术耦合系统的状态演化过程，将耦合系统中科学技术化强度（β_1）与技术科学化强度（β_2）之差界定为"耦合强度"，可表征耦合系统状态演化的主导路径。记耦合强度的临界值为 γ。若 $\beta_1 - \beta_2 > \gamma$，演化路径以科学技术化为主导，形成科学强势耦合路径；相应的，若 $\beta_2 - \beta_1 > \gamma$，形成技术强势耦合路径；若 $|\beta_1 - \beta_2| \leqslant \gamma$，形成科技中立耦合路径。另外，考虑到"对科学的探究具有脱离技术的倾向"，将提高一单位耦合强度所需成本称作"耦合成本率"（v）。记耦合成本率的临界值为 c。若 $v \leqslant c$，相应的耦合路径为良性的，否则为不良的。综上，依据耦合强度和成本率不同组合，可将耦合路径划分为六种类型。

本节对 Romer 模型进行两方面扩展：一方面借鉴普雷特纳和维尔纳的增长模型，将研究部门细分为科学研究部门和技术研究部门，另一方面考虑到政府等相关部门为科学技术研究活动所提供的政策支持、机制设计等服务在科技发展促进经济增长过程中起到重要作用，引入创新服务部门。整个经济由五部门构成：最终产品部门、资本设备生产部门、技术研究部门、科学研

究部门和创新服务部门。经济中有两类劳动力：非熟练工人（L）和研究人员（H），分别拥有体力型和研究型劳动，且 L 和 H 是固定的。假设这两类劳动力间具有不可替代性，非熟练工人仅能在最终产品部门生产最终产品（Y），而研究人员不仅可以在科学研究部门生产科学产出（A_S），也可以在技术研究部门生产技术产出（A_T），并将这两类研究人员的数量分别设定为 H_T 和 H_S。现实中，科学产出、技术产出、科学研究人员和技术研究人员一般可分别用学术论文、专利数量、科学家和工程师的数量来度量（杨立岩等，2003）。创新服务部门提供两类创新服务产品（B），分别是科学技术化和技术科学化的机制设计服务，且两类创新服务的成本率分别为 υ_T 和 υ_S。

经济体的运行机制如下：创新服务部门根据科学、技术研究部门的互动情况提供相应的政策支持、机制设计等创新服务并累积产出；在科学研究部门，一部分研究人员在技术产出和创新服务产出的基础上从事科学研究，在技术研究部门，另一部分研究人员在科学产出和创新服务产出的基础上从事技术开发，并注册为永久性专利，同时将新设计方案出售给下游的资本设备生产商；资本设备生产商使用新设计方案生产新资本设备，然后出租给下游的最终产品生产商；最终产品生产商使用租来的新资本设备，并雇佣非熟练工人来生产最终产品。进一步讨论各个部门的生产技术，具体内容如下：

（1）最终产品部门的生产函数为：

$$Y = L^\alpha \int_0^{A_T} x_i^{1-\alpha} di \qquad (8-2)$$

其中，α 为参与最终产品生产的人力资本对最终产品的贡献，$0 < \alpha < 1$；x_i 为第 i 种资本设备的数量，$x_i > 0$。

（2）资本设备生产部门由区间 $[0, A_T]$ 上的无数厂商构成，且两者间存在对应关系（$x_i \neq x_j$，$i \neq j$）。当资本设备生产商有能力将最终产品以一比一的比例转化为新资本设备，也有能力将资本设备转化为最终产品，即 $x_i = Y$。假设资本设备的折旧率为零，并用 K 表示经济中的资本存量，则：

$$K = \int_0^{A_T} x_i di = \int_0^{A_T} \bar{x} di = A_T \bar{x} \qquad (8-3)$$

依据公式（8-3），公式（8-2）变为：

$$Y = L^\alpha \int_0^{A_T} x_i^{1-\alpha} di = A_T L^\alpha \bar{x}^{1-\alpha} = (A_T L)^\alpha K^{1-\alpha} \qquad (8-4)$$

（3）随着技术的发展，技术产出增长率越来越不及技术研发人员增长率，由此将技术部门的生产函数设定为 $\dot{A} = \delta H_A^{\lambda} A^{\varphi}$，其中 $0 < \lambda \leqslant 1$，$\varphi < 1$。由此，我们将技术研究部门的技术生产率设定为：

$$\dot{A}_T = \varphi_1 B H_T^{\omega_1} A_T^{\varphi_1} (A_S/\upsilon_T)^{\beta_1} \tag{8-5}$$

其中，φ_1 为技术研究人员的效率参数，$\varphi_1 > 0$；ω_1 为研究型劳动力对技术产出的贡献，$0 < \omega_1 < 1$；φ_1 为技术产出的现有规模对自身发展的贡献，$\varphi_1 < 1$；β_1 为科学技术化强度，$\beta_1 > 0$。

（4）依据 Jones 的思路，将科学研究部门的科学生产率函数设定为：

$$\dot{A}_S = \varphi_2 B H_S^{\omega_2} A_S^{\varphi_2} (A_T/\upsilon_S)^{\beta_2} \tag{8-6}$$

其中，φ_2 为科学研究人员的效率参数，$\varphi_2 > 0$；ω_2 为研究型劳动力对科学产出的贡献；ϕ_2 为科学产出的现有规模对自身发展的贡献，$\phi_2 < 1$；β_2 为技术科学化强度，$\beta_2 > 0$。

首先，无论假定 $0 < \omega_2 \leqslant 1$，还是假定 $\omega_2 = 1$，对本节的结论没有实质性影响，基于计算方便的考虑，我们设定 $\omega_2 = 1$。其次，由于科学的发展同前代人遗留下的知识量成比例，因此，在没有政府支持的一般情况下，科学知识的增长存在一个自然增长率 a，即 $\dot{A}_S/A_S = a$。于是将生产率函数化简为

$$\dot{A}_S = \varphi_2 B H_S A_S (A_T/\upsilon_S)^{\beta_2} \tag{8-7}$$

（5）创新服务产出并不能成为促进经济长期增长的引擎，但创新服务产出的变化又会通过提高科学生产率和技术生产率来促进经济增长，或通过科学技术化进程的推进来提升科学与技术耦合对经济增长的影响。据此，创新服务部门在获取技术研究部门与科学研究部门的互动信息（β_1，β_2）基础上，投入服务资本对研究部门间的互动进行政策支持。在市场利益驱动下，假设提高一单位耦合强度的收益率为 η，科学技术化进程所产生的收益加快了服务产品的累积速度，即 $\dot{B} = (\beta_1 - \beta_2)(\eta - \upsilon_T) B$。$(\beta_1 - \beta_2)(\eta - \upsilon_T)$ 越大，科学技术化进程所产生的创新服务产出越多。技术科学化进程带来的收益很小，几乎可以忽略，但其成本较大，且成本越大，创新服务产出越多，即 $\dot{B} = (\beta_2 - \beta_1)\upsilon_S B$。同时，为确保所有服务的顺利提供，需要有一定的创新服务基础储备来对创新服务要素进行及时有效地管理，即 $\dot{B} = \theta B$，其中，θ 为科技创新管理效率。最后，同时考虑提供创新服务所产生的收益及服务要素储备对创新服务产出的影响，则创新服务产出 B 的累积方程为：

$$\dot{B} = \left[(\beta_1 - \beta_2)(\eta - \upsilon_T) + (\beta_2 - \beta_1)\upsilon_S + \theta \right]B \qquad (8-8)$$

（6）科学发展是满足精英人物的好奇愿望推动的，假定科学研究部门中有 $\overline{H}_S$ 个科学研究人员的偏好与其他 $H_S - \overline{H}_S$ 个人员的偏好不一致，且 $H_S - \overline{H}_S$ 个科学研究人员的偏好与其他 $H - H_S + L$ 个成员的偏好一致，$\overline{H}_S$ 个科学研究人员的偏好与 c 无关，每个时点上他们拥有维持基本生存的消费量 $\overline{c}$ 足矣，将效用函数设为常数 $\overline{u}$，不受 c 的路径影响，将其余成员的效用函数设为常用的不变替代弹性形式 $(c^{1-\sigma} - 1)/(1 - \sigma)$，其中 σ 为相对风险厌恶系数，σ≥0。整个规划可以描述成：

$$\max_{c, H_S, \upsilon_T, \upsilon_S} \int_0^\infty \left[(H - \overline{H}_S + L)\frac{c^{1-\sigma} - 1}{1 - \sigma} + \overline{H}_S \overline{u} \right] e^{-\rho t} dt$$

$$\text{s. t.} \begin{cases} \dot{K} = (A_T L)^\alpha K^{1-\alpha} - (H - \overline{H}_S + L)c - \overline{H}_S \overline{c} \\ \dot{A}_T = \varphi_1 B (H - H_S)^{\omega_1} A_T^{\varphi_1} (A_S/\upsilon_T)^{\beta_1} \\ \dot{A}_S = \varphi_2 B H_S A_S (A_T/\upsilon_S)^{\beta_2} \\ \dot{B} = \left[(\beta_1 - \beta_2)(\eta - \upsilon_T) + (\beta_2 - \beta_1)\upsilon_S + \theta \right]B \end{cases} \qquad (8-9)$$

其中，ρ 为消费者的主观时间偏好率。

三、均衡增长路径分析

为求解规划问题，定义现值 Hamilton 函数为：

$$J = (H - \overline{H}_S + L)\frac{c^{1-\sigma} - 1}{1 - \sigma} + \overline{H}_S \overline{u} + \mu_1 \left[(A_T L)^\alpha K^{1-\alpha} - (H - \overline{H}_S + L)c - \overline{H}_S \overline{c} \right]$$

$$+ \mu_2 \varphi_1 B (H - H_S)^{\omega_1} A_T^{\varphi_1} (A_S/\upsilon_T)^{\beta_1} + \mu_3 \varphi_2 B H_S A_S (A_T/\upsilon_S)^{\beta_2}$$

$$+ \mu_4 \left[(\beta_1 - \beta_2)(\eta - \upsilon_T) + (\beta_2 - \beta_1)\upsilon_S + \theta \right]B \qquad (8-10)$$

依据 Hamilton 函数的一阶条件、欧拉方程和横截性条件，可求得以下等式。

$$g_Y = g_K = g_T = \frac{\left[(\upsilon_S + \upsilon_T - \eta)\beta_1 \beta_2 + (\beta_2 \upsilon_T + \beta_1 \upsilon_S) \right](\beta_1 - \beta_2)\upsilon_S - \theta \beta_1 \beta_2 \upsilon_S}{(\beta_1 \upsilon_S - (1 - \phi_1)\upsilon_T)\beta_2^2}$$

$$(8-11)$$

$$g_B = \frac{(\beta_1 - \beta_2)(\beta_2 \upsilon_T + \beta_1 \upsilon_S)}{\beta_1 \beta_2} + \left[\frac{(1 - \phi_1)\upsilon_T}{\beta_1 \upsilon_S} - 1 \right]\beta_2 g \qquad (8-12)$$

$$g_{A_S} = (1 - \phi_1)g / \beta_1 \tag{8-13}$$

$$\upsilon_T = \frac{\theta\beta_1\beta_2 + (\beta_1 - \beta_2)[\eta\beta_1\beta_2 - (\beta_2 + 1)\beta_1\upsilon_S]}{(\beta_1 - \beta_2)(\beta_1 + 1)\beta_2} \tag{8-14}$$

依据公式（8-14），可进一步推算出耦合成本率 $\upsilon_S + \upsilon_T$ 的表达式，如公式（8-15）所示。

$$\upsilon_S + \upsilon_T = \frac{\theta\beta_1\beta_2 + (\beta_1 - \beta_2)\eta\beta_1\beta_2 - (\beta_1 - \beta_2)^2\upsilon_S}{(\beta_1 - \beta_2)(\beta_1 + 1)\beta_2} \tag{8-15}$$

首先利用公式（8-15），假定短期内不论在哪类耦合路径下科学技术的相互转化强度均不变，并探究使耦合成本率降到最低的耦合路径。但由此得到的耦合路径不一定能在短期内快速提升经济增长水平，为此，随后探究该路径与经济增长关系。

由公式（8-16）可知，当 $\theta\beta_1\beta_2 + (\beta_1 - \beta_2)\eta\beta_1\beta_2 - (\beta_1 - \beta_2)^2\upsilon_S < 0$，且 $\beta_1 - \beta_2 < -\gamma$（科学化强势路径）时，$\upsilon_S + \upsilon_T > 0$，因此在该路径下，$\upsilon_S$ 越小，$\upsilon_S + \upsilon_T$ 越小，即 υ_T 越小或保持不变，由此表明科学化进程的推进能够对技术化进程的发展有潜在促进作用。当 $\theta\beta_1\beta_2 + (\beta_1 - \beta_2)\eta\beta_1\beta_2 - (\beta_1 - \beta_2)^2\upsilon_S > 0$，且 $\beta_1 - \beta_2 > \gamma$（技术化强势路径）时，$\upsilon_S + \upsilon_T > 0$，此时 υ_S 越小，$\upsilon_S + \upsilon_T$ 越大，即 υ_T 越大，由此表明推进科学化进程从而促进技术化进程发展需要以增加 υ_T 为前提条件。

因此，从短期来看，科学化强势路径是降低耦合成本率的最佳路径[1]。下面将进一步判断以上两类耦合路径分别与经济增长的关系。

（1）由前面分析可知，当 $\beta_1 - \beta_2 < -\gamma$ 时，υ_S 越小，$\upsilon_S + \upsilon_T$ 也越小，由此依据公式（8-7）却难以推出 $[(\upsilon_S + \upsilon_T - \eta)\beta_1\beta_2 + (\beta_2\upsilon_T + \beta_1\upsilon_S)](\beta_1 - \beta_2)\upsilon_S$ 和 $(\beta_1\upsilon_S - (1 - \varphi_1)\upsilon_T)$ 的变动趋势。因此，在科学化强势路径下，只有同时控制这两项的变动趋势，使得 $\partial g / \partial \upsilon_S < 0$，$\partial g / \partial \upsilon_T < 0$，才能提升该路径对经济增长的促进作用。

（2）由前面分析可知，当 $\beta_1 - \beta_2 > \gamma$ 时，υ_S 越小，υ_T 和 $\upsilon_S + \upsilon_T$ 均越大，由此依据公式（8-7）证明，$[(\upsilon_S + \upsilon_T - \eta)\beta_1\beta_2 + (\beta_2\upsilon_T + \beta_1\upsilon_S)](\beta_1 - \beta_2)$

---

[1]　但当 $|\beta_1 - \beta_2| < \gamma$ 时，即在科技化强势路径下，情形（1）和情形（2）同时存在，此时难以对耦合成本率的变动趋势进行判断。但依据情形（1）和情形（2），可以证明科技化强势路径并不是降低耦合成本率的最佳路径。

也越大，$(\beta_1 v_S - (1 - \phi_1) v_T)$ 则越小，但难以判断 $[(v_S + v_T - \eta)\beta_1\beta_2 + (\beta_2 v_T + \beta_1 v_S)](\beta_1 - \beta_2) v_S$ 的变动趋势。因此，在技术化强势路径下，只要控制这一项的变动趋势，使得 $\partial g / \partial v_S < 0$，$\partial g / \partial v_T < 0$，就能提升该路径对经济增长的促进作用。

因此，技术化强势路径是短期内提升经济增长水平的最佳路径[①]。

命题 1：从短期来看，技术化强势路径是提升经济增长水平的最佳路径。

命题 1 从短期条件下对耦合路径与经济增长的关系进行了探究，但从长期来看，耦合成本率 $v_S + v_T$ 存在逐渐减小的趋势，且单位耦合强度的收益率 η 存在逐渐增大的趋势。在这种情形下，下面进一步探讨长期提升经济增长水平的最佳路径。

（1）$\beta_1 v_S > (1 - \phi_1) v_T$，且 $(\beta_1 - \beta_2)[(v_S + v_T - \eta)\beta_1\beta_2 + (\beta_2 v_T + \beta_1 v_S)] > \theta\beta_1\beta_2 > 0$ 时，$g_Y > 0$，且 $\partial g_Y / \partial\theta < 0$。此时，由于科技创新管理效率 θ 越小，经济增长率越大，因此这种情况不符合现实情形，因此不予探讨。

（2）当 $\beta_1 v_S < (1 - \phi_1) v_T$，且 $(\beta_1 - \beta_2)[(v_S + v_T - \eta)\beta_1\beta_2 + (\beta_2 v_T + \beta_1 v_S)] < \theta\beta_1\beta_2$ 时，$g_Y > 0$，且 $\partial g_Y / \partial\theta > 0$。这时，存在以下四种情形：

$$\text{I}: \begin{cases} \beta_1 - \beta_2 > 0 \\ (v_S + v_T - \eta)\beta_1\beta_2 + (\beta_2 v_T + \beta_1 v_S) > 0 \end{cases}$$

$$\text{II}: \begin{cases} \beta_1 - \beta_2 < 0 \\ (v_S + v_T - \eta)\beta_1\beta_2 + (\beta_2 v_T + \beta_1 v_S) < 0 \end{cases}$$

$$\text{III}: \begin{cases} \beta_1 - \beta_2 > 0 \\ (v_S + v_T - \eta)\beta_1\beta_2 + (\beta_2 v_T + \beta_1 v_S) < 0 \end{cases}$$

$$\text{IV}: \begin{cases} \beta_1 - \beta_2 < 0 \\ (v_S + v_T - \eta)\beta_1\beta_2 + (\beta_2 v_T + \beta_1 v_S) > 0 \end{cases}$$

情形 I 和情形 IV：通过对第二式进行移项通分，可以得到 $\eta < v_S + v_T + v_S / \beta_2 + v_T / \beta_1$。由此可得，在长期条件下，随着 $v_S + v_T$ 逐渐减小且 β_1，β_2 逐渐增强，单位耦合强度的收益率 η 会逐渐减小，因此情形 I 难以有效促进经济增长。

[①] 可以证明，由于科技化强势路径同时存在情形（1）和情形（2）这两种情形，因此该路径并不是短期内快速提升经济增长水平的最佳路径。

情形Ⅱ：同理，通过对第二式进行移项通分，可以得到 $\eta > \upsilon_S + \upsilon_T + \upsilon_S /$ $\beta_2 + \upsilon_T / \beta_1$。虽然在长期条件下，随着 $\upsilon_S + \upsilon_T$ 逐渐减小且 β_1，β_2 逐渐增强，单位耦合强度的收益率 η 会逐渐增大，即情形Ⅱ能够有效促进经济增长，但由 $\beta_1 - \beta_2 < 0$ 可知，技术科学化强度相对科学技术化强度高，就我国目前的情形来看，技术科学化进程的发展尚未受到重视，这种单一情形对我国的科技发展提出了过高的要求，并不是最适合我国国情的。

情形Ⅲ：依据情形Ⅱ，由于情形Ⅲ能够有效促进经济增长，且由 $\beta_1 - \beta_2 > 0$ 可知，科学技术化强度较技术科学化强度高，在一定程度上更符合我国国情。

综上所述，情形Ⅱ和情形Ⅲ的交替互动能够符合我国目前的国情要求，但技术化强势路径和科学化强势路径的互动并不能成为我国经济增长的最优路径。从长期来看，科技发展应是渐进式的，耦合路径间的大量转化需付出较多的"沉没成本"，因此科技化强势路径成为提升我国经济增长水平的最优路径。

命题2：从长期来看，科技化强势路径是提升经济增长水平的最优路径。

关于科学技术与经济增长的这一关系，早有很多学者对此展开讨论，均认为科学技术的发展不可偏废，但与此不同，本节进一步强调了科学、技术存在一定程度偏颇发展的事实，且有效范围内的偏颇能够促进经济增长。

前面探讨了不同耦合路径对经济增长的影响机制，但与此影响机制相比，创新服务产出对经济增长的影响效应如何。为此，变换公式可得，

$$g = \left[\frac{(1 - \phi_1)\upsilon_T}{\beta_1 \upsilon_S} - 1 \right] \left[\beta_2 g_B + \frac{(\beta_1 - \beta_2)(\beta_2 \upsilon_T + \beta_1 \upsilon_S)}{\beta_1} \right] \quad (8 - 16)$$

当 $(1 - \phi_1)\upsilon_T > \beta_1 \upsilon_S$ 时，创新服务产出均衡增长率的增加会促进经济均衡增长率的提高，且当其他参数不变时，技术科学化强度 β_2 越大，科学技术化强度 β_1 越小，科学技术化的成本率 υ_T 越大，创新服务产出对经济增长的促进作用越大。由此可知，技术科学化进程的推进有利于提升创新服务产出对经济增长的促进作用，但科学技术化进程的推进则不利于提升该促进作用。

命题3：科学化强势路径有利于提升创新服务产出均衡增长率对经济均衡增长率的促进作用。

四、实 证 分 析

1. 模型与数据

依据命题 1 至命题 3，随着耦合路径的变动，科学、技术与经济增长关系会表现出非线性的区间效应。为有效划分不同耦合路径的耦合强度和成本率的区间，并避免人为划分区间造成偏误，采用 Hansen（1999）的面板门槛模型，根据数据本身的特性内生地划分区间。于是，本节首先分别以科学、技术作为对经济增长有非线性区间效应的变量，再分别以耦合强度和成本率为门槛变量，构建以下四个单一门槛模型，如以下公式所示。

$$Y_t = \alpha_{11}Y_{t-1} + \alpha_{12}SI(COU \leq \overline{COU}) + \alpha_{13}SI(COU > \overline{COU})$$
$$+ \alpha_{14}T + \alpha_{15}K_Y + \alpha_{16}Trade + \mu_1 + \varepsilon_1 \qquad (8-17)$$

$$Y_t = \alpha_{21}Y_{t-1} + \alpha_{22}SI(V \leq \overline{V}) + \alpha_{23}SI(V > \overline{V}) + \alpha_{24}T$$
$$+ \alpha_{25}K_Y + \alpha_{26}Trade + \mu_2 + \varepsilon_2 \qquad (8-18)$$

$$Y_t = \alpha_{31}Y_{t-1} + \alpha_{32}TI(COU \leq \overline{COU}) + \alpha_{33}TI(COU > \overline{COU})$$
$$+ \alpha_{34}S + \alpha_{35}K_Y + \alpha_{36}Trade + \mu_3 + \varepsilon_3 \qquad (8-19)$$

$$Y_t = \alpha_{41}Y_{t-1} + \alpha_{42}TI(V \leq \overline{V}) + \alpha_{43}TI(V > \overline{V}) + \alpha_{44}S$$
$$+ \alpha_{45}K_Y + \alpha_{46}Trade + \mu_4 + \varepsilon_4 \qquad (8-20)$$

其中：（1）Y 为经济增长水平，以人均 GDP 为替代指标。为避免遗漏影响经济增长的重要因素，引入人均 GDP 的滞后期 Y_{t-1}。

（2）S 为科学研究成果数，以论文发表数为替代指标，包括了 SCI、EI 和 CPCI－S 这三类国外主要检索工具收录我国科技论文的情况（Wong et al., 2010）。

（3）I（·）为指标函数，COU 为耦合强度，$\overline{COU}$ 为门槛值。通过借鉴物理学中多个系统相互作用的耦合强度模型（黄瑞芬等，2011），估计了 COU。科学系统采用投入基础研究的资本和论文产出这两方面的评价指标，技术系统采用投入应用研究、实验发展的研发资本和专利产出这两方面的评价指标，并分别进行标准化后，采用投入指标权重 0.25 和产出指标权重 0.75 的标准，得到两个系统的功效系数 u_S 和 u_T。最后依据公式（8－17），计算得到 COU。

这里 c 取 1/4。

$$COU = (u_S^c \times u_T^{1-c})/(u_S + u_T) \qquad (8-21)$$

由于 $c < 1 - c$，记 $\overline{COU}_1$ 和 $\overline{COU}_2$ 为耦合强度的两个门槛值，且 $\overline{COU}_1 > \overline{COU}_2$，当 $COU \geqslant \overline{COU}_1$ 时，属于科学化强势路径；当 $COU \leqslant \overline{COU}_2$ 时，属于技术化强势路径；当 $\overline{COU}_2 < COU < \overline{COU}_1$ 时，属于科技化强势路径。

（4）υ 为耦合成本率，$\bar{\upsilon}$ 为门槛值，并采用 Chaves 和 Moro（2007）的做法估计了 υ。当 $T/S \leqslant \bar{\upsilon} - a_1$ 或 $T/S \geqslant \bar{\upsilon} + a_2$ 时，耦合成本率较高；当 $\bar{\upsilon} - a_1 < T/S < \bar{\upsilon} + a_2$ 时，耦合成本率较低，T/S 的区间划分与耦合成本率的高低存在对应关系。其次，虽然代理变量与原变量的现实意义差异较大，但这里所采用的方法只要能判断两者的对应关系即可。

$$\upsilon = T/S \qquad (8-22)$$

（5）T 为技术产出数，以专利授权数为替代指标，能直观反映我国在技术研究方面的最新进展（Guan et al.，2007）。

（6）对经济增长有影响的控制变量：K_Y 为生产性资本投入，采用永续盘存法进行估计，并以全社会固定资产投资额为替代指标估计得到；Trade 为贸易开发度，以进出口贸易总额与 GDP 比值衡量。由于贸易开放被认为是促进一国经济增长的主要途径，所以纳入贸易开放度作为控制变量。μ 用于反映地区的个体效应；ε 为随机干扰项，$\varepsilon \sim i.i.dN(0,\ \sigma^2)$。

在采用面板门槛模型划分耦合路径的基础上，本节将继续采用面板回归模型来对相关命题进行检验，构建的模型如公式（8-23）和公式（8-24）所示。

$$Y_{1it} = \varphi_{11i}Y_{t-1} + \varphi_{12i}T + \varphi_{13i}K_Y + \varphi_{14i}Trade + \sum_{j=1}^{k} \varphi_{1i(4+j)}S \times M_{ij} + \upsilon_{1i}$$

$$(8-23)$$

$$Y_{2it} = \varphi_{21i}Y_{t-1} + \varphi_{22i}S + \varphi_{23i}K_Y + \varphi_{24i}Trade + \sum_{j=1}^{l} \varphi_{i(4+j)}T \times N_{ij} + \upsilon_{2i}$$

$$(8-24)$$

其中，M_{ij} 和 N_{ij} 均为门槛变量 i 的第 j 个门槛值，i = 1，2；$S \times M_{ij}$ 为科学产出与小于门槛变量 i 的第 j 个门槛值的交乘项；$T \times N_{ij}$ 为技术产出与小于门槛变量 i 的第 j 个门槛值的交乘项；k，l 为门槛值个数；υ 为随机干扰项。

样本数据来自《中国统计年鉴》和《中国科技统计年鉴》中除西藏、重庆以外的 29 个省级面板数据。考虑科学与技术在促进经济增长过程中均存在滞后效应,科学、技术产出变量样本期为 1993～2011 年,其余变量样本期为 1996～2014 年。为消除价格因素影响,人均 GDP 以各省 GDP 指数平减,资本支出类变量用各省固定资产投资指数平减,以 1996 年为不变价格。

2. 实证结果及解读

(1) 科学与技术耦合强度和耦合成本率的门槛值估计。本节使用 Stata 12.0 软件编程来进行自抽样门槛检验。由表 8 – 4 可得,以科学产出或以技术产出为解释变量,耦合强度均有两个门槛值,分别为 0.399 和 0.565。虽然耦合成本率的第 3 个门槛值均显著,但其在小于 5% 显著性水平下的临界值构成的区间存在重叠现象,因此耦合成本率只有两个门槛值。

表 8 – 4　　　　科学与技术耦合强度和成本率的门槛值估计结果

解释变量	耦合强度 COU 的门槛值		耦合成本率 υ 的门槛值	
以科学为解释变量	估计值	95% 置信区间	估计值	95% 置信区间
门槛值 1	0.565 **	[0.565, 0.565]	10.636 ***	[10.500, 10.636]
门槛值 2	0.399 ** 0.565 **	[0.258, 0.399] [0.558, 0.565]	1.373 *** 10.636 ***	[1.310, 1.373] [10.500, 10.636]
门槛值 3	0.368	[0.218, 0.493]	2.508 **	[2.452, 12.768]
以技术为解释变量	估计值	95% 置信区间	估计值	95% 置信区间
门槛值 1	0.565 ***	[0.544, 0.594]	10.636 ***	[10.500, 10.636]
门槛值 2	0.399 ** 0.565 **	[0.338, 0.430] [0.558, 0.592]	1.373 *** 10.636 ***	[1.310, 1.373] [10.500, 10.636]
门槛值 3	0.266	[0.218, 0.493]	16.434 *	[2.507, 16.850]

(2) 命题的检验。表 8 – 5 的回归 (1) 中,变量 S_11、S_12 和 S_13[①]

---

① 变量 S_11、S_12 和 S_13 分别表示当耦合强度区间分别为 [0.110, 0.399)、[0.399, 0.565) 和 (0.565, 1.331] 时的科学产出水平,且分别表示在技术化强势路径、科技化强势路径和科学化强势路径下的科学产出水平。

系数表明，当 COU $\in$ [0.399，0.565] 时，科学对经济增长有显著促进作用；当 COU $\in$ [0.110，0.399) 或 COU $\in$ (0.565，1.331] 时，科学对经济增长有显著消极影响，且科技化强势路径下科学对经济增长的影响程度最大。回归（2）表明，在以 COU 划分的不同耦合路径下，技术对经济增长有显著积极影响，且 COU 越大，该积极影响越弱[1]，即技术化强势路径下技术对经济增长的影响程度最大。回归（5）中，变量 S_21、S_22 和 S_23[2] 的系数表明，当 v 较高时，科学对经济增长的影响不显著或显著为负；当 v 较低时，科学对经济增长有显著积极影响。回归（6）表明，当 $v \in$ [0.401，1.373) 和 $v \in$ [1.373，10.636] 时，技术对经济增长有显著积极影响；当 $v \in$ (10.636，171.000] 时，技术对经济增长的影响显著为负[3]。

表 8 - 5　　　　以科学或技术为解释变量情形下 COU 的门槛检验
得到的固定效应回归结果

变量	回归（1）		回归（2）		回归（3）		回归（4）	
Y_{t-1}	1.146 ***	1.122 ***	1.140 ***	1.115 ***	1.136 ***	1.111 ***	1.139 ***	1.114 ***
T	0.011 ***	0.006 **			0.007 **	0.003		
S			0.091 *	0.105 ***			0.046 *	- 0.056 ***
K_Y	0.021 ***	0.208 ***	0.026 *	0.216 ***	0.027 ***	0.213 ***	0.032 ***	0.220 ***
K_O		0.005 ***		0.005 ***		0.005 ***		0.005 ***
TRADE	1.148 **	0.858 *	1.039 ***	0.739	1.185 **	0.897 *	1.085 *	0.790
S_11	- 0.004 **	- 0.007 **						
S_12	0.047 *	0.049 **						
S_13	- 0.165 ***	- 0.177 ***						

---

① 变量 T_11、T_12 和 T_13 分别表示当耦合强度区间分别为 [0.110，0.399)、[0.399，0.565] 和 (0.565，1.331] 时的技术产出水平，且分别表示在技术化强势路径、科技化强势路径和科学化强势路径下的技术产出水平。

② 变量 S_21、S_22 和 S_23 分别表示当耦合强度区间分别为 [0.401，1.373)、[1.373，10.636] 和 (10.636，171] 时的科学产出水平。

③ 变量 T_21、T_22 和 T_23 分别表示当耦合强度区间分别为 [0.401，1.373)、[1.373，10.636] 和 (10.636，171] 时的技术产出水平。

续表

变量	回归（1）		回归（2）		回归（3）		回归（4）	
T_11			0.152 ***	0.146 ***				
T_12			0.068 ***	0.073 ***				
T_13			0.004 *	0.0006				
S_x_COU1					0.059 ***	0.050 ***		
S_x_COU2					− 0.117 ***	− 0.128 ***		
T_x_COU1							0.070 ***	0.055 ***
T_x_COU2							− 0.004 *	− 0.009 ***
Adjust − R2	0.9977	0.9980	0.9976	0.9979	0.9976	0.9977	0.9975	0.9978

回归（3）反映 $S \times COU(COU < \overline{COU} = 0.399)$ 对经济增长影响显著为正，$S \times COU(COU > \overline{COU} = 0.565)$ 对经济增长影响显著为负。回归（4）表明，从属于技术化强势路径的省份可以通过提高 COU 来提升技术对经济增长促进作用，但从属于科学化强势路径的省份需要通过降低 COU 来提升技术对经济增长作用。因此，科学、技术均能通过技术化强势路径来显著促进我国经济增长，却无法通过科学化强势路径来促进我国经济增长。

综上所述，科技化强势路径是提高科学对经济增长影响的最优路径，技术化强势路径是提高技术对经济增长影响的最优路径。由于科学的非营利性及其缺乏市场激励，提高科学对经济增长贡献的目标具有长期性，因此我国要以技术化强势路径作为短期快速提高我国经济增长的最优路径，并促成科技转化，同时以科技化强势路径作为促进我国经济长期持续增长的最优路径。由此，命题 1 和命题 2 得证。

（3）我国目前科学研究和技术研究部门存在的问题。过去我国政府主要以引进国外先进技术的方式促进经济的增长，但这种方式不能从根本上提高创新管理效率。回归结果表明，①科学研究"短板"源于科技转化强度有偏颇或耦合成本率较高的省份，这些省份的科学对经济增长影响显著消极或不显著。首先，由于加快技术化进程是促成资本累积并推进科学化进程的重要前提，因此科学化偏颇省份的资本短缺且其技术化进程的发展也较迟缓，导致经济增长水平相对落后；虽然技术化偏颇省份能够累积资本，但这些省份忽视了对科学化进程的再投资，导致科学对经济增长有消极影响。其次，科学化进程的发展需大量资本支撑，且难以累积资本，因此科学对经济增长的影响对资本的过度再投入较敏感。②技术研究"短板"源于技术"冗余"导致的较高耦合成本率的省份，这些省份的技术贡献很小，只有通过适当降低耦合成本率，才能解决技术对经济增长消极影响的困境。

为解决"科技研究短板"问题，选择适当的耦合成本率是关键，政府部门在此过程中起到重要作用。回归（7）和回归（8）（见表8-6）表明我国政府提供的机制设计服务成本偏高，一方面反映我国目前政府人员比重偏大，另一方面反映政府人员的知识结构偏窄、工作激励不足等问题，导致耦合成本率的增加不能有效促进科学对经济增长影响。为提升技术对经济增长影响，政府部门的机制设计服务成本存在两类影响效应：部分省份的机制设计服务成本偏高，且是由技术"冗余"导致的，较高耦合成本率阻碍了技术对经济增长影响，无法为科学化进程的发展累积足够资本。虽然另一部分省份耦合成本率也高，却是由科学"冗余"导致的，耦合成本率提高及资本的再投入有效促进了科学技术化进程的发展，促成了资本累积，因此该部分省份的机制设计服务成本的提高有利于提升技术对经济增长影响。

表8-6　　　　　以科学或技术为解释变量情形下 v 的门槛检验
得到的固定效应回归结果

变量	回归（5）		回归（6）		回归（7）		回归（8）	
Y_{t-1}	1.128 ***	1.125 ***	1.126 ***	1.129 ***	1.104 ***	1.100 ***	1.125 ***	1.126 ***
T	0.007 **	0.006 **			0.010 ***	0.012 ***		
S			-0.162 ***	-0.109 ***			-0.147 ***	-0.168 ***
K_Y	0.181 ***	0.229 ***	0.181 ***	0.200 ***	0.190 ***	0.230 ***	0.188 ***	0.211 ***
K_0		0.005 ***		0.005 ***		0.004 ***		0.005 ***
TRADE	1.408 **	1.049 **	1.050 **	0.860 *	1.254 **	0.901 *	1.048 **	0.964 **
S_21	0.052	0.057						

续表

变量	回归（5）		回归（6）		回归（7）		回归（8）	
S_22	0.190 ***	0.206 ***						
S_23	-0.158 ***	-0.519 ***						
T_21			0.004 **	0.077 **				
T_22			0.150 ***	0.048 ***				
T_23			-0.106 ***	-0.004				
S_x_V1					-0.002 ***	-0.002		
S_x_V2					-0.139 ***	-0.289 ***		
T_x_V1							0.133 ***	0.151 ***
T_x_V2							-0.112 ***	0.003
Adjust-R2	0.9981	0.9983	0.9981	0.9983	0.9978	0.9979	0.9981	0.9982

回归（1）~回归（8）中，由引入"科技三项费用"变量前后的回归结果对比来看，相较不同耦合路径下科学、技术产出对经济增长的影响程度而言，科技三项费用对经济增长的影响程度整体上较弱，且引入该变量后，不同耦合路径下科学、技术产出对经济增长的影响程度整体变化不大。由此，命题 3 得证。

虽然刘宁（2013）研究发现技术对经济增长贡献显著，且技术成果的利用效率有待提高，黄远浙等（2013）研究也发现科学主要通过技术间接作用于经济增长，其直接效应较弱，但本节的研究结果进一步表明技术对经济增长的显著贡献主要源于科技发展表现为科学化强势和科技化强势路径的省份，其技术对经济增长均有显著积极影响，但科技发展表现为技术化强势路径的省份，其技术对经济增长有显著消极影响，同时，科学作用于经济增长的直接效应较弱应归因于科技发展表现为技术化强势和科学化强势路径的省份，其科学对经济增长有显著消极影响。因此依据这些省份所表现的耦合路径特性来改进科技政策，从而提高这些省份技术对经济增长的促进作用，正是提高技术成果利用效率的思路所在。

第四节　创新科技体制驱动经济发展新动力的路径与政策选择

一、改革与优化产业结构提升经济发展质量

改革开放至今，我国三大产业发展取得了巨大成就，产业结构总体改善，经济发展方式不断改进。但相比发达经济体，我国产业发展水平差距较大，产业体系现代化程度不高，产业结构失衡及产能过剩问题突出，劳动生产率和产能利用率偏低。因此，通过改革与优化产业结构来提高经济发展质量，从而驱动经济持续健康发展的任务依然艰巨。

第一，改造升级传统支柱产业，大力发展先进制造业和高科技产业。传统制造业由于生产设备陈旧、生产技术落后和工艺水平偏低，普遍存在高投入、高消耗、高污染和低效益等问题。而先进制造业和高科技产业具有产品质量好、技术含量高、资源消耗低、环境污染少以及经济效益高等优势，是驱动经济高质量发展的重要动力。因此，一方面应加快改造升级传统支柱产业的生产工艺、技术及设备，淘汰落后的高能耗生产设施，并加大力度研发节能降耗的绿色技术；大力扶持先进制造业和高科技产业的发展，结合地区实际给予相关产业在土地、资金、人才、税收和行政审批等方面的政策倾斜及支持。另一方面应逐步淘汰落后产能，提高高能耗和高污染项目的准入条件，对于新建项目必须按照资源节约、环境友好和绿色生产的标准进行筛选，并以现有支柱产业为依托，延伸产业链实现产品深加工，从而推动传统支柱产业迈向高端化发展。

第二，加快农业现代化进程，支持发展生态农业。农业是第一产业的核心内容，当前我国农业存在明显的机械化和专业化程度低、经营规模小且分散、对农药化肥依赖性大，以及农业生产率不高等问题。因此，应加强农业科技创新力度，加大农业技术基础研发投入，研制优良品种以替换劣质品种，科学引进现代农业技术，科学利用生态工程技术、生物工程技术和遗传基因

技术助推农业转向技术密集型，减少农药化肥的使用，从而提高农产品质量和农业生产率。同时，探索建立农业产业化和规模化的发展模式，促进农业专业化分工和市场化进程，缓解农村剩余劳动力就业问题，种植具有地方特色的绿色农产品和发展生态农业旅游，从而改善农业结构和农业效益，提高农村生态环境质量和农民收入水平。

第三，积极发展现代服务业，推进服务业扩量增质发展。服务业对自然资源依赖性低，对生态环境破坏较小。当前我国服务业已成为国民经济第一大产业，并呈现不断上升的趋势，但同时存在结构性失衡、创新能力不强、有效供给不足、劳动生产率不高，以及绿色化程度偏低等问题。因此，应以供给侧结构性改革为契机，重点调整升级服务业结构，形成以知识和技术密集型为核心的现代服务业体系；改革服务业体制机制，消除制约服务业现代化进程的制度性障碍，构建科学规范、公开透明、成熟高效、运行稳定的现代服务业制度体系。同时，着重发展教育、健康、旅游、通信、金融、交通运输等服务业，加大对创新服务供给、提高服务质量的财政投入，鼓励民间资本进入公共服务与市场化服务领域，从而增强服务业对经济发展的驱动作用。

二、加大科技创新力度驱动经济发展

近年来，随着我国经济社会的高速发展，科技创新力度也随之不断加强，但相比于发达国家，我国在科技创新的研发经费投入及其监管力度、科技资源配置和科技资源效率等方面还存在较大差距，亟须采取科学措施加以解决。

第一，制定相应的政策保证充足的研发经费投入，以增强我国科技创新能力，提高我国科技水平。一是国家应出台政策要求各省份根据自身实际情况设定本地区 GDP 中的研发经费投入比例。各省份应根据其经济发展和科技创新实力，根据其每年的经济总产值按一定比例预留研发投入经费，在需要时投入使用。二是加强对中部和西部科研实力薄弱地区的科技扶持力度，缩小科技创新活动的空间差异。一方面应加强中央转移支付的力度，发挥中央财政对这些地区的科技扶持作用，降低这些地区科研经费申请门槛，一些重大科研机构、国家重点建设项目等向落后地区转移，从而带动落后地区的研发活动的开展；另一方面建立一套合理的技术流通机制，使落后地区能低成本运用到发达省域的先进技术，实现科技成果在空间上的成功扩散。三是激励企业、科研院所、高等院校等经济主体的创新行为。制定有效的激励措施激发企业的创新积极性，如对于科技投入经费较多的企业进行相应的减免税负或加大对企业科技成果的奖励等。

第二，加强对研发投入经费的监管力度，使研发经费能真正产生科研成果，促进经济持续健康发展。一是投入的研发经费真正用于研发活动上，对于套用、挪用研发经费的当事人应进行严厉的经济制裁和法律惩罚，具体而言就是各省份应该设置专门的研发投入经费监管部门，及时审核、监督和跟踪研发投入经费的具体使用情况，保证专款专用，提高研发投入经费的使用效率；二是管理部门应尽量保证研发经费投入有研发潜力、科研实力的人和机构，确保研发经费的投入产出效率，杜绝研发经费发放过程中的寻租等腐败行为；三是科研管理部门应引导研发经费往节能环保、清洁生产技术等项目倾斜，使研发经费的投入真正能促进经济发展质量提升。

第三，优化科技资源配置，提高科技资源效率。长期以来，我国科技资源配置不合理，导致科技资源利用效率极低。各地区应采取有效措施，优化资源配置，开创以技术创新提升区域包容性绿色增长的道路。一方面，应统筹高等院校、中科院等科研机构的科技资源，合理引导技术创新要素优化组合，建立以企业为主的创新体系，开展"企业技术创新工程"，建立产业技术创新联盟。另一方面，建立完善市场机制，加强科研机构与企业间的信息沟通，以市场需求引导科技创新，促进科技成果转化；建立和完善激励约束机制，激发研发人员积极性，切实转变我国研发人员多但科研成果少的窘境。

三、科学创新与技术创新耦合发展驱动经济发展

第一，从短期来看，政府应将科研投入适度地向科学研究倾斜，适度提高科学研究人员的待遇及社会地位，以实现耦合成本率的适度增加，从而增强技术对经济增长的促进作用。从长期来看，政府部门应通过提高孵化园、科技园等园区的运行效率，整合人力、物力资源，减少资源配置的物质成本

和时间成本。通过简政放权，剔除低效率部门，缩减不必要开支，扩大财政支出中的科技研发支出份额，同时重视人力资本的有效配置，特别是人力资本在生产部门、科学技术研究部门和金融服务部门间的有效配置，来降低耦合成本率，从而挖掘科学技术促进经济增长的巨大潜力。

第二，为实现科学强势良性路径，政府要以完善科学技术化进程为落脚点。为高校和科研机构的学术资源整合构建资源共享平台，强化基础研究、前沿研究和社会公益性研究，以构建知识创新体系建设；为科学研究成果的有效转化完善相应的评估机制和激励机制，鼓励创新资源配置和高端创新要素向创新主体流动集聚，以构建科技一体化创新体系。为此，政府部门应实现科研管理职能转变，具体表现为：由督促并评估高校的学术研究活动及监管企业的引进消化吸收活动的科研管理职能，转变为以完善科研成果的同行评议机制及成果转化的激励机制为主导，以构建企业技术研发成果的科学化机制为辅的创新服务职能。

第三，为实现科技中立良性路径，政府应加大技术研发投入力度。培育尖端高层次技术人才，将对科学技术转化进程的评估纳入中长期科研考核评价体系，以完善科学技术化和技术科学化进程，从而增强二者的耦合度。为此，政府部门应实现职能升级：不仅要分别实施高校及企业的资本投入产出评估机制，还要构建科技转化进程评估体系；不仅要实施资本在科学和技术研究活动间的投入机制，还要设计资本在两种研究活动间的配置机制，为提升我国长期持续的经济增长奠定扎实的基础，促使我国的创新模式由模仿创新逐渐向自主创新转变。

四、产业和科技融合发展、科技与经济融合发展驱动经济发展

第一，提高科技政策与产业政策、财税政策、金融政策之间的协调度。强化政府间科技管理协调机制，完善统筹协调的科技宏观决策体系。推进科技项目和经费管理改革，尤其是增加基础研究领域的固定投入比重。结合产业结构调整升级的需要，引导科技资源向战略性新兴产业、传统产业升级改造等领域倾斜。落实财税优惠政策，提高企业技术创新的利益激励。完善多层次金融体系，防范与化解系统性风险，引导包括社会资本在内的各类资金

要素向创新型企业流动。加大政府采购等需求政策措施力度，辅助提高创新型企业的市场生存能力。加速各类金融产品与服务创新，灵活利用金融市场机制分摊中小企业的技术创新风险。

第二，加速各类科技创新体系建设，解决好科技与经济发展之间衔接问题。首先，增强科技创新与经济政策的协调关系以不断促进经济发展。一方面，政府应着力于改善制度环境与完善公共服务体系；另一方面，加快科技中介服务机构体系的发展，规范完善并发展技术转移中心、科技创新孵化器等科技中介机构。其次，重构公益性技术中介机构，承担企业不愿承担的公益职责。深化地方科研院所的改制，对科研院所进行分类管理，加大支持力度。最后，借鉴国外产学研合作的成功经验，结合我国的国情创新产学研合作模式，构建产学研合作的长效机制，建立产学研联盟的组织运行机制，鼓励各类创新资源、创新要素自由流动。

第三，完善科技管理工作制度，统筹科技创新与产业发展的融合。首先，完善科技管理工作绩效评价体系。针对不同类型的科研人才、创新人才进行分类管理，制定不同的评价体系。依据不同的创新项目、创新活动建立合理的评价标准。重点加强在创新绩效上的考核，以定量的论文和专利作为考核参考基础，重点加强创新合作、创新实际运用情况等定性方面的评估。此外，应将科研人员的学术道德规范列入考核体系，建立公平公正的考核文化。其次，提高科技管理工作能力与效率。首先要保障科研经费的充足，建立良性的激励体制。这是科技管理工作的立足点。立足世界发展前沿，根据国情与区域发展特色制定各项研究目标，包括基础研究与重点领域，以解决社会经济发展的实质性痛点与难点。建立相应的协调机制，统筹各类型研究，尽量在相同领域内平等分配创新资源，避免恶性竞争，提高科技创新研究的效率与效果。最后，完善科技管理经费制度，增加科技管理经费使用效率评价指标。在第三方审计监督制度基础上完善科技管理经费制度。采用网络申报、经费使用、项目验收等方式，逐步建立科技管理工作网络公开制度，增强公正性和透明度。在科技管理经费中增加使用效率的评价指标，只要是合理用于项目开支，并合法合规，允许一定比例的经费根据项目使用情况，进行弹性补充说明。

五、科技成果转化激励制度设计与科技体制创新驱动经济发展

第一，推动政府在科技发展中的职能转变，激发科技创新主体积极性。明确政府与市场之间的关系，让市场配置创新资源起决定性作用，政府主要从管理和服务上突破创新。特别是在微观市场，政府应减少干预，针对不存在市场失灵的环节应逐步退出。在技术创新市场失灵环节，要充分发挥政府的引导作用。通过坚持深化改革与制度创新，政府不断在职能上突破创新提供高质高效的管理服务，全面激发各类创新主体的创新动力和创造活力。此外，政府作为创新搭台人，在评价考核中，应引入技术创新指标作为官员考核的标准，逐步扭转当前仍旧单一依赖投资驱动发展模式的评价标准。

第二，完善金融创新体系，加速科技成果孵化与转化。鼓励包括社会资本在内的各种新型金融服务创新主体参与科技创新，完善金融体系，提高金融体系与科技创新的协同程度。金融资本是科研成果走向市场化的催化剂，能否快速实现科技成果转化，完成项目孵化成功，很大程度上取决于是否有金融资本支撑。充盈的全球风险投资资本和多形态的直接融资市场是硅谷成为世界高新技术创新和发展的中心最重要的内在因素之一。因此，在国家政策允许与鼓励的框架下，应加大制度创新力度，鼓励支持金融创新与科技创新的融合，提供多维的金融创新服务，研发多样化的金融创新产品，降低科技创新成本和市场风险，加大科技成果转化率，加速优质项目孵化。

第三，加快建立以企业为主体主导产业技术创新的体制机制。首先，全面加快和推进要素市场化改革，促进各类型创新要素不断向市场主体汇聚，激发企业在技术研发投入中的积极性。其次，完善知识产权制度，加大知识产权保护力度，使企业通过技术创新能得到合理的市场报酬。再次，培育各类型拥有自主知识产权的龙头企业，让不同所有制企业公平分享科技资源。最后，鼓励企业建立自主的大型研发机构，落实企业研发费用税前抵扣等优惠政策，对技术创新型企业进行科技奖励，鼓励企业牵头国家重大科技项目，并相应减免国家科技项目的营业税费等。

第四，完善科技创新评价标准，引导人力资源要素向科技创新领域流动。首先，完善现有的科技成果鉴定机制，针对不同类型的科技成果，创建多元

化的科技成果评价标准体系；完善科技创新绩效评价标准，建立和完善"同行评议制度"。其次，建立促进创新需求的激励机制，改革科技创新奖励机制，有效激励在重点领域、基础研究、社会公益性研究方面有突出共享的创新企业、创新团队及个人。然后，鼓励产学研合作中，大学和科研院所走内涵式发展道路，注重科技资源配置的效益，提高科学产出的效率，完善创新人才的选拔与考核机制，加强科技创新人才梯度式培养。最后，引导人力资源要素向科技创新领域流动，激发青年科技人员的创新热情，不断培育企业家创新精神，倡导创新意识。

第九章

优化政府公共民生制度供给结构
驱动经济发展新动力研究

依据唯物历史观和马克思主义政治经济学基本原理，劳动者是生产力中最具有革命性的因素，也是经济发展的活的动力源泉。要推动经济持续健康发展，则必须全面深化经济体制改革，优化政府民生制度供给结构，促进社会公平正义、增进人民福祉。因此，供给侧结构性改革过程中，要进一步加强和优化政府民生制度供给结构，增进公平正义，使人民能够真正享受发展成果。

鉴于此，本章在前面研究的基础上，以"民生改善"为根本出发点，将"公平—效率"新常态关系作为基本目标，基于包容性发展分析框架，运用历史演进、比较制度等分析方法，探索优化政府公共民生制度供给结构驱动经济发展制度公平新动力的动态关系、制度基础与政策选择。具体内容安排如下：

首先，我们在明晰包容性经济发展公平新动力现实内涵的基础上，厘清政府公共民生制度供给结构与包容性经济发展公平新动力的内在逻辑联系与动态关系。其次，我们基于历史演进视角系统地梳理了政府公共民生制度供给结构的发展脉络，并从中提炼我国不同时期政府公共民生制度供给结构的矛盾问题及其体制机制成因。再次，我们以优化社会公平竞争环境和改善民生为导向，通过明晰当前我国民生制度供给之缺憾，探索政府公共产品与服务的公平性、普惠性制度设计。最后，回眸与反思我国教育、医疗、就业、土地、住房、养老等领域的民生政策，以包容性发展理念为指引，提出优化当前民生政策的相关建议。

第一节 政府公共民生制度供给结构与包容性
经济发展公平新动力动态关系

民生是人民幸福之基、社会和谐之本，关乎广大人民群众的幸福生活。为人民服务始终是中国共产党的根本宗旨，党的十九届四中全会指出："要坚持和完善统筹城乡的民生保障制度，满足人民日益增长的美好生活需要"。即强调通过优化政府公共民生制度供给结构促进社会公平正义、增进人民福祉，使广大人民群众能够真正获得发展机会、享有发展成果。改革开放以来，我国经济凭借制度革新、"人口红利"与大规模要素投入取得了举世瞩目的"增长奇迹"。但不容忽视的是，我国在粗放型高速增长方式与非均衡改革发展战略的驱动下经济高速增长的同时也引发了如收入差距扩大、社会不公平加剧等包容性问题。因此，在我国由高速增长阶段转向高质量发展阶段的关键时期，厘清政府公共民生制度供给结构与包容性经济发展公平新动力动态关系更显迫切。

一、包容性经济发展公平新动力的现实诉求与具体内容

包容性经济发展是一种既强调增长结果又强调增长过程的发展理念与发展模式。一方面，要求发展具有可持续性；另一方面，则要求经济社会发展具有协调性。与"共享"发展理念相类似，包容性经济发展同样强调机会平等与成果共享，基本要义包含有：经济增长、权力获得、机会平等、福利普惠四个方面。具体来说：首先，包容性经济发展是人人都有机会发展、人人享受发展成果的发展模式；其次，包容性经济发展不仅强调本国领域内的协调发展，还强调世界范围内各国、各民族的协调发展；再次，包容性经济发展是各种文明成果相互借鉴、兼收并蓄的发展；最后，包容性经济发展强调"天人合一"，人与自然和谐共处。

学者们审视了此前世界范围内"唯效率论"的经济增长理念，并结合发展中国家存在的发展不平衡、收入差距拉大、局部贫困严重等现实问题，认

为传统经济增长理念无法实现经济长期稳定增长。因此，世界银行等机构强调应当将包容性经济发展理念作为实现经济可持续发展与分配公平的指导思想与第一路径。

基于公平视角，包容性经济发展的实现应当包括：一方面，以经济发展水平为基础，以公平就业为手段促使人人享有经济发展成果；另一方面，以减少贫困为主要目标，以加强机会平等、增加机会获取方式、建立健全社会保障体系为主要方式。具体来说，内涵有公平的包容性经济发展新动力应当包含以下几部分：

第一，关于包容性发展的本质特征、核心问题、价值取向和体制机制的分析。立足于我国以发展失衡、收入分配不均公平为突出矛盾的国情。包容性发展理论侧重从如何协调利益分配、如何实现社会主义生产目的与共同富裕的角度出发，将生产力和生产关系的发展改革进行有机结合，以不断保障和改善民生作为发展导向，以转变发展方式为根本途径，对包容性发展的本质特征、核心问题、价值取向进行定义。在此基础上，侧重从转变发展方式，增强改革发展的系统性、协调性和顶层设计性的视角下，寻求包容性发展中能够促进利益协调与兼容、提升民生福利与经济协同发展的体制机制。

第二，包容性发展的理论逻辑基础。由西方经济发展理论、福利经济学、机制设计理论出发，以马克思的人本经济发展理论为基础，实现社会主义生产目的为导向，在大综合中以构建生产方式为逻辑基础，探究以生产方式变革为核心的包容性发展理论和如何构建生产方式、人的本质属性、偏好行为之间的互动演化分析模型。

第三，包容性发展的影响因素和实现路径。以马克思主义人的自由全面发展为基础，侧重从 GDP 崇拜、机会不均、贫富差距、体制制约、国际霸权主义等方面分析制约包容性发展的因素。其次，从利益关系失衡的角度出发，从体制机制完善、产业空间优化、代际均衡、全球利益均衡四个方面寻找实现包容性发展的实现途径。在此基础上，探究优化政府公共民生制度供给结构以实现包容性发展的可行性。

二、政府公共民生制度供给结构与包容性经济发展公平新动力的理论联系

包容性发展的视角是以马克思主义人的自由全面发展为理论基础的，以发展失衡与收入分配不公平为现实背景，以"GDP 崇拜"、机会不均、贫富差距、体制制约作为影响因素，探究我国公共民生领域中发展不平衡不充分的社会问题。反思政府公共民生制度供给结构设计中存在的公平性、可持续性问题，从而为解决公共民生领域中资源分配不均、改革工作质量性不足、制度设计本身局限性等问题提供思路。以民生改善作为价值取向，用包容性发展的眼光看待我国公共民生领域的发展，与我国公共民生领域改革工作中保障和改善民生的价值取向相符。包容性发展的根本实现途径在于转变发展方式，包括完善体制机制以优化居民收入分配、产业空间优化以推进公平经济增长、代际均衡发展以求可持续发展等。该思路运用在公共民生领域的具体解决路径，即以转变发展方式，寻求高质量发展为全局思路，优化政府公共民生制度供给结构，实现公共民生资源分配的均衡化，确保公共民生领域的公平性、协调性、系统性、可持续性发展。政府公共民生制度供给结构旨在构建起受众机会平等、发展成果共享的制度安排，兼具改革系统性、公平性、顶层设计性的制度安排，这与包容性增长中寻求促进利益协调与兼容、支持民生福利与经济协同发展的体制机制相符合。政府公共民生制度供给的目标在于确保人人平等地拥有获得感、幸福感，符合包容性发展的机会平等、发展共享的本质特征，其在公共民生领域中的利益协调配置也符合包容性发展中利益关系协调的核心问题。因而包容性发展中关于社会生产力与生产关系相统一的生产方式、偏好行为与制度互动演化模型同样能够运用在公共民生领域中利益的协调与兼容、民生福利的改善及与经济协同发展的系统整体性改革工作中。

由上可知，政府公共民生制度供给结构与包容性经济发展公平新动力的动态关系在于：政府公共民生制度供给结构优化能够促使经济发展更具有包容性，用包容性经济发展的视角看待公共民生领域的突出矛盾、制度设计局限、改革发展失衡等问题能够更有效地解决实际问题。政府公共民生制度供

给结构的演进与包容性发展之间具有系统整体性，存在协调发展、互为促进、互为补充的共同发展趋势（周小亮，2012）。包容性发展理论与公共民生领域的逻辑关系如图9−1所示。

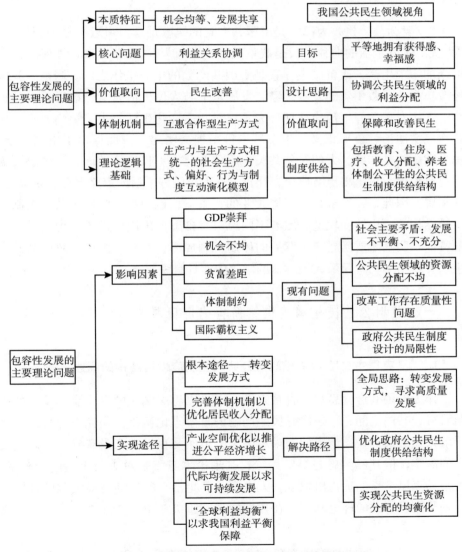

图9−1 包容性发展理论与公共民生领域的逻辑关系

第二节　政府公共民生制度供给结构的历史演变、矛盾问题与体制机制成因

"立党为公，执政为民"是中国共产党的执政理念。习近平总书记指出："人民对美好生活的向往，就是我们的奋斗目标"①。长期以来，为保障人民群众的幸福生活，改善民生一直是中国共产党的中心工作之一。当前，我国经改革开放后数十年的发展，经济发展水平与人民生活质量已取得极大的提高。人民对于美好生活应被理解为不仅对物质文化生活提出了更高要求，而且在民主法治、公平正义、生态环境等精神文明建设方面提出了更高要求。民生问题亦是如此，人们对公共民生服务的要求不仅是覆盖面全，更要覆盖得更有深度、覆盖得更有质量，让自己在追求美好生活的道路上更有获得感、幸福感。因此，在经济社会环境改变的背景下，梳理我国政府公共民生制度供给结构的历史演变轨迹、厘清不同历史背景下民生制度供给结构的矛盾问题特征、明晰矛盾问题产生背后的体制机制成因，对于我国优化政府公共民生制度供给结构、保障人民群众的幸福生活具有重要意义。

一、政府公共民生制度供给结构的历史演变

1. "马克思主义"中关于政府公共民生制度供给结构的阐述

作为中国共产党思想的直接来源，以马克思主义人的自由全面发展的视角看待公共民生问题，是研究民生问题的重要理论基础。马克思一直致力于了解人民的疾苦，同情人们的艰难困苦，虽然马克思主义没有确切地表述民生的内容，但其民生思想贯穿始终，其理论本身就是对于民生理论的解读。人是马克思主义的理论出发点，人本身改善生活、实现利益最大化的理性选择是马克思主义的理论基石。在长期的无产阶级斗争与实践中，马克思主义

---

① 习近平在十八届中央政治局常委同中外记者见面时的讲话，参见《十八大以来重要文献选编》（上），北京：中央文献出版社，2014.

以无产阶级的诉求为出发点研究民生问题，把民生问题作为无产阶级革命的重要问题。其中，按照历史唯物主义的角度看待改善民生，其逻辑主体在于人民群众。人民是推动社会发展和历史进步的主体，而社会发展和历史进步的本质是物质资料的生产和再生产，对价值的追求在于满足人民生活的需要。在马克思主义视角下，改善民生的根本上是一个历史唯物论的命题：民生就是人民的生机，是维持生存的最基本要求，也是生活需要的满足。在此前提下出发，改善民生的首要任务是确保人民的"温饱问题"，然后才是在物质生活和精神层面上的丰富与拓展。马克思主义对于当今我国民生问题的启示仍具有借鉴意义，是我国保障和改善民生、坚定不移走社会主义道路的指路标。对民生领域的重视即体现为我国社会主义制度的优越性，也是我国坚定不移走具有中国特色社会主义道路的题中之意。在新时期下的背景下，决胜全面小康、构建社会主义现代化强国、实现中华民族伟大复兴，正是以保障和改善民生作为根本出发点和落脚点，这也正是中国共产党"全心全意为人民服务"的根本体现。

2. "三民主义"中关于政府公共民生制度供给结构的阐述

在孙中山的"三民主义"中，与经济社会联系最为紧密的就是"民生主义"，主要内容包括平均地权，实现"耕者有其田"。"民生主义"从民众幸福、社会和谐的角度提出了资产阶级革命性的土地纲领，对资产阶级中"私有财产神圣不可侵犯"产生了极大的冲击。在当时所处的时代背景下，中国社会劳苦大众水深火热的生活环境是孙中山所同情的，他的一生都在为广大群众争取社会平等而奋斗。尽管"三民主义"受限于当时的历史条件、阶级没有成为现实，但作为同期最进步的富国强民的思想，"三民主义"确实唤起了人们对于幸福生活的追求向往，推动了中国现代化的进程（李欣广，2018）。而"民生主义"包含了许多关于民生问题的前瞻性思想，对于中国共产党的民生思想的形成和发展产生了重要的影响。

3. 中国共产党关于政府公共民生制度供给结构的阐述

为人民服务始终作为中国共产党的根本宗旨。我国执政党对于民生问题的重视程度之深，从各个时期的政策提法中可见一斑。新中国成立伊始，中国共产党"一切从群众利益出发"的理念为新中国奠定了治国理政的总基调；再到后来，"三个有利于""三个代表""以人为本"以及习近平总书记"坚持以人民为中心"的发展思想，都是在贯彻执政党"为人民服务"的根本宗旨（王守智，2011）。回顾我国改革开放风雨兼程40多年历程，我国经济发展和社会进步的历程，就是不断保障和改善民生的过程，体现了我国关注民生、重视民生的过程。

（1）民生建设的恢复发展。

民生建设的恢复发展是以党的十一届三中全会的召开为起点，完成于党的十三届四中全会。民生建设的恢复时期，我国民生制度设计始终围绕着结束以阶级斗争为中心、以意识形态和思想政治建设作为维护社会主义稳定、发展的决定性力量的指导思想，首要目标是突破"先生产、后生活"的构建思维和制度供给，解决"文化大革命"遗留的一系列社会问题，为后续阶段的民生建设工程奠定了初步基础。民生建设的发展时期，受到了改革开放带来的焕然一新的政治、经济、文化和社会面貌的助推与灌溉，民生建设与改革开放相互促进、协同发展，此时的民生工作的重点是着重解决人民群众的实际生活问题，贯彻以经济建设为中心的发展理念。该时期人民群众的温饱问题和2亿多人口的贫困问题是当时最迫切、最急需解决的民生问题，而通过经济发展水平的提高，是能够带动解决民生问题的。介于当时历史背景的特殊性，我国初步建立起了效率优先且适当兼顾公平的政府公共民生制度，但由于当时正处改革开放发展的起步阶段，政治、经济、文化和社会发展虽然呈现出全新面貌，但由于发展基础相对薄弱，有关民生政策的制度设计仅是解决人民群众的基本生存的迫切需要，具有相当的针对性和单一性，也就是说这一阶段的公共民生制度供给覆盖面不够全面。

（2）民生建设的进一步深化。

随着政治经济体制设计的不断优化，以集中一切社会力量发展经济的价值导向，以建立社会主义市场经济体制为目标，该阶段经济体制的改革深化为民生工程带来了深刻的影响。一方面，人民生活水平不断提高，人民对物质生活的追求不断上升，民生建设必须相应适应生产力，满足社会需要；另一方面，随着改革开放步伐的不断迈进，民生建设拥有了更加良好的政治生态。在新历史起点、新时代条件所带来的机遇和挑战并存的背景下，中国共产党的"民生思想"得到了补充和完善。基于"建设一个什么样的党，怎样建设党"的立场出发，提出"三个代表"重要思想。其中，代表最广大人民的根本利益是"三个代表"重要思想的核心要义，这一理论阐述深刻地揭示了社会发展、党的执政与国计民生三者间的辩证统一关系，即将发展上升到了事关党与国家发展战略的高度，而国计民生作为党能够得以长期执政的基石，是党的生命力来源。这个时期，民生工程被推向了新高度，除了保障人民群众"温饱问题"，开始关注社会就业问题、节约资源和保护环境、收入分配不均、促进人口素质的提升等内容，开辟了建设民生领域的新道路，形成了建设民生领域的新理论。这个阶段的民生理论系统阐述了"为什么要改善民生"和"怎样改善民生"的重大理论问题和实践依据，并结合时代特点，对当时的政策取向和工作部署等方面进行了新发展。该阶段的公共民生制度，相较于前一时期的制度环境、发展逻辑更为成熟，在供给结构上更加多元化，相应的制度安排也在逐渐完善发展。

（3）民生建设的开拓创新。

民生建设的开拓创新是以党的十六大召开为标志。在这个时期，我国社会主义现代化建设，实现了从单纯以追求 GDP 为发展导向的经济发展模式，逐步完成向社会全面发展和进步的"全面小康"的发展模式的转变，逐步完成了从"部分人和部分地区先富起来"向"共同富裕"的社会主义和谐社会的转变，逐步完成了追求单一经济指标向全面、协调、可持续发展的转变。科学发展观的提出，明确"以人为本"的发展导向，是对当时经济社会发展的内涵、要义、本质的创新，把科学发展观落实到与国计民生息息相关的公共民生领域中，把关注和改善民生放在了突出的位置上，将民生领域的发展作为我国经济社会发展的主线，绘制了我国民生领域建设蓝图。民生领域的建设和经济社会发展的相适应，使得我国在民生发展领域的探索中走出了一条具有中国特色的道路。"十二五"规划时确立了把保障和改善民生作为加快转变经济发展方式的根本出发点和落脚点，规划包括：把促进就业放在经济社会发展的优先位置，加强职业、择业观念的培训，提高劳动者的就业能力；提高最低工资标准和退休待遇，调高个税起征点；扩大公共服务的覆盖面，推进均等化。党的十七大报告中强调"加快推进以改善民生为重点的社会建设"，并且明确了在经济发展的基础上，更加注重社会建设，着力保障和改善民生，推进社会体制改革，扩大公共服务，完善社会管理，促进社会公平正义，努力使全体人民学有所教、劳有所得、病有所医、老有所养、住有所居，推动建设和谐社会。这是我国首次系统完整地提出民生领域建设的基础理论，民生问题得以在政府工作中得到高度重视。这个时期的改革工作自觉回应社会变革提出的新要求。该阶段的民生建设象征着我国对民生问题有着更加科学的认识，相较前二时期更注重制度设计在民生发展中的指导性作用。

（4）民生建设进入新时代。

民生建设进入新时期的标志是党的十八大的胜利召开。党的十八大的召开标志着我国经济、政治、文化、社会和生态环境建设"五位一体"全面展开，新时代中国特色社会主义思想是坚持以人民为中心的发展思想，是"使人民获得感、幸福感、安全感更加充实、更有保障、更可持续"的发展思想，我国对民生问题的重视达到了前所未有的高度。在决胜全面建成小康社会、实现中华民族伟大复兴中国梦来临之际，党的十九大报告强调了以人民为中心的发展思想，将促进社会公平正义纳入民生内涵，同时要在经济高质量发展下保障和改善民生，这赋予了民生建设以动态性和发展性。在经济发展转型的过程中，不断保障和改善民生，是转变经济发展方式的根本出发点和落脚点，意味着当前民生工作已经上升到了国家治理层面，提高到实现中华民族伟大复兴中国梦的战略高度上。党的十九大报告中提出："我国社会主要矛盾已经转化为人民日益增长的美好生活需要和不平衡不充分的发展之间的矛盾"。党的十九届四中全会指出，要坚持和完善统筹城乡的民生保障制度，满足人民日益增长的美好生活需要。同时，着重加强普惠性、基础性、兜底性民生建设，保障群众基本生活，建立健全国家基本公共服务制度体系。尽力而为，量力而行，做到幼有所育、学有所教、劳有所得、病有所医、老有所养、住有所居，使改革发展成果更多更公平惠及全体人民。

由此可见，目前的民生发展进入了新时代，在原有社会改革的基础上，民生建设逐渐形成了一定的制度基础，并在这制度框架下进一步动态地发展和完善。而当前的民生工程的建设更注重在制度层面的引导。制度是与人类行为有限理性相联系的调节各种经济、政治利益关系的社会行为规则的集合，其本身是一个"生长"的过程。民生建设在经济社会发展中是不断动态发展的，公共民生的制度安排亦会随着当前民生工作重心的转变而进行相应调整。改革开放 40 多年的风雨兼程，我国在经济社会的发展中取得了举世瞩目的成就，生产力和生产关系极大提高改善、国际竞争力大幅度增强。我国的民生建设取得了一系列有目共睹的成就，人民生活实现了由"解决温饱"到基本上实现"全面小康"、物质资料实现了"从无到有"和"从有到优"的历史性跨越。40 多年来的民生建设是一个逻辑演进的过程，即上述的四个时期是不断发展进步的，可见我国的公共民生制度在逐渐走上越来越高的层次。对于当前新时代下的政府公共民生制度，指的是经济社会发展中直接涉及人的生计和发展问题的制度安排，其制度供给涵盖了公共安全、教育、医疗、就业、住房、养老等与社会生活息息相关的方面。

二、政府公共民生制度供给结构的矛盾问题与体制机制成因

1. 政府公共民生制度供给结构的矛盾问题

民生领域中的矛盾问题，本质上来源于社会主要矛盾中。对于当前社会主要矛盾的清醒判断，能够更好地认识民生问题的主要矛盾与难点重点，更好地指导民生工作的开展。只有对社会主要矛盾作出科学正确的判断，民生领域中的矛盾才能得到缓解，促进实际工作问题的解决，使得民生工作更协调有效地进行。

（1）社会主要矛盾的历史演进。

1956 年，党的八大报告中首次提出社会主要矛盾，"我们国内的主要矛盾，已经是人民对于建立先进的工业国的要求同落后的农业国的现实之间的矛盾，已经是人民对于经济文化不能满足人民需要的状况之间的矛盾"，这一主要矛盾揭示了我国处在社会主义初级阶段的基本国情，因此当时我们能够大力发展重工业；党的十二大中，明确了我国要"建立起具有中国特色社会主义的道路、制度、理论"；党的十三大中，"我国正处在社会主义初级阶段；我们现阶段所面临的主要矛盾，是人民日益增长的物质文化需要同落后的社会生产之间的矛盾"；在党的十九大中，"中国特色社会主义进入新时代，我国社会主要矛盾已经转化为人民日益增长的美好生活需要和不平衡不

充分的发展之间的矛盾"。这是在原有社会主义主要矛盾的基础上，与时俱进地看待新时代社会矛盾问题，经过科学地判断得出的新时代主要矛盾。对于社会主要矛盾的判断，我们也走过弯路，这绝对无益于经济社会的健康发展，只有正确认识社会矛盾，才能够正确地指引、构建和完善我们的道路、制度和理论。

经过改革开放 40 多年的经济社会发展，虽然我国仍处在社会主义初级阶段的国情没有变，仍是发展中国家的国情没有变，但我国的综合实力已经处于世界前列，表明我国社会主义发展进入了新的历史阶段。目前，人民对于美好生活应被理解不仅对物质文化生活提出了更高要求，而且在民主法治、公平正义、生态环境等精神文明建设方面提出了更高要求。民生问题亦是如此。人们对公共民生服务的要求不仅是覆盖面全，更要覆盖得更有深度、覆盖得更有质量，让自己在追求美好生活的道路上更有获得感、幸福感。但是，社会主要矛盾中发展不平衡不充分的问题也在民生领域中有所体现，成为满足人民日益增长的美好生活需要中难以回避的制约因素。

（2）政府公共民生制度供给结构的主要矛盾："不充分与不平衡"。

民生建设经历数十年的发展遗留下了"不充分与不平衡"的问题。"不充分"指的是民生领域中存在的总量性问题。民生领域发展不充分。"不平衡"指的是民生领域中存在的结构性问题。我国经历了经济高速增长时期，经济总量已经达到世界第二的水平，但是由于经济增速过快，社会基础设施、教育住房医疗等公共服务配套设施的发展相对滞后，与人民群众息息相关的教育、住房、医疗、就业等民生工程的发展相对滞后，存在着公共服务总量不足的问题，这说明了民生领域的发展不充分；同时由于改革初期"让一部分人、一部分地区先富起来"的政策刺激，导致经济发展的过程中收入差距不断扩大，区域、城乡、行业间的发展程度存在差异，公共服务覆盖范围内的均等化偏低的问题，这说明了民生领域发展不平衡。

我国经济的高速增长没能同步带动社会各方面协调并进，而人民群众的需求不断地从生存需求转向享受需求、发展需求，不断从物质需求转向政治、文化、社会需求，人民对民主、法治、公平、正义、安全、环境等方面的需求日益增长。这要求当前的民生工作更应注重满足人民群众的多样化需求。

本书认为应当从制度的角度出发考虑问题。良好的制度设计是社会和谐的根基，同时作为民生建设的重要基础。只有构建起合理有效的制度体系，才能为民生领域的建设提供正确的顶层导向。诺思认为，制度是一种激励结构，一种制度激励，好的制度应该可以激励人们发挥他们的创造力，提高他们的生产效率，提高他们的生产效率，有效地运用高技术。相反，坏的制度或者不完善的制度则会阻碍经济、政治、社会发展的步伐。因此完善公共民生制度的制度设计，丰富制度的供给结构，确保公共民生制度的可行性、有效性、充分性、协调性，发挥公共民生制度在民生领域的指导作用，民生领域才能更健康、可持续地得到发展。

2. 政府公共民生制度供给结构矛盾问题的体制机制成因

民生问题是个动态发展的问题，当前的民生建设不再着眼于"人民温饱问题"，而是与人民生活幸福美满、社会和谐稳定联系更为紧密的现实问题。政府公共民生制度已覆盖了与社会生活息息相关的各个领域，例如教育、医疗、住房和养老保险等方面。时至今日，虽然经济社会发展已然站在新的历史起点上，但是鉴于我国仍是发展中国家，依然处在社会主义初级阶段，社会发展中仍存在不平衡不充分的问题，公共民生制度的供给结构仍有优化发展的空间，公共民生制度仍有更为合理安排的余地。从民生问题的矛盾出发，探寻导致其矛盾的体制机制原因，是优化我国政府公共民生制度供给结构的重要出发点。

（1）长期注重"效率优先"的弊病。我国经济发展中过分注重"效率优先"，是以牺牲部分民生福祉为代价的，导致民生领域中的问题日益严峻。我国经济发展的最终目标是为了人民，促进社会中每个人自由全面的发展，不断地保障和改善民生。在相当一段时间内，我国的发展思维受到西方经济学思维的影响。西方社会普遍奉行"资本至上"的观点，注重效率优先、发展优先。马克思认为资本主义经济运行的基本规律是以"效率"为导向的。然而，遵循"效率优先"的逻辑与社会主义市场经济运行规律并不匹配，推崇这一发展理念将为社会发展产生诸多问题（闫莉，2015）。然而，我国目前仍然并将长期处于社会主义初级阶段的情况没有改变，经济发展水平虽然已经达到一定的高度，但是过度地追求 GDP 增长，把作为发展手段的"物质资料生产"与发展目的混为一谈，这导致目前我国城乡二元结构尚未破除、贫富差距过大、自然资源过度开采和生态环境恶劣等问题比较突出。遵循"效率优先"的发展，其代价就是对民生领域的忽视，造成了目前民生领域存在各种弊病的局面，甚至是损害弱势群体的利益、出现经济增长与人民生活改善相悖的情形，严重影响了代际间传递稳定性和社会和谐安定。我国经济发展长期注重"效率优先"而忽视社会公平，以"效率优先"为发展理念，使得教育、社会保障、医疗、住房等公共民生领域矛盾问题突出。以资本主义经济思维指导建设民生领域，极大可能的结果就是产生"资源寻租"，导致民生资本、资源向少部分权贵倾斜，使得普通民众难以享受到发展成果，这明显与社会主义市场体制下的普惠性原则相背离，也与五大发展理念中的"共享"理念相背离。

（2）制度设计的缺憾与政府服务意识的淡化。首先，公共民生制度制定的不足是导致民生领域诸多矛盾的最直接原因。由于我国是社会主义国家，奉行的是马克思列宁主义，所拥护的是社会主义制度，这也是我国坚持社会主义发展的本质不动摇的根本体现，是提高生产力和优化生产关系重要制度基础，是执政党不断保障和改善民生、为人民群众谋幸福、谋福祉的根本保障。但是，在制度设计和制度具体运行的层面存在的一些缺憾，是导致社会矛盾问题较为突出的直接原因。制度是生产关系的范畴，制度如果存在问题则会导致生产关系产生矛盾，民生领域的问题成因亦是来源于此。马克思在论述工人阶级的生存和发展问题时，提出了资本主义制度是导致工人阶级贫困的根源，要从根本上解决他们的生存和发展问题，必须消灭私有制，实现共产主义。

第一，制度集合间的关系存在矛盾，相互间的协调互补性不足。在实际制度运行层面，存在着不同制度间的逻辑上存在冲突、规定的内容出现交叉，这就导致真正执行制度时会使得执行主体产生困惑，使得制度的功能不能得到良好有效的发挥。第二，部分制度设计缺乏公平普惠考量。公平正义应该是社会主义国家所遵循的首要原则，也是社会主义制度的崇高追求。社会主义制度设计的最终目标就是使得利益能够公平有效率地分配在社会成员之间，强调社会主义制度的公平正义也是我国经济社会发展的必由之路。然而，结合我国现实国情以及发展的需要，对发展效益的追求在一定程度上忽视了社会公平，这就不利于民生领域矛盾问题的解决，而且极有可能导致新矛盾的产生。第三，制度运行的效率有待提高。制度运行的效率取决于诸多因素，例如制度本身的设计、制度运行的外部环境、制度执行主体的本身。当这些因素发生问题，就会导致制度执行的效率降低，进而对制度解决问题产生消极的影响。公共民生制度运行效率不足，就会使得民生领域的矛盾问题不能妥善解决，甚至是加剧激化矛盾。

其次，政府服务意识淡化是产生民生矛盾的重要原因。马克思认为，贫困者需要国家进行保护，他们不能以自己的名义来保护自己的阶级利益，一定要别人来代表他们。他们的代表要是他们的主宰，社会地位高高在上的权威，是不受限制的政府权力。英国学者郎特里认为贫困的原因不在于其个人或家庭，而在于社会，济贫并非一种施舍或恩惠，而是国家的责任。

马克思和朗特里的观点均肯定了政府对改善民生的社会责任。社会主义提倡"共同富裕"，让所有社会主体都能够共享发展成果且自由平等地追求个人的人生价值。社会主义认为人民群众推动历史发展的主体，而在这一过程中，确保人民群众的生活保障是根本手段，而拥有这种能力只能是国家。民生问题中的矛盾本质上是社会公共资源的分配与民众利益合理有效协调间的矛盾，政府则是两者间最重要的中介主体，其首要职能就是协调化解矛盾、提供公共服务。政府职能的强弱则是民生水平与民生质量的关键影响因素。当前，社会中产生了更多更高层次的民生诉求，这就要求政府要强化服务职能，提供更好更优的公共服务。在几十年的发展中，我国政府已经从全能型政府转型为经济型政府，注重社会发展的经济效率，忽视了政府公共服务的供给，这就导致民生领域的矛盾问题不被重视。在当前公共民生领域矛盾突出的局面下，政府应该进一步向服务型政府转变。值得肯定的是，服务型政府职能的转变取得了令人可喜的成绩，但是政府责任缺位、错位和越位的情况时有发生，这就要求服务型职能的转型完成度要更高。政府服务意识的淡化将会导致公共服务能力不足，极大阻碍人民群众日益增长的对美好生活的追求。责任意识和服务意识的"缺位"是亟待加强的，同时人民群众对公共服务的诉求渠道较少也是不可回避的，这就导致公众的利益有受到损害的可能。

（3）社会现代化建设转型的阵痛。加强社会建设必须以保障和改善民生问题为着力点，健全基本公共服务体系，促进基本公共服务的均等化，解决好与民众切身相关的、最直接的、最现实的利益问题。民生问题产生有经济、政治等方面的原因，但也是与社会发展状况相联系的。由于我国从传统社会向现代社会的转型，产生许多复杂消极因素，导致公共资源不能得到公平的分配，致使民生问题日益复杂和尖锐。

第一，社会转型过程中不可避免地导致公共利益分配不均。我国民生问题与社会经济结构变迁有着千丝万缕的联系。在社会转型过程中，新旧社会结构因素长期并存，诸多社会制度处于断裂或失灵状态，引起社会结构的震荡和不稳定，导致了就业、收入分配、社会保障等民生问题的产生。同时，各种历史遗留的民生问题的各种负面效应都会突显出来，尤其是在经济发展的攻坚期，各种问题纠结在利益的整合和调节上。这些问题始终与社会经济发展紧密相连，是社会经济发展中不可消除的现象。改革开放以来，我们逐步建立并完善了社会主义市场经济体制，改变过去"大锅饭式"的平均主义分配方式，实行"效益优先，兼顾公平"的分配原则，但政府往往只集中力量发展经济，把经济发展当作是政府的唯一要务，而在扶贫、救灾、社会保障等社会公共事业方面的投入较少，导致民生发展滞后，呈现社会结构失衡的状况。同时，我国城乡二元结构的状况也没有发生根本改变。中国的城乡二元结构的核心是以户籍制度为代表的城乡隔离制度，使城乡居民具有不同的身份制度和社会福利制度。长期以来，我国投入大量的物力、人力和公共资源，优先支持城市发展，忽视了广大农村地区的民生问题，形成了畸形发展的城乡二元结构，造成了城乡发展的不平衡。当前，我国逐渐认识到城乡二元结构的弊端，并努力去改变这种状态，但不可否认，它依然是造成很多民生问题产生的主要原因之一。它使农民在教育、医疗卫生和社会保障等方面都受到不公平的待遇，阻碍了农民民生改善的速度。

第二，"差异性社会"导致民生利益分化。根据任平的解释，在社会主义初级阶段，我国经济社会中人们内部根本利益和长远利益是基本一致，而局部利益和当下利益是分化的、多元的，存在各种矛盾和差别。① 这种社会状态就属于"差异性社会"。民众成为社会发展的主体，民众内部利益关系的差异、分层是社会矛盾的主要表现。在一个利益共同体内，民众内部矛盾

---

① 任平. 论建设一个良序治理的差异性社会 [J]. 马克思主义与现实，2009（1）：173 – 179.

有时也很突出、很尖锐。区域之间、城乡之间、行业之间发展不协调、不均衡严重，成为我国面临的最难解决民生问题之一。在一个差异性的社会里，政府在局部利益和眼前利益上要做到民众完全满意是不可能的，因为利益是有差异的。利益的多元化、多样化，普通民众之间对同一民生问题就有不同的利益诉求，更不用说既得利益集团与普通民众之间的利益差异。当前的利益差异越来越大，协调越来越难，如果差异不能保持在一定限度内，就会影响社会的公平正义，导致各种民生问题越来越凸显。差异是社会历史发展的必然，只要社会不结束，差异就始终存在。民众固然能接受差异的存在，但他们不能接受不合理的差异。例如，由于制度的不连续和不完善，导致一部分人通过各种手段甚至非法手段牟取暴利，造成贫富差距很大，让民众难以接受。差异本身是不固定的，在不同的历史阶段它的尺度是不断变化的。但现在由于一系列的原因，导致收入差异固化，产生一种刚性的阶层分类界限。因此，社会差异性不断扩大及其固化，使民众的民生利益分配问题不公平加剧。

第三节　优化政府公共民生制度供给结构驱动发展公平新动力的包容性制度基础

民生是经济增长的根本目的之一，民生问题关乎广大人民群众的基本生活，因此受到政府、学者的广泛关注。改革开放后，对于民生问题的关注点已经从人民的温饱这一基本需求进一步发展为对高水平教育、高质量医疗、合理的收入分配以及完备的社会保障的需求。在新时代，解决民生问题的关键在于制度，在于如何建设合理完备的制度。但就目前情况来看，现有的民生制度供给结构并不能面面俱到。民生问题的根本原因是体制机制的问题，在经济增长动力、社会结构变化，全面深化改革的背景下，因制度不完善而导致的民生问题日趋显现。民生问题是人民群众幸福生活的基本保障，因此，解决民生重点问题，破解民生问题困境，缓解民生问题矛盾显得极为迫切。解决民生问题的根本途径在于：及时调整制度安排，建立健全与时俱进、贴切实际的制度设计，以期使民生政策贴合时代发展特征。而制度革新的着力点在于：重点弥补微观制度缺憾，切实解决因制度缺憾所导致的种种问题，探寻适合当前发展潮流、符合广大人民群众根本利益的制度安排。因此，应当深入反思当前民生制度供给结构存在的种种问题，进而针对这些问题进行改进，以期优化我国的公共民生制度供给结构。

一、当前民生制度供给之缺憾

1. 民生制度供给缺乏与时俱进

制度必须适应环境，而社会是在不断发展的，社会情况也在不停变化。制度本身就存在滞后性的缺点，因此制度在其确立和发展过程中也会存在一定的滞后性因素。例如，随着经济发展水平的提升、城镇化进程的不断推进，越来越多的农村居民选择迁入城市生活、工作（李玉娇，2017）。如图 9 – 2 所示，从 2003 年至 2018 年的省域数据可以发现，乡村人口占常住人口的比重呈逐年下降态势。

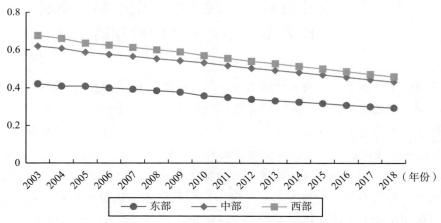

图 9 – 2 2003～2018 年东、中、西部乡村人口占常住人口比重
资料来源：根据国家统计局数据整理。

随着乡村人口往城市的迁移，一些民生问题日渐突出。例如，进城务工人员在面对城市生活中所遇到的生活成本提高、医疗保健烦琐、子女教育等

问题时常常会有解决上的困难。虽然某些民生政策的出台对于改善进城务工人员的生活有所帮助，但是这些政策往往是在问题发生之后才开始考虑实施，有亡羊补牢之感。因此，民生制度的供给要紧跟时代进步社会发展之脚步，因时制宜地变更民生制度，使人民安居乐业充满幸福感。

2. 民生制度结构问题凸显，制度间协调程度不够

民生工作复杂而重要，牵一发而动全身，民生领域的制度安排应该相互协调相互作用，形成可以互相促进的有机整体。但从现今的民生制度供给情况来看，某些制度之间还存在着协调性不足的问题。例如，就保障房这一制度而言，这一制度本身是为了让低收入群体居者有其房。但某些高收入者利用造假手段或寻租手段获取购买保障房的权限，这一现象不仅会导致贫富差距的增加，而且会严重损害政府公信力。再比如，我国的财政制度的改革使政府财政更规范合理，一些农村地区学校等事业单位财政由县一级或市一级统一规划，将一些无编制的合同制工作人员全部解聘，由此带来了部分劳动力剩余等就业问题（李玉娇，2017）。

民生领域的制度供给应当是统筹安排，相互协助的有机结合体，不能说一个制度解决了问题但是却衍生出另一个问题。若如此，这样的制度供给并非万全之策，一会影响制度的效果，二则会损伤政府公信力。只有强化不同层次、相同层次的制度间配合程度，才能杜绝"一波未平一波又起"现象，有效提高整个民生制度体系的运转效率。

3. 民生制度设计未充分考虑公平，无法体现包容性内涵

民生领域的制度安排在设计之初，不仅需要考虑效率的问题，同时更需要考虑公平的问题。若只奉行效率优先，民生制度供给仅仅为少数人服务，就将丧失其改善社会整体福利、缓解贫富差距的意义。改革开放后，我国建立了以经济建设为中心的中国特色社会主义制度。但为了追求经济高速增长，在制度设计时首先考虑的是效率而不是公平。这些制度在其实施过程中并没有很好地起到减少收入差距、缓解各种不平等现象的作用。例如，我国为了实现经济的快速增长，采取"以工养农""农工自养"的方针，乡村与城市有着不同的民生制度供给，导致乡村与城市间教育、医疗、公共产品等的日

益不均，从而使乡村渐渐"边缘化"。这些制度供给不仅没有起到增进人民总体福利的效果，还使贫富差距渐渐拉大，增加了社会不安定因素。

习近平总书记提出的五大发展理念，将共享作为发展的出发点和落脚点。"共享"理念要求人人参与、人人享有，体现统筹兼顾、兼具效率与公平、追求普遍受益。然而，在我国过去数十年的发展历程中，思想上偏向于"效率优先"，强调增长才是硬道理。实践上，选择了"增长主导型"改革发展模式，只追求货币财富增长而不以民生改善为宗旨和价值取向，是资本主义异化经济行为的延续。这既背离了社会主义经济发展的基本理念，也有悖于马克思主义政治经济学与中国特色社会主义政治经济学的基本价值取向（周小亮，2017）。以这类理论指导实践，虽然使经济获得较快发展，却伴随着收入差距拉大，教育医疗不平等等副作用。"共享"理念从这一问题出发，力求在注重效率的同时兼顾公平，让每个个体都能从发展中有获得感，让每个个体都能获得幸福感。党的十九届四中全会则进一步提出："要坚持和完善统筹城乡的民生保障制度，满足人民日益增长的美好生活需要。"明确要求统筹兼顾地完善民生制度，推动城乡民生事业共同进步。因此，民生领域的制度供给应当充分考虑公平问题，做到"追求效率、兼顾公平"。

4. 民生制度供给欠缺监管方面考虑

民生工作关乎全体人民的幸福生活，是国之大计。民生工作的有效推进需要合理适当的民生制度与之配套，而合理适当的民生制度则需要在一定的约束下才能有效运转。俗话说："无规矩不成方圆"。制度是由人作为主体实施的，其间牵扯到诸多利益，若无有效的监管制度配套那么看似福利极大的制度往往收效甚微。例如，就农村扶贫而言，某些乡村基层干部利用经手扶贫资金的便利欺上瞒下，将扶贫资金据为己有。再如，某些基层干部在审核低保申请时，利用权力优先照顾亲戚朋友，一些本不符合条件的人创造条件也要争取，便有开着宝马领低保的现象。这些案例说明，在扶贫项目申报、审批、实施、验收的一些环节，目前尚未形成较为完善的监督管理机制，存在项目管理部门监督缺位，上级纪检机关监督鞭长莫及，乡镇监督力度不够。因此，民生制度的高效运转需要配套有效的监管制度。

二、优化政府公共民生制度供给结构的包容性制度基础

1. 包容性是优化政府公共民生制度供给结构的题中应有之义

社会主义建设的基本要求是力求公平正义，以共同发展、共同富裕为目的。正如邓小平所言："搞经济建设的最后目的，是为了改善人民的生活搞国防建设，也是为了保障人民生活的改善。"① 这一观点为国家的发展指明了方向，那就是民生建设是经济增长的最终目的。

改革开放的 40 多年中，民生建设取得了丰硕的成果。在这 40 多年的时光中，中国人民的生活水平有了大幅度的提高，从温饱水平提高为总体小康，在世界范围内还没有如此规模的脱贫现象。然而，在肯定所取得的成果的同时，也需要看清现阶段民生建设的不足。民生制度建设跟不上时代进步与经济发展是当前中国民生制度建设所面临的主要问题（李玉娇，2017）。这一问题导致了收入差距的拉大，对多数人民的福利水平有着负面影响，并进一步导致了社会矛盾、阶级固化的产生。必须从民生制度入手，建立符合公平正义的包容性民生制度，才能解决上述问题，使人民共同富裕，实现中华民族的伟大复兴。

的确，我国仍处于并将长期处于社会主义初级阶段，但是进入了新时代，我国社会主要矛盾已经转化为人民日益增长的美好生活需要和不平衡不充分的发展之间的矛盾。在注重发展生产力的同时，需要格外重视发展平衡问题。改革开放后 40 年间，我国经济建设取得了长足进步，已跃升为全球第二大经济体，而民生领域的建设并不会自动地跟随生产力的发展而发展。在收入差距逐渐拉大、多项公共服务发展不平衡初见端倪的今天，我们所需要着重解决的问题是如何包容性发展，使人民可以确实享受经济增长所带来的福利。这就要求我们确立包容性经济增长理念、建设包容性民生制度，补足民生建设短板。

---

① 中共中央文献研究室. 邓小平思想年谱 [M]. 北京：中央文献出版社，1998：19.

2. 优化政府公共民生制度供给结构的包容性制度基础的具体设计

目前，我国老龄化问题形势严峻，适龄劳动力数量增速放缓，此前经济增长所依赖的"人口红利"逐渐消失，廉价劳动力致使低成本优势趋于弱化。传统的依靠"人口红利"、大规模要素投入所带来的高速经济增长无法持久，我国必须迈向更具质量、更具效率的包容性增长。人人有所得是包容性增长的内涵，由于房价的高企带来对穷人消费的挤占，教育医疗方面的不平等所带来的人力资本积累的差距，导致穷人和富人之间参与经济发展的能力与机会的差距逐渐拉大。可以说，这些民生领域面临的困境是阻碍我国转向包容性增长的关键因素。因此，解决民生问题已是我国能否顺利转向包容性增长的主要问题，解决"居有其地、病有所医、学有所师"等民生问题，经济增长的转向才更具底气，才能实现人人能参与、人人有所得，才能确保经济长期健康地增长。

公平正义是包容性发展所追求的目标。这要求其具有包容性的制度安排，不仅是为人民提供相对公平的福利，而且需要为人民提供适合自身的参与经济活动的机会，从而减少穷人在参与经济活动时所遇到的阻力，使其能够劳者有其得，进而使人人得到充分而全面的发展。简而言之，包容性发展实质上是经济增长与民生进步相协调的发展。通过建立相互协调的体制机制实现经济增长的同时民生工作也不断进步。在现阶段民生问题日渐暴露的情况下，优化民生制度供给必须提上日程。这不仅对于改善民生工作本身极为重要，同时也对实现包容性发展至关重要。

（1）以包容性发展为大纲，以优化民生制度建设为基础，全力推进民生制度供给结构调整。经过改革开放 40 多年的发展，我国经济得到了飞速发展，社会情况也随之变化，从前以效率优先为目标的民生制度越来越无法适应现阶段的实际情况。针对自身实际国情，我国的民生制度只能借鉴西方经验但不能照搬照抄。西方发达国家尤其是北欧国家以其高福利政策闻名，而我国是个人口众多的大国，照搬照抄将会为财政带来极为沉重的负担。我国所追求的具有包容性内涵的民生制度应当具有广泛性和公平性的特点，即覆盖面广，将广大民众都包含进来，同时具有公平正义的特点，杜绝少数人以权谋私或者以寻租行为谋得更多福利。所以，我国在优化民生制度供给时，应当立足长远、循序渐进，既有短期战术也有长期战略，既有微观基础也有宏观目标，既有效率也注重公平正义。如此，才可建设成为具有包容性的民生制度。

（2）民生工作在政府牵头的基础上，积极寻求非政府机构合作。民生制度建设以包容性理念为理论基础，具有广泛性的特点，强调人人参与，人人共享。民生领域中，政府在适当干预的情况下，可以发挥非政府机构的作用。将经济领域中"正确处理政府与市场的关系"这一说法迁移到民生领域中来。一方面，政府为民生工作的开展提供好的制度环境，并从宏观上统筹安排、指挥全局；而另一方面，在微观上，政府无法做到面面俱到，如果各个零碎方面都要政府出面，那么就需要大量的公职人员作为执行主体，将给政府带来大量行政支出。政府可以寻求将某些工作下派到非政府机构，例如老年人的养老问题的调查，可与民间志愿团队合作，一来降低成本，二来在源头上扼杀某些行政人员的不作为行为。大体来说，由政府牵头并与非政府组织合作的包容性民生制度，不仅可以减少资源的浪费，同时也可让执行主体相互制约形成有效监督。

（3）优化民生资源供给与配置结构，做到城乡兼顾、统筹发展。我国教育、医疗等民生领域支出占 GDP 的比重较低，近年来虽有逐年增加态势，但相对来说仍显不足。并且民生资源明显向城市倾斜，我国目前的"二元结构"下，城市与农村其民生资源供给结构并不相同。城市与农村相比，无论从基础设施，医疗，教育等方面来看，农村都处于弱势。而这种弱势，在一定程度上导致了农村人口大规模迁向城市。一方面，导致城市有限的资源无法公平分配；另一方面，使农村大量耕地无人耕种，造成资源利用效率的降低。因此，应当更加合理地配置民生资源，使城市农村均能从发展中得到好处。同时，在资源的配置上应加大对执行者的监督，若无有效监督，必然导致寻租等低效率和腐败行为的产生。包容性民生制度的广泛性、公平性特点要求我们在进行民生资源配置时兼顾全局、统筹安排，在保证效率的同时，确保其包容性内涵。

第四节 优化政府公共民生制度供给结构驱动发展公平新动力的政策着力点

民生问题，国之大计，关乎人民群众的美好生活，关乎人民群众对于执政党的信任。人民群众都对美好生活有着强烈的向往，因此，民生问题是关系到人民群众的最根本也是最重要的问题。习近平总书记曾指出："人民对美好生活的向往，就是我们的奋斗目标。"党的十九届四中全会则进一步指出："增进人民福祉、促进人的全面发展是党立党为公、执政为民的本质要求。"从新中国成立伊始，我国对于民生建设方面政策就极为重视，并依据各个时期的实际国情出台相关符合实际情况的民生政策。但不能忽视的是，民生政策领域尚存在一些亟待解决的问题。

一、各领域民生政策的回眸与反思

1. 土地领域

中国是传统的农业大国，农民的数量极多，所以如何解决农民的问题是极为关键的。从根本上来说，农民最大的需求就是土地。毛泽东指出："中国革命要取得胜利，必须首先解放农民，取得农民支持。取得农民支持，就要解决他们最关心的土地问题，让他们获得土地所有权，提高其革命积极性主动性[1]。"因此，土地问题始终是中国共产党优先解决的问题。新中国成立之初，新解放区大量土地需要整改，大量农民对土地有着强烈的需求，为满足农民对土地的渴望，我国于 1950 年颁布了《中华人民共和国土地改革法》。结束了我国存在 2000 余年的封建土地所有制，使农民具有了土地所有权。并于 1954 年颁布了《中华人民共和国宪法》，其中规定，土地所有权归国家和集体所有，农民只享受使用权。但人民公社化运动收归了农民的使用

---

① 毛泽东选集（第 2 卷）[M]. 北京：人民出版社，1991：233.

权,在某种角度上严重削弱了农民的生产积极性,并引发不良后果。为扭转上述不利局面,某些农村开始尝试将土地使用权重新交给农民。中央及时吸取包产到户这一新思想,并给予了充分肯定,鼓励其他农村学习吸收先进经验。1982 年,中共中央印发了《全国农村工作会议纪要》,总结新做法的先进经验,鼓励发展家庭联产承包责任制,此做法大幅度调动了农民的生产积极性。

步入新时代后,中国社会的主要矛盾发生转变。在经济新常态与城镇化进程不断加深的背景下,如何合理分配土地在保证城市发展的同时坚守耕地红线,同时如何改善土地粗放型使用,减少耕地资源流失浪费成为新时代土地政策必然要解决的问题。因此,目前我国土地政策需要注重的是:提高土地利用效率;在注重城镇化进程的同时坚守耕地红线,保证我国的粮食安全。

2. 教育领域

教育是形成人力资本的重要途径之一。阿吉翁等(Aghion et al. , 1998)指出,人力资本是经济增长的重要源泉,造成区域间、国家间经济增长速度差异的一大原因是人力资本积累的速率。卢卡斯(Lucas, 1988)认为,教育和干中学效应是形成人力资本的两大重要途径。人力资本之父舒尔茨在其著作《论人力资本投资》中指出,教育、医疗是人力资本积累重要方式[①]。因此,无论从民生维度还是增长维度来说,教育都是必不可少的一部分。我国从建国开始便注重教育,毛泽东在特定的历史时期指出需要用共产主义的精神教育人民群众,并在完成土地革命后要将精力投入生产生活和教育领域。邓小平认为教育是实现四个现代化的重要渠道,若要提高科技水平,必须从教育入手。他在 1978 年全国科学大会开幕式上的讲话中提道:"各行各业都要来支持教育事业,大力兴办教育事业[②]。"党的十三大指出,经济发展的长远之计在于提高劳动者的教育水平和提高科技竞争力,必须将发展教育与发展科技摆在优先位置。中共十四大指出,教育是国家战略的重中之重,使教育的地位进一步提高。

在具体政策方面,新中国成立之初,由于经历了长年战乱,教育基础设

---

① 西奥多·W. 舒尔茨. 论人力资本投资 [M]. 北京:北京经济学院出版社,1990:68.
② 邓小平文选(第3卷)[M]. 北京:人民出版社,1993:275.

施十分薄弱，毛泽东提出"两条腿走路"的方法，在正规全日制教育的基础上，增加其他教育形式的开展①。而后邓小平则指出，中国人口众多，对教育的需求量十分庞大，教育上仍要坚持"两条腿走路"②。一方面，大力发展全日制高等教育学校、初高中、小学，让更多的人能够授受全日制的教育。另一方面，鼓励非全日制的教育发展，鼓励民办学校的发展，弥补教育资源的不足，这些做法一定程度上促进了我国教育事业的前进。"文革"使高考陷入停滞，这十年使我国的教育事业饱受摧残，大多数学子失去了进一步深造的机会和权利。"文革"结束后，在 1977 年 8 月邓小平主持召开科学和教育工作座谈会上，恢复中断的高考制度，给广大学子进一步深造的希望③。改革开放初期，我国国民整体教育素质较为低下，人民群众的文化素质不高，这导致了人力资本积累的滞后，进而严重制约了我国经济增长。为解决这一问题，我国提出实行义务教育，让所有符合年龄的儿童、青少年进入学校学习，并立法确保其实施。义务教育阶段的费用均由政府预算支出。该政策实施后，我国小学入学率迅速提高，基本达到所有的儿童均能上学，为提高我国国民素质，为国家人才的培养打下了坚实的基础。

但不可否认，由于各地区经济发展水平不同，其教育基础设施的质量、教师的质量差距较大，这种差距导致了教育的不平衡。同时，某些学校虽不收学费，却以其他方式向学生收费，有违义务教育之初衷。因此，目前我国教育制度亟待解决的问题是：平衡区域间、城乡间教育资源，杜绝"寒门难出贵子"现象的出现。

3. 医疗卫生领域

医疗卫生事业事关人民群众的身体状况，事关人民群众的幸福生活。新中国成立之初，毛泽东指出，以"面向工农兵，预防为主，团结中西医，卫生工作与群众运动相结合"的原则指导医疗卫生事业的开展。④ 在全国范围内全面开展卫生运动，消除了大量害虫，并有效控制了一些致命疾病的传播。

---

① 毛泽东选集（第 4 卷）［M］. 北京：人民出版社，1991：59.
② 邓小平. 以教育战线作为改革开放突破口［N］. 广安日报，2018 – 11 – 06.
③ 张磊. 中共十四大以来民生政策研究［D］. 北京：中共中央党校，2015：5.
④ 李忠伟. 建国初期毛泽东卫生防疫思想研究［D］. 山东曲阜：曲阜师范大学，2018：3.

同时，医疗卫生水平方面，农村相比城市存在较大的差距。毛泽东提出"把医疗卫生工作的重点放到农村去。"由于优质的医疗资源主要集中于城市，广大农村的医疗基础设施较为简陋，根据这一指示，全国范围内大规模开展农村医疗体系的建设。从县、乡、村三级开展工作，县里有医院、人民公社有卫生院、生产大队有卫生所。针对缺少医务人员这一问题，毛泽东指出，要从广大农民中选出一些具有一定文化素质的农民参加医疗卫生的学习。① 通过这两项政策，我国建国伊始所面临的医疗卫生资源缺乏问题得到了一定的改善。

随着人民生活水平的改善，医疗具有了新的时代含义，人民群众对医疗卫生制度提出了新的要求。同时，我国改革开放后数十年的经济增长带来了城镇化率的巨大提升，更多的人口迁徙进城市，这对城市的医疗卫生能力形成巨大的考验。看病难、看病贵等现实问题逐步出现，身体的健康是人民美好生活的前提条件，因此提出符合新时代特征、满足人民群众新时代要求的医疗卫生政策刻不容缓。

2020 年初以来，新冠肺炎疫情对人民群众的生命健康与社会经济的正常运转造成了广泛的影响，也是对我国医疗保障制度与医疗卫生治理体系的一次重大考验。在党和国家的统一指挥与人民群众的密切配合下，我国"战疫"取得了阶段性的成效。不容忽视的是，此次我国医疗卫生体系虽总体上经受住了考验，但仍暴露出一些亟待解决的问题。

一方面，常态化的应急公共卫生保障体系仍然缺失。目前来看，我国医疗卫生体系经过数十年发展，医疗卫生水平显著提升，日常情况下人民群众"病有所医"的目标已基本实现。但是，我国目前的医疗卫生体系仍然是着眼于满足日常情形人民群众的医疗卫生需求，对于特殊情形下人民群众医疗需求暴增的反应有所滞后。因此，我国常态化的应急医疗卫生保障体系建设仍然相对落后，针对突发公共卫生事件的应对能力仍显不足。另一方面，基层医疗卫生机构建设仍显不足。此次新冠肺炎疫情暴露了我国分级诊疗制度建设效果不理想的问题。数量众多、分布广泛、与广大人民群众更近距离的基层医疗卫生机构在疫情防治中未能担当起居民健康"守门人"的角色。在

---

① 陈海锋．中国卫生保健史［M］．上海：上海科学技术出版社，1993：82－83．

疫情中，出于恐慌和对基层医疗卫生机构服务能力的疑虑，普通感冒患者和疑似患者大量涌向少数三级医院，造成医疗资源的挤占与浪费，导致三级医院无法及时实现对就诊者的识别、分类与救治。同时，人员流动与聚集进一步加大了交叉感染的风险，助推了疫情的蔓延。因此，对于此次新冠肺炎疫情，我们要及时总结经验教训，将危机转化为完善医疗卫生制度之机。

4. 就业领域

就业问题事关社会和谐安定，失业率过高不仅制约经济的增长，同时还会使犯罪率等上升。1954 年所颁布的宪法中就提道："任何中国公民均有劳动权利，国家应该通过各种方式保证公民劳动[①]。""文革"过后，大量知青返回城市，就业压力陡然上升。再加上百万大裁军所裁剪的大量退伍军人和每年的新增劳动力，我国所面临的就业形势不容乐观。针对这些复杂情况。邓小平提出，需要以新的经济领域吸收大量闲置劳动力。他说道："必须用经济的方法解决就业问题，这是最根本的渠道。"[②] 具体做法上，邓小平指出："要开动脑筋，集思广益，用经济办法解决就业问题。"[③] 1980 年，邓小平在中央工作会议上提出："要创造多种就业方式，不能眼睛只盯着公有制企业，要充分发挥私有经济带动就业的能力。"[④] 1981 年，中共中央、国务院在《关于广开门路、搞活经济，解决城镇就业问题的若干决定》中指出，应当在注重发展公有制经济的同时，重视其他经济形式的发展，并促进多种就业方式发展。此后，各地区逐步取消对其他非公有制经济的歧视政策，开始鼓励包括私有制经济在内的非公有制经济的发展。同时，中共中央认识到我国的资源禀赋优势，我国低成本劳动力数量众多，应当鼓励劳动力密集型产业发展，并以此作为解决就业问题的重要途径。邓小平说道："随着经济科技的发展，直接从事工农生产的人员会越来越少，但是咨询、旅游、修理、建筑、饮食、运输等行业需求的人会越来越多，我们可以着重往这个方面发

---

① 张磊. 中共十四大以来民生政策研究 [D]. 北京：中共中央党校，2015：33.
② 中共中央文献研究室. 邓小平思想年谱 [M]. 北京：中央文献出版社，1998：314.
③ 中共中央文献研究室. 邓小平思想年谱 [M]. 北京：中央文献出版社，1998：323.
④ 中共中央文献研究室. 邓小平思想年谱 [M]. 北京：中央文献出版社，1998：357.

展，多办一些这样的企业。"① 邓小平认为，发展如纺织业等劳动密集型产业不仅可以缓解就业压力而且可以丰富国内产品市场。邓小平在 1978 年指出："大力发展轻工业、服务业，这是解决回城青年就业的根本之道。"② "要大力开辟以前没有开辟的领域，比如旅游业、建筑业等，创造更多就业机会，这样就业问题就比较容易解决。"③ 在经过类似政策的扶持下，我国非公有制经济发展取得了丰硕的成果。解决了大量失业人口的工作问题，缓解了我国所面临的严峻的就业形势。

但改革开放后数十年发展，我国产业结构、就业群体的受教育程度、就业群体的偏好均有了较大规模的改变，因此与时俱进的新时代就业政策的提出刻不容缓，新时代的就业政策应当符合新时代的经济形势特征、人群特征、产业结构特征。

5. 住房领域

新中国自成立之初，住房政策基于计划经济范式来供给，经过经济体制的不断发展，我国住房政策过渡发展为市场经济时代的商品房。我国的住房政策大体可以分为 3 个阶段。首先是计划经济时代的分房政策，新中国成立后，长时间战火的摧残导致大量城市农村被摧毁，居民的住房压力极大，人民群众基本的居住要求得不到保障。毛泽东针对这种情况做出批示："现在大城市房屋缺乏已引起人民很大不满，必须有计划地建筑新房、修理旧房，满足人民的需要。"④ 依据当时国情，我国学习苏联模式出台住房政策，由职工所在的单位负责其职工住房的建设与管理，而职工需要缴纳少许租金就可居住。该种福利分房政策，在当时中国的经济形势下，对缓解住房压力有着积极的作用，对社会矛盾的缓解也有着较大的贡献。第二个阶段即为逐步实行住房的商品化，改革开放后，我国越来越重视市场的力量，要求住房的建设、管理也要遵循市场原则，这是住房制度在市场化背景下发展的必由之路。分别于 1978 年与 1980 年出台的政策指出允许私人进行住宅建设，并且允许

---

① 邓小平文选（第 2 卷）[M]. 北京：人民出版社，1994：130.
② 中共中央文献研究室. 邓小平思想年谱 [M]. 北京：中央文献出版社，1998：439.
③ 中共中央文献研究室. 邓小平思想年谱 [M]. 北京：中央文献出版社，1998：446.
④ 毛泽东文集（第六卷）[M]. 北京：人民出版社，1997：97.

房屋贷款分期偿还，而且住房应当像商品一样可以在市场上交易。1984年，邓小平指出："现在住房制度还是福利分房制度，我讲过要实行商品化住房，但看来还是没有太大进展。"① 1986年邓小平强调："大力推行商品化住房，必须予以重视，加快推进，商品化住房一定要推行。"② 第三个阶段是在解决从无到有的基础上改善广大居民的居住条件。新中国成立到改革开放这段时期，我国人口数量迅速上升，为了让人民有所居，只能通过降低居住质量的方法解决。随着国家经济环境的逐渐好转，广大人民群众对住房需求已从数量需求转变为质量上的追求。在此背景下，邓小平指出："必须扩大住房使用面积，水、电、暖、气等配套设施一定要搞好，让大家有一个舒适的居住环境。"③ 从设计、小区环境两方面入手提高人民群众的居住质量。在这之后，居民住房在设计时即考虑人性化。本着方便人民生活的原则进行设计，并在小区选址时充分考虑周围环境，远离重工业、化工等高污染产业，在使居民人均居住面积提升的基础上使居民的居住环境也大为改善④。据统计，1994年全国城镇住宅面积是1964年住宅总量的2倍多，住宅商品化建设取得积极进展，人民群众的民生问题得到极大解决⑤。

然而，自从房地产市场化改革以来，中国房价增长速度较之以前涨幅较大，2001～2016年的年平均涨幅为8.39%；同时炒房现象日益严重，住房空置率逐步攀高，2002～2009年住房空置率上升约77%。由于房价高企，造成包含住房成本在内的生活成本的提高，在房价较高的一些地区劳动者的生活压力日渐加大。因此，为解决目前房价高企人民买房难、同时切实推进房地产业"去库存、降杠杆"，需要提出符合实际、操作性强的住房政策。

6. 养老领域

养老政策是民生政策的一个重要组成部分，老有所养是广大人民群众的基本诉求。从新中国成立后至今，养老政策为适应各个时期不同的经济社会

① 中共中央文献研究室. 邓小平思想年谱 [M]. 北京：中央文献出版社，1998：960.
② 中共中央文献研究室. 邓小平思想年谱 [M]. 北京：中央文献出版社，1998：1137.
③ 中共中央文献研究室. 邓小平思想年谱 [M]. 北京：中央文献出版社，1998：385.
④ 李洪. 住房制度改革目标：住房商品化和自山住宅 [M]. 山东：山东金融出版社，1994：3.
⑤ 张磊. 中共十四大以来民生政策研究 [D]. 北京：中共中央党校，2015：62.

环境而不断变化。1950 年由内务部下发文件在全国范围内建立一套完善的社会福利政策，包括兴办了一系列的企业建立了一批社会福利院，其中就包括为老人提供保障的社会福利院，此类养老福利政策给无人赡养的老人提供了物质上的支持，弥补了家庭和个人养老的不足。1978 年，民政部成立，在当时的环境下民生服务主要由职工所在的单位供给，包括职工的医疗、养老、住房等方面。然而由于资金上的压力，这种集体的福利制度面临着福利基础设施差，服务供给水平较差等问题，并不能满足人民群众对于养老等民生资源的需求（王爱平等，2013）。基于此种情形，我国于 20 世纪 90 年代着手改革社会福利制度，在 2000 年下发的《关于加快实现社会福利社会化的意见》和全国老龄工作会议中，研讨了养老政策的改革问题。并于 2005 年制定出台了"星光计划"与《关于支持社会力量兴办社会福利机构的意见》，从政策方面大力支持社会福利社会化，为社会福利机构开通一条绿色通道。在此形势下，我国的养老政策从当初由国家供给的单一模式发展为国家、社会共同参与的多元模式。经过数十年的发展，我国养老政策从侧重"保护弱者"为主发展为"服务公众"的较为包容的养老政策。我国养老政策早期是为了让那些无养老能力的老人得到照顾，倾向于扶助那些三无老人。新中国成立初期，由于经济形势较为严峻，农村养老压力较大，我国于 1956 年出台政策对于农村无人赡养的老人给予"五保"服务。随着经济社会情况的变化，我国于 1994 年正式颁布了《农村五保供养工作条例》，并于数年后重新审议修改了此政策。我国农村的福利保障制度逐渐趋于现代化。随着我国经济的不断发展，保护低收入弱势群体利益愈发紧急。为此，我国出台了低保政策，并于 1999 年颁布了《城市居民最低生活保障条例》。进而于 2007 年下发了《关于在全国建立农村最低生活保障制度的通知》。这一政策缓解了低收入群体的生活压力，缓解了收入差距给社会带来的不安定因素，促进了社会的和谐进步。目前，民政部为保障高龄老人的养老和生活困难老人的养老，逐步制定面向高龄老人和生活困难老人的养老政策。2005 年，全国老龄办颁布《关于加强老年人优待工作的意见》。该政策的推出，标志着我国养老政策从着重保障生活困难老人生活逐渐转变为面向全体老人的养老福利政策。从政策所提供的服务来看，我国养老政策由单一的资金援助发展为全方位的综合性服务保障。与其他民生政策相似，我国的养老政策同样是从资金扶助和服务供给两个方面确保老人的正常生活。随着社会经济形势的改变，老年人对于养老的需求也在逐渐改变，从以前对于温饱的需求转变为对于美好的老人生活的需求，这就要求我国的养老政策不仅要提供经济援助而且要求从各项服务上下手全方位照顾老人。我国经济的日益发展，目前老龄化的逐渐加重，我国正着手从三个层次部署完善的养老格局，家庭作为养老的基础，社区作为养老的辅助，养老机构兜底的多层次全方位养老模式。2011 年，国务院连续出台《中国老龄事业发展"十二五"规划》和《社会养老服务体系建设规划（2011~2015 年)》两项规划。而后诸多省份在国务院规划的基础下建设发展适合自身实际情况的养老机构。2012 年，民政部还启动了"敬老爱老助老工程"，大力扶持多个城市建立养老服务平台。这些政策使我国的养老政策进一步由单一的资金援助发展为全方位的综合性服务保障。我国的养老政策从初步提出至今已过数十年，在此期间，我国人口结构也正逐步转变，人口老龄化逐步加重，年轻劳动力的养老压力也逐渐增加。因此，我国的养老政策也应立足于现实国情，审时度势出台更符合时代特征的养老政策。

二、优化当前民生政策的建议

增进人民福祉、促进人的全面发展是我们党立党为公、执政为民的本质要求。基于上文中所指出的民生制度目前所具有的不足之处，我国应当结合自身实际国情，因地制宜、因时制宜给出科学合理的政策。同时，民生制度的建设应当注重加强普惠性、基础性、兜底性民生建设，保障群众基本生活，健全幼有所育、学有所教、劳有所得、病有所医、老有所养、住有所居、弱有所扶等方面国家基本公共服务制度体系，满足人民多层次多样化需求，使改革发展成果更多更公平惠及全体人民。笔者看来，应当从如下几个领域采取措施，解决目前所面临的民生困境。

1. 教育领域

教育事关国家发展与民族崛起，党的十九届四中全会指出："坚持教育优先发展，聚焦办好人民满意的教育，完善立德树人体制机制，深化教育领域综合改革，加强师德师风建设，培养德智体美劳全面发展的社会主义建设者和接班人。"具体来说，我国的教育制度需从以下几点作出转变：

（1）发挥政府作用，协调各地教育资源分配，优化城乡教育资源配置结构。目前我国教育资源呈现城市优于农村、东部优于中西部的态势，教育资源分配的不平等导致教育质量的不平等进而导致人力资本积累的差距，并最终导致我国经济发展的区域间失衡问题。因此，我国应着重配置教育资源至中西部地区与农村地区。调配财政资金建设欠发达地区的教育基础设施，改善困难地区教育条件，保证困难地区困难适龄学童有基本生活保障的同时接受公平的教育。同时加大对少数民族地区的教育扶助，由于某些少数民族的自身风俗文化较为不同，同时当地财政资金较为紧张，建议由中央拨付资金支援教育基础设施建设同时挑选明晰当地风俗文化的教师因地制宜，逐步提升当地的教育质量。在合理建设教育基础设施的同时，也要充分考虑教师资源的分配问题。好的教师资源总是希望去经济发达地区追求更好的经济回报和生活质量，因此，农村等欠发达地区在不知不觉中因无法得到优质的教师而导致教育质量的下降。为解决改种困境，应从宣传和经济补贴两方面齐头并进，促进高质量教师资源前往欠发达地区教书育人。宣传教育方面，应提高社会对教师的尊重程度。从荀子的思想天地君亲师中可见，中华传统文化中对于师极为重视，在现代社会，不能摒弃中华民族的优良文化。通过电视、网络等渠道宣传教师的工作重任和对于社会发展的贡献，使教师得到荣誉感，特别是自愿前往欠发达地区教书育人的教师应重点宣传。同时，在经济补贴方面，由于欠发达地区的经济发展水平有限，其收入水平必然受到限制，应根据不同地区的实际情况，给予在欠发达地区工作的教师生活与交通补贴。出台防止人才流失的政策，给予这些教师至少不低于当地公务员的工资福利待遇，若财政状况允许，收入水平尽可能向较为发达地区靠拢。同时配套好教师日常生活所需的建设和教学所需的条件。除去教育基础设施建设和高质量教师的引进工作。同时应促进欠发达地区学校与较为发达地区学校的交流工作，使偏远地区的学生也能接触到更为广阔的世界，推行"1+1"帮扶模式，从另一方面使学生得到优质教育资源。

（2）政策实施途中强调监管。要在加强政策实施中财政资金的监管的同时不放松政策实施后效果的考核。政策实施中的监管可以从资金的拨付、资金使用、人员素质三个方面进行监管。在财政资金拨付之前，明晰各项费用的使用情况。学校基础设施建设要按照程序规范操作，合理招标杜绝寻租行为的产生，并在项目完工后认真验收检查。给予教师的补助与津贴做到按时发放，确保不拖欠不挪用。津贴补助等资金可以利用"集中管理"的方法。人员素质方面，需要开展对于财务人员的培训工作，不仅要加强业务水平的培训，同时也要加强思想教育。组织学校、财政、教育等方面加强学习国家法律法规，加强学校在预算编制时做到实事求是，加强业务人员法律意识。而后，建立财务管理追责制度，在督促业务人员自觉自愿遵守规定的同时用责任制度进一步规范其行为。政策实施后，建立各级考核机制，各级政府组织工作组年末进入学校调研评估政策实施效果，建立完善的动态监视考核机制，对于政策实施上的阻碍行为给予阻止。同时对比各学校政策实施情况，赏功罚过。

2. 医疗卫生领域

医疗卫生是事关人民群众幸福生活的重要事业，是民生中极为重要的组成部分，好的医疗卫生保障是人民群众的殷切期望，是人民生活的重要需求。党的十九届四中全会指出："要坚持关注生命全周期、健康全过程，完善国民健康政策，让广大人民群众享有公平可及、系统连续的健康服务。"由此可见，改善医疗卫生对于全面建设小康社会，实现人民对于美好向往的中国梦具有极为重要的意义。就目前的医疗卫生政策而言，应着手从以下几点加以改善：

（1）坚持以基层为重点，督促改革现有公立医院体制机制。公立医院在我国的医疗卫生体系中占有中流砥柱的位置。人民日报曾谈道："公立医院改革是医疗改革的核心，也是医疗改革的'深水区'。如果公立医院改革不见成效，整个医疗改革都有可能功亏一篑"（蔡威，2012）。因此，建立合理的公立医院布局对提高医疗卫生体系运转效率来说极为重要。

从目前情况看，公立医院的数量占医疗机构的大部分，大多数优质医疗资源、医师也集中于公立医院，居民生活中所遇到的小病皆希望去公立医院治疗，医疗资源的过分集中导致了"看病难、看病贵"这一问题。要想走出目前困境，可以从如下方式实现。一方面，用制度约束医务人员的逐利行为。人的逐利行为在所难免，公立医院集中绝大部分优质医疗资源，可以说在医疗卫生领域占有垄断地位，如何规制医务人员不当的逐利行为对于减少病者花费，解决看病难问题有着极为重要的作用。应当出台规定杜绝乱收费、乱开药的现象，并建立事后追责制度，对于明知故犯者给予严惩。另一方面，适当提高医务人员待遇，借鉴"高薪养廉"之思路，保证医疗人员的生活质量和社会地位，使其从源头上减少逐利行为的主观动机。其次，规范公立医院行为。

同时应当注意的是，医疗卫生事业本是民生事业的重要一环，应本着造福大众的思想来开展，而目前某些公立医院过分追求经济效益，只求更多的经济利润。为解决这一问题，应出台规定防止公立医院的过分市场化行为。一方面由政府出资提供医疗设备的采购、医院规模的扩大，另一方面，严格经济审计，加强对于公立医院财务状况的监管，同时建立年审制度对于违法违规行为给予追责。

最后，推动发展社区医院等小规模医疗机构。公立医院由于其优质的医疗资源对于疑难杂症的解决自然占有优势，而某些小病则完全不需要前往大规模的公立医院就诊。推动发展社区医院等规模较小的诊所有助于分流涌入公立医院的患者，一方面解决看病难的问题，另一方面有这些医疗机构的竞争，有利于冲击公立医院的垄断地位，解决"看病贵"的问题。

（2）加快现代医院管理制度改革，重点强化监督管理。医疗卫生事业事关全体国人的幸福生活，医疗卫生服务如果完全由市场主导可能会引起医疗卫生机构过于追求经济效益而忘却造福人民的初衷。因此，应当加强监督管理约束其行为，保证医疗卫生机构时时刻刻为人民群众服务不忘初心。

首先，应从药品价格和医疗服务的价格入手，某些医院医师为了获取更多的利润，利用信息不对称让患者进行许多无用的检查，给患者开价格昂贵的高价药，更有甚者，某些医院为了追求利润上架高价药而淘汰使用某些效果好、成本低的低价药，诸如此类行为导致患者看病费用高昂。为此，政府应当对于药品价格以及医疗服务明确定价，并且建立投诉平台，严抓此类现象，确保医疗卫生事业不是为了追求利润而是造福大众。

其次，加强法治建设。出台法律法规健全法律体系约束医疗卫生机构、医务人员、医药厂商的行为及责任，对违法违规行为从严追责，同时，安排抽查人员，从源头管控违法违规风险，保证医疗卫生事业健康有序发展。

　　最后，加强药品质量监管，药品行业对于质量要求极高，一旦药品质量问题那么后果是极为严重的。由于某些企业法律意识不强抱有侥幸心理导致其产品质量不高甚至出现假药的情况。应立法规范医药行业的准入标准，并派遣督查组深入企业抽查质量并每年上报，对于质量不过关的企业给予重罚。

　　（3）以包容性发展理念为基础，强调城乡兼顾、统筹发展。公平公正是包容性发展的题中应有之义，民生政策的制定也应充分考虑公平正义的问题。从目前情况来说，我国医疗卫生政策尚有些许不公平之处。例如，地区间医疗资源的差距、城乡间医疗资源的分布问题。制定医疗卫生政策时，应当充分考虑全体人民之福祉，妥善解决政策不公平问题，才能使医疗卫生政策真正服务于万千大众。具体来说，应当从如下方面做出改变。

　　首先，改善基层、农村医务人员配置不足的问题，随着城市化的不断推进，我国城市人口逐渐增加，但仍有较大部分人口生活在农村，且伴随着大量青壮年农村人口进城务工，目前留守农村的老年人占相当比重，这些老人对于医疗资源的需求更大，所以农村等基层医疗资源的缺失更显严重。例如，苏北乡、村两级防保人员中非卫生技术人员比例高达16%，而卫技人员中无专业学历的占30%，难以承担疫情监测、防疫的重任[①]。该调查结果直接反映出农村基层医疗资源的缺失，与城市相比差距明显。针对提高基层医疗卫生水平，应当从两方面入手，一方面是加强基层医疗卫生人才队伍的建设，另一方面是加强基层医疗卫生基础设施建设，两者相辅相成。人才队伍的培养与基础设施建设是提高基层医疗卫生水平的重点。一方面，应当提高基层医疗卫生从业人员的薪资报酬，给予基层医疗卫生从业人员较为优质的工作、生活环境以保证其工作效率与乐于奉献的态度。另一方面，政府在进行医疗卫生基础设施建设时，不能过分偏向于城市地区，应当重视基层医疗卫生基础设施建设。提高基层医疗卫生水平，服务人民就近就医，缓解城市地区大医院"看病难"的问题。

　　其次，建立医院间交流机制，在基层医院和城市医院之间建立有效的沟通渠道，促进优质医疗资源的合理流动与分配，当基层医院遇到某些难以解决的问题时可以有效求助于城市大医院，而城市大医院所遇到的某些患者只

---

① 张磊. 中共十四大以来民生政策研究［D］. 北京：中共中央党校，2015：30.

有小病，可以推荐回所在地当地基层医院就诊，有效分流大医院过多的患者。

最后，统筹不同区域医疗保险制度。目前的医疗保险制度规定非本地户籍的患者就医无法报销，后续的政策应当加大统筹范围，实现跨省统筹，让患者无论在哪里就医都能享受医疗保障服务。

（4）未雨绸缪，建立健全突发公共卫生事件应对体系。此次新冠肺炎疫情是对我国医疗卫生体系的一次重要考验，在此期间，我国凭借着集中力量办大事的制度优势与机动灵活的制度安排，紧急出台相关政策措施，抗疫工作成效显著。但不容忽视的是，目前来看我国针对突发公共卫生事件的应对体系建设尚属薄弱。因此，为有效应对将来可能发生的突发公共卫生事件，我国应当总结此次抗疫经验，未雨绸缪，建立健全突发公共卫生事件应对体系。一般来说，突发公共卫生事件应对体系应当本着"预防为主"的基本方针，具体内容包括以下几点。

一方面，应当建立合理的医疗卫生物资储备体系。此次疫情初期，我国面临着医疗卫生器械短缺的严重问题，在相当程度上限制了抗疫工作的有效推进。因此，我国应当借鉴粮食、石油等战略物资储备体系中的先进经验，建立科学合理的医疗卫生物资储备体系，在将来可能发生的突发公共卫生事件中做到"手中有粮、心中不慌"。同时，应当建立应急医疗救助基金。

另一方面，加快利用先进信息技术，尝试建立日常公共卫生监控体系。此次抗疫过程中，"健康码"等先进信息技术在病源追踪、人员流动等方面发挥了至关重要的作用。因此，应当充分吸取此次抗疫工作的先进经验，加快推进先进信息技术与日常公共卫生监控体系的融合发展。在公立医院、社区卫生机构建立病情实时监控系统，当某区域集中出现相似病例时，则将相关数据直接传输至相应上级部门。同时，通过构建信息交互系统推动医疗机构间、地区间数据的互联互通，有效保障信息通畅与信息共享，实现"精准监控、有效预警"。

3. 住房领域

自从房地产市场化改革以来，中国房价涨幅明显，2002～2016年平均涨幅约为8%。房价攀升给人民生活带来了巨大的压力，并且通过挤占消费、增加收入差距等方面影响经济的增长。住房问题事关全体人民的正常生活，如何实现"居者有其屋"是当前房价快速上涨背景下一个严肃而重要的话题。笔者认为可以从如下几点着手解决住房问题。

（1）加快建设租购并举的保障房项目。"居者有其屋"事关广大人民群众的幸福生活，但房价高企是我国目前的一个典型事实。因此，如何有效满足广大人民群众特别是低收入群体的住房需求是目前亟待解决的重要问题。党的十九届四中全会指出："要加快建立多主体供给、多渠道保障、租购并举的住房制度。"其政策含义应当具有以下几点：其一，应当依据不同群体收入水平的异质性提供不同的住房政策。为低收入群体提供廉租保障房；为中低收入群体则提供经济适用房。其二，保障房的具体价格应统筹考虑当地经济水平、工资水平、低收入群体的经济能力等客观因素，使广大人民群众能够切实享受政策福利。其三，灵活利用市场主体力量建设保障房项目，同时监督保障房的建筑质量，不能为了节省成本而偷工减料。

（2）强化房地产行业监管。房地产业经过近年来的发展已成为一个国民经济的支柱产业，而目前有些房地产企业则面临着杠杆过高，去库存难的问题。为了保障房地产业的持续健康发展，需要加强对房地产业的监管。可以从企业、项目审批、销售三个领域加强监管。其一，通过严格的市场准入制度筛选不合格房企，避免因为企业的问题而给市场带来波动，给消费者带来损失，从而打造出一个值得信赖的房地产市场。其二，通过严格项目审批过滤一些对于环境有害，对于城市规划有害的房产项目。手续不全、资质不合格的一律不予审批，对违规审批的要依法追究责任①。其三，从销售端阻止低质量房产流入市场，加强房屋质量监察，对于不合格房产给予查处并整改，严重情况可取消房地产企业的市场准入。

（3）优化房产税制度，打击炒房现象。目前我国的房地产市场充斥着炒房者，住房空置率的高企不仅造成资源的严重浪费同时抬高房价，真正有所需者无法获得房产。目前我国的房产税制度只是在购房时需要缴纳一定的税额，并不能起到打击炒房的作用。借鉴国外某些制度规定首套住房后续无须缴税，而多余的住房在后续需要继续缴税。

---

① 张磊. 中共十四大以来民生政策研究 [D]. 北京：中共中央党校，2015：55.

4. 就业领域

就业是民生之本，在人民日益增长的美好生活需要中，就业处于优先和中心的位置。党的十九届四中全会指出："健全有利于更充分更高质量就业的促进机制。"在我国经济转轨过程中，传统的"人口红利"优势不断弱化，如何通过高质量就业、提高人才配置效率以激发"人才红利"是目前极为重要的现实课题。同时，经改革开放后数十年发展，我国产业结构、就业群体的受教育程度、就业群体的偏好均有了较大程度的改变。因此，我国的就业政策应当着力从以下几点作出转变。

（1）合理引导、扶持自主创业。经济新常态下，我国经济从高速增长转变为中高速增长，求职人员的竞争压力逐渐增加。结合现实来说，应届毕业大学生考研、考公的人数迅速攀升从侧面反映当前就业形势的严峻。因此，应重点鼓励应届毕业大学生等就业群体自主创业，通过职业生涯规划等校园课程普及自主创业的思想与知识，同时增加自主创业宣传，对有自主创业倾向的人群给予指导与培训。并且应加大扶持力度，对自主创业人员进行资金扶持、风险分担扶持，减少自主创业人员对创业失败的恐惧感。

（2）鼓励就业人员前往中西部就业，平衡区域发展。现代经济增长理论中，人力资本是经济增长的重要源泉。笔者使用人力资本水平这一指标对我国人力资本的空间分布进行排名，具体情况如下：从表 9 – 1 中我们不难发现，北京、上海、天津、浙江、江苏、福建、山东、辽宁这八个东部省市处于人力资本水平均值排名的前 8 位，上述诸省皆为经济较发达地区，东部省份中广东、河北、海南三地分处 13 位、14 位、23 位，广东可能由于其具有较多劳动密集型企业，因此该省拥有较多知识水平较低的工人并导致其人均人力资本水平较低；而中部省份中安徽、河南、吉林、江西、湖北等地大体处于 9~17 位，中部其他省份排名则处于中等或稍后；西部省份中，排名最高者为重庆与内蒙古分处第 10 位与 15 位，而笔者注意到，排名最后的 10 个省份中，西部省份占据 6 席。通过分析可知，东部地区或者说经济较为发达地区的人力资本水平相比于中西部地区较高，而中部地区人力资本水平又较高于西部地区。我们不难从中得出结论，东部地区的人力资本水平较高、中部地区次之、西部地区再次之。因此，我国目前人力资本呈现出向东部或向经济发达地区集聚的态势。

表 9 – 1　　　　　　　　　我国人力资本水平空间分布

地区	人力资本水平均值	排名	地区	人力资本水平均值	排名
北京	558. 4042067	1	江西	192. 10836	16
上海	517. 17506	2	湖北	188. 63086	17
天津	401. 5489933	3	宁夏	187. 33344	18
浙江	316. 46574	4	四川	175. 0851533	19
江苏	251. 05482	5	广西	174. 11326	20
福建	232. 46344	6	陕西	167. 5106647	21
山东	225. 71522	7	黑龙江	166. 51498	22
辽宁	222. 01326	8	海南	155. 97538	23
安徽	213. 4046	9	山西	152. 4535953	24
重庆	212. 9823933	10	新疆	151. 85676	25
河南	210. 94622	11	湖南	147. 4673247	26
吉林	210. 49512	12	贵州	144. 7370793	27
广东	199. 53334	13	云南	126. 7359733	28
河北	196. 9642733	14	甘肃	113. 8206833	29
内蒙古	192. 2862133	15	青海	104. 0306473	30

资料来源：根据历年《中国人力资本报告》整理。

　　针对这一情况，就业政策应当引导就业人员前往中西部地区就业，提升中西部人力资本水平从而平衡区域发展差异。具体来说，一方面，应当提高就业人员前往中西部地区就业的工资水平与补贴，就业人员前往东部就业的一部分原因是东部地区的工资水平较高，因此提高中西部地区的工资水平、对前往中西部地区的就业人员给予补贴可以从源头上改变就业人员对就业区域的偏好；另一方面，应当改善中西部地区的基础设施水平，提高行政服务态度，改善生态环境，以更优质的生活质量吸引就业人员前往中西部就业，缓解东中西部的人力资本差距，从而平衡我国经济发展的差距。

　　（3）杜绝就业歧视，营造公平就业制度环境。就业公平是社会公平正义的重要组成部分，也是包容性绿色增长的价值取向之一。但目前来看，我国某些行业的劳动力供过于求，呈现出"买房"市场，用人单位的选择余地相对较大，在性别、户籍、相貌等方面仍然存在一定的歧视现象。就业歧视一方面使得企业可能无法有效地收揽人才，另一方面也使社会不公平问题日趋严峻。因此，为有效化解就业歧视的负面影响，笔者认为应当着力从以下几点展开行动。

一方面，应当明晰就业歧视概念的界定，使得对企业可能存在的就业歧视行为能够准确定性。目前来看，社会各界对于就业歧视的界定尚不明晰，某些行为是否属于就业歧视说法不一，这就为企业的就业歧视行为创造了一个良好的培养皿。就现实情况来看，不同行业的歧视侧重点不同，但总体上企业的就业歧视行为多数集中于性别歧视与户籍歧视。因此，对于就业歧视概念的界定，在基础上应当着重突出性别歧视与户籍歧视。同时，根据不同行业的特征进行细化，做到因地制宜、准确反映。例如，在金融业、服务业等行业，某些企业针对女性应聘者设定了身高限制、相貌限制，此种情况下，对就业歧视概念的界定应当将相貌歧视等囊括进来。

另一方面，应当对存在就业歧视行为的用人单位加强处罚力度，同时建立用人单位的就业公平征信系统。在能对就业歧视行为做出准确界定的基础上，应当进一步加强对破坏就业公平行为的处罚力度。对首次出现就业歧视行为的用人单位，给予行政警告；拒不执行者，则给予资金处罚；行为恶劣者，则吊销人力资源服务许可证。同时，建立用人单位的就业公平征信系统，实时监控用人单位招聘行为并记录在案，赏功罚过、依法实施失信惩戒。

5. 土地领域

我国是一个人多地少的国家，合理的土地制度对于我国的经济稳定发展与人民群众的美好生活均密切相关。古典经济学家威廉·配第曾有过这样的论断："劳动是财富之父，土地是财富之母。"在物质生产过程中，土地作为重要的生产要素参与到生产的各个环节。同时，从马克思主义观点和社会主义实践出发，人民生计对土地具有极高的依赖性。因此，建立科学合理的土地制度是改善民生的重要组成部分。具体来说，我国目前的土地制度应当注重以下几点。

（1）加强土地产权制度建设。合理的土地产权制度是降低交易费用，强化资源配置效率的重要方式。合理的土地产权制度的核心要求是产权明晰。产权明晰为经济活动正常进行提供了根基牢固的运作框架，同时能够为经济活动增添几分激励色彩，优化资源配置，提高资源利用效率。就目前来说，我国的土地制度规定土地归为国有。此处的国有存在一个较为不清晰之处，国有究竟是中央所有还是地方所有仍然含混不清。

古典经济学理论中，市场是实现资源有效配置最有效的方法。以市场作为实现土地资源有效配置的手段，其基础是土地具有明晰的产权，建立健全合理的土地产权制度，保证土地产权不受侵犯，是实现市场优先配置资源的重点。在未来中国城市发展过程中，合理的土地政策必不可少。应当进一步明晰土地产权，城市政府具有哪些权力、中央政府具有哪些权力，对这些权力界定清晰。例如，所有权仍归中央政府所有，开发权归地方政府所有，这样，地方政府在制定城市发展规划时才能统筹安排土地利用事宜。同时，通过明晰的土地产权保障私人在土地资源方面行使合理的权利，以此保障土地资源的合理利用。

（2）完善对城市土地干预手段。中央指出，应当处理好政府与市场的关系，使市场在资源配置中起决定性作用，同时更好地发挥政府的作用。政府干预行为的目的在于矫正市场失灵，因此，政府干预行为应当程度合理并建立在尊重市场机制的基础上。过度的政府干预行为，不仅无法矫正市场失灵，反而会造成市场分割，加剧市场扭曲。因此，我国各级政府对土地的干预行为应当明确其职责、规范其管制、尊重市场机制、保证公众参与。

但从我国的实际国情来说，我国各级政府应进一步改革对土地市场的干预政策。改革应当注意的是：合理完善土地市场运行机制，减少市场失灵现象的出现；规范政府行为，改革官员的考核体系，坚决阻止"唯 GDP 论英雄"思想的流行，缓解地方政府土地财政依赖度；合理规划土地利用，严守耕地红线，不能为了经济增长而过分开发房地产。

6. 养老领域

近年来，我国老龄化程度日趋加深，不仅对我国经济社会发展造成了重要影响，而且对我国的养老制度建设提出了新的要求。自古以来，实现"老有所依、老有所养"是我国人民群众孜孜不倦的朴素追求。因此，改革养老制度、优化养老体系是我国改善民生的重要组成部分。而经改革开放后数十年发展，我国的经济社会环境与人民偏好均发生相当程度的改变，传统的依靠子女的居家养老模式稍显单一，建设适应新时代背景的养老制度与养老体系是目前亟待解决的现实课题。结合实际国情，我国养老制度的建设应当注重以下几点。

（1）明确政府相关部门职责职权，合理运用市场力量。从当前的国家实际情况来看，我国需着力发展养老产业，政府相关部门应当将养老事业更多考虑交给市场解决。而目前政府相关部门应当要协助养老产业上下游企业完善养老产业链，合理引导养老产业企业科学发展并为其提供相应的政策保障。而做到上述要求的基础，是明确政府相关部门职责职权，加强政府相关部门责任意识建设。其本质上是为了解决某些政府部门"不作为、瞎作为"的问题，以此提高政府部门行政效率保障养老产业的合理发展。

首先，政府部门应当主动承担其主导与组织责任。我国养老产业的发展需要有合理的规划、明确的发展目标、有力的法律保障。具体来说，第一，政府应当清晰地认识到我国养老产业的发展最需要注重的问题，即保障老龄人口的生活质量与身体健康，并以此为核心目标。第二，在明确了发展目标后应当科学合理地制定切实可行的发展规划，因地制宜，考虑不同区域特色，满足当地习俗，合理满足不同地区老龄人口的特殊需求。"众口难调"是人尽皆知的道理，但此步骤不可或缺，政府应在考察当地实情后再做规划，并结合市场调查，使市场在养老产业发展中发挥应有作用。第三，养老产业的发展需要相关与之配套的法律法规，运用法律法规引导养老产业科学发展，防微杜渐，遏制养老产业恶性竞争，维护老龄人口与养老产业企业的合法权益。

其次，与时俱进，顺应时代潮流转变政府相关部门职能职权。应当抛弃此前养老事业由政府全权负责的做法，结合市场力量，使市场在养老产业的发展发挥应有作用。政府应当将其职能职权转变为科学决策、合理引导、强化监管三个方面。同时，在养老产业的发展历程中，应当做到养老产业发展的包容性。不仅使老龄人口能够健康、幸福地安享晚年，更应当考虑的是使各收入层次的老龄人口均能享受养老产业发展的福利。因此，在使市场参与并发挥其作用的同时，政府也应合理干预，不能出现养老产业只为高收入群体服务现象的出现。使我国的养老产业发展更具科学性、包容性。

我国养老产业的市场规模巨大，但当前发展水平较低，因此存在巨大的发展潜力。政府应当充分认识到以下几个问题。第一，应当将养老产业作为一种新兴产业发展。养老产业规模巨大，不仅事关人民群众的生活质量，同时也将对我国经济增长产生刺激与带动作用。随着我国老龄化程度的不断加深，大量老龄人口的出现势必对我国的消费结构产生冲击，刺激更多更适合老龄人口的商品需求量的增加。因此，在养老政策制定时应当科学合理地考虑养老产业对我国经济增长的带动作用。第二，在制定养老政策保障养老产业发展的同时，一方面善于利用"看不见的手"，另一方面不应放弃"看得见的手"。一方面让市场在资源配置中发挥决定性作用，另一方面合理利用政府干预，防止养老产业恶性发展。相比于此前的养老政策，政府一手操办养老事业，使养老事业发展缺乏竞争性，导致资源配置效率下降，发展积极性不足。因此，目前政府相关部门应当做的就是如何合理地安排政府与市场间的关系。借助市场的力量使养老产业更具活力、资源配置效率更高，政府相关部门从旁监管、科学引导。以此保障我国养老事业的科学发展。

最后，政府应当考虑如何在养老事业发展中发挥作用，使养老事业更具包容性，使有些因经济困难而得不到合理照顾的老龄人口享受养老事业发展带来的福利。一方面，政府应当加大对"低保老人"等需重点扶持的老龄人口的福利程度，增加福利投入，使其老年生活质量不因经济问题下降，保障老龄人口生活的幸福感。另一方面，在规划养老产业发展中，也应当适度安排一些成本较低、适合低收入群体的养老项目建设。使各收入层次的老龄人口"老有所养"，使养老事业增添包容性。

（2）切实满足不同老龄人口多样性需求，推动养老服务供给多样化。目前，我国养老服务仍然存在一些问题。一方面，养老领域人才缺失、资金不足、养老服务供给无法满足日益增加的老龄人口的需求。另一方面，养老服务种类单一，服务类型缺少多样化，无法满足老龄人口的多样性需求。因此，就当前情势而言，我国的养老服务需要在扩大供给规模的同时，增添供给多样性。

就扩大供给规模而言，一方面，政府应当整合多层次资源，强调中央决策、地方落实、社区执行的协调统一。加强养老服务资源投入，依托于基层切实解决养老服务供给不足的问题。着重依托社区等微观单位，强调充分发挥社区贴合老龄人口的优势，为老龄人口提供更为便捷的养老服务。同时，需要加强养老服务人才培养，树立养老从业人员的责任感，提升养老服务水平。

就增添养老服务供给种类而言，应当合理结合市场力量，依托市场推动养老服务多样化。从目前情况来看，我国养老产业的投资回报率较低，成本收回时间较长，同时还存在老龄人口接受养老服务的意愿不足等问题。导致上述问题的结果应当是养老服务供给多样性的缺失，无法满足老龄人口的多样性需求。例如，老龄人口的饮食习惯、出行习惯、作息习惯可能存在差异，养老院的统一管理做法无法满足老龄人口的异质性需求。因此，养老产业的上下游企业应当在研发养老服务产品、开拓养老市场时考虑其多样性，针对不同收入层次、不同家庭情况、不同生活习惯的老龄人口推出多样化养老服务。同时，政府应当合理引导企业切忌只顾眼前利益，针对经济情况较差的老龄人口也应当一视同仁，不能厚此薄彼，以保证养老服务供给的包容性。

在研发养老服务产品时，应当注重老龄人口的消费习惯问题。切实考虑老龄人口的消费观念与产品偏好。针对大多数老龄人口而言，其存在较为严重的消费惯性，偏好于自己熟悉的事物并排斥接受新奇事物。因此，养老服务产品的研发最应当注意的是实用性与便利性。并以此为基础，考虑老龄人口的身体状况，提供方便于老龄人口使用、又能促进其身体健康的服务产品。政府在其中，应当充分发挥其引导、监督职能。根据实际情况变化引导企业经营决策转变，依据市场调查情况，不断调整养老产业发展规划，整合资源，满足老龄人口的养老服务需求。政策上，针对目前养老产业投资回报率低的问题，国家应当出台相关补贴扶持政策，激发养老产业企业积极性。同时加强宣传，使企业认识到我国养老产业的巨大潜力，使广大企业积极参与养老事业建设。

（3）推动建设养老服务人才团队，强化养老从业人员工作规范性与积极性。养老服务质量的提升离不开人才团队的产品研发，也离不开养老从业人员的辛勤工作。因此，推动养老事业发展，需要从人才团队建设与规范从业人员、激发从业人员工作积极性两个方面入手。

就养老服务人才团队建设而言，一方面，推动建设养老服务教育中心与产品研发中心，利用好我国高等教育院校以及各职业教育学校的教育资源。设置养老服务专业，开设符合时代特征的养老服务课程，从基础上强化养老服务人才团队建设。另一方面，充分发挥党员的先进带头作用，加强养老服务志愿者团队建设，统筹安排形成优势互补。

就规范养老从业人员工作而言，应当充分吸取先进经验，加强行业规范建设，出台符合我国国情的职业标准。同时，采取类似于会计师等专业的从业人员等级制度，强调工作中考核，考核结果与老龄人口对服务的满意度成正比。

针对如何激发养老从业人员的工作积极性，可以从两个方面开展。一方面，利益驱动，提高养老从业人员的薪资待遇与社会保障水平。建立健全与从业人员工作态度相符的工资制度。同时，给予养老从业人员家中直系亲属折扣享受养老服务，从根本工作动机上激发其工作积极性。另一方面，加大宣传力度，运用社会舆论增加养老从业人员的光荣感，进而激发其工作积极性。

参 考 文 献

［1］阿马蒂亚·森. 以自由看到发展［M］. 北京：中国人民大学出版社，2013.

［2］安格斯·麦迪森，伍晓鹰. 世界经济千年史［M］. 北京大学出版社，2003.

［3］白永秀. 后改革时代中国践行包容性增长的政策取向［J］. 西北大学学报（哲学社会科学版），2011（2）：5－9.

［4］白重恩，张琼. 中国的资本回报率及其影响因素分析［J］. 世界经济，2014（10）：3－30.

［5］蔡昉，都阳，王美艳. 户籍制度与劳动力市场保护［J］. 经济研究，2001（12）：41－49，91.

［6］蔡昉. 如何认识和提高经济增长质量［J］. 科学发展，2017（3）：5－10.

［7］蔡威. 积极稳妥推进公立医院改革［N］. 人民日报，2012－11－21.

［8］蔡文龙. 经济增长动力转型研究——基于14个新兴国家的发展经验分析［J］. 宏观经济研究，2015（7）：3－10.

［9］蔡跃洲，付一夫. 全要素生产率增长中的技术效应与结构效应——基于中国宏观和产业数据的测算及分解［J］. 经济研究，2017，52（1）：72－88.

［10］曹凤岐. 资本市场论［M］. 北京：北京大学出版社，2002.

［11］巢宏，方华婵，谢华. 我国科技体制改革进程及政策演变研究［J］. 中国集体经济，2013（24）：32－34.

［12］陈宝明，文丰安. 全面深化科技体制改革的路径找寻［J］. 改革，2018（7）：7－18.

［13］陈斌开，金箫，欧阳涤非. 住房价格，资源错配与中国工业企业

生产率 [J]. 世界经济, 2015 (4): 77-98.

[14] 陈昌兵. 新时代我国经济高质量发展动力转换研究 [J]. 上海经济研究, 2018 (5): 16-24.

[15] 陈洪海, 迟国泰. 基于信息显著性差异的绿色产业评价指标筛选模型及实证 [J]. 运筹与管理, 2014 (6): 193-204.

[16] 陈林, 罗莉娅, 康妮. 行政垄断与要素价格扭曲——基于中国工业全行业数据与内生性视角的实证检验 [J]. 中国工业经济, 2016 (1): 52-66.

[17] 陈守东, 孙彦林, 毛志方. 新常态下中国经济增长动力的阶段转换研究 [J]. 西安交通大学学报 (社会科学版), 2017, 37 (1): 17-24.

[18] 陈玉荣, 张腾. 我国供给侧结构性改革中去产能研究 [J]. 改革与战略, 2017 (4): 21-23.

[19] 陈沅江, 胡毅夫. IAHP 法在公路施工环境综合评价中的应用研究 [J]. 工业安全与环保, 2005, 31 (11): 28-30.

[20] 程恩富. 完善双重调节体系: 市场决定性作用与政府作用 [J]. 中国高校社会科学, 2014 (6): 43-52.

[21] 戴魁早, 刘友金. 要素市场扭曲的研发效应及企业差异——中国高技术产业的经验证据 [J]. 科学学研究, 2015, 33 (11): 1660-1668.

[22] 单豪杰. 中国资本存量 K 的再估算: 1952-2006 年 [J]. 数量经济技术经济研究, 2008, 25 (10): 17-31.

[23] 道格拉斯·诺斯. 制度、制度变迁与经济绩效 [M]. 上海: 上海三联书店, 1994: 4.

[24] 邓磊, 杜爽. 我国供给侧结构性改革: 新动力与新挑战 [J]. 价格理论与实践, 2015 (12): 18-20.

[25] 丁俊萍. 历史转折时期党的知识分子政策形成过程 [EB/OL]. (2019-02-11) [2020-01-31]. http://www.zytzb.gov.cn/zjgd/304385.jhtml.

[26] 樊春良. 改革开放 40 年来中国科技体制改革与发展研讨会会议综述 [J]. 科学学与科学技术管理, 2018, 39 (6): 5-8.

[27] 樊纲. 两种改革成本与两种改革方式 [J]. 经济研究, 1993 (1): 3-15.

［28］范庆泉，周县华，刘净然．碳强度的双重红利：环境质量改善与经济持续增长［J］．中国人口·资源与环境，2015，25（6）：62－71.

［29］方崇，张春乐，陆明本．基于熵权的TOPSIS模型在右江灌区节水改造效益综合评价中的应用［J］．节水灌溉，2011（2）：52－54.

［30］方颖，赵扬．寻找制度的工具变量：估计产权保护对中国经济增长的贡献［J］．经济研究，2011（5）：138－148.

［31］费尔普斯，余江．大繁荣：大众创新如何带来国家繁荣［M］．北京：中信出版社，2013.

［32］干春晖，郑若谷，余典范．中国产业结构变迁对经济增长和波动的影响［J］．经济研究，2011（5）：4－16.

［33］耿强，江飞涛，傅坦．政策性补贴、产能过剩与中国的经济波动——引入产能利用率RBC模型的实证检验［J］．中国工业经济，2011（5）：27－36.

［34］龚刚，魏熙晔，杨先明，等．建设中国特色国家创新体系跨越中等收入陷阱［J］．中国社会科学，2017（8）：61－86.

［35］龚刚．论新常态下的供给侧改革［J］．南开学报：哲学社会科版，2016：（2）：13－20.

［36］龚强，张一林，林毅夫．产业结构、风险特性与最优金融结构［J］．经济研究，2014（4）：4－16.

［37］顾在浜，石宝峰，迟国泰．基于聚类—灰色关联分析的绿色产业评价指标体系构建［J］．资源开发与市场，2013，29（4）：350－354.

［38］关于促进科技成果转化的若干规定［EB/OL］．（1999－03－23）［2020－01－31］．http：//www.hnaee.com/hnaee/76/77/content_2251.html.

［39］《关于加速科学技术进步的决定》提出科教兴国战略［EB/OL］．（2019－09－20）［2020－01－31］．http：//www.cctv.com/special/777/3/52325.html.

［40］关于科学和教育工作的几点意见［EB/OL］．（2018－10－25）［2020－01－31］．http：//www.71cn/2008/0428/501461.shtml.

［41］关于印发《关于进一步增强原始性创新能力的意见》的通知［EB/OL］．（2005－04－27）［2020－01－31］．http：//www.most.gov.cn/ztzl/jqzzcx/zzcxcxzzo/zzcxcxzz/zzcxgncxzz/200504/t20050427_21158. htm.

[42] 郭界秀，王子睿. 中国二元劳动力市场演进的动因、特征及政策建议 [J]. 江淮论坛，2018 (2)：57 – 62.

[43] 郭庆旺，贾俊雪. 中国全要素生产率的估算：1979 – 2004 [J]. 经济研究，2005，6 (5)：1 – 60.

[44] 郭庆旺，赵志耘. 中国经济增长"三驾马车"失衡悖论 [J]. 财经问题研究，2014 (9)：3 – 18.

[45] 国家计委、科技部关于印发国民经济和社会发展第十个五年计划科技教育发展专项规划（科技发展规划）的通知 [EB/OL]. (2001 – 05 – 18) [2020 – 01 – 31]. http：//www. gov. cn/gongbao/content/2002/content_61374. htm.

[46] 国家科委、国家体改委印发《关于分流人才、调整结构、进一步深化科技体制改革的若干意见》的通知 [EB/OL]. (1992 – 08 – 27) [2020 – 01 – 31]. http：//old. zskj. gov. cn/Application/FramePage/CommonArticle. jsp? ArticleID = 2714.

[47] 国家中长期科学和技术发展规划纲要（2006—2020 年）[EB/OL]. (2006 – 12 – 01) [2020 – 01 – 31]. http：//www. gov. cn/gongbao/content/2006/content_240244. htm.

[48] 国家自然科学基金委员会历史沿革 [EB/OL]. [2020 – 01 – 31].

[49] 国务院办公厅关于抓好赋予科研机构和人员更大自主权有关文件贯彻落实工作的通知 [EB/OL]. (2018 – 12 – 26) [2020 – 01 – 31]. http：//www. most. gov. cn/mostinfo/xinxifenlei/fgzc/gfxwj/gfxwj2018/201901/t20190108_144608. htm.

[50] 国务院办公厅印发关于深化科技奖励制度改革方案的通知 [EB/OL]. (2017 – 06 – 09) [2020 – 01 – 31]. http：//www. gov. cn/zhengce/content/2017 – 06/09/content_5201043. htm.

[51] 国务院办公厅转发财政部科技部关于改进和加强中央财政科技经费管理若干意见的通知 [EB/OL]. (2006 – 08 – 21) [2020 – 01 – 31]. http：//www. most. gov. cn/mostinfo/xinxifenlei/czyjs/200811/t20081129_65788. htm.

[52] 国务院办公厅转发发展改革委等部门关于促进自主创新成果产业

化若干政策的通知 [EB/OL]. （2008 – 12 – 18） [2020 – 01 – 31]. http：//www. gov. cn/zwgk/2008 – 12/18/content_1182058. htm.

[53] 国务院办公厅转发国务院体改办等部门关于深化转制科研机构产权制度改革若干意见的通知 [EB/OL]. （2003 – 02 – 24） [2020 – 01 – 31]. http：//www. gov. cn/gongbao/content/2003/content_61998. htm.

[54] 国务院办公厅转发科技部等部门关于建立风险投资机制若干意见的通知 [EB/OL]. （1999 – 12 – 30） [2020 – 01 – 31]. http：//www. gov. cn/gongbao/content/2000/content_60620. htm.

[55] 国务院关于（九五）期间深化科技体制改革的决定 [EB/OL]. （2019 – 04 – 30） [2020 – 01 – 31]. https：//wenku. baidu. com/view/50112d4c846a561252d380eb6294dd88d0d23d8a. html.

[56] 国务院关于加快培育和发展战略性新兴产业的决定 [EB/OL]. （2010 – 10 – 18） [2020 – 01 – 31]. http：//www. gov. cn/zwgk/2010 – 10/18/content_1724848. htm.

[57] 国务院关于进一步促进中小企业发展的若干意见 [EB/OL]. （2009 – 09 – 22） [2020 – 01 – 31]. http：//www. gov. cn/zwgk/2009 – 09/22/content_1423510. htm.

[58] 国务院关于印发实施《国家中长期科学和技术发展规划纲要（2006 – 2020 年）》若干配套政策的通知 [EB/OL]. （2006 – 02 – 07） [2020 – 01 – 31]. http：//www. gov. cn/gongbao/content/2006/content_240246. htm.

[59] 国务院关于印发实施《中华人民共和国促进科技成果转化法》若干规定的通知 [EB/OL]. （2016 – 03 – 02） [2020 – 01 – 31]. http：//www. gov. cn/zhengce/content/2016 – 03/02/content_5048192. htm.

[60] 国务院印发关于深化中央财政科技计划（专项、基金等）管理改革方案的通知 [EB/OL]. （2015 – 01 – 12） [2020 – 01 – 31]. http：//www. gov. cn/zhengce/content/2015 – 01/12/content_9383. htm.

[61] 韩国高. 现阶段我国工业产能过剩及去产能的形势分析 [J]. 科技促进发展，2015（5）：625 – 630.

[62] 韩永辉，黄亮雄，王贤彬. 产业政策推动地方产业结构升级了吗？——基于发展型地方政府的理论解释与实证检验 [J]. 经济研究，2017

（8）.

[63] 何自力. 推动供给侧结构性改革必须加强供给侧宏观调控 [J]. 政治经济学评论，2016（2）：200－203.

[64] 贺正楚，吴艳，周震虹. 战略性新兴产业评估指标的实证遴选及其应用 [J]. 中国科技论坛，2011（5）：10－14.

[65] 洪银兴. 科技创新体系的完善与协同发展探讨 [J]. 经济学动态，2016（2）：4－9.

[66] 洪银兴. 实现要素市场化配置的改革 [J]. 经济学家，2020（2）：5－14.

[67] 胡鞍钢，周绍杰，任皓. 供给侧结构性改革：适应和引领中国经济新常态 [J]. 清华大学学报：哲学社会科学版，2016（3）：45.

[68] 胡乃武，周帅，衣丰. 中国经济增长潜力分析 [J]. 经济纵横，2010（10）：32－48.

[69] 黄宁燕，王培德. 实施创新驱动发展战略的制度设计思考 [J]. 中国软科学，2013（4）：60－68.

[70] 黄瑞芬，王佩. 海洋产业集聚与环境资源系统耦合的实证分析 [J]. 经济学动态，2011（2）：39－42.

[71] 黄少安，刘兰勇. 制度结构变迁的内生性理论 [J]. 学术月刊，2014（11）：30－39.

[72] 黄泰岩. 中国经济的第三次动力转型 [J]. 经济学动态，2014（2）：4－14.

[73] 黄新飞，舒元，徐裕敏. 制度距离与跨国收入差距 [J]. 经济研究，2013（9）：4－16.

[74] 黄远浙，俞立平，杨丽华. 科学、技术与经济增长：一个新的分析框架——基于科学与技术分离的实证研究 [J]. 科学学研究，2013，31（7）：961－969.

[75] 贾康，苏京春. 论供给侧改革 [J]. 管理世界，2016（3）：1－24.

[76] 简新华. 中国经济发展方式根本转变的目标模式、困难和途径 [J]. 学术月刊，2010（8）：67－73.

[77] 金碚. 关于"高质量发展"的经济学研究 [J]. 中国工业经济，

2018（4）：5 – 18.

[78] 金碚. 中国经济发展新常态研究 [J]. 中国工业经济，2015（1）：5 – 18.

[79] 靳涛，邵红伟. 最优收入分配制度探析——收入分配对经济增长倒 "U" 形影响的启示 [J]. 数量经济技术经济研究，2016（5）：44 – 64.

[80] 靳涛，陶新宇. 中国持续经济增长的阶段性动力解析与比较 [J]. 数量经济技术经济研究，2015，32（11）：74 – 89.

[81] 靳涛. 中国经济增长与制度变迁的互动关系研究——基于新中国 60 年经济发展经验的视角 [J]. 厦门大学学报（哲学社会科学版），2011（4）：8 – 16.

[82] 靳卫东. 人力资本与产业结构转化的动态匹配效应——就业、增长和收入分配问题的评述 [J]. 经济评论，2010（6）：137 – 142.

[83] 鞠蕾，高越青，王立国. 供给侧视角下的产能过剩治理：要素市场扭曲与产能过剩 [J]. 宏观经济研究，2016（5）：3 – 15.

[84] 拒绝 "帽子多"、避免 "一刀切" ——《关于深化项目评审、人才评价、机构评估改革的意见》三大焦点透视 [EB/OL].（2018 – 07 – 05）[2020 – 01 – 31]. http：//www. gov. cn/zhengce/2018 – 07/05/content_5303885. htm.

[85] 卡萝塔·佩蕾丝. 技术革命与金融资本——泡沫与黄金时代的动力学 [M]. 北京：人民大学出版社，2007.

[86] 柯武刚，史漫飞. 制度经济学 [M]. 北京：商务印书馆，2005：35.

[87] 科技部解读《关于实行以增加知识价值为导向分配政策的若干意见》 [EB/OL].（2016 – 11 – 10）[2020 – 01 – 31]. http：//www. gov. cn/zhengce/2016 – 11/10/content_5131027. htm.

[88] 科技年历：1985 年·《中共中央关于科学技术体制改革的决定》发布 [EB/OL].（2009 – 09 – 28）[2020 – 01 – 31]. https：//www. 66law. cn/tiaoli/148820. aspx.

[89] 扩大科研自主权　全面增强创新活力——科技部部长王志刚解读《关于扩大高校和科研院所科研相关自主权的若干意见》 [EB/OL].（2019 – 08 – 26）[2020 – 01 – 31]. http：//www. most. cn/kjzc/zdkjzcjd/201908/t20190826_148423. htm.

[90] 赖明勇，张新，彭水军，包群. 经济增长的源泉：人力资本、研究开发与技术外溢 [J]. 中国社会科学，2005（2）：32 - 46.

[91] 李静，楠玉，江永红. 中国经济增长减缓与稳定增长动力 [J]. 中国人口科学，2015（3）：32 - 43.

[92] 李猛. 中国经济减速之源：1952～2011 年 [J]. 中国人口科学，2013（1）：11 - 25.

[93] 李平，付一夫，张艳芳. 生产性服务业能成为中国经济高质量增长新动能吗 [J]. 中国工业经济，2017（12）：5 - 21.

[94] 李平. 改革开放 40 年科技体制改革发展历程 [J]. 智慧中国，2018（11）：8 - 10.

[95] 李文秀，夏杰长. 基于自主创新的制造业与服务业融合：机理与路径 [J]. 南京大学学报（哲学·人文科学·社会科学），2012，49（2）：60 - 67.

[96] 李欣广. 中国特色社会主义政治经济学的"民生论" [J]. 创新，2018，12（2）：1 - 10.

[97] 李玉娇. 马克思创新理论对我国民生制度建设的启示研究 [D]. 沈阳：沈阳航空航天大学，2017：20.

[98] 李玉娇. 马克思创新理论对我国民生制度建设的启示研究 [D]. 沈阳：沈阳航空航天大学，2017：11.

[99] 李玉娇. 马克思创新理论对我国民生制度建设的启示研究 [D]. 沈阳：沈阳航空航天大学，2017：12.

[100] 李子联，朱江丽. 收入分配与经济增长：中国经济增长模式的再解读 [J]. 上海财经大学学报，2015，17（4）：42 - 53.

[101] 林毅夫，刘明兴. 经济发展战略与中国的工业化 [J]. 经济研究，2004（7）：48 - 58.

[102] 林毅夫. 解读中国经济 [M]. 北京：北京大学出版社，2012.

[103] 林毅夫. 新结构经济学的理论基础和发展方向 [J]. 经济评论，2017（3）：4 - 16.

[104] 刘长庚，张磊. 中国经济增长的动力：研究新进展和转换路径 [J]. 财经科学，2017（1）：123 - 132.

［105］刘金全，张龙．全要素生产率视角下供给侧结构性改革的经济增长效应——基于 DSGE 模型与 PSTR 模型的分析［J］．西安交通大学学报（社会科学版），2018，38（3）：12－22．

［106］刘宁．科学、技术对经济增长贡献的绩效研究——基于科学与技术分离的视角［J］．科学学与科学技术管理，2013，34（10）：3－12．

［107］刘树成．新中国经济增长 60 年曲线的回顾与展望——兼论新一轮经济周期［J］．经济学动态，2009（10）：3－10．

［108］刘伟玲，李海平．高新企业技术创新能力评价指标体系的研究［J］．商场现代化，2008（17）：74－74．

［109］刘燕妮，安立仁，金田林．经济结构失衡背景下的中国经济增长质量［J］．数量经济技术经济研究，2014，31（2）：20－35．

［110］刘志彪．新常态下我国经济运行的三个特点和规律［J］．江海学刊，2017（1）：27－32．

［111］刘志彪．以城市化推动产业转型升级——兼论"土地财政"在转型时期的历史作用［J］．学术月刊，2010（10）：65－70．

［112］刘智勇，胡永远，易先忠．异质型人力资本对经济增长的作用机制检验［J］．数量经济技术经济研究，2008，25（4）：86－96．

［113］卢德友，兰奎．试论社会主义历史条件下资本要素的双重性［J］．湖北大学学报（哲学社会科学版），2017，44（04）：75－80．

［114］陆学艺．当代中国社会阶层研究报告/中国社会阶层研究丛书［M］．北京：社会科学文献出版社，2002．

［115］罗春龙，贺建勋．一类动态经济系统中科技进步因素的考虑［J］．系统工程学报，1992，7（2）：104－110．

［116］罗德明，李晔，史晋川．要素市场扭曲，资源错置与生产率［J］．经济研究，2012（3）：4－14．

［117］罗纳德·哈里·科斯，王宁，科斯，等．变革中国：市场经济的中国之路［M］．北京：中信出版社，2013．

［118］罗小芳，卢现祥．制度质量：衡量与价值［J］．国外社会科学，2011（2）：43－51．

［119］马克思，恩格斯．马克思恩格斯选集（第二卷）［M］．北京：人

民出版社，1995.

[120] 马克思. 资本论，第一卷. 第 2 版 [M]. 北京：人民出版社，2004.

[121] 毛其淋. 二重经济开放与中国经济增长质量的演进 [J]. 经济科学，2012（2）：5 – 20.

[122] 聂辉华，江艇，张雨潇，等. 我国僵尸企业的现状、原因与对策 [J]. 宏观经济管理，2016（9）：63 – 68.

[123] 欧阳志刚，彭方平. 双轮驱动下中国经济增长的共同趋势与相依周期 [J]. 经济研究，2018，（4）：32 – 46.

[124] 潘慧峰，杨立岩. 制度变迁与内生经济增长 [J]. 南开经济研究，2006（2）：74 – 83.

[125] 潘教峰，国际科技竞争力研究报告 [M]. 北京：科学出版社，2010.

[126] 潘宇瑶. 自主创新对产业结构高级化的驱动作用研究 [D]. 长春：吉林大学，2016.

[127] 庞超，张远新. 改革开放以来我国民生建设的演进逻辑及经验启示 [J]. 湖北行政学院学报，2009（4）：66 – 70.

[128] 彭国华. 中国地区收入差距、全要素生产率及其收敛分析 [J]. 经济研究，2005（9）：19 – 29.

[129] 蒲晓晔. 中国经济高质量发展的动力结构优化机理研究 [J]. 西北大学学报：哲学社会科学版，2018（1）：113 – 118.

[130] 戚文海. 制度变迁、技术创新、结构调整与经济增长——以体制变迁中的俄罗斯为例 [J]. 国外社会科学，2010（1）：44 – 50.

[131] 钱雪亚，刘杰. 中国人力资本水平实证研究 [J]. 统计研究，2004，21（3）：39 – 45.

[132] 任保平，李梦欣. 中国经济新阶段质量型增长的动力转换难点与破解思路 [J]. 经济纵横，2016（9）：33 – 40.

[133] 任保平. 新时代中国经济从高速增长转向高质量发展：理论阐释与实践取向 [J]. 学术月刊，2018（3）：66 – 74.

[134] 任晓莉. 供给侧结构性改革背景下优化我国收入分配体制研究？[J]. 中州学刊，2016（3）：26 – 32.

［135］邵挺.金融错配,所有制结构与资本回报率:来自1999~2007年我国工业企业的研究［J］.金融研究,2010（9）:47-63.

［136］沈坤荣,李子联.中国经济增长的动力和约束［J］.经济学动态,2011（1）:26-32.

［137］沈琴琴,张艳华.中国劳动力市场多重分割的制度经济学分析［J］.西安交通大学学报（社会科学版）,2010,30（2）:65-69+98.

［138］石宝峰,迟国泰.基于信息含量最大的绿色产业评价指标筛选模型及应用［J］.系统工程理论与实践,2014,34（7）:1799-1810.

［139］石奇,孔群喜.动态效率、生产性公共支出与结构效应［J］.经济研究,2012（1）:92-104.

［140］适应社会主义市场经济发展、深化科技体制改革实施要点［EB/OL］.（1994-02-17）［2020-01-31］.

［141］唐要家,沈宏达.转轨中的区域产业增长:制度与结构［J］.社会科学辑刊,2001（2）:86-90.

［142］陶长琪,刘振.土地财政能否促进产业结构趋于合理——来自我国省级面板数据的实证［J］.财贸研究,2017（2）:54-63.

［143］陶君道.二元经济结构下的农村资本要素配置问题研究［J］.甘肃金融,2011（3）:14-18.

［144］统计局:中国科研投入效益差距大 成果转化率低［EB/OL］.（2017-01-12）［2020-01-31］.http://www.sohu.com/a/124181307_466951.

［145］托马斯·皮凯蒂.21世纪资本论［M］.巴曙松等译,北京:中信出版社,2014.

［146］王爱平,张静.我国养老政策发展路径研究——基于历史流变和现状的视角［J］.中国民政,2013（8）:21-22.

［147］王必锋.要素市场扭曲对中国经济外部失衡的影响研究［D］.沈阳:辽宁大学,2013.

［148］王守智.当代中国民生问题制度变迁理论视角追溯及展望［J］.新疆社科论坛,2011（6）:12-18.

［149］王松奇,李扬,王国刚.金融学［M］.北京:中国金融出版社,

1990.

[150] 王小鲁，樊纲，胡李鹏. 中国分省份市场化指数报告（2018）[M]. 北京：社会科学文献出版社，2018.

[151] 王小鲁. 中国经济增长的可持续性与制度变革 [J]. 经济研究，2000（7）：3-15.

[152] 卫兴华. 我国经济结构与发展方式的突出矛盾及缓解途径 [J]. 中共中央党校学报，2010（2）：11-16.

[153] 文欣，张雨微. 当前要素市场改革的主线与制度保障建议 [J]. 生产力研究，2015（8）：96-99.

[154] 吴超鹏，唐菂. 知识产权保护执法力度，技术创新与企业绩效——来自中国上市公司的证据 [J]. 经济研究，2016，51（11）：125-139.

[155] 吴晓求. 中国资本市场未来10年发展的战略目标与政策重心 [J]. 中国人民大学学报，2012，26（2）：32-40.

[156] 武赫. 人口老龄化背景下我国养老产业发展研究 [D]. 长春：吉林大学，2017.

[157] 武鹏. 改革以来中国经济增长的动力转换 [J]. 中国工业经济，2013（2）：5-17.

[158] 西蒙·库兹涅茨. 现代经济增长 [M]. 北京：北京经济学院出版社，1989.

[159] 薛澜. 中国科技创新政策40年的回顾与反思 [J]. 科学学研究，2018，36（12）：2113-2115+2121.

[160] 鄢萍. 资本误配置的影响因素初探 [J]. 经济学（季刊），2012（2）：489-520.

[161] 闫莉. 马克思的民生思想及其当代实践意义研究 [D]. 上海：华东师范大学，2015.

[162] 颜鹏飞，王兵. 技术效率，技术进步与生产率增长：基于DEA的实证分析 [J]. 经济研究，2004，12（9）：88-96.

[163] 杨蕙馨，焦勇. 新旧动能转换的理论探索与实践研判 [J]. 经济与管理研究，2018（7）：16-28.

[164] 杨立岩，潘慧峰. 人力资本、基础研究与经济增长 [J]. 经济研

究，2003，49（4）：72 - 78.

[165] 杨友才. 制度变迁、路径依赖与经济增长的模型与实证分析——兼论中国制度红利 [J]. 山东大学学报（哲学社会科学版），2015（4）：141 - 150.

[166] 姚孟璇. 从中国科学院科学基金到国家自然科学基金 [J]. 中国科技史料，1992，（04）：63 - 71.

[167] 易信，郭春丽. 未来 30 年我国潜在增长率变化趋势及 2049 年发展水平预测 [J]. 经济学家，2018（2）：36 - 45.

[168] 尹恒，龚六堂，邹恒甫. 收入分配不平等与经济增长：回到库兹涅茨假说 [J]. 经济研究，2005（4）：17 - 22.

[169] 于斌斌. 产业结构调整与生产率提升的经济增长效应——基于中国城市动态空间面板模型的分析 [J]. 中国工业经济，2015（12）：83 - 98.

[170] 于蔚，汪淼军，金祥荣. 政治关联和融资约束：信息效应与资源效应 [J]. 经济研究，2012（9）：125 - 139.

[171] 余泳泽. 改革开放以来中国经济增长动力转换的时空特征 [J]. 数量经济技术经济研究，2015，32（2）：19 - 34.

[172] 袁富华. 长期增长过程的"结构性加速"与"结构性减速"：一种解释 [J]. 经济研究，2012（3）：127 - 140.

[173] 袁鹏，杨洋. 要素市场扭曲与中国经济效率 [J]. 经济评论，2014（2）：28 - 40.

[174] 袁志刚，解栋栋. 中国劳动力错配对 TFP 的影响分析 [J]. 经济研究，2011（7）：4 - 17.

[175] 约翰·梅纳德·凯恩斯. 就业、利息和货币通论 [M]. 北京：商务印书馆，2005.

[176] 约瑟夫·斯蒂格利茨，布鲁斯·格林沃尔德. 增长的方法：学习型社会与经济增长的新引擎 [M]. 北京：中信出版社，2017.

[177] 张德荣. "中等收入陷阱"发生机理与中国经济增长的阶段性动力 [J]. 经济研究，2013（9）：17 - 29.

[178] 张帆. 中国的物质资本和人力资本估算 [J]. 经济研究，2000（8）：65 - 71.

[179] 张豪，张建华，谭静. 中国经济增长的源泉与动能转换 [J]. 当代中国史研究，2017 (6)：21.

[180] 张健华，王鹏. 中国全要素生产率：基于分省份资本折旧率的再估计 [J]. 管理世界，2012 (10)：18 - 30.

[181] 张璟，沈坤荣. 转型期中国经济增长方式转变的金融支持——基于经济学文献的探讨 [J]. 经济理论与经济管理，2010 (11)：51 - 57.

[182] 张军，施少华. 中国经济全要素生产率变动：1952 ~ 1998 [J]. 世界经济文汇，2003 (2)：17 - 24.

[183] 张军，吴桂英，张吉鹏. 中国省际物质资本存量估算：1952—2000 [J]. 经济研究，2004 (10)：35 - 44.

[184] 张军. 分权与增长：中国的故事 [J]. 经济学 (季刊)，2008，7 (1)：21 - 52.

[185] 张克. 政策试点何以扩散：基于房产税与增值税改革的比较研究 [J]. 中共浙江省委党校学报，2015 (2)：55 - 62.

[186] 张梁梁，杨俊，张华. 社会资本的经济增长效应 [J]. 财经研究，2017，43 (5)：31 - 43.

[187] 张明志，铁瑛，傅川. 工资扭曲对中国企业出口的影响：全球价值链视角 [J]. 经济学动态，2017 (6)：58 - 72.

[188] 张少华，蒋伟杰. 中国全要素生产率的再测度与分解 [J]. 统计研究，2014 (3)：54 - 60.

[189] 张文，张念明. 供给侧结构性改革导向下我国新旧动能转换的路径选择 [J]. 东岳论丛，2017 (12)：93 - 101.

[190] 张一林，龚强，荣昭. 技术创新、股权融资与金融结构转型 [J]. 管理世界，2016 (11)：65 - 80.

[191] 张勇，古明明. 重新评估我国的增长潜力——基于全要素生产率和数据分析视角的解释 [J]. 经济科学，2013 (2)：5 - 19.

[192] 赵昌文，许召元，朱鸿鸣. 工业化后期的中国经济增长新动力 [J]. 中国工业经济，2015 (6)：44 - 54.

[193] 赵珏. 自主创新、新兴产业与新经济增长点 [J]. 科学管理研究，2015 (4)：54 - 57.

[194] 赵鑫铖，张利军. 要素投入及结构变动对经济增长稳定性的影响研究［J］. 资源开发与市场，2017，33（8）：985－990.

[195] 郑江淮，宋建，张玉昌，等. 中国经济增长新旧动能转换的进展评估［J］. 中国工业经济，2018（6）：24－42.

[196] 中办国办印发《关于实行以增加知识价值为导向分配政策的若干意见》［EB/OL］.（2016－11－07）［2020－01－31］. http：//www. gov. cn/xinwen/2016－11/07/content_5129796. htm.

[197] 中共科学技术部党组关于以习近平新时代中国特色社会主义思想为指导　凝心聚力　决胜进入创新型国家行列的意见［EB/OL］.（2019－01－08）［2020－01－31］. http：//www. most. gov. cn/mostinfo/xinxifenlei/fgzc/gfxwj/gfxwj2019/201901/t20190121_144852. htm.

[198] 中共中央办公厅 国务院办公厅印发《关于进一步加强科研诚信建设的若干意见》［EB/OL］.（2018－05－30）［2020－01－31］. http：//www. gov. cn/zhengce/2018－05/30/content_5294886. htm.

[199] 中共中央办公厅 国务院办公厅印发《关于深化项目评审、人才评价、机构评估改革的意见》［EB/OL］.（2018－07－31）［2020－01－31］. http：//www. gov. cn/zhengce/2018－07/03/content_5303251. htm.

[200] 中共中央办公厅 国务院办公厅印发《深化科技体制改革实施方案》［EB/OL］.（2015－09－24）［2020－01－31］. http：//www. gov. cn/guowuyuan/2015－09/24/content_2938314. htm.

[201] 中共中央 国务院关于深化体制机制改革加快实施创新驱动发展战略的若干意见［EB/OL］.（2015－03－23）［2020－01－31］. http：//www. gov. cn/xinwen/2015－03/23/content_2837629. htm.

[202] 中共中央、国务院印发《关于深化科技体制改革加快国家创新体系建设的意见》［EB/OL］.（2012－09－24）［2020－01－31］. http：//www. most. gov. cn/yw/201209/t20120924_96972. htm.

[203] 中共中央 国务院印发《国家创新驱动发展战略纲要》［EB/OL］.（2016－05－19）［2020－01－31］. http：//www. gov. cn/xinwen/2016－05/19/content_5074812. htm.

[204] 中共中央、国务院转发国家科委党组. 关于我国科学技术发展方

针的汇报提纲的通知 [EB/OL]. (1981 – 2 – 23) [2020 – 01 – 31].

[205] 中国经济增长与宏观稳定课题组，张平，刘霞辉，等. 金融发展与经济增长：从动员性扩张向市场配置的转变 [J]. 经济研究，2007 (4)：4 – 17.

[206] 中国人民大学宏观经济分析与预测课题组. 全球技术进步放缓下中国经济新动能的构建 [J]. 经济理论与经济管理，2016 (12)：5 – 20.

[207] 中国人民大学"完善要素市场化配置实施路径和政策举措"课题组，陈彦斌，王兆瑞，于泽，夏晓华，宋扬，杨继东. 要素市场化配置的共性问题与改革总体思路 [J]. 改革，2020 (7)：5 – 16.

[208] 中华人民共和国促进科技成果转化法（2015 年修订）[EB/OL]. (2015 – 08 – 31) [2020 – 01 – 31]. http：//www. most. gov. cn/fggw/fl/201512/t20151203_122619. htm.

[209] 《中华人民共和国科学技术进步法》解读 [EB/OL]. (2018 – 01 – 08) [2020 – 01 – 31]. http：//www. dhlh. gov. cn/kjj/Web/_F0_0_28D047OU5B389RP7Z0FSXY7LAW. htm.

[210] 中央财经大学课题组. 《中国人力资本报告 2016》主要内容 [J]. 中央财经大学学报，2017 (2)：129.

[211] 周小亮，卢雨婷. 改善民生的理论逻辑、财富结构与制度基础 [J]. 学术月刊，2017 (4)：60 – 72.

[212] 周小亮. 论经济结构调整与制度创新中的对称与互补 [J]. 经济评论，2001 (3)：19 – 25.

[213] 周小亮. 新常态下中国经济增长动力转换：理论回溯与框架设计 [J]. 学术月刊，2015 (9)：15 – 26.

[214] 周小亮. 重大利益协调视角下包容性发展的理论与实践问题研究 [J]. 当代经济研究，2012 (1)：65 – 74.

[215] 周颖，王洪志，迟国泰. 基于因子分析的绿色产业评价指标体系构建模型及实证 [J]. 系统管理学报，2016，25 (2)：338 – 352.

[216] 周勇，解美娟. 我国劳动力结构演变对居民消费结构变迁的影响 [J]. 商业经济研究，2020 (2)：47 – 50.

[217] 朱平芳，徐大丰. 中国城市人力资本的估算 [J]. 经济研究，

2007 (9): 84 – 95.

[218] 左志刚. 金融结构与国家创新能力提升: 影响机理与经验证据 [J]. 财经研究, 2012 (6): 48 – 58.

[219] 1978 – 1985 年全国科学技术发展规划纲要 (草案) [EB/OL]. (2008 – 12 – 01) [2020 – 01 – 31]. https: //max. book118. com/html/2017/ 0629/119004285. shtm.

[220] Acemoglu, D. Why not a political coase theorem? social conflict, commitment, and colitics [J]. Journal of Comparative Economics, 2003, 31 (4): 620 – 652.

[221] Acemoglu, D. S. Johnson, and J. Robinson. The colonial origins of comparative development: An empirical investigation [J]. American Economic Review, 2001, 91 (5): 1369 – 1401.

[222] Aghion P, Howitt P. Endogenous growth theory [M]. Cambridge, MA: MIT Press, 1998.

[223] Aghion P, Howitt P. Research and development in the growth process [J]. Journal of Economic Growth, 1996, 1 (1): 49 – 73.

[224] Aghion P. A model of growth through creative destruction [J]. Social Science Electronic Publishing, 1989 (2): 323 – 351.

[225] Aiyar S, Duval R, Puy D, et al. Growth slowdowns and the middle-income trap [J]. Japan and the World Economy, 2018, 48: 22 – 37.

[226] Akhter H. Service – Led Growth: The role of the service sector in world development, by Dorothy I. Riddle [J]. Journal of Marketing, 1987, 51 (2): 135.

[227] Alcouffe A, Kuhn T. Schumpeterian endogenous growth theory and evolutionary economics [J]. Journal of Evolutionary Economics, 2004 (2): 223 – 236.

[228] Ali I, Zhuang J. Inclusive growth toward a prosperous Asia: Policy implications [R]. ERD Working Paper No. 97, Economic and Research Department, Asian Development Bank, Manila, 2007.

[229] Ali I. Measuring inclusive growth [J]. Asian Development Review,

2007（1）：11 –31.

［230］Alvarez – Cuadrado F，Van Long N，Poschke M. Capital-labor substitution，structural change，and growth ［J］. Theoretical Economics，2017，12（3）：1229 – 1266.

［231］Aoki，M.，Toward a Comparative Institutional Analysis ［M］. Cambridge，MA：MIT Press，2001.

［232］Aoki M. The five phases of economic development and institutional evolution in China，Japan，and Korea ［J］. Institutions and Comparative Economic Development，2012（11）：13 – 47.

［233］Atkinson S E，Halvorsen R. A test of relative and absolute price efficiency in regulated utilities ［J］. Review of Economics & Statistics，1980，62（1）：81 – 88.

［234］Barro R J，Robert J. Inequality and growth in a panel of countries ［J］. Journal of Economic Growth，2000（1）：5 – 32.

［235］Baumol W J. Unbalanced growth revisited：Asymptotic stagnancy and new evidence ［J］. 1985，75（4）：806 – 817.

［236］Becker，G. and Murphy，K. The division of labor，coordination costs，and knowledge ［J］. Quarterly Journal of Economics，1992，107（4）：1137 – 1159.

［237］Ben – David D，Loewy M B. Free trade，growth，and convergence ［J］. Journal of Economic Growth，1998，3（2）：143 – 170.

［238］Benhabibi Jess，Mark M Spiegel. The role of human capital in economics development evidence from aggregate cross-country data ［J］. Journal of Monetary Economies，1994，34（2）：143 – 173.

［239］Bhagwati J，Ramaswami V K. Domestic distortions，tariffs and the theory of optimum subsidy ［J］. Journal of Political Economy，1963，71（1）：44 – 50.

［240］Brandt L，Van Biesebroeck J，Zhang Y. Challenges of working with the Chinese NBS firm-level data ［J］. China Economic Review，2014（30）：339 – 352.

[241] Brown J R, Martinsson G, Petersen B C. Law, stock markets, and innovation [J]. Journal of Finance, 2013, 68 (4): 1517 –1549.

[242] Caroli E, Van Reenen J. Skill – biased organizational change? evidence from a panel of british and french establishments [R]. Cepremap Working Papers, 2001, 116 (4): 1449 –1492.

[243] Chang C, Chen K, Waggoner D F, et al. Trends and cycles in China's macroeconomy [J]. NBER Macroeconomics Annual, 2016, 30 (1): 1 –84.

[244] Chaves C V, Moro S. Investigating the interaction and mutual dependence between science and technology [J]. Research Policy, 2007, 36 (8): 1204 –1220.

[245] Cheremukhin A, Golosov M, Guriev S, et al. The economy of People's Republic of China from 1953 [J]. CEPR Discussion Papers, 2015.

[246] Chow G C, Li K W. China's economic growth: 1952 – 2010 [J]. Economic Development and Cultural Change, 2002, 51 (1): 247 –256.

[247] Christensen L R, Greene W H. Economies of scale in U. S. electric power generation [J]. Journal of Political Economy, 1976, 84 (4): 655 –676.

[248] Coase, R. , The problem of social cost [J]. Journal of Law and Economics, 1960, 3 (1): 1 –44.

[249] Davis L E, North D C, Smorodin C. Institutional change and American economic growth [M]. Cambrige: CUP Archive, 1971.

[250] De Brauw A, Rozelle S. Reconciling the returns to education in off-farm wage employment in rural China [J]. Review of Development Economics, 2008, 12 (1): 57 –71.

[251] Deining K, Squire L. Measuring income inequality: A new data-base [J]. The World Bank Economic Review, 1996 (3): 565 –591.

[252] Ding S, Knight J. Can the augmented Solow model explain China's remarkable economic growth? A cross-country panel data analysis [J]. Journal of Comparative Economics, 2009, 37 (3): 432 –452.

[253] Dollar D, Wei S J. Das (Wasted) kapital: Firm ownership and investment efficiency in China [M]. Washington: International Monetary Fund,

2007.

[254] Dosi G. Technological paradigms and technological trajectories: A suggested interpretation of the determinants and directions of technical change [J]. Research Policy, 1982 (3): 147 – 162.

[255] Eichengreen B, Park D, Shin K. When fast-growing economies slow down: International evidence and implications for China [J]. Asian Economic Papers, 2012, 11 (1): 42 – 87.

[256] Felipe J, Abdon A, Kumar U. Tracking the middle-income trap: What is it, who is in it, and why? [J]. Levy Economics Institute, Working Paper, 2012: 715.

[257] Foster – McGregor N, Verspagen B. The role of structural transformation in the potential of Asian economic growth [R]. Adb Economics Working Paper, 2016.

[258] Gardner P L. The representation of science-technology relationships in Canadian physics textbooks [J]. International Journal of Science Education, 1999, 21 (3): 329 – 347.

[259] George R. G. Clarke. More evidence on income distribution and growth [J]. Original Research Article, 1995 (2): 403 – 427.

[260] Grossman G M, Helpman E. Comparative advantage and long-run growth [J]. American Economic Review, 1990, 4 (80): 796 – 815.

[261] Grossman G M, Helpman E. Innovation and growth in the theory [M]. Cambridge, MA: MIT Press, 1991.

[262] Guan J, He Y. Patent-bibliometric analysis on the Chinese science-technology linkages [J]. Scientometrics, 2007, 72 (3): 403 – 425.

[263] Guariglia A, Poncet S. Could financial distortions be no impediment to economic growth after all? Evidence from China [J]. Journal of Comparative Economics, 2008, 36 (4): 633 – 657.

[264] Hagen E E. An economic justification of protectionism [J]. Quarterly Journal of Economics, 1958, 72 (4): 496 – 514.

[265] Hall, R. and C. Jones. Why do some countries produce so much more

output per worker than others? 〔J〕. Quarterly Journal of Economics, 1999, 43 (5): 113 – 129.

〔266〕 Hansen B E. Threshold effects in non-dynamic panels: Estimation, testing, and inference 〔J〕. Journal of Econometrics, 1999, 93 (2): 345 – 368.

〔267〕 Harberger, A. C. Molopy and resource allocation 〔J〕. American Economic Review, 1959, 44 (2): 496 – 524.

〔268〕 Henderson J V. Urbanization and economic development 〔J〕. Annals of Economics and Finance, 2003 (2): 275 – 341.

〔269〕 Henderson V. How urban concentration affects economic growth 〔J〕. General Information, 2000 (42): 1 – 42.

〔270〕 Hsieh C T, Klenow P J. Misallocation and manufacturing TFP in China and India 〔J〕. The Quarterly Journal of Economics, 2009, 124 (4): 1403 – 1448.

〔271〕 Hsieh C T. Productivity growth and factor prices in East Asia 〔J〕. American Economic Review, 1999, 89 (2): 133 – 138.

〔272〕 Huang C Y, Ji L. Knowledge-intensive business services and economic growth with endogenous market structure 〔J〕. Journal of Macroeconomics, 2013, 38 (38): 95 – 106.

〔273〕 H·钱纳里, S. 鲁滨逊, M. 赛尔奎因. 工业化和经济增长的比较研究 〔M〕. 上海: 上海三联书店, 1986.

〔274〕 Johnson H G. Factor Market distortions and the shape of the transformation curve 〔J〕. Econometrica, 1966, 34 (3): 686 – 698.

〔275〕 Jones C I. R&D – based models of economic growth 〔J〕. Journal of Political Economy, 1995, 103 (4): 759 – 784.

〔276〕 Krankis E. Hybrid careers and the interaction of science and technology 〔A〕. Kroes P, Bakker M. Technological Development and Science in the Industrial Age: New Perspectives on the Science – Technology Relationship 〔C〕. Dordrecht: Kluwer Academic Publishers, 1992, 177 – 204.

〔277〕 Krugman P. The myth of Asia's miracle 〔J〕. Foreign Affairs, 1994, 73 (6): 62 – 78.

〔278〕 Kumbhakar S C, Denny M, Fuss M. Estimation and decomposition ofproductivity change when production is not efficient: A paneldata approach [J]. Econometric Reviews, 2000, 19 (4): 312 –320.

[279] Laitner J. Structural change and economic growth [J]. The Review of Economic Studies, 2000, (3): 545 –561.

[280] L Brandt, H Li. Bank discrimination in transition economies: Ideology, information, or incentives? [J]. Journal of Comparative Economics, 2003, 31 (3): 387 –413.

[281] Lewis, W. A. Economic development with unlimided supply of labour [J]. The Manchester School of Economic and Social Studies, 1954, 47 (3): 139 – 191.

[282] Lucas Jr R E. On the mechanics of economic development [J]. Journal of Monetary Economics, 1988, 22 (1): 3 –42.

[283] Magee S. P. Factor market distortion, production, and trade: A survey [J]. Oxford Economic Papers, New Series, 1973, 25 (1): 1 –43.

[284] Mansfield E. Basic research and productivity increase in manufacturing [J]. American Economic Review, 1980, 70 (5): 863 –873.

[285] Maoz Y D, Moav O. Intergenerational mobility and the process of development [J]. The Economic Journal, 1999, 109 (458): 677 –697.

[286] Mauro, P. , Corruption and Growth [J]. Quarterly Journal of Economics, 1995, 110 (3): 681 –712.

[287] Meade J E. Trade and welfare [M]. New York: Oxford University Press, 1955.

[288] Moomaw R L, Shatter A M. Urbanization and economic development: A bias toward large cities [J]. Journal of Urban Economics, 1996, (1): 13 –37.

[289] Mundlak Y. Further Implications of distortion in the factor market [J]. Econometrica, 1970, 38 (3): 517 –532.

[290] Nelson R. Bringing institutions into evolutionary growth theory [J]. Journal of Evolutionary Economics, 2002 (12): 17 –28.

[291] Nelson R R. Economic development from the perspective of evolutionary economic theory [J]. Other Canon Foundation & Tallinn University of Technology

Working Papers in Technology Governance & Economic Dynamics, 2006 (1):
9 – 21.

[292] North, D. , Institutions, institutional change and economic perform-
ance [M]. Cambridge: Cambridge University Press, 1990.

[293] North D C. Institutions, transaction costs and economic growth [J].
Economic Inquiry, 1987, (3): 419 – 428.

[294] Okada T, Yano K. Natural selection types and firm diversity: An evo-
lutionary extension of endogenous growth theory [J]. Social Science Electronic Pub-
lishing, 2014 (44): 1 – 18.

[295] Pan A Y, Lau L J. A test for relative economic efficiency: Some fur-
ther results [J]. American Economic Review, 1973, 63 (1): 214 – 223.

[296] Perotti R. Growth, income distribution, and democracy: What the
data say [J]. Journal of Economic Growth, 1996 (2): 149 – 187.

[297] Persson T, Tabellini G. Does centralization increase the size of govern-
ment? [J]. European Economic Review, 1994, 38 (3 – 4): 765 – 773.

[298] Piyabha, Kongsamut Sergio Rebelo and Danyang Xie. Beyond bal-
anced growth [J]. Review of Economic Studies, 2001, 68 (4), 869 – 882.

[299] Po – Hsuan Hsu, Xuan Tian, Yan Xu. Financial development and in-
novation: Cross-country evidence [J]. Journal of Financial Economics, 2014, 112
(1): 116 – 135.

[300] Prettner K, Werner K. Why it pays off to pay us well: The impact of
basic research on economic growth and welfare [J]. Research Policy, 2016, 45
(5): 1075 – 1090.

[301] Robinson J A, Acemoglu D. Why nations fail: The origins of power,
prosperity and poverty [M]. New York: Crown Business, 2012.

[302] Rodrik, Dani, Alesina, Alberto. Distributive politics and economic
growth [J]. Quarterly Journal of Economics, 1994 (2): 465 – 490.

[303] Rodrik D. Where did all the growth go? External shocks, social con-
flict, and growth collapses [J]. Journal of Economic Growth, 1999, 4 (4): 385 –
412.

[304] Romer P. Capital, labor, and productivity [J]. Brookings Papers on Economic Activity, 1990 (2): 337 – 367.

[305] Romer P. Increasing returns and long-run growth [J]. Journal of Political Economy, 1986 (5): 1002 – 1037.

[306] Romer P M. Endogenous technological change [J]. Journal of Political Economy, 1990, 98 (5): 71 – 102.

[307] Romer P M. Increasing returns and long – run growth [J]. Journal of Political Economy, 1986, 94 (5): 1002 – 1037.

[308] Schmookler J. Invention and economic growth [J]. Economic History Review, 1966, 20 (1): 135.

[309] Solow R. A contribution to the theory of economic growth [J]. Quarterly Journal of Economics, 1956, 70 (1): 65 – 94.

[310] Solow R M. A contribution to the theory of economic growth [J]. Quarterly Journal of Economics, 1956, 70 (1): 65 – 94.

[311] Stiglitz J E. Credit markets and the control of capital [J]. Journal of Money Credit & Banking, 1985, 17 (2): 133 – 152.

[312] Vries M J D. The nature of technological knowledge: Extending empirically informed studies into what engineers know [J]. Techné, 2003, 6 (3): 1 – 21.

[313] Wei S J, Xie Z, Zhang X. From "made in China" to "innovated in China": Necessity, prospect, and challenges [J]. Journal of Economic Perspectives, 2017 (1): 49 – 70.

[314] Wong C Y, Goh K L. Modeling the behaviour of science and technology: Self-propagating growth in the diffusion process [J]. Scientometrics, 2010, 84 (3): 669 – 686.

[315] World Bank. Inclusive green growth: The pathway to sustainable development [M]. Washington: World Bank Publications, 2012.

后　记

　　本书是国家社科基金重大转重点项目"供给侧结构性改革驱动经济发展新动力的理论基础与实践路径研究"的最终成果。本项目主要以生产方式与经济制度结构变革为逻辑基础，研究了体制改革、结构性问题与经济发展新动力之间的内在关联，并探索经济新常态下供给侧结构性改革驱动结构优化、科技创新、制度公平三大经济发展新动力的理论与路径。项目从 2016 年 12 开始至 2020 年 12 月完成，其间我们怀着强烈的新时代问题意识和理论创新责任感与使命感，尽可能完整地收集、挖掘相关研究文献与数据，夯实课题研究基础；多次召开课题分析会议，并有计划地进行了数次实地调研，较圆满地完成了预期研究成果要求。之所以我们尽心尽责，按质完成课题研究，是因为供给侧结构性改革，是适应把握引领经济发展新常态的重大创新问题，是新时代经济工作的主线；以供给侧结构性改革驱动经济发展新动力，是实现我国经济高质量发展的必然要求和根本保障。认真完成此项目研究，在理论上，有助于丰富和发展马克思主义政治经济学和中国特色社会主义政治经济学，特别是，既可以丰富、拓展社会主义改革发展理论的研究内容和范围，为建立中国特色社会主义发展经济学的提供新的知识积累，也有助于拓展与深化新经济增长理论、新制度主义发展经济学的发展新动力理论解说，并促进西方经济发展动力理论中国化。在实践上，可以为我国供给侧结构性改革驱动经济发展新动力，找准问题的切入点和亟待解决的关键问题所在，从而为政府相关部门提供供给侧结构性改革驱动经济发展新动力的基本思路与决策参考。因此，科学求解供给侧结构性改革驱动经济发展新动力的理论与路径问题，这是课题组全体成员义不容辞的职责与时代担当。

　　虽然按照研究计划要求，我们完成了 40 余篇研究论文和最终研究报告，并依据审阅专家意见，对研究报告进行了认真修改、完善，并交付出版成书，但是，我们深知这只是对供给侧结构性改革驱动经济发展新动力问题的一个初步探索，尚有许多问题需要进一步深入研究。希望课题研究成果能够引起学术同仁和实践界的兴趣与关注，并希望得到同行与读者的批评指正。

课题能够按计划完成，要感谢我的博士生吴武林、李婷、孙湘湘、宋立、吴洋宏、李广昊以及硕士生廖达颖、郑巧珍、陈朝煜、陈科龙、方星星的通力协作，特别是要感谢宋立、李广昊、吴洋宏为本书的协调和编辑做了大量的辅助工作。本书的出版，要感谢福州大学国民经济学创新团队的相互支持。